银行数字化转型
路径与策略

主　编　王松奇
副主编　王炜　徐义国
参　编　董治　孙中东　李炯　支宝才
　　　　张挺　尤忠彬　齐稚平

DIGITAL
TRANSFORMATION
IN BANKING
ROUTES AND STRATEGIES

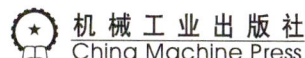

图书在版编目（CIP）数据

银行数字化转型：路径与策略 / 王松奇主编 . —北京：机械工业出版社，2020.12
（2022.8重印）

ISBN 978-7-111-66959-3

I. 银… II. 王… III. 银行业务 – 信息化 – 研究　IV. F830.49

中国版本图书馆CIP数据核字（2020）第233496号

银行数字化转型：路径与策略

出版发行：机械工业出版社（北京市西城区百万庄大街22号　邮政编码：100037）	
责任编辑：罗词亮	责任校对：李秋荣
印　　刷：固安县铭成印刷有限公司	版　　次：2022年8月第1版第8次印刷
开　　本：170mm×230mm　1/16	印　　张：29.75
书　　号：ISBN 978-7-111-66959-3	定　　价：129.00元
客服电话：(010) 88361066　88379833　68326294	投稿热线：(010) 88379604
华章网站：www.hzbook.com	读者信箱：hzjsj@hzbook.com

版权所有 • 侵权必究
封底无防伪标均为盗版

前言

银行数字化转型的内涵和外延是什么？银行为什么要进行数字化转型？银行数字化转型的路径和方法有哪些？这三个基本问题不仅需要我们从理论层面去探索和研究，更需要我们从中外银行业数字化转型的业务实践中去总结和认识。本书的目的就是汇聚业界精英、以各家银行案例的形式来对这三个基本问题进行剖析。

中国的金融体系是银行主导型，中国的商业银行系统是最大的宏观相关部门，在支撑实体经济发展、维护金融稳定、促进国民经济内外循环方面具有举足轻重的作用。自2008年全球金融危机爆发以来，中国商业银行系统在分业监管的框架下坚持为实体经济服务，不断排查和降低系统性金融风险，秉持不断改革开放的理念，在使中国跻身世界第二大经济体方面做出了巨大贡献。2020年，在全世界遭受新冠肺炎疫情冲击、全球性经济衰退的大背景下，中国经济率先复苏，中国的商业银行体系功不可没。

2008年全球金融危机爆发后，国际经济学界最关心的问题是，怎样在危机冲击、金融缩表之后让资金对实体经济提供有力支持。本次新冠肺炎疫情中，世界各国经济学家关心的是，怎样在普遍的经济衰退趋势中充分发挥金融部门的作用，让经济不致停摆，让经济循环能够顺畅，让生产、贸易和流通重新焕发活力。中国政府在运用金融部门力量，特别是中国商业银行系统力量复工复产、稳就业、稳增长方面推出了一系列有力度的政策措施，中国的银行体系也成为稳健、有力、能对实体经济提供有效支持的金融力量。

怎样让中国经济神话不断延续？怎样让中国的金融体系，特别是在金融体系中居于主导地位的银行系统行稳致远？怎样应对世界经济、中国经济面临的新风险、新挑战？这些都是我们这些金融理论工作者面临的新课题。

现在，李鸿章的名言"三千年未有之大变局"已在经济学界引起共鸣。世界经济、中国经济、中国的金融体系和银行系统正面临着前所未有的"大变局"挑战，数字化转型是传统银行业应对这一挑战的不二选择。数字经济、大数据、AI技术应用、云计算、5G、万物互联等背景因素正在改变传统银行的业务流程、发展模式和客户服务方式，银行的实际形象已不再是单纯的物理网点，而是更多的线上服务、零接触服务，数字化基因正逐渐植入银行的业务渠道、产品服务和客户三个方面，未来的银行竞争必将是数字化战略转型的速度和质量之争。

数字化转型已成为银行业务发展的新趋势，我们应清醒地认识到，对于不同规模、不同实力及处于不同经济发展水平中的银行来说，数字化转型战略的侧重点、切入点及路径也应有所不同。银行需从自身条件出发，制定适合自身情况的转型规划。本书提供的大、中、小银行案例可资参考借鉴。

本书辑录48篇文章，其中报告6篇、银行案例33篇、科技赋能5篇、转型策略4篇。银行案例撰写者均是中国商业银行体系中的科技精英，他们从本行的实践经验出发，对各自银行的数字化转型之路进行了精辟总结。

本书的成书意向来自《银行家》杂志金融科技栏目主持人王炜女士，她在本书的设计组织方面付出了大量心血；中国社会科学院金融研究所徐义国教授在本书策划审稿方面做了大量工作；《银行家》杂志的运营总裁王楠女士在约稿联络作者方面贡献突出；《银行家》杂志编辑部齐稚平主任等同志在初稿审读、文字校对方面花费了大量时间。

最后，特别感谢机械工业出版社华章分社的编辑，他们对本书的选题确定和出版给予了大力支持。

王松奇

目录

前言

第一篇　银行数字化转型调研报告

01 银行数字化转型调研观察　　　　　　　　　　　　　　　　2
02 数字化重塑银行营销新模式　　　　　　　　　　　　　　　　8
03 跨界与融合重塑商业价值——交易银行数字化转型与
　　产业互联网生态构建　　　　　　　　　　　　　　　　　　17
04 数字化转型中的数据安全与风险应对　　　　　　　　　　　　23
05 打造银行数字化风控体系长板　　　　　　　　　　　　　　　30
06 企业架构驱动银行数字化转型　　　　　　　　　　　　　　　35

第二篇　大型商业银行转型实践案例

07 中国工商银行：依托金融科技赋能银行新业态　　　　　　　　44
08 中国农业银行：小微金融数字化转型探索与实践　　　　　　　53
09 中国建设银行：构建金融生态，探索数字化经营　　　　　　　61

第三篇　股份制商业银行转型实践案例

10 招商银行：数字化转型的"道"与"术"　　　　　　　　　　70
11 中国光大银行：构建以科技创新为关键基因的数字银行核心竞争力　78

12 平安银行：全面数字化经营，进入转型决胜期　　　　　　　　　　86

第四篇　城市商业银行转型实践案例

13 江苏银行：全力拥抱智慧化新蓝海　　　　　　　　　　98
14 南京银行：数联万物，智造未来　　　　　　　　　　109
15 杭州银行：谋数字创新，求转型发展　　　　　　　　　　118
16 中原银行：因时而变，顺势而为　　　　　　　　　　128
17 长沙银行：围绕"客户中心、价值导向"建设科技驱动型数字银行　　　　　　　　　　139
18 广州银行：构建数字化优势，打造开放银行新引擎　　　　　　　　　　149
19 郑州银行：夯实金融科技"新基建"，数字化引领业务转型　　　　　　　　　　161
20 河北银行：科技与业务协同发展的数字化转型之路　　　　　　　　　　170
21 齐鲁银行：对公资产业务数字化转型之路　　　　　　　　　　178
22 西安银行：全面数字化转型，实现高质量发展　　　　　　　　　　190
23 厦门银行："移动优先"打造对公业务数字化转型新门户　　　　　　　　　　200
24 桂林银行：科技赋能金融，数据驱动业务　　　　　　　　　　209
25 台州银行：数字化运营助推普惠金融发展　　　　　　　　　　220
26 泰隆银行：普惠金融服务的数字化转型之路　　　　　　　　　　228
27 日照银行：借力数字化打造创新型区域精品银行　　　　　　　　　　236
28 阜新银行：涅槃，数字化转型一念间　　　　　　　　　　243
29 济宁银行：打造区域领先的数字化精品银行　　　　　　　　　　250

第五篇　农村金融机构转型实践案例

30 浙江农信：零售数字化转型助推全方位普惠金融发展　　　　　　　　　　260
31 广东农信：云生态驱动"四横八纵"金融科技服务新体系　　　　　　　　　　270
32 江南农商银行：以网点和科技双赋能推动数字化转型　　　　　　　　　　281
33 苏州农商银行：揽八面来风，助数字化转型　　　　　　　　　　289
34 亳州药都农商行：政务大数据金融应用的"亳州经验"　　　　　　　　　　299

第六篇　民营银行数字银行实践案例

35　网商银行：数智驱动的云上银行　　308
36　微众银行：开放银行让银行服务无处不在　　318
37　新网银行："技术立行"补位普惠金融服务　　328
38　亿联银行：科技赋能智慧生活　　336
39　辽宁振兴银行：打造专而美的科技型银行　　345

第七篇　科技赋能银行数字化转型

40　阿里云：云 + 金融科技助力银行数字化转型　　356
41　大数金融：数字技术破解"小微信贷不可能三角"　　365
42　同盾科技：金融科技赋能智能风控决策中心构建　　377
43　云扩科技：RPA 赋能银行"数智"升级　　386
44　派盟科技：构建移动支付生态圈，助力银行数字化转型　　395

第八篇　银行数字化转型策略

45　安永咨询：区域性银行在不确定形势下的战略选择　　406
46　毕马威管理咨询：区域性银行的数字化转型路径选择　　421
47　德勤中国：数致新生，洞察驱动的银行数字化转型　　434
48　波士顿咨询：开放银行的未来之路　　446

附录：名词解释　　461

第一篇
银行数字化转型调研报告

01 银行数字化转型调研观察
02 数字化重塑银行营销新模式
03 跨界与融合重塑商业价值
　　——交易银行数字化转型与产业互联网生态构建
04 数字化转型中的数据安全与风险应对
05 打造银行数字化风控体系长板
06 企业架构驱动银行数字化转型

01 银行数字化转型调研观察

王炜　支宝才　董治　银行数字化转型课题组[一]

伴随大数据、云计算、人工智能、5G、物联网等新技术的广泛应用，人类社会进入科技爆发、产业变革、模式创新的数字经济时代。数字化金融服务对银行业的传统理念和服务模式，乃至市场生态和竞争格局均形成无可规避的颠覆性冲击，银行要具备哪些核心能力，如何提高运营管理效率等，都成为商业银行无法回避和亟待解决的重大课题。在这样的形势下，银行业应顺势谋变，高效践行数字化转型，精准提升基于客户体验的金融服务能力，以最大程度契合和把握金融市场演进的新生态、新机遇，更好地服务于高质量发展的实体经济和社会。三年多来，我们银行数字化转型课题组跟踪研究银行数字化转型实践，与银行业共同见证了转型变迁历程。

第1节　银行业数字化转型方兴未艾

从20世纪90年代的数据大集中开始，国内银行业经历了从算盘到键盘的信息化过程，目前正处于向数字化转型的进程中。技术的创新和应用一直推动着银行业务的转型发展，自2012年监管机构提出技术引领的理念后，金融科技逐渐成为塑造银行竞争力的重要支撑，在数字化转型中，银行的业务模式、运营模式在技术支撑下不断重塑。

如今，金融服务悄然围绕在你我周围，拿起手机，支付、转账、贷款等瞬间完成，对此我们已习以为常，甚至不会意识到这是金融行为。人们不再需要经受

[一] 银行数字化转型课题组成员：王炜、董治、支宝才、张挺、王亚彬、王汇川、付晓岩、李睿、黄鸿星、刘晓宇。

像七八年前那样在银行网点排长队办理业务时的焦躁与无奈。为了提供随时随地随身的金融服务,银行人在电子渠道、场景金融、生态体系、开放银行等各领域殚精竭虑地探索与创新,已经实现银行数字化转型从简单的金融产品服务向全面数字化管理的跨越。

2017年下半年,我们开始跟踪研究银行数字化竞争力构建,调研了国有银行、股份制银行、城商行、农商行(农信社)、民营银行、金融科技公司等各类机构30余家(见图1-1),每家机构都依托原有优势进行数字化转型实践,系统化工作渐次展开,但又做法各异,特色凸显。在业务领域,它们从零售业务到公司业务再到与智慧城市关联,构建与C端、B端、G端连接的数字化银行生态体系,银行服务融入场景,使金融服务更加高效便捷。金融服务的移动化、数字化、智能化带给客户更便捷的服务、更低的价格、更好的体验,能够服务更多的人群,助力实现普惠金融的可持续性。公司业务与产业互联网连接,形成产融结合的产业互联网生态,已成为不少银行下一步的发展重点,这将进一步促进数字经济结构转型升级,提升社会资金运行效率,最终实现"看得见的美好生活,看不见的金融力量"。开放银行充分发挥了银行机构和生态体系中合作伙伴的比较优势。金融服务产品和模式的转变,体现的是银行经营管理视角的转变,金融服务不再以银行本身为核心,而是以解决客户痛点、满足客户需求为着眼点,由此,"以客户为中心"从理念变成实践。

图 1-1 银行数字化转型课题组从多个视角观察行业动态

在数字经济的大趋势下,越来越多的银行机构将数字化转型作为最重要的战略方向。在实践中,转型重点从初期的互联网金融业务和电子渠道等层面不断向纵深推进，已经延伸和拓展至战略规划、组织架构、业务模式、产品设计、营销策略、运营机制、风险管理以及IT系统等诸多领域。2020年新冠肺炎疫情的特殊形势可以看作对银行数字化转型的实战检验，先行银行在场景需求急剧变化的情况下快速推出相应的服务和产品，体现了数字化转型带来的经营管理能力的提升。这次特殊实践让银行体会到数字化转型是一个全面的系统性工程，任何一个薄弱环节都会影响总体效果，同时，需求的日益复杂等诸多因素共同作用，也对银行的数字化转型提出了更高要求。

第2节　突破银行数字化转型的能力瓶颈

综合我们的调研及行业情况看，目前国内银行尤其是区域银行在数字化转型过程中碰到诸多困难，可以将其总结为五大痛点：一是缺乏整体规划，资源投入分散，造成的结果是投入大，产出小；二是运动式转型，持续迭代能力较弱；三是部分银行过于追求先进技术，忽略了真实的客户体验，误判了技术的业务价值；四是很多银行的数字化转型是"剃头挑子一头热"，仅在技术上单点发力，缺乏业务支持及配套的体制机制改革，效果可想而知，这是最普遍的问题；五是盲目跟风，转型方向、内容及路径与自身基础能力不匹配，这个问题在区域性银行转型时表现得更为明显。

然而知易行难，银行数字化转型是一个系统工程，转型过程中要统筹规划和实施。

首先是数字化战略和顶层设计。数字化是一个银行的战略选择，银行要服务什么客户，采取什么服务模式，提供什么产品即做什么业务，决定了其在数字化上的需求是什么。例如国外有以服务中老年客户为主的社区银行，它们在数字化方面的需求就比较低。而国内有的民营银行定位为无网点互联网银行，其本质运营模式是数字化的。对传统银行，特别是城商行、农商行等区域性银行而言，有现存的物理网点，有众多的一线员工，有IT能力和可投入资源的限制，那么应该在战略上把数字化目标定在哪里？虽然这个问题很复杂，但是战略上一定要回答这个问题，这样银行才知道要去哪里，从而选择是补足短板、点状突破，还是进行模式创新。

战略方向确定后，组织架构和业务架构也要随之调整，数字化工作要有符合数字化要求的架构来支撑。例如，业务部门和科技部门的职责如何划分？业务部门要不要有自己的分析团队？平台要不要部署到业务端？人员怎么调整？IT架构怎么匹配……只有回答好了这些问题，才能确保数字化转型不会变成一句空谈。

其次是应用层，即数字化在业务域和能力域等的具体设计与应用落地。建议从纵向和横向两个维度进行分析、梳理和设计。纵向是业务维度，按客户分类和业务经营的视角分析数字化如何在业务场景和业务流程中应用，传统银行以往是按零售金融、企业金融、金融市场等维度展业的。横向是能力维度，也是更重要的维度，是数字化应用能力构建，包括客户洞察、数字化营销、数字化风控、数字化渠道、数字化生态、数字化客户体验旅程管理、数字化产品创新、数字化运营及数字化财务管理等领域。单一从业务维度或能力维度都很难做好数字化转型，业务维度为银行提供了业务需求梳理的切入点和业务需求沟通的平台，能力维度则帮助银行从数字化技术和数字化应用方面落地方案，实现需求。

最后是数据和IT能力。这是数字化转型的重要基础，是决定一家银行能否实现数字化的"木桶短板"，其包括数据管理和应用能力、数据合作能力、IT能力三个方面。银行数字化转型需要打通前端数据来源，完善数据标准和数据治理，建设数据处理和分析建模的系统平台，提升敏捷开发能力，需要能够支撑数字化转型的数据安全管理能力，中远期还需要具备数据资产管理能力。

理顺这三个层次的关系后，就可以继续探讨银行数字化转型如何推进。第一，理解或明确银行总体的战略目标、数字化定位或数字化战略目标；第二，全面系统地评估数字化能力现状，通过分析客户需求，对标先进实践，结合数字化技术应用的现状和发展趋势，识别出当前数字化能力的差距，以及未来数字化的机会到底在哪里；第三，对机会进行有效分析、筛选和排序后，设计实施方案，最后制定实施路线图。

第3节 产业互联网将成为金融服务蓝海

随着数字化转型的推进，产业互联网将成为各家银行角逐的主战场。2020年4月，国家发改委、中央网信办印发《关于推进"上云用数赋智"行动 培育新经济发展实施方案》，将"搭平台，构建多层联动的产业互联网平台"定为六大方向之一，这是产业互联网首次上升至国家政策层面。同期，中共中央、国务院发布了《关于构建更加完善的要素市场化配置体制机制的意见》，指出土地、劳动力、资本、技术、数据五个要素领域改革的方向，数据作为一种新的要素与其他生产要素有乘数效应，有利于推动产业数字化。越来越多的产业互联网平台与金融机构合作，加速产业互联网的布局。

目标已定，但实现这个目标的过程注定艰辛不易。这要由我国中小企业融资难与传统商业银行发展困局的矛盾说起。

我国中小企业在调整经济结构、扩大社会就业及增加财政收入等方面发挥了巨大作用，但是融资难问题一直是阻碍广大中小企业发展的主要因素之一，特别是在当前全球经济增长疲软和新冠肺炎疫情的影响下，问题显得愈加突出，中小企业面临越来越严峻的经营局面。而目前作为实体经济助推器的金融服务与经济新业态转型发展相比相对滞后，未能充分发挥应有的作用。如果不对症下药，中小企业融资难将对整体经济发展形成影响。

中小企业融资难问题形成长期困扰的原因，一是中小企业存在与生俱来的信息不对称问题，例如财务报表不完善等，使得银行对中小企业放贷心存疑虑；二是中小企业能够提供的抵押物较少，难以找到合适的担保，导致传统金融难以给予其充分的金融支持；三是金融机构针对产业新业态，缺少专业、有效的风险判断和控制能力，放贷积极性和管理中小微企业贷款风险能力不足。除了融资渠道受限，中小企业在产业链上处于弱势地位，较长的销售账期等也导致其现金流长期处于不均衡状态。而在新冠肺炎疫情影响下，生活方式及生产方式向线上转移，整体上进一步加剧了中小企业的上述困境。

与此同时，在新经济与新常态下，商业银行发展既逢新的机遇，也面临巨大挑战。

外部环境影响：在经济增速放缓及疫情导致的全球经济衰退的形势下，银行因循既往靠做大规模吃利差、垒大户的发展模式将不可持续，传统银行简单、粗放式的经营模式难以为继；同时，同业竞争、金融脱媒以及强监管使商业银行面临来自银行同业、异业的激烈竞争，跨市场、跨业态、跨领域的金融产品及服务不断涌现，银行利差收窄，盈利能力下降。

传统银行转型缓慢：传统金融产品单一、渠道割裂、服务封闭，难以实现协同，导致创新不足，与新经济、新业态现状难以匹配，在敏捷组织架构、业务流程、考核机制、团队专业能力上需要变革以实现较大提升。但传统银行转型缓慢，发展陷入困境。

为了应对挑战，供应链金融应运而生。借助区块链、人工智能、云计算等前沿技术，解决核心企业信用多层穿透难、中小银行风控弱、中小企业融资流程长的问题，供应链金融生态圈将单个企业的不可控风险转变为供应链企业整体的可控风险，从根本上变革风险管理模式，为中小企业获得门槛较低、成本合理的融资找到了突破口。供应链金融与产业供应链的有效协同，可以助力产业生态商业模式构建。变革即商机，以交易为基础，以数据为支撑，为核心企业及其上下游客户提供一揽子金融服务的交易银行成为银行在对公业务领域的发力点。尤其在目前银行面临"四期叠加"，即利率市场化、融资脱媒、互联网金融和经济下行冲击的情况下，对公业务领域变革的希望越来越多地被放到交易银行的发展上（交易银行与产业互联网的详细内容稍后介绍）。

金融连接着各个产业，从产业数字化转型到数字经济构建，银行扮演着至关重要的角色，银行本身的数字化转型已经是一道必答题。行百里者半九十，很多银行已经规划下一步将在平台化、场景化、差异化、协作化、多技术融合化和资产数据化等领域持续创新变革，实现服务模式、服务品质、服务生态升级，真正为客户创造价值。

与调研并行，我们将分享银行数字化转型实践案例与行业观点，尝试总结分析银行各领域数字化发展的共性、难点及解决之道，搭建一个包括银行、智力服务等机构的合作交流平台，共同推动行业的数字化转型。本篇重点聚焦银行数字化营销、交易银行与产业互联网、数据安全与风险应对、数字化风险管理体系、IT驱动数字化转型五个领域，其他领域我们也将继续关注。

02 数字化重塑银行营销新模式

王汇川　支宝才　银行数字化转型课题组

数字化营销对银行而言并不是全新的概念，在过去十多年间银行营销经历了三个阶段的变迁。第一阶段，银行将营销纳入信息化管理体系，以 CRM 系统建设为代表，对营销和销售管理流程进行数字化改造；第二阶段，受益于大数据分析在营销领域的应用，银行开始基于客户洞察的数据库营销，建立起数据驱动的自动化精准营销体系（Marketing Automation）；第三阶段，线上、线下的渠道触点及广告媒体经过数字化改造，衍生出多元融合的营销世界，银行重新构建全域营销能力，建立了一系列的营销技术栈来支撑错综复杂的业务。可以观察到，今天银行数字化营销体系建设已经远远超出早期 CRM 系统对业务进行信息化改造的范畴，已经无法用一个系统或者一类业务来定义它。

多数银行在数字化转型道路上已经由"基础投入"阶段迈向"创新实践"阶段，这意味着银行不再一味地将资源投入到数字化基础设施建设，而是期待数字化带来的产品服务创新能促进业务收入增长。数字化的金融产品，例如银行的线上消费信贷产品，已经将营销、产品服务融合在一起，产品设计充分考虑了客户体验，并在各个环节广泛应用数据分析手段，打破了传统模式下营销仅负责传播而与产品服务割裂的状态。所以，数字化转型会颠覆银行对"营销"的定义，数字化营销也将塑造新的组织形式，与产品服务紧密绑定。

第 1 节　数字化营销现状

银行数字化转型课题组调研了国内各类型银行的数字化转型进程，发现银行数字化营销的成熟度差异巨大，这与银行营销管理水平、IT 基础设施和数据分析的成熟度密切相关。如果要客观评价银行数字化营销能力，可以从以下 4 个维度进行综合评估。

客户洞察：
- 如何构建完善的标签指标体系；
- 如何对客户进行精细化分层管理，制定差异化营销策略；
- 如何分析客群特征，预测客群需求。

客户接触：
- 如何对客户触点进行数字化改造，从而实现对客户的精准触达；
- 如何满足客户接触的时效性要求；
- 如何管控客户接触频次，保障客户体验；
- 如何持续测试学习，提升转化效果。

整合营销：
- 如何实现对全行营销活动的统一管理和分析；
- 如何整合所有渠道，开展多渠道触点、多波次的自动化营销活动；
- 如何构建营销闭环，实现对活动效果的跟踪、评估和归因。

运营管理：
- 是否拥有专业、敏捷的数字化营销团队；
- 是否拥有标准化的营销管理流程，能够快速响应市场变化；
- 是否拥有成熟的系统工具，尽可能地降低人力成本，提高效率。

第 2 节　数字化营销挑战和驱动力

从银行数字化营销转型调研结果可以明显看到，银行对数字化营销转型战略有充分的认同，接近 80% 的银行将数字化营销能力建设作为全行战略的重要目标，并制定了详细的业务规划和路线图，提出了明确的目标考核要求。并且，这些银行都相信数字化营销能帮助银行提升业绩、降本增效、优化客户体验。

一方面，只有不到 40% 的银行认为数字化营销转型的挑战来自缺乏高效、便捷的数字化营销工具。这印证了多数银行已经实现数字化基础设施的建设目标，它们已经拥有较为完善的系统工具。

另一方面，银行业逐步认识到真正的挑战来自数字化营销与运营管理。78%的银行认为，数字化转型的挑战来自培养同时具备数据洞察能力和业务创新能力的营销人才。只有33%的银行能够准确评估每个营销活动的效果，衡量它所带来的业务价值，计算投入产出。

在营销活动运营方面，我们请资深营销人员对营销活动成功要素进行排序，前三位分别是对市场的快速响应（97%）、精准的目标客群（88%）和恰当的渠道选择（81%）。但令人遗憾的是，只有56%的被调研银行认为持续迭代是关键要素。原因在于，营销人员管理的活动类型仍然是以"少次大众"模式为主，在整体营销效率得到大幅提升之前，频繁迭代会消耗较大的成本和精力。从行业发展角度看，"多次分众"的营销模式替代"少次大众"的营销模式是大势所趋，用数据驱动持续迭代将成为必然。

总体来看，银行在战略层面对数字化营销转型已经形成统一认知，随着管理层对营销精细化运营要求逐渐提升，在执行层遇到了诸多难以在短期内解决的问题。例如，如何缩短营销活动准备周期和执行效率？如何客观评价营销活动价值？什么渠道对营销效果贡献最大？如何进一步提升活动的转化率？

在数字化营销领域，工具和人才是两个最为重要的驱动因素，引领着创新与变革。过去五年间，一个重大的变化就是数字化营销工具成为业务部门的利器，配以合适的数字化营销人才，对业务增长的促进十分明显。其主要原因有二：工具方面，新技术层出不穷，数字化营销工具成本和使用门槛逐步降低，越来越"平民化"；人才方面，出现新型营销人才，他们能够利用数字化工具大幅提升效率，独立制订营销方案，通过持续迭代来优化营销结果。

以前，一个典型的精准营销活动往往需要数据工程、数据科学、数据分析、前端开发、交互设计、营销策划等多个领域的专业人员深度参与，每个角色使用不同的工具，因此对团队专业性要求极高，需要投入大量的人力资源和IT资源。今天，得益于工具的"平民化"，同样的活动只需要过去一半的人员和时间周期就能完成。所以，成功实现数字化转型的银行在营销领域将获得巨大优势。通过营销工具"平民化"，人才专业性要求和成本持续降低，数据变得触手可及并在营销领域得到广泛应用（见图2-1）。

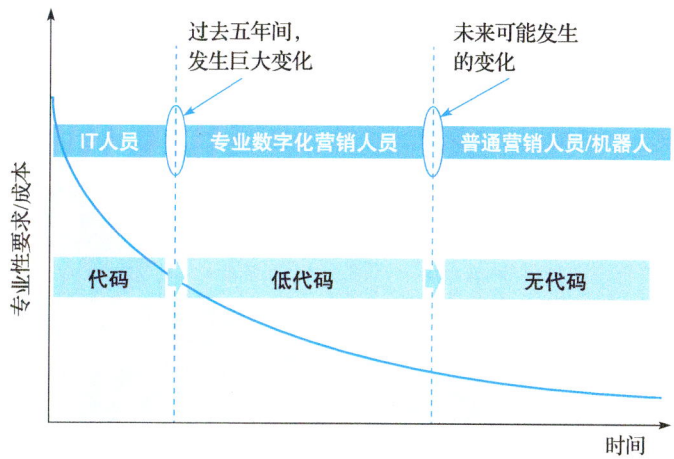

图 2-1 数字化营销人员专业性要求/成本变化趋势

第3节 数字化营销转型要点

国内银行数字化转型的起点各不相同,有的选择从数字化渠道切入,有的选择从标签指标体系切入。但无论如何,都离不开两个关键转型要点(见图 2-2):
- 构建涵盖分析洞察、活动设计、活动执行和跟踪评估的营销闭环体系;
- 构建基于用户生命周期的营销运营体系。

1. 营销闭环体系

先进的银行在构建数字化营销闭环体系时,将能力建设聚焦在智能化、敏捷化、整合化和自动化这四个方向(见图 2-3)。

(1)智能化

数据、算力和算法是推动营销智能化转变的主要力量。其中,数据发展的速度尤其惊人。银行在很长一段时间里,过度重视模型算法在整个营销体系里发挥的价值。通过冷静、客观的分析,我们不难发现,在营销领域提升数据(质量、维度)比优化模型带来的价值更明显。银行现在可以十分便捷地采集客户与渠道触点的交互行为,极大丰富客户画像的数据维度,更为准确地识别客户需求。而算力的提升带动了数据挖掘和分析算法的进化,帮助银行更轻易地从数据中找到规律。

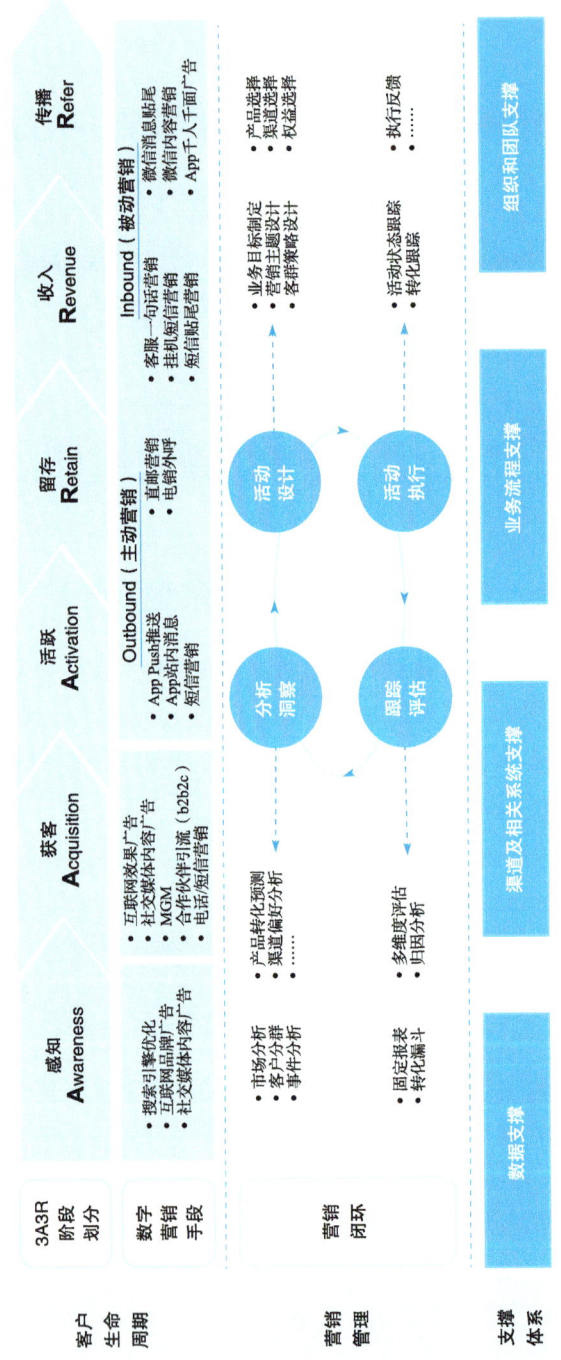

图 2-2 全域营销体系

02 数字化重塑银行营销新模式

- 减少业务判断让数据算法来辅助决策
- 每个营销活动都能准确评估，智能归因

- 营销活动集中管控，提供一站式数字营销工厂服务
- 全渠道营销触点统一管理，优化客户接触

- 业务流程敏捷再造，分类管理，消除重复、烦琐、掣肘和瓶颈
- 成立虚拟营销团队，敏捷响应市场变化
- 平台功能组件化，推动数据中台微服务建设

- 按事件场景自动触发或定时启动营销活动
- 使用系统工具，将作业方式数字化，取代手工操作

图 2-3 数字化营销四大能力提升方向

案例：智能决策助力客户挽留

某银行对客户交易数据进行分析，通过算法构建流失预测模型，挖掘在近度指标（最近一次转账、取款、刷卡等行为的时间间隔）、频度指标（交易频次、线上业务登录频次、积分权益兑换）、额度指标（资产余额、消费金额、积分剩余、贷款余额等）表现不佳的潜在流失客群。为了实现客户挽留的业务目标，该银行搭建体系化的智能决策机制，将目标客群基于模型分层结果划分为五类，按照客户等级维度细分为六类，匹配四类不同的权益（积分、红包、商城折扣券、会员升级等权益），再结合不同的时间节点（7天、15天、25天等），形成400多个子策略，最后根据每组挽留策略的效果，比对出最终的优选挽留规则。

（2）敏捷化

快速试错、持续迭代是数字化营销区别于传统营销的重要特征。银行要实现营销的敏捷化，需要从数据流和业务流两个方面进行改造。利用数据平台加快数据整理、加工、应用的时效性；重构数字化营销流程，加快内部审批、核验的速度，减少人工操作环节，尽量实现自动化。我们无法想象，在缺乏敏捷能力的情况下，银行如何运营管理海量的营销活动。

（3）整合化

在银行内部，许多部门、团队都会发起营销活动，然而客户的触点是有限的，每个触点的接触频次也是有限的，如何整合营销资源、优化对客户的触达成为数字化营销的管理难题。除此之外，数据、权益、内容的整合对数字化营销而言都十分关键。

> **案例：通过全渠道营销触点统一管理，提升客户营销体验**
>
> 某银行通过对客户历史营销活动触达和响应数据进行分析发现，交易活跃的高端客户收到营销信息的次数是同期普通用户的3倍，然而营销转化率却低于普通用户。造成这一结果的主要原因在于，银行多个业务条线都将营销重心放在活跃高端客群，营销时点的选择也十分相似，都集中在节日或者年度大促等关键时点。在缺乏内部协调的情况下，对该客群造成了明显的过度营销，而各业务条线营销人员却都无法察觉。
>
> 该问题的解决方案是，通过整合全渠道触点，打通数据孤岛，统一收集各渠道营销触达数据。在此基础上，建立一套接触管理流程，按照活动进行分类，设定排除规则、接触频次和接触间隔限制，最大程度降低过度打扰，合理分配渠道接触资源。

（4）自动化

营销模式的创新带来了营销转化率的大幅提升。相比传统的大众营销，分众营销转化率能够获得3～8倍的提升，而事件营销还能在此基础上继续提升2～3倍。

例如，某银行的事件营销能够基于客户在手机银行App点击某个特定内容版块，自动触发模型算法来预测客户需求，根据配置的活动策略及客户的资质来综合决定是否立即推送相关活动信息。

这一类高时效性、自动化的营销活动只有实现规模化应用才能创造可观的业务价值。否则，由于能够触发这类事件的目标客群数量较小，只是提升营销转化率并不能从根本上帮助实现业务目标。

2. 营销运营体系

过去由于银行数据与业务应用长期脱节，所以在营销运营体系建设方面，各家银行呈现出明显的两极分化。少数头部银行已经构建出端到端的数字化用户旅程，根据用户生命周期阶段来设计指标体系，并对用户进行分层、分群，从而制定精细化的运营方案。而多数银行仍然在摸索适合自己的转型路径。

构建营销运营体系，真正的难点在于组织架构和业务模式的变革。从图2-4中可以看到，新的部门角色应运而生，新的工作模式对多部门、条线的融合提出了较高要求。例如，业务部门既需要从运营平台下沉到数据平台去做探索，参与数据治理，完成数据分析，还需要对接触点平台，管理交互设计、前端开发，确保良好的用户体验。

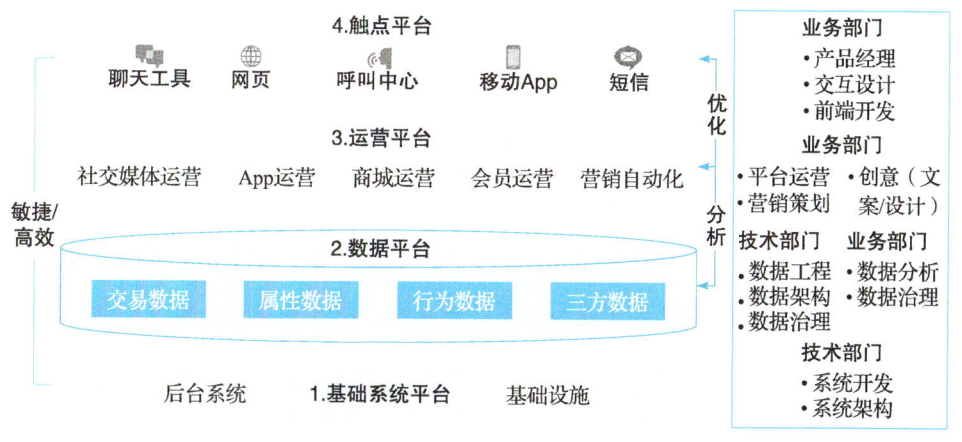

图 2-4　数字化营销运营体系

银行开展营销运营工作，主要分为用户运营、活动运营、产品运营和内容运营四大板块，由数据运营作为支撑，会员积分权益体系作为配合。数据在运营工作中至关重要，以用户分群为例，它是银行精细化运营管理的重要手段，所有运营工作都需要以它作为基础输入。

银行用户分群经历了三个发展阶段。

- 按照用户价值分群，目的是进行产品和服务体系设计。常见的是零售客户按照资产管理规模（AUM）分层，信用卡客户按照卡等级划分，后期衍生为按照价值贡献分层。
- 按照人口属性特征分群，在价值分群基础上进一步细分，制定更有针对性的策略，设计差异化的产品和服务。
- 按照生命周期分群，受到互联网用户增长方法论影响，将用户按照获取、激活、留存等阶段划分，对每个阶段的用户进行精细化运营。

除此之外，在一些特定领域也会用到用户分群，例如，按照渠道来源（线上、线下各类渠道）细分，按照购买行为细分（RFM），按照场景需求（商旅、交易、运动）细分。

案例：基于用户旅程的精细化运营，提升信贷产品转化率

某银行的一款线上消费信贷产品刚刚发布，在大力推广下，短期内获得了近50万新增注册用户，但是随着时间的推移，贷款申请转化情况并不理想。要想分析导致这一结果的原因并做出改进，需要制定各渠道推广效果监控报表，结合对应的用户旅程阶段，开展渠道转化漏斗分析，分析漏损及流失原因，寻找用户增长点，制定渠道推广迭代优化策略，形成渠道运营闭环。

在该案例中，银行将用户旅程切分为渠道触达、落地页、下载注册、身份认证、信息填写等14个转化节点，为每一个模块的转化率设定目标，制定不同渠道（短信、电话外呼等）、不同时间（2小时、12小时、1天、3天等）的活动提醒用于激活用户。例如，对已经注册的用户提供免息券，对完成认证的用户提供折扣券，对已经出额的用户发放MGM活动邀请，对有复借意向的用户发放提额包。同时，对各推广渠道来源的用户转化效果进行监控，及时发现异常，优化渠道推广策略。

银行通过数字化转型，缩短了产品服务与客户的距离，彻底改变了银行与客户的互动模式。而营销在此时也需要被重新定义，以适应产品服务的升级。在数字技术和新的营销思维冲击下，传统银行应当在营销模式上勇于探索，发挥大数据能力优势构建全域营销生态，塑造适应数字化营销的运营管理形态，在快速变化的营销世界中占据先机。

03 跨界与融合重塑商业价值
——交易银行数字化转型与产业互联网生态构建

王亚彬　张挺　刘晓宇　银行数字化转型课题组

随着世界经济结构的深刻改变，数字经济正在成为全球新一轮产业变革的核心力量。不断迭代升级的电子技术、信息技术作用于社会生活、企业生产、政府运作等各方面，从根本上对企业机构的运作模式、组织活动、产品服务、业务流程等方面进行颠覆式的变革和重塑。国内，以人工智能、区块链、云计算与大数据等为代表的创新技术与实体产业深度融合，加速推动社会向产业互联网阶段演进，从而发掘新的社会和商业价值。

第1节　产业互联网迎来黄金时期

当前，消费互联网已经渗透到人们生活的各个领域。截至2020年3月，中国互联网用户数量已达9.04亿人，互联网普及率达64.5%。大量终端消费需求的互联网化使供给端企业的互联网化成为必然，我国已经由消费互联网阶段步入产业互联网阶段。

产业互联网是消费互联网的升级，是数字时代基于产业场景的新型基础设施。 产业互联网是传统产业借助云计算、区块链、大数据等互联网信息技术，促进企业内的人、物、服务，以及企业间、企业与用户间互联互通，线上线下融合，资源与要素协同的一种全新产业发展范式，它既是新生产方式、组织方式、运营方式，也是一种新的基础设施，是新一代信息技术与工业、服务业、农业深度融合的产物。产业互联网最大的特征在于产业运营方式的网络化和智能化，基于信息技术实现企业间的无缝合作和资源的有效整合。

在产业互联网时代，商业竞争由过去的企业与企业间的竞争，逐渐转向产业链、生态圈之间的竞争，越来越多的企业关注产业链整体竞争力，并将构建健康产业生态作为经营的战略目标。

第2节 交易银行：产业互联网金融服务转型驱动力

产业互联网的发展急需金融助力，交易银行的资金管理服务可以促进产业互联网平台"四流合一"全维度的数据管理，同时以交易银行的供应链金融工具解决产业链上下游中小企业融资难、融资贵的问题。供应链金融与产业供应链的有效协同，有利于产业供应链的健康现金流管理，从而助力产业生态商业模式构建，交易银行成为推动产业互联网平台快速发展的重要驱动力。

交易银行包括基于产业交易场景的贸易融资、供应链金融、支付结算、财资管理等一系列综合金融服务。未来随着产业互联网的发展，交易银行的数字化转型成为必然。数字化的交易银行与产业互联网结合，打造开放型产融结合生态平台，具备场景内嵌、智能响应、生态开放、产业特色、科技驱动等特点，从而实现产业生态与金融生态的融合。

交易银行是产业互联网发展的重要驱动力，利用交易银行服务于产业互联网平台是商业银行创新金融服务的蓝海。产融结合有利于掌握平台数据和交易场景，从而实现良好的风险控制，利用供应链金融解决产业链中小企业融资难问题。产业互联网平台的专业性结合交易银行的资金管理，可以实现商流、信息流、物流、资金流"四流合一"，结合产业方对行业和商业模式的深刻理解，对"四流"等数据进行整合分析，可形成对业务准确的需求识别和风险判断，从而形成对线上供应链金融的良好运用。

以产业互联网平台产业大数据形成的信用评价体系为主要风控手段，以平台在线化的真实交易为场景，为产业链中小企业提供线上供应链金融服务，是解决产业链中小企业融资难、融资贵的社会难题的良好手段。

创新数字化交易金融服务，形成产融结合的产业互联网生态已成为银行发展重点。过去几年，供应链金融与产业互联网的融合愈加紧密，国家也相继出台一系列政策制度推动供应链创新以及支持供应链金融发展。目前，商业银行在交易银行为产业链提供金融服务领域的探索方兴未艾，例如招商银行、平安银行、渤海银行都依托自身优势打造服务产业链的交易银行平台。平安银行将交易银行明确为对公业务三大支柱之一，推出"平安好链"品牌，为供应链上下游客户提供一揽子综合金融和管理服务。渤海银行将交易银行业务转型视为战略转型方向，加快智能化供应链金融创新步伐。2020年8月，其基于区块链的供应链金融服务项目被纳入中国人民银行石家庄中心支行金融科技创新监管试点应用公示项目。

第3节 商业银行与产业互联网的主要合作模式

从目前的市场实践来看，商业银行与产业互联网平台主要有三种合作模式。

模式一：以大型企业为核心、产业互联网平台为基础的产融模式

核心企业在产业互联网构建中有着明显的优势。第一，核心企业天然自带产业场景，能够迅速组织上下游企业或者平台用户参与到供应链金融中；第二，核心企业对上下游企业的强势管控和话语权，以及在行业中的多年深耕，能够直接转化成很强的风控能力；第三，企业资源的聚集和把控。因此，我们看到很多核心企业相继开始搭建产业互联网平台，通过引入商业银行或金融机构进行合作的模式，为产业平台上的企业提供供应链金融服务。这类模式的典型代表有宝钢旗下的欧冶云商平台、河北钢铁集团的河钢供应链平台、中国建筑集团的云筑网等。

云筑网是依托中国建筑及其战略合作伙伴的采购需求、供应商资源打造的集电子化招标、在线交易、物流整合、供应链融资等服务为一体的产业互联网平台，针对建筑行业交易金额大、结账周期长、物流服务繁杂等特点，凭借专业知识和市场经验对物资采购进行供应链整合，开创了线上交易的全新模式，有效解决了供求双方资金周转难题。

模式二：第三方金融科技公司主导的产融服务平台

金融科技公司主导的供应链金融平台在金融资源和产业资源领域有独特优势，其通过合作机制充分优化和集中资源进行多重赋能，推动产融协同，并通过产业服务平台或产业供应链金融平台的搭建主导产业互联网的形成。这类模式的典型代表有中企云链等产融服务平台。

中企云链是由中国中车联合中国铁建等多家央企及金融机构成立的混合所有制平台，其运用金融科技创新能力，打造了云信、云租等金融服务模式，已经与

几十家银行合作，服务于国内近千家核心企业，5 万多家产业链中小企业。

模式三：以垂直行业 B2B 为核心、垂直电商平台为基础的产融模式

垂直电商平台的关键在于对行业的深耕和积累，在产业、技术等方面形成独特的资源和禀赋，从而形成基于垂直行业生态的产业互联网平台。这类模式的典型代表有五矿发展的五阿哥平台等。

五矿发展以钢铁贸易为主，拥有大量终端企业上游供应商资源，赋能传统供应商（钢贸商、加工配套商为主）完成互联网化改造升级，帮助终端企业解决询价、采购、跟进、融资等全流程的问题。五阿哥平台聚焦钢贸商、加工配套商、终端企业环节，打造"纯撮合"的第三方钢铁服务交易平台，依据平台上真实贸易背景和交易数据，引入北京农商行和阳光保险等金融机构，共同打造了面向钢铁产业终端企业的供应链产品"赊销宝"，实现全流程线上放款。此外，该平台还引入浙商银行的"佣金司库"一体化解决方案，为平台上的企业提供依托账户的涵盖支付结算、资金融通、金融资产管理的一体化综合金融服务。

第 4 节　产业供应链金融发展趋势

在产业互联网时代，产业供应链金融的发展未来将呈现以下三种趋势。

由"产品视角"向"场景视角"转变。商业银行服务的理念不再是简单的销售供应链金融产品，而是强调对产业供应链场景的深刻理解，在真正理解产业场景后，针对当前场景下产业链上各方企业的价值诉求和痛点，提供定制化的产品和服务。

服务模式由 B2B 向 B2B2B 方式转变。传统银行提供供应链金融服务，本质是基于对核心企业风险的有效把控对其进行信用穿透，直接向核心企业的上下游提供服务。产业互联网时代，核心企业、金融科技公司等通过产业供应链平台，推动整个产业链的信息化和智能化。因此商业银行需要通过与产业平台对接，获取基于该平台的生产、交易、物流等多维度数据，从而实现批量获客和风控。在与平台方对接时，商业银行不仅需要考虑平台上企业的金融诉求，更多时候还需要首先了解平台方在账户体系、交易结算、资产管理、生态构建等方面的诉求，并为其定制相应的解决方案，从而获得与平台合作的机会。

实现产业生态＋金融生态的深度融合。要构建产业生态，商业银行不仅需要秉承开放银行理念，通过产业场景内嵌的方式提供供应链金融产品，为产业链上的企业提供"融资"服务，更需要围绕产业链核心企业的业务发展诉求为其赋能，帮助其构建业务模式、交易结构、业务及风控流程等，并通过金融科技输出的方式提升整个产业链的数字化程度，帮助其搭建产业生态，提供"融智"服务。构建金融生态，则意味着除传统资金借贷服务外，商业银行还需要根据产业生态中多元企业主体的差异化需求特点，引入多元的金融服务，包括投行、资管、期货、保险等，例如帮助企业打通资本市场，进行直接融资，或者帮助企业发行 ABS，对接资管产业，帮助企业进行现金管理等。商业银行需要充分连通产业生态和金融生态，使金融生态能够更好地服务产业生态，不断提升产业生态的价值和竞争力，推动两个生态圈的充分融合。

第 5 节　交易银行数字化转型策略

近年来，我国银行业面临的内外部环境发生深刻变化，致使银行的经营风险加大，企业自金融化、互联网业态发生的巨大变化正在加剧形成新的金融生态体系，不断冲击传统银行业务，交易银行进行数字化转型刻不容缓。

确定交易银行轻资产、数字化、平台化的业务发展方向。目前中小商业银行资产结构、负债结构亟须调整，资本充足率约束导致信贷规模及成本优势不足。基于此，交易银行应逐渐实现战略结构调整、线上高效服务、平台批量获客，实现传统银行向产业互联网场景化生态银行、资产持有型向资产交易型、低效流程型向敏捷银行的转变。

自上而下理念和思维的转变，是银行转型成功的关键。尤其是银行高层需要充分意识到数字化、交易银行数字化转型的必要性，转变传统粗放的经营方式和"产品视角"的经营理念，树立用户思维，立足对产业场景的深度认知和解构，围绕企业的诉求设计定制化解决方案，打造自身护城河。

以场景化产业互联网平台为基础，以金融科技＋产业互联网＋供应链金融为抓手，推动开放式生态平台打造。商业银行应改变传统风险管理和业务拓展思维，以产业互联网平台为基础，提升基于产业大数据的动态风控能力，以高效的线上化供应链金融等综合产品服务于产业链上下游中小企业，提高金融服务实体经济的能力，提升客户体验。运用资产证券化产品加快资产流转，使金融产品资金价格相对市场化，提升市场竞争力和盈利能力，实现轻资产、数字化、平台化的业务转型。

运用智能新型资金管理工具，实现产业互联网平台现代智能支付清算服务。 实现基于产业互联网平台的银行资金存管，并针对平台交易场景进行个性化定制，是服务于产业互联网平台的重要手段，同时资金的智能管控也是产业互联网平台金融服务的重要风险控制手段。新型资金管理工具可以实现资金归集、分账管理、清算、增值服务等综合服务。定制化的资金管理系统可服务于大型产业集团、产业互联网平台，有利于加快中小银行数字化、平台化进程。

加快数字化贸易金融工具开发进度，提高市场响应和服务能力。 近三年来，中国人民银行（简称"央行"）、中国银行业协会、国家外汇管理局以及金融同业密集推出的贸易金融数字化平台，标志着银行业的金融工具将快速进入数字化时代。央行数字货币研究实验室与央行深圳分行共同推动及协调了"湾区贸易金融区块链平台"，参与组织包括中国银行、中国建设银行、招商银行、平安银行、渣打银行和比亚迪等。国家外汇管理局组织运用区块链技术搭建跨境业务服务平台。上海票据交易所成功上线试运行供应链票据交易平台，应收账款票据化迈进一大步。中小商业银行应适应市场，提高数字化贸易金融工具的运用能力，提高市场响应能力和服务能力。

建立金融科技敏捷开发、迭代优化、快速复制实施的业务发展机制，并全面提升大数据分析和应用能力。 产业互联网时代要求商业银行能够为客户提供高效、良好的数字化体验，以及更好的资产管理和风险控制，因此商业银行必须大幅提升数字化能力：搭建开源的场景化综合服务平台，打造全面的数据生态系统；建立强大的数据分析体系，提升大数据分析能力和应用能力；构建基于金融科技的业务敏捷、技术敏捷机制，以适应产业互联网的快速发展。

产业互联网时代需要商业银行进行变革，需要商业银行建立开放、共享、共赢的平台思维，将金融服务无缝嵌入产业互联网场景，推动交易银行的数字化转型与产业互联网生态构建，实现内外部的跨界、融合，重塑产业商业价值。

04 数字化转型中的数据安全与风险应对

李睿　银行数字化转型课题组

自 20 世纪 90 年代新技术浪潮兴起以来，国内银行业一直在孜孜不倦地推动信息科技在行业的应用，伴随着业务形态和场景的多样化，信息科技与银行业务不断融合，为业务发展提供了强大助力。信息科技在银行业的推广可以划分为三个阶段。

金融信息化。1984 年商业银行业务从央行剥离并独立运营后不久，领先银行即开始了会计电算化和网点电子化之路。之后与新技术发展伴行，各类柜面应用业务处理系统大面积普及，随着业务的发展，引入网络技术，逐步实现全国网点联结，构建全国大集中的业务处理系统，实现了业务跨行联合和设备资源共享。这一阶段本质上是利用信息科技提高银行业务处理的效率。

金融互联化。20 世纪 90 年代末期，随着互联网的兴起，银行陆续推出网上银行，通过互联网为客户提供服务。随着智能终端的普及和移动互联网的兴起，金融行业通过互联网和移动终端汇集了海量客户，越来越多的银行业务迁移至网上。这一阶段本质上是借助信息科技尤其是互联网技术，促成了传统金融渠道的变革。

金融数字化。2017 年被称为金融科技元年，大数据、人工智能、区块链等新技术越来越多地应用在金融领域，不仅大幅提升了传统金融的效率，更为业务创新提供了动力。不同于前两个阶段，这一阶段的变革推动不仅来自银行业内部的发展需求，还来自外部科技公司对金融产品及服务的创新，改变了银行业的竞争格局，也促成了整个金融行业由科技驱动的巨大变革。

第 1 节　数据风险伴随金融数字化而生

当前我们正处于金融数字化的起步阶段，越来越多的新兴技术被应用于金融领域，解决传统金融的信息采集、风险定价模型、投资决策、信用中介等痛点。技术的应用大幅提升了业务效率，降低了业务成本，使得过往很多受限于效率成本而无法触达的客户群体、无法实现的金融服务都具备了实现的可能，从而进一步促进了业务的拓展与创新，但同时也引入了新的风险，其中数据风险是影响最大、范围最广的风险。

近年来的银行业数字化实践体现出 4 个趋势：

- 开放化，主要体现在业务融合化、中台接口化、服务多元化；
- 平台化，面向服务的 IT 架构更加开放，中台核心再造，后台大数据驱动创新；
- 场景化，以用户为中心，用户体验至上，服务更加个性化，渠道碎片化、多样化；
- 智能化，前中后台的快速重构、流程自动化以及 AI 技术的普遍应用。

这 4 个趋势背后的核心驱动力正是数据的深度挖掘和应用。可以说，数字化与信息化的核心差异点就在于，数据驱动的资源联动和打通使得信息科技从被动响应业务需求转变为与业务主动协同，为业务赋能，促成业务的转变。因此，数据价值不可避免地会越来越高。一方面，巨大的利益驱使下，数据产业已经形成人员数量庞大、分工明确的黑灰产业链，给银行业的数据安全带来了巨大的威胁。另一方面，银行数字化转型中开放化、平台化、场景化、智能化的特点，使得数据使用边界越来越模糊，数据安全责任难以认定，进一步加剧了数据安全风险。

监管机构已经意识到数字安全的严峻形势，近几年多个国家和地区陆续出台了相关的法律法规和监管要求。据不完全统计，全球已有 100 多个国家和地区颁布了数据安全或隐私保护的法律法规。以欧盟 GDPR 为代表，立法约束更加苛刻，执法力度更加严格，处罚力度空前。中国备受关注的《个人信息保护法草案》也于 2020 年 10 月提请十三届全国人大常委会第二十二次会议审议，聚焦目前个人信息保护的突出问题，落实个人信息保护责任，加大违法行为惩处力度。除此之外，央行及全国金融标准技术委员会也正通过制定《个人金融信息保护技术规范》等标准加快对金融领域的数据监管。未来数据安全将不可避免地会成为银行业数字化转型中的合规红线，需要业内高度重视。而在满足数据合规的同时，如何实现对数据深度挖掘与应用，将会是所有银行机构必须面对和深入思考的问题。

第 2 节　数据安全风险识别与应对

针对于此，我们组织开展了银行业专题调研，从业务场景出发，梳理和分析了业务、系统的相关风险，主要识别个人业务、对公业务、渠道和数据中台等四类风险场景。

个人业务数据安全风险，主要是复杂环境下的隐私保护风险。 个人业务涉及前、中、后台，大量业务场景和相关支撑系统参与其中，开户、汇款、信贷、投资、保险等业务都是隐私保护的高风险场景，需要体系化考虑用户数据合理最小化收集、用户数据全生命周期安全管理、数据在各业务间交互的合理性及必要性等数据安全风险。

对公业务数据安全风险，主要是重要数据第三方共享风险。 以资产证券化业务为例，大量数据打包后通过银行传输到第三方，什么数据能传、什么数据不能传、数据怎么传，都需要通过协议约束、安全技术管控等措施规避可能的用户隐私及商业秘密泄露风险。

渠道风险。 银行业务渠道众多，包括手机银行、网上银行、微信公众号、小程序等，需要重点考虑多渠道多场景下的用户权利保障风险，如数据收集最小化，获得用户充分、有效的授权，建立用户权利行使的受理及处理机制等。

中台的开放平台和碎片化场景下的数据应用风险。 业务和数据中台模式下，大量数据通过中台进行内外部交互，需要考虑是否存在业务必要性、是否满足最小化传输要求、数据安全影响及审批流程是否严谨、是否传输不必要信息、是否存在数据泄露等风险。

除了上述四大数据安全风险场景，在金融市场、同业业务等其他业务场景下，也面临着一定的数据安全风险。为应对上述风险，建议建立体系化的数据安全闭环管理，构建"四个纵深一个闭环"的数据安全保护体系，通过贯穿各业务场景的数据全生命周期的"识别—分级—保护"流程，实现对个人隐私和重要数据的有效保护。

- **治理架构纵深**：以数据安全合规为顶层输入，以技术体系为支撑，形成管理、合规、运营、技术的纵深体系。
- **业务流程纵深**：以业务流程中的数据风险管控为核心，从数据在前、中、后台系统中的纵深路径按图索骥地分析风险点。
- **安全防御纵深**：按照网络安全威胁程度，划分为不同的安全域，并在域中和边界部署防护手段。

- **生命周期纵深**：以分类分级为核心的数据安全全生命周期管理体系纵向贯穿整个框架。

在四个纵深基础上，完善监督评价体系，从而形成从框架设计到运行、评价和改进的管理闭环。

数据安全管理体系的构建是一个动态、长期的过程，难以一蹴而就，需要统筹考量，下决心、花力气、抓重点、树典型，在积极应对数据安全风险的同时，将风险化为机遇，将数据安全转化为银行的核心竞争力，赢得市场机会，赢得用户信任。

此外，构建一个有效的数据安全管理体系，也应当充分考虑现实情况和可行性。由于数据类型和敏感程度的不同，在开展数据安全管理体系建设、推动管理要求落实的过程中，要充分考虑数据特性和监管重点，优先落实对高风险、大规模数据的保护，同时动态适应当前的业务和IT环境变化。从当前的环境来看，用户及雇员的个人信息保护和远程办公中的数据安全（将在下一节介绍）是两个需要重点关注的场景。

个人信息一直以来是数据安全保护的主要对象，其也因应用范围广、数据规模大、涉及场景复杂，成为最易发生数据泄露的"重灾区"。此外，由于个人信息的巨大商业价值，违规采集和使用个人信息也是一类高发的数据安全事件。合理使用、有效保护个人信息是银行必须承担的责任。银行需要从个人数据全生命周期的各个环节——收集、传输、处理、存储和销毁，落实对于个人信息的保护工作。

1）在涉及个人数据收集的业务场景中，银行应明确告知数据主体其收集目的和用途以及收集的数据字段。同时，应确保收集的数据字段为业务开展所必需的，做到数据收集最小化。

2）在个人数据传输环节，需明确数据传输目的和用途，同时提高营业网点工作人员的个人信息保护意识，并严格限制其接触个人信息权限，降低数据泄露风险。

3）在个人数据处理环节，严格限制处理个人信息的人员权限，最大程度降低个人隐私泄露风险，并按照法律法规要求记录后台操作数据，做到数据处理可追溯。

4）在个人数据存储环节，应对个人信息按照信息敏感程度进行分级管理，明确个人隐私信息存储要求和标准，同时将个人敏感信息与一般信息分开存放和管理，使用安全可靠的存储介质，并尽可能安排专人进行管理。

5）在个人数据销毁环节，当出现服务中止或其他需要销毁个人信息的情况时，应删除全部已收集到的个人信息，并停止个人数据收集行为。如因为其他监管要求（如反洗钱、会计档案管理要求等）需要保存数据，应依据监管要求最小化保存个人信息，并告知数据主体且获得其同意。

第3节 远程办公中的数据安全

当前，数字化转型为远程办公提供了基础，成为银行兼顾员工健康和业务运转的最佳方式，并会对未来的办公形式产生深远的影响。远程办公过程中的信息和数据安全应引起银行及员工的高度重视。银行在过往的管理中，一直行使严格的网络隔离控制，对某些工作和岗位开启了远程办公，但这在打开方便之门的同时，也使业务系统、重要数据和办公网络的操作场景复杂化，增加了信息安全风险。银行需要从技术架构、数据管理和员工行为等多维度、多领域进行系统化统筹，以实现效率与安全的统筹兼顾。

用一句话总结远程办公中数据安全的保护要点是，控源头、限接触、勤监控、早阻断。

1. 远程数据的产生和存储风险

风险场景：远程办公环境下，数据的访问和接入途径更加多样，由于办公需要，数据的访问权限需要进一步扩展等，这些均导致数据在展示和传输过程中的泄露风险极大提升。

应对提示：数据分级管理，严控数据源头。

在远程办公场景下，须重点管控两个数据源头。

一是服务器端，需要对数据进行分类分级管控。对于高敏感的重要数据，应严格限制远程访问的账户、访问权限及远程接入方式。对于访问账户，建议在进行远程办公的同时，整理和排查当前账户的合法状态，及时锁定非法账户，同时关注系统授权的合理性，严格管控远程操作的账户权限。对于需要临时授权的账户，进行严格的权限授权审批，并在工作完成后及时收回权限。对于远程接入方式，应采用预置VPN接入办公。如不具备VPN接入条件，应采用HTTPS对访问通道进行加密，同时采用双因素授权的方式进行远程登录。对于重要数据采取数据不离线的工作方式保障数据安全，远程办公所有的操作数据均在服务器端存储，禁止将数据下载至移动办公终端。同时，建议通过系统现有安全机制和网络策略的配合来实现不同角色的用户权限控制，以达到权限安全管控的目的。

二是移动办公终端，应严格限制移动终端的使用，禁止使用未经银行注册或登记的个人移动设备办公，或仅允许受信任或安装了防护软件的终端设备接入行内系统进行工作。

2. 远程复杂网络环境风险

风险场景：远程办公不同于集中办公，其所处的网络环境更加复杂，4G/5G网络热点、家用Wi-Fi、公用Wi-Fi等，接入网络变得不可信任，可能导致利用钓鱼网络的中间人窃取数据，使得数据更多地暴露在不可信的环境中，带来数据泄露风险。

应对提示：限接触，保障环境可信，限制用户接触。

在控制数据存储源头的基础上，还需要对数据传输和远程使用进行进一步管控。对于云端和移动终端，以及移动终端之间的数据交互，应对数据通信全链路进行HTTPS加密，防止数据在传输中泄露或被窃取。另外需要特别注意的是，对于传输数据的邮件或即时通信工具需要严格加以限制，应使用银行工作邮箱和专用通信工具进行数据传输，禁用公共邮箱和通用即时通信工具传输与行内业务有关的数据。对于移动终端而言，还需要注意接入的网络热点和Wi-Fi安全，不要接入未知的网络热点和Wi-Fi处理办公数据，尤其是不需要密码就可直接登录的网络，谨防非法网络窃取数据，建议规定必须在接入预置VPN的状态下才可进行办公操作。

3. 远程用户访问和操作风险

风险场景：在远程办公场景下，用户需要远程访问系统来处理或下载数据，用户身份和访问行为都变得更加不可信，例如假冒合法用户访问、用户越权访问、批量数据下载、高敏感数据的修改和删除等异常访问和操作等攻击行为，均可能导致重要数据的泄露或不可用。

应对提示：勤监控，丰富监控手段，提升监控频率。

银行业应考虑对所使用数据的数据生命周期进行全面监控，这一点在远程办公模式下尤为重要。在云端和服务器端，重点监控访问系统的操作行为，包括账户状态、授权范围、访问时间、访问方式、访问内容、访问频次、操作行为和数据传输内容等信息，尤其需要关注短时间内的异地登录，多次用户登录失败后的登录成功，用户登录后短时间的系统各页面间的高频访问，用户登录后的数据批量操作等异常行为；同时还需重点监控系统接口的数据传输情况，包括数据类型、数据传输量、传输频次等。在授信移动办公终端时，重点监控用户对重要数据的操作行为，包括数据存储位置、通信工具传输行为等。另外还需提升对账户密码强度和修改次数的监控，建议在远程办公期间，提高对用户密码复杂度的要求，同时加快更换密码频率，缩短密码有效期。通过对数据生命周期重点场景的监控，及时发现并纠正违规行为，提升数据保护能力。

4. 数据泄露的应急管理

风险场景：无论如何防护，远程办公环境下的数据传输和使用都会面临比集中式办公环境更大的安全风险，银行需要未雨绸缪，提前考虑体系化的预防和应急管理，避免因应对不当而导致损失扩大。

应对提示：早阻断，及时修复漏洞，提前部署预案。

一旦发现可能的数据安全风险问题，需要及时阻断以降低损失。建议重点关注三个方面。一是系统安全漏洞的加固和修复。在远程办公环境下，需要加强对服务器操作系统、中间件、数据库和相关开源组件等安全漏洞的扫描频次，对于服务器端和移动终端出现的安全漏洞，需要及时修复和加固，避免黑客利用漏洞远程窃取数据。二是异常操作行为的及时发现和阻断。针对上一节中的异常行为，从管理和技术层面加强建设，针对发现的风险及时报警和阻断。三是数据泄露后的应急处置。银行需要提前制定针对场景的应急预案，尤其是远程办公环境下，数据泄露、数据窃取、数据误操作等风险的场景化预案，对问题进行及时响应和处置。

05 打造银行数字化风控体系长板

黄鸿星　银行数字化转型课题组

数字化转型的速度和程度越来越成为决定商业银行是否具备和能否保持竞争力的关键。尤其是，作为商业银行这类经营风险的机构，风险管理（风控）的数字化转型即数字化风控体系的建设，是其应当在数字化转型中高度关注的重点、加快突破的难点和尽快建起的"长板"，唯有如此，才能保证数字银行模式下经营和发展成果的真正落地及实现。从商业银行实践来看，数字化风控体系目前还处在研究和布局建设的初级阶段。由于涉及理念、模式、路径、流程、技术、监测等方方面面与传统线下风控体系的不同，数字化风控体系的建设更需要凸显前瞻性、可扩容性和整体性，并以此为出发点，制订中期和长期的数字化风控体系建设方案。

第1节　数字化风控体系现状与问题

金融科技成为银行战略，数字化风控加快规划布局。有数据显示，几乎所有的中大型银行以及越来越多的小银行都已将金融科技作为发展战略，不少银行还将金融科技定位为自身发展的核心竞争力。在发展金融科技方面，商业银行主要集中在建设开放银行、打造直销模式、拓展供应链金融、实现零售转型和探索新场景新产品上。相较在上述层面的快速跟进，商业银行对内部风控体系的改造和优化则稍显滞后，数字化转型在风控体系的规划深度和建设效率仍然不足。

银行近几年的金融科技战略基本上是为了实现金融业务和活跃场景的有效绑定、实现批量化获客、提升零售利润占比，着力点主要在打造匹配零售转型的组织架构、IT体系和产品体系上，某种程度上降低了打造数字化风控体系的优先级。也正是由于优先级较低，商业银行数字化风控体系目前还处在研究和布局建设的初级阶段。由于数字化风控的目标、模式、路径既无现成理论指导，又无现成经验可供借鉴，且数字化风控本身也存在风险——这一点十分重要，研究和推进数字经济下的商业银行数字化风控成为一项十分必要但并不容易的课题。

近年来，很多银行将建设数字化风控体系总结和提升为"智慧风控"。智慧风控更多是配合各银行提出的"智慧银行"战略，从这个角度来看，"智慧"与"数字化"的内涵并无区别，智慧风控是新一轮银行数字化转型分化和发展进程中，对风控体系转型提出的目标。如北京银行提出的智慧银行建设中"智慧服务、智慧风控、智慧决策、智慧平台"的重点建设任务，民生银行虽然未明确提出"智慧银行"战略，但强调要在其"科技金融"战略基础上，打造"智慧风控利器"。

一个普遍的现象是，商业银行风控体系的数字化转型基本都选择了"由易到难的探索式"路径，首先从低风险业务的风控数字化着手建设，这也符合适应技术快速迭代、场景快速更新和银行稳健经营的要求。例如，在托管业务的风控管理数字化转型上，多家银行通过找准流程线下转线上的切入点，引入外部风控服务商技术，将数字化风控流程嵌入数字化托管业务平台，在取得产品模式数字化带来的成本下降和效率提升基础上，实现了风控体系中该模块的数字化、线上化及平台化。

在实践中，虽然通过组建科技部门、招募科技人才、研发风控模式和借助第三方风控服务商等方式，商业银行在风控体系的建设上颇有投入，也取得了不少成果，如扩容能力更强的数据中心、保障性更好的灾备系统等，但整体来看，仍然存在三方面的问题或不足。第一，仍然未建立起对风控体系数字化转型的深度规划，对未来风控体系数字化转型的路径和目标缺乏足够深入的认知和研判；第二，当前风控体系对业务和运营的支撑主要依靠的是传统线下风控手段及在此基础上的浅层面的被动性科技辅助，风控体系数字化转型仍然滞后于产品及运营等层面的数字化发展，成为数字银行建设的"短板"；第三，数字化风控体系在数字银行建设整体层面的重要性和统领性不够突出，一些来自短期或过于追求盈利性等的动机，造成在数字化风控体系建设时对各类潜在风险的认识不足，从而造成数字化风控体系的漏洞。

第 2 节　风控体系数字化转型面临的形势

数字经济发展不可逆转，数字经济也已成为国家战略。数字经济在引领经济社会发展进入新阶段的同时，也不可避免地会给商业银行带来新的风险形势，因而数字化风控是商业银行为适应大势而必须做出的选择。以商业银行最基本的信贷业务为例，在数字经济条件下，商业银行信贷服务对象（信贷企业）的风险出现了一些新的特征，其共性正是由于数字化引起的新的风险或原有风险的变异、放大。除原有的财务风险、抵押物灭失风险外，数字经济转型对企业带来的新风险，如创新风险、跨界风险、放大风险、快速风险、复杂性风险、监管风险等，都在很大程度上影响着商业银行在进行风险控制时对信贷服务对象的管理质量。这些新的风险形势和特征决定了商业银行必须对信贷风险控制和管理模式进行"彻底的"数字化变革。

面对日益复杂严峻的风险形势，商业银行风控体系的数字化进程必须进一步加快。2020 年开启了全球政治经济形势的新一轮变革，国际金融体系的风险形势正在发生深刻变化，传统财政货币政策的操作空间有限，国内商业银行正在面临宏观风险形势恶化、存量业务风险暴露、创新发展方向难觅等不利局面。以不良资产风险形势为例，2020 年 6 月末，国内商业银行不良贷款余额为 3.6 万亿元，较年初增加 4004 亿元；不良贷款率为 2.10%，比年初上升 0.08 个百分点；拨备覆盖率为 178.1%，比年初下降 4 个百分点。不良贷款余额再创历史新高，商业银行风控体系面临巨大的压力。

从不良资产的分布类型来看，在传统信贷业务之外，票据、担保、开立信用证、贷款承诺、表外理财等非贷款类信用资产中的不良风险也十分突出。虽然上述非贷款类业务不良问题很大程度上与其事实上的信贷业务性质有关，但也显示出上述非贷款类业务的风控体系存在的问题。毕竟在商业银行内部，上述非贷款业务的风控管理相比信贷类业务的风控管理，在标准化、线上化等方面具有更高的建设水平。

面对传统风险加快暴露和新型风险多样化凸显的客观形势，同时合规经营监管压力不减和行业竞争日趋激烈，商业银行在建设数字化风控体系中，将面临防控和缓释风险、降本增效以及推进改革转型的三重目标压力。例如，相比前端一线业务，风控体系的数字化转型虽然可能不会对收入产生过多的直接影响，但在大幅降低成本方面却有立竿见影的效果。按照麦肯锡的经验，数字化风控可以提高风险管理的效率效能，使风险活动运营成本降低20%～30%。对大多数全球银行、跨地区银行和地区性银行来说，风险管理蕴藏着诸多良机。不合理或低效的风控流程不仅占用大量资源，且效果欠佳，例如每年银保监会对商业银行因合规流程开出的罚单，即代表了风控体系问题带来的额外成本，这也从经营效益的角度对风控体系数字化转型提出了迫切要求。

但由于"底子"不同，不同银行的金融科技战略处于不同阶段，有的打造产品，有的刚开始内部数字化，有的则已开始外部生态拓展。在此形势下，商业银行风控体系的数字化转型也必将出现较为明显的分化，战略先进、实力雄厚、技术先进的银行主体将在打造数字化风控体系中凸显优势，而存量风险包袱较大、数字化转型规划不足、实力相对薄弱的银行主体则将在风控体系数字化转型中面临更多的困难和压力，甚至错失风控体系数字化转型的重要机遇。

第3节 数字化风控体系建设原则

数字化风控的本质是在流程、数据、分析、IT和组织结构（包括人才和文化）上开展协同调整。为更好地应对数字经济对风险体系的影响，把握金融科技带来的改革转型契机，享受风控体系数字化转型带来的发展效益，商业银行在推进数字化风控体系建设过程中，应重点把握三个原则。

突出转型重要性，体现规划前瞻性。风控是银行的核心能力，需要"走在"业务前列。在商业银行整体推进数字化转型的过程中，风控体系的数字化转型也必须走在前列，否则，将难以在复杂的风险形势下和激烈的市场竞争中支撑银行稳健发展。各类银行都应深刻认识风控体系数字化转型的重要性，深入把握数字化风控体系的内涵及外延，深化对数字化风控体系建立及继续升级的持续推动。有实力、有基础的银行可以将风控体系数字化转型在发展战略中的重要性进一步升级，调配更多的资源用于数字化风控体系架构的搭建和路径的研发。已经有数字化风控、智慧风控规划建设方案的银行，不妨以更具有前瞻性的视野审视和完善规划方案，进一步丰富风控体系之于传统业务、创新业务等的数字化保障路径，明确风险应对的具体技术依据和操作规范，凸显和提升数字化风控体系落地的短期、中期和远期目标。

强调应对综合风险，突出核心管理功能。数字化风控体系是数字经济时代商业银行建立的与传统风控体系在逻辑、模式和路径上存在明显区别的综合性风险管理机制，其建设的重要出发点之一是依托数字化转型实现对银行各类风险的全覆盖，其运行中的重要特点之一是通过数字化技术和流程实现对风险的实时监测和应急处置。结合商业银行在传统风控体系建设中的经验，在进行数字化风控体系建设前应首先全面考虑各类风险以及它们之间的交叉性，突出对新型风险的预测和反馈速度，建立起专门针对风控体系"数字化风险"的第二道风险防控机制，将数字化风控体系对银行战略保障的实现机制作为规划、布局和建设中的核心功能。在此过程中，对技术的运用尤为关键，既要依靠新技术实现数据流动的打通和共享，又要谨慎防范数据获取和运用中的违规行为，将对数据的运用在"前瞻"和"规范"间建立平衡关系，将数据治理与综合风险防范有机结合。

充分借鉴同业经验，推进模块一体建设。 数字化风控体系的建设包含两个层面：一是建立起与自身发展战略相匹配的数字化风控体系，二是不断推进数字化风控体系的转型升级。数字化如流程自动化、决策自动化、数字化监控和预警等。从国内外先进银行的经验来看，风控体系的数字化变革主要包括三个维度：流程、数据和组织。而数字化风控体系的转型升级则需要紧跟战略、风险形势和技术进步，并从可入手的风险类型切入，实现循环式的整体风险防控体系的升级。例如，最适合切入和升级商业银行数字化风控体系建设的领域是信用风险、压力测试、运营风险与合规，这三个领域的数字化建设具有较多的同业经验可供参考。基于数字化风控体系建设的难度和规划进度，参考模块化的建设方式具有一定的启发意义。虽然当前形势下对从整体视角把控和综合处置风险提出了更加紧迫的要求，但从组织和操作的层面，防范不同风险的传染交叉是风控体系的基本功能之一。数字化风控体系的建设与技术进步和迭代密切相关，因而参考模块化建设方式稳步推进，或许是从现实和操作角度而言的一种较为合理的选择。

06 企业架构驱动银行数字化转型

付晓岩　银行数字化转型课题组

　　银行数字化转型的实现必然要依靠数字化技术，但这并不完全是个技术问题，而是融合了业务与技术的企业管理问题。银行数字化转型必然是银行的整体转型，应当从这个视角看待银行对数字化技术的应用。为重新获得竞争优势，银行必须解决在以往信息化历程中尚未解决的技术应用方面的问题，以及如何在整个企业层面管理技术的问题。

第 1 节　金融科技应用领域尚待解决的问题

1. 金融科技驾驭能力有待提升

　　银行尽管对新技术应用采取了非常积极的态度，但无论在国内还是在国外，都存在技术驾驭能力不足问题。美国的大银行，如摩根大通、高盛集团、花旗银行、富国银行等，其技术人员总量与亚马逊、苹果、谷歌相比毫不逊色，甚至有些银行的工程师总量比这些科技公司还多，但是，其技术创新、技术深度却无法与科技公司相比。在国内，2019 年四大国有商业银行的科技投入都超过 100 亿元，投入力度并不比国内的互联网头部企业小。

　　那么二者在科技水平上的差距，就不能单纯用银行更偏重应用来解释，这涉及企业战略、行业特点、企业文化、实际需求等多种因素。越来越多的国内外银行都在以转型成"科技公司"为目标，而科技公司显然应该以技术为核心竞争力，如果说技术和业务是企业的双轮驱动，那么银行的科技轮子应当不输给具有潜在竞争关系的科技公司才是比较安全的，才能让自己真正获得竞争优势。

2. 金融科技规划整体性有待提升

银行对新技术的分析、整合不够充分。技术发展具有很明显的融合特征，比如人工智能是以大数据为基础的，而大数据又有赖于云计算提供庞大的算力；物联网最初以数据采集为主，与云计算之间有密切关系，而后来又在边缘计算方面与人工智能融合；移动端应用作为渠道侧技术，其背后则是与各种技术的衔接，开放银行更是如此；区块链技术尤其在联盟链形态下，与云计算有密切联系，而从数据确权的角度讲，未来也可能会与人工智能密切相关。这些技术之间的依赖关系不能仅停留在专业技术人员的认知中，还需要银行管理层对此有充分了解，才能帮助形成整体性的规划。

银行对金融科技发展的重视必然要体现在金融科技规划上，但是，单纯从技术角度出发规划金融科技布局不是十分理想的选择，银行整体能力的提升不是采用了某项技术甚至一组技术栈，更不能"押宝"在个别新技术带来的"颠覆"上。目前很多已经公开的银行金融科技战略更类似于众多应用的介绍和堆叠，而对银行核心战略的支持、技术后端的整合实现则缺少清晰的路径。

3. 金融科技支持创新的效率有待提升

国内大型银行有足够多的资金和人力来尝试各种新技术，但是，由于机构规模大，信息传导链条长，造成一线业务需求传导过程较慢。一个完整的传递链条很有可能需要经过"柜员或客户经理—市级分行业务部门—省级分行业务部门—总行业务部门—总行技术部门—开发中心—开发团队"这样一条信息链。这样一条漫长的传导链条，除非高层领导直接干预，否则按部就班，传递将会是一个缓慢的过程，而且还伴随着信息衰减和过时的问题。尽管中小型银行决策路径相对较短，但是技术人员的不足制约了业务需求的转化效率。

国外领先银行，如摩根大通、高盛集团、富国银行等都通过增加技术人员数量，将技术人员或数据分析人员派驻到业务部门以缩短信息传递过程和问题解决周期，但是，组织结构及人力资源构成本身并没有发生根本性变革，只是效率有所提升。

第 2 节　应用企业架构推动数字化转型

上述问题的解决需要银行进行彻底的思维调整，必须认清在数字化时代这个大背景下，绝大部分金融服务将通过技术手段即数字化产品的方式提供，并且必须有能力在"非接触"环境即虚拟空间中提供的必然趋势。数字化技术是新时代最基础的生产力，将对从业者提出新的能力要求。银行只有自上而下所有从业者都充分转变，才有可能适应数字化时代的生产要求。

业务和技术本就应该是统一的、一体的，都是企业的有机组成部分。通过在银行中推广企业架构管理方法、架构思维，将能够对数字化产品的开发过程和设计产生重大影响的结构化思维带给各层从业人员，推动从业人员逐步完成向"数字化员工"的转型，才能最终实现银行的数字化转型。人始终是最重要的生产力，只有解决了人的问题，尤其是人的思维模式问题，才能从根本上解决转型问题，包括技术问题。

1. 深入认识企业架构的作用

数字化转型需要将业务与技术深度融合，而融合需要机制，需要二者建立有效的连接，企业架构正是这种连接方式。企业架构在粗粒度上可以分为企业级业务架构和企业级 IT 架构两大部分，战略通过企业级业务架构分解到业务流程，并将业务能力体系化、结构化地分解到企业的各个业务部分，再转化为 IT 需求，通过与业务目标匹配的 IT 架构完成技术实现，将企业的战略和能力、业务和技术有机串联起来，构成一个协同的整体。

很多银行在当前的信息化建设中甚至都不重视企业架构，更不用说企业架构中最容易被忽视的一环——企业级业务架构了。企业级业务架构是指以实现企业战略为目标，构建企业整体业务能力规划并将其传导给技术实现端的结构化企业能力分析方法，其宗旨在于提升企业的整体性（见图 6-1）。

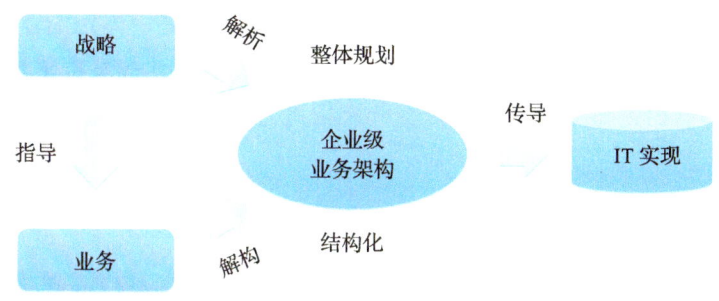

图 6-1　企业级业务架构内涵示意图

数字化转型是企业深层次的改变，从业务到技术，从管理者到执行者，需要业务和技术两端找到合适的结合点，形成一个有效且面向提高数字化产品生产效率的沟通模式。当然，沟通模式的背后实际上是思维模式，而企业级业务架构正是这样一种结构化的思维模式，能够将企业的业务整体、系统、逐级分解地进行规划，并将业务和数据的关系有效识别、结合起来，形成整个企业层面清晰的业务资产、IT 资产和能力地图（见图 6-2）。

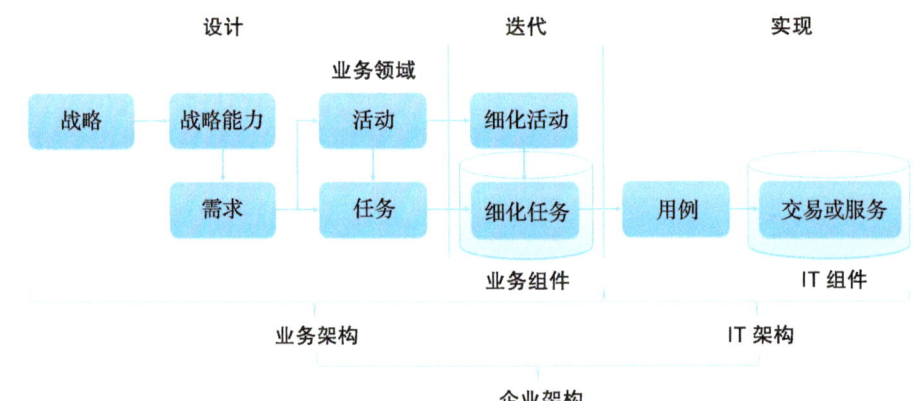

图 6-2 基于企业架构的企业能力地图

企业架构是能够融合业务与 IT 视角进行企业整体规划的管理工具，能够提升业务与 IT 的沟通效率，进而提升创新效率，并且，通过对企业形成更系统、更全面的理解和得到企业业务、技术资产的清晰视图，可以进一步提升对技术的驾驭能力，掌握了架构才能掌握技术的合理布局。对企业架构的熟练掌握和全面应用，也会带动各层次从业者思维模式的最终转变。

在国内，中国建设银行于 2011—2017 年期间，率先通过 6 年多时间的努力完成了基于企业架构的企业级转型工程，实现了内部一体化的业务与 IT 架构。在最近两年里，中国工商银行、中国银行也先后设计并发布了自身的企业架构，更多国内大型银行正在基于企业架构进行整体转型工程，以应对环境的变化。

2. 通过企业架构驱动数字化转型

银行的数字化转型可以采取这样的路径：战略转型—架构转型—技术转型—业务转型（见图 6-3）。

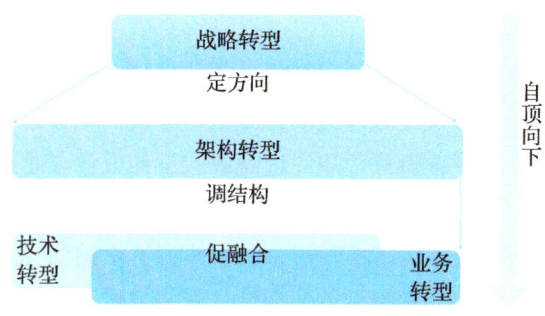

图 6-3　银行数字化转型总体路径

银行应当首先确立以数字化技术重塑银行业务模式的长期战略，再通过架构转型将战略落实到实际业务中，通过企业架构的设计与落地，在企业架构的驱动下实现业务与技术的深度融合。关于经常争论的转型过程中到底是业务驱动技术还是技术驱动业务的问题，笔者认为，面向长期的数字化转型方向，技术的转型相当于企业内在能力的转型，而业务转型则是企业内在能力真正发生变化后的外在呈现。

面对数字化转型，银行对技术的依赖程度将越来越高，在其价值链中技术所发挥的作用也将持续放大，为此，银行应当从企业层面重构其传统价值创造过程，作为架构设计的依据（见图 6-4）。

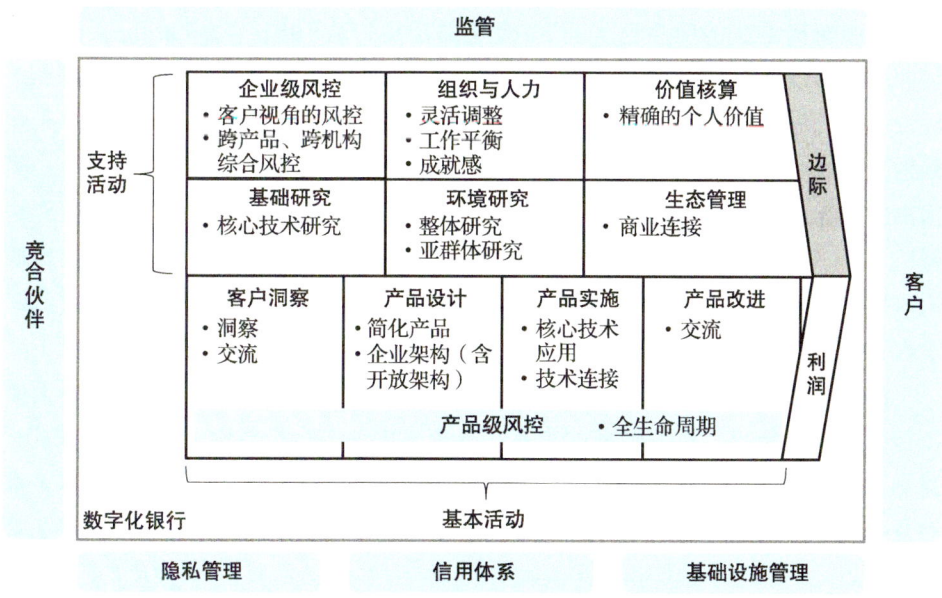

图 6-4　数字化银行参考价值链

从价值链角度看，银行的价值交付过程将紧密依赖于其数字化产品的创造过程，也即价值链基本活动中的"客户洞察—产品设计—产品实施—产品改进"过程，该过程是以与客户持续、深入交流为驱动，以企业架构为核心，将业务过程与开发过程融为一体的服务模式，并通过开放式架构设计与企业外部环境有效连接起来。

这一转型路径的有效实施离不开对企业架构方法论的研究和实践。通过企业架构设计，尤其是其中的企业级业务架构设计，将战略和战略能力需求分解到业务实现过程中，形成组件化、模块化，也可以是中台化的架构规划，在不同的业务组件中确定新技术应用方向，再将新技术的应用方向整合为对技术组件、技术平台的规划，连接起业务和技术两端，使金融科技战略有更加清晰的实现蓝图。对技术组件、技术平台的规划进一步激发对基础研究能力的需求，从而有效解决银行在金融科技应用方面存在的问题。

这一转型路径对中小银行同样适用，但是中小银行必须首先加强其企业架构设计和管理能力。实施方面的不足可以通过外包解决，但是架构管理能力是未来企业管理、业务创新的核心能力，必须自己演化。

3. 提升企业架构设计和管理能力的建议

企业架构方法的诞生已经有 30 余年的历史，从 1987 年的 Zachman 框架到 1995 年的 TOGAF（The Open Group Architecture Framework，开放组架构框架），理论不断成熟和完善，之后还有 FEA（Federal Enterprise Architecture，联邦企业架构）、DoDAF（United States Department of Defense Architecture Framework，美国国防部架构框架）和 BIAN（Bank Industry Architecture Network，银行业架构网络）等一系列以实现企业级架构甚至行业级架构为设计目标的方法论。架构理论可以通过正规培训习得，但是架构落地能力只能通过亲身实践获得，不行动，永远不会有成长。

银行应当明确其企业架构管理组织体系，不应将其视为一项技术任务，而应由行领导负责管理。作为转型的表率，行领导应该亲自带头学习相关理论知识，深刻认识到领导是企业真正"首席架构师"的职责，深入参与相关实践，本着推动业务与技术融合的思路来看待架构管理，将架构管理和架构思维提升到企业管理层面。

大型商业银行一般具有较大规模的技术队伍和相对成熟的架构师团队，应注意架构管理层面的充分提升；中小银行相对而言技术实力薄弱，缺乏经验丰富的架构师，对此，只能采取认真培养、扎实训练的态度，通过积极开展架构实践获得相关能力。在架构方面没有真正的捷径可走，必须沉下心来客观应对。

企业架构中尤其缺乏的是企业级业务架构。不同于常见的需求分析师或者产品经理，企业级业务架构师需要横向拉通整个企业的价值链，对于具有多条产品线或者多个主营业务领域的企业，企业级业务架构师还需要具备建立企业级业务架构资产、有效识别可复用业务资产、改善业务模式的能力。银行就是这类企业的典型代表。因此，业务架构师很有可能比技术架构师更为稀缺，毕竟长久以来企业并未重视此类人才的培养。

企业级业务架构师还可以承担提升业务人员思维结构化的重任。如前文所述，业务架构师设计的企业级业务架构资产是结构化的企业能力展现，可以细化至具体产品的设计。业务架构师通过持续向业务人员推动业务架构设计成果，可以使业务人员逐渐结构化地看待业务、看待需求，从而提升其结构化地认识业务、提出需求的能力，这将有助于技术侧更好地理解业务。通过让业务人员、业务架构师深度参与设计，也能让技术侧设计出"乐高积木式"软件。技术人员对"乐高积木"这种构件化软件设计的追求迟迟不能真正实现，也许正是缺了业务侧结构化思维的推动。

从实施角度看，在数字化转型方面，新设立的银行可能更有后发优势，它们没有或者极少有历史包袱，比较容易形成有利于数字化银行的整体架构，尤其是银行规模相对较小时，管理半径短、沟通复杂度低、利益纠葛少。而其难点反倒是这个阶段银行生存压力大，重心往往不在这里，而是在成长到一定规模时才回头关注这个问题，补偿"架构债"，导致这一过程由"简"变"繁"。

综上，各类银行都只能通过长期实践这一方式积累企业架构设计和管理能力，通过实践培养架构师队伍，尤其是企业级业务架构师。没有这种架构管理能力和这些架构人才，企业的数字化转型将只能依赖无法控制的技术采购和技术外包，最终很有可能消失在数字化迷雾中。

银行已经充分认可了技术对于业务发展的重要性，从各大银行每年发布的经营战略上就可窥见一斑。但是目前国内大多数银行的转型仍旧是以业务人员为主导的，除了微众、网商这类脱胎于互联网公司的银行具有较强的科技公司特点外，其他银行在数字化转型这个课题上，还需要充分提升技术驾驭能力，充分认识技术应用的体系性，扩大技术队伍，加强基础研究，推动业务和技术互相向对方靠近、融合。

数字化是企业整体转型,推动这一转型离不开以提升企业整体性为目的的企业架构方法,尤其是其中的业务架构方法。企业必须认真对待架构管理在数字化企业中的关键作用,加强对架构能力、架构师队伍的培养,使企业整体、协调地向数字化方向转型,向业务和技术深度融合的方向转型,向与整个社会有效连接、内外部一体化的方向转型。

第二篇
大型商业银行转型实践案例

07　中国工商银行：依托金融科技赋能银行新业态
08　中国农业银行：小微金融数字化转型探索与实践
09　中国建设银行：构建金融生态，探索数字化经营

07 中国工商银行：依托金融科技赋能银行新业态

马雁　张健　陈铁钢[⊖]　陈远　罗斐　中国工商银行

当前，全球新一轮科技变革风起云涌，以人工智能、大数据、云计算、区块链、物联网为代表的新技术的爆发及其与金融加速融合，正在全球范围内对银行业的商业模式、服务模式和运营模式带来颠覆性变革，也在加速改变银行业的生态格局。依托金融科技推进数字化转型已成为各国银行业提升服务质量和自身竞争力的共识。

党的十九大以来，国家密集出台一系列政策，积极培育数字经济新产业，加快新型基础设施建设，构建完善要素市场化配置体制机制，推动实体经济数字化转型。数字经济已成为我国经济高质量发展的新动力，数字经济的规模占GDP的比重已达到36%。

银行具有天然的数字化基因，当前正处于向全面数字化、智能化转型的历史时期，科技因素正在加快渗透金融的每个"细胞"，改变着传统金融业务的DNA，对金融服务创新发展的引领作用更加凸显。银行数字化转型既是我国发展数字经济、建设数字中国的必然要求，也是银行破解自身发展难题的内在需要；既是银行经营转型的目标和方向，更是有效手段和必由之路。

中国工商银行（简称"工商银行"）作为国内银行业信息技术运用的先行者、推动者，积极践行新发展理念，将金融科技作为改革创新的引擎和推动器，以技术变革引领银行再造，历经电子化、银行信息化、信息化银行、智慧银行等发展

[⊖] 前三位作者分别系中国工商银行金融科技部总经理、金融科技部副总经理、业务研发中心总经理助理。

阶段，先后自主研发了五代核心系统，实现了数据大集中、"两地三中心"等重大创新突破，奠定了在国内同业中的科技领先优势。

在新一轮科技革命和产业变革加速演进的时代浪潮中，工商银行应势而谋、因势而动、顺势而为，着眼于集团跨境、跨业、跨界转型发展，把"科技驱动、价值创造"作为新时代加快金融科技创新的工作思路，在高起点上打造金融科技银行。与此同时，工商银行积极探索数字化转型，以新一代智慧银行生态系统 ECOS 建设为契机，构建开放融合的跨界生态，成为国内最大的综合金融服务"供应商"，满足实体经济和人民群众对金融服务的新期待、新需求，走出了一条有工商银行特色的数字化转型之路。

第 1 节　数字化转型是深化金融供给侧改革的迫切要求

随着"互联网＋"相关政策相继出台，建设数字中国、发展数字经济逐步上升为国家战略，数字化转型已成为行业改造提升传统动能、培育发展新动能的重要手段。金融是现代经济的核心，是实体经济的血脉。工商银行作为国有大型商业银行，深刻理解数字化转型是新趋势下提高金融供给对实体经济的适配性和灵活性、引领客户需求的重要途径，也是银行融入数字经济发展大局、分享数字经济发展红利、培育业务新增长极的重要依托，更是深化金融供给侧改革的迫切要求。

1. 科技的蓬勃发展成为数字化转型的牵引力

在新一轮科技革命和产业变革的背景下，大数据、人工智能、云计算、区块链技术应用趋向成熟，物联网、5G、边缘计算等技术蓬勃发展，信息技术逐步向引领创新方向转变，并与金融深度融合，为金融发展提供了源源不断的创新活力，形成了银行数字化转型的强劲牵引力。

2. 同业激烈竞争成为数字化转型的催化力

金融同业普遍高度重视金融科技的发展与投入，将金融科技作为重要发展战略。国有大型银行、股份制商业银行均结合自身实际制定了数字化转型的相关战略，中小银行也在数字化转型上积极探索与尝试，产业互联网则先天具有原生数字化基因，借助场景平台和渠道优势，不断向传统金融生态渗透，全行业在数字化转型跑道上的竞争日趋激烈。

3. 内在发展诉求成为数字化转型的驱动力

新时代国家经济由高速增长转向高质量发展阶段，对商业银行提出了以金融手段满足人民日益增长的美好生活需要，解决不平衡不充分发展问题的新要求。工商银行勇担服务实体经济领跑人、改革创新先行者、国家安全稳定器的角色，通过大力发展金融科技、推动实施数字化转型提升服务供给能力与水平，从而实现由传统大行向现代化强行跨越的愿景目标。

第 2 节　商业银行数字化转型"四新"目标

银行数字化转型的核心要义是"技术＋数据"双轮驱动的金融创新，旨在应用现代科技成果重构或创新金融产品、经营模式和业务流程，提升运营效能，服务实体经济和客户。数字化转型是一项系统性工程，需要银行从战略高度形成共识，在顶层规划、体制机制、技术及业务创新、生态重塑等多方面改革优化，全面统筹推动；需要确定转型的目标和路径，以体制机制为保障，坚持创新引领，以坚定的执行力推动实施，构建商业银行数字化转型新蓝图、新基石、新内涵、新生态的"四新"目标。

1. 突出顶层设计，以战略规划绘制数字化转型"新蓝图"

战略规划是数字化转型的"指南针"，银行业的数字化转型需要以战略规划引领，高度重视顶层规划，发挥金融科技的驱动作用，将金融科技作为企业发展的关键动力，并纳入企业发展战略的重要组成部分，从顶层规划上推动数字化转型。

2019 年工商银行围绕全行发展战略目标，结合金融科技发展趋势的新变化，编制了《中国工商银行金融科技发展规划（2019—2023 年）》，为前瞻性、全局性、系统性谋划金融科技发展提供战略指引。规划围绕绘制数字化转型蓝图，提出着眼于推进集团跨境、跨业、跨界转型发展的要求，以"技术＋数据"打造客户服务智慧普惠、金融生态开放互联、业务运营共享联动、产品创新高效灵活的智慧银行生态体系；依托智能科技，构建开放生态，打造智慧银行，牢固确立战略优势和行业主导地位。

2. 深化机制变革，以管理改革构建数字化转型"新基石"

当前金融科技发展呈现出外向型、市场型的特征，需要配套优化金融科技体制机制,以体制机制改革构建数字化转型的"基石"。商业银行要积极适应科技外向型的发展趋势,持续加大金融科技改革创新力度,以组织架构及体制机制的优化为数字化转型提供坚实的保障。

工商银行近年来大力推进科技组织架构和机制变革。**一是构建"一部、三中心、一公司、一研究院"(金融科技部、业务研发中心、数据中心、软件开发中心、工银科技有限公司、金融科技研究院)金融科技新布局**:围绕数字化转型战略目标,工商银行大刀阔斧地推进全集团科技组织架构改革,高效完成总行金融科技部整合、工银科技有限公司开业、金融科技研究院组建等机构改革,在金融科技新布局基础上,逐步发挥各科技机构的合力,提升业务与科技融合的业务研发能力、开放合作的科技价值输出能力以及新技术研究能力,为全行数字化转型提供了强有力的组织保障。**二是建立灵活高效的研发机制,激发创新新动能**:工商银行聚焦研发效能提升这一关键突出问题,创新完善体制机制,发挥战略规划和组织架构调整红利,激发创新新动能,按照"板块化、开放化、差异化、扁平化"的思路,在研发组织、研发流程、研发模式、研发资源等方面实施深度变革,更加灵活高效地响应数字化转型的需要。

3. 坚持创新引领,挖掘数字化转型"新内涵"

金融科技的快速发展催生了商业银行的创新业态,信息技术逐步由支撑业务向引领业务方向转变,并与金融深度融合,为金融发展提供了源源不断的创新活力。商业银行要坚持创新引领,积极利用新技术为业务创新赋能,为支撑全行经营战略转型赋予更大动能,促进智慧化、普惠化、开放化金融服务建设,实现信息系统在支撑金融服务新业态、极致客户体验、敏捷灵活创新方面的变革。

工商银行通过对"用户、产品、渠道、流程"四大方面进行整合重构,实现从客户到用户的重新定义,构建数字化、开放化、智能化的全量客户经营管理新体系;重塑产品端到端的全生产链条,构建更具新时代基因的智慧金融产品;推进服务渠道的开放化变革,构建全渠道协同服务新生态;实施业务流程的数字化革新,构建智慧高效的新型业务运营体系。

4. 强化开放融合,重塑数字化转型"新生态"

数字化时代的金融竞争是平台和生态的竞争。随着银行服务的平台化和综合化,商业银行积极推动构建金融服务生态圈,打造跨界融合的生态体系,推进开放银行建设。在数字化转型的过程中，将金融服务嵌入各类场景，提供"行业+金融"的综合解决方案，加强数字化开放平台建设，推进银行与生态的深度融合。

工商银行以 API 平台和金融生态云平台双轮驱动，将支付、融资、理财、投资等金融产品，与教育、医疗、出行、旅游、商业、政务等行业融合，实现跨界服务，共享共赢。构建 GBC 联动的开放互联生态，打造无界融合、优势互补、开放共赢的金融生态圈。

第 3 节　工商银行数字化转型的具体实践

近年来，工商银行围绕数字化转型的"四新目标"，着力完善企业级业务架构、IT 架构、数据架构"三个架构"，布局数字基建、数字资产、数字业态、数字环境的"4D 生态"，找到数字化转型的新发力点，取得了一系列标志性成果，显著提升了工商银行的金融服务能力和客户体验。

1. 完善支持数字化转型的"三个架构"

工商银行整合构建了覆盖全客户、全领域、全渠道的企业级业务架构，向上承接集团科技发展战略和业务顶层设计，向下指导 IT 系统建设，建立起从业务规划到业务架构，再到 IT 架构、数据架构的数字化转型战略落地路径，增强信息系统对全行数字化转型的支撑能力。

业务架构整合构建工作取得了"四个一"成效。沉淀了一套企业级的核心业务资产：以业务领域为视角实现核心领域业务架构和 IT 架构资产的统一视图和统一管控，在此基础上建立了业务架构资产管控机制，确保业务架构始终与业务实际相一致，为跨条线整合创新、重点领域快速创新提供稳定支撑。解决了一批制约未来发展的业务体系性问题：各领域业务架构配套的 IT 改造有序推进，通过重构个人账户体系、个人存款与账户剥离、线上线下一体化收单、对公支付产品整合等设计，提高了业务的灵活性和市场需求响应程度。建立了一种全方位的组件化快速研发模式：完成重点业务领域应用服务化改造，累计研发服务 17 000 个，日均服务调用 30 亿次，有效支持了需求整合、数据共享、流程联动、渠道协同和快速创新。培育了一支专业化的架构师队伍：以遍布各部门、各分行的业务架构设计人员为核心，辐射各专业条线、各分行业务与科技研发人员，强化了业务与科技融合的架构思维。

构建形成"核心业务系统＋开放式生态系统"的新型 IT 架构。 充分利用分布式框架、云计算等新技术，基于开放平台集群系统与大型主机有机结合的基础架构，构建面向未来业务发展，以开放性、高容量、易扩展、成本可控、安全稳定、便捷研发为特征的全新技术体系框架，推动实施 IT 架构转型。工商银行已将 90% 以上的应用系统部署在开放平台，建设了完整的账户、客户、核算等基础业务支撑体系，实现了大型银行 IT 架构的历史性突破；在大型银行中首家建成体系完备的分布式技术平台，2020 年 9 月获得中国人民银行颁发的银行科技发展奖一等奖，累计完成 138 个应用系统的分布式转型，有效提升了信息系统的弹性扩展和快速供给能力。

打造同业领先的三层数据架构。 工商银行数据架构由技术平台、数据中台和业务生态三个层次组成。其中大数据技术平台融合了云计算、人工智能、分布式技术，为数据中台生态的创新应用提供了强大存储、算力、算法的保障，是数据智能体系的技术底座。数据中台实现了对于金融大数据的驾驭，具体表现在实现了对于集团全数据、高时效、高质量数据的统一整合和纳管；面向分析人员提供了全自助的低门槛可视化分析服务；沉淀整合了客户画像、智能推荐等可共享智能服务；解决了数据要素资产的精细化管理和评价，解决了"用数"中面临的信息不对称挑战。基于技术平台和数据中台，为各业务生态发展注入"有广度、有深度、有速度、有精度"的数据服务。

2. 重点布局"4D 生态"

工商银行守正创新，在推进数字化转型工作的基础上，重点围绕国家政策导向，布局"数字基建、数字资产、数字业态、数字环境"的"4D 生态"，找到数字化转型的新发力点，形成新增长极。

升级数字基建，锻造数字化重构关键驱动力。 紧跟国家科技创新、网络强国、新基建等战略和政策，加大 5G、数据中心、云计算等新型基础设施建设力度，深化"ABCDI+5G"等新技术规模化应用，构建智能化的信息安全防御体系，为深化数字化转型提供坚实的"基座"和肥沃的"土壤"。

释能数字资产，提升数字化重构价值创造力。 对外紧抓国家数据要素市场建设机遇，积极参与各地数据要素市场建设和交易，一站式高效引入医疗、社保、工商、司法等政务数据，合规输出银行数字资产，促进公共开放数据资源的供需对接，助力全社会数据资源有效融合。对内建立数字资产全生命周期管理机制，打造高效、智慧、开放、共享的数据中台，实现数字资产的高效配置和应用，全面提升客户营销、客服、普惠融资、风险管理等领域的大数据规模化应用水平，持续提升数据的价值创造能力。

融入数字业态，打造数字化核心竞争力。把握产业数字化和数字化产业转型的历史机遇，积极主动布局开放金融生态，构建金融与产业紧密融合的"数字共同体"，促进新型G、B、C关系协调发展。例如，在2020年上半年，工商银行为海尔集团量身定制"线上线下一体化智慧收单综合解决方案"，帮助其解决了线上线下销售渠道分割、集团无法掌握经销商销售资金情况及资金流和信息量脱节等问题，为企业数字化转型赋能，同时利用核心企业辐射带动作用，链式赋能上下游中小企业，形成覆盖全产业链的金融服务能力。

营造数字环境，激发数字化转型内生源动力。完善组织架构和工作机制，顺应金融科技"外向型"发展趋势，探索建立有利于数字技术、数字业态创新和价值转化的组织机制，促进金融与科技深度融合、协调发展。壮大金融科技人才队伍，分层、分类地打造"懂业务、通技术"的复合型人才，不断提升科技人员的市场感觉和业务人员的科技思维，推动科技与业务"煲汤式"融合。推动金融科技基因向经营管理渗透，积极营造"全行懂、全行做"的数字化转型氛围。

第4节　工商银行数字化转型典型案例

1. 打造开放化、智能化的客户服务体系

构建开放融合的跨界生态。工商银行通过"走出去"和"引进来"两种方式，以API开放平台和金融云平台双轮驱动，构建了开放融合的跨界生态，实现支付、融资、理财、投资等金融产品无缝嵌入到教育、医疗、出行、政务等民生消费和企业生产场景，让金融服务像水和电一样便捷可得，成为国内最大的综合金融服务"供应商"。通过API"走出去"，对外输出18大类近1400项服务，合作方超过7500家，上线腾讯智能定期、华为钱包等典型应用，日均交易量超过2500万笔。通过金融云"引进来"，引入了财资、教育、景区等17个行业应用，推出了教育云、党建工会云、财资管理云、金融监管服务云等十余项云服务，与合作伙伴携手为客户提供"行业＋金融"的综合服务。

打造智慧零售，为"第一个人金融银行"赋能。 创新推出个人手机银行 5.0，建设线上综合金融服务"标杆型"平台，深入开展手机银行场景化、开放化建设，打造千人千面的智能化服务，建设智慧服务、共享协同的远程银行体系；打造"精准型"全量个人客户营销服务体系，创新推出多元化智能投顾产品"AI 投"，持续提升智慧营销服务能力；推出个人零售互联网输出解决方案"e 钱包"，完善个人贷款生态场景建设，灵活创新家装、旅游、教育等一系列信用类专项分期产品。

2. 创新数字化普惠金融新业态

工商银行逐步打造出涵盖信用贷款、抵质押贷款、数字供应链在内的完整数字化普惠金融产品体系，创新推出税务、华为云闪贷等经营快贷融资应用，形成覆盖 200 余个场景的融资服务体系；打造全新"e 抵快贷"线上抵押贷款服务模式，实现客户"一次都不跑"即可完成业务办理；基于区块链等技术研发数字信用凭据工银 e 信产品，对接数字供应链上下游客户的"e 链快贷"产品。

2020 年新冠肺炎疫情暴发，为帮助中小微企业纾困脱困，工商银行通过线上服务模式，打造多款中小微企业专属线上信用贷款和上云融资产品，依托数字供应链融资产品体系为超过 3000 家中小微企业提供多元化融资服务，将金融服务无缝嵌入企业交易和经营管理环节，助力中小微企业数字化转型。依托大数据、人工智能、物联网等技术，通过优化线上融资产品模型快速创新服务场景，提高信贷审批与放款效率；同时，快速推出"抗疫贷""医保贷""开工贷""用工贷"等专属金融服务，加大对防疫抗疫企业的支持力度，主动对接生产、运输、销售疫情防控相关物资的小微企业，满足小微企业复工复产的资金需求。

3. 构建智慧高效的业务运营新模式和精准敏捷的"智控"风险管理体系

2020 年全球经济深度衰退，我国经济也面临较大压力，用户行为线上化、非接触、"宅"需求特征明显。工商银行搭建**线上线下一体化"人机协作，智慧高效"的智慧运营新模式，** 通过 OCR、人脸识别、视频认证等技术，实现"线上申请、线下交付"的便捷服务模式，完成借记卡、资信证明、主题存单等典型业务场景线上化迁移，提供客户仅需到店一次、30 分钟即可完成开户和基础产品发放的单位账户"即开即用"服务。搭建同业首家双任务池模式的文档录入平台，有效支撑业务集中上收以及驻场、离场并行的运作模式，全面完成后将释放 80% 专职人员工作量。通过人脸识别辅助客户身份认证，实现柜面交易远程授权精简，审核授权日均减少 20 余万笔，远程授权业务量减少超过 60%。同业率先投产企业级机器人流程自动化（RPA）平台，并在清算报文分拣、单位结算账户报备等场景试点应用，其中单位结算账户报备时间降至 0.5 分钟。

工商银行持续加强信用风险管控，运用知识图谱与机器学习等技术，建立起覆盖"全客户、全业务、全机构、全人员"的信用风险监控"天网"体系，累计发现法人客户间关联风险传导有关风险事件约 8000 笔，识别准确率达 93%。提升欺诈风险防范能力，运用大数据与人工智能等技术，构建了业务领域全面覆盖、信息共享模型丰富、业务风险实时阻断、一点出险全面布控的企业级智能反欺诈平台，累计拦截欺诈业务 680 万笔，避免潜在损失超过 206 亿元，远程银行外呼核实工作量降低 55%，首创性地运用声纹识别技术提高信用卡反欺诈能力。运用人工智能技术助推反洗钱系统智慧转型，成为首家成功与中国反洗钱监测分析二代系统正式对接的银行，可疑交易报警量下降 61%，可疑交易报警命中率提高 68%，人工干预工作量减少一半，极大提高了业务运营效率。

回首过往，工商银行矢志不移地推进数字化转型，重点通过组织架构调整、体制机制优化和智慧银行 ECOS 工程建设，以科技驱动为业务创新赋能和创造价值，最终实现全方位金融科技突破创新，取得数字化转型的丰硕成果。工商银行历年来所获"银行科技发展奖"等级和数量保持同业第一，是唯一获得两次特等奖的商业银行；连续七年在银监会（现银保监会）信息科技监管评级中位于全行业第一，且是唯一获评 2A 的商业银行；连续五年蝉联《银行家》最佳金融创新奖等。

未来已来，行以致远。面对奔涌的金融科技浪潮，工商银行推进数字化转型的信心将更加坚定，步伐将更加坚实，工商银行将紧紧抓住当前数字化转型加速的机遇，顺应数字经济发展趋势，构建数字化发展新模式，以更开放的思想、更主动的姿态、更昂扬的斗志迎接挑战，以巩固来之不易的转型成果，在数字化转型方面取得更大突破，为下一阶段的经营发展建立金融科技代际领先优势，助力实现由传统大行向现代化强行的关键跨越，逐步将金融科技基因向银行经营管理全面渗透，打造以金融科技为核心竞争力、面向未来的现代银行体系。

08 中国农业银行：小微金融数字化转型探索与实践

许江　张星　蒋剑平　倪晓明　中国农业银行

小微企业是国民经济健康稳定增长的基础性力量，对于实现"六稳""六保"具有十分重要的意义。党中央、国务院始终高度关注金融支持小微企业，明确将加大小微企业金融供给、提升普惠金融服务水平作为金融供给侧结构性改革的重要内容。近年来，银行业小微金融业务发展的实践表明，科技与金融的深度融合在打破数据壁垒、提高服务效率方面具有巨大优势，金融科技使金融服务得以覆盖长尾化、零售化、小额化的广大小微企业。积极深入推进小微金融数字化转型，已经成为金融机构的共识，也是中国农业银行（简称"农业银行"）近年来探索建立全新的、可持续的小微金融服务模式的核心内容。

第 1 节　小微金融数字化转型发展大趋势

金融科技正在成为商业银行发展小微金融的核心驱动力。 长期以来，城市商业银行（简称"城商行"）、农村信用社、村镇银行等中小型金融机构利用自身紧贴客户、深入市场的优势，获得了以小微企业主、个体工商户为主的相对稳定的客户群体。但近两年，随着金融科技与小微金融服务的深度融合，传统的服务模式出现了颠覆性变化，特别是大型商业银行在科技力量、技术网络、系统平台等多个方面具备显著优势，纷纷利用金融科技推动小微金融转型发展，建立了小微金融服务的数字化产品体系、数字化业务模式、数字化服务平台和数字化经营系统，展现出强大的竞争力。

线上供应链小微金融服务快速发展。供应链金融是最早应用金融科技服务小微企业的业务模式。贸易应收账款、存货及预付账款的巨大规模蕴含了小微企业庞大的融资需求；政策层面上多部委相继发布了推动供应链金融发展的相关政策，实操层面的难点也在逐一破解；金融科技的引入为供应链金融的优化与重构注入了新动能；市场、政策和技术三方合力助推供应链金融的发展与创新。随着金融科技与业务的深度融合，供应链连接的主体越来越多元，不再是线性结构，而是网络化生态，通过搭建平台的方式，整合供应链环节的所有参与方，多级供应链金融业务快速发展。

小微金融开放银行生态逐步建立。一大批拥有生态圈场景的互联网企业涌入金融行业，对传统商业银行的业务造成了一定冲击，商业银行迫切需要从客户的潜在痛点出发，挖掘解决客户痛点的场景和机会，融入客户生产经营相关场景，满足小微企业客户的综合金融需求。从企业角度来看，小微企业分布广泛，需要银行封装金融能力，与场景方、服务商等一道，共建小微金融开放银行生态。小微金融未来将融入经营生态，开放银行逐渐成为主流形态。

第2节　大型商业银行小微金融数字化转型初衷

降低小微金融服务信息费用成本。由于小微企业群体长期被排斥在正规融资体系之外，现有信用体系不能完全覆盖，导致商业银行无法通过传统征信查询、评级机构等渠道获取小微企业融资相关信用信息。同时，小微企业财务信息不够完整透明，又缺乏足值担保，导致其通过商业银行获取信贷的门槛及成本较高，普遍存在"融资难"的问题。为解决这一问题，部分中小金融机构利用其地理位置、服务半径及管理半径优势，采用线下客户经理逐户高频次走访的方式，深入了解融资对象，获取更多的小微企业"软信息"，例如通过采集"三品三表"相关信息为客户进行精细画像和风险评估，进而进行信贷投放，取得了很好的成果。但是这种方式对于大型商业银行来说，存在边际人力成本较高的问题。如何降低小微企业融资相关信息成本，一直是困扰大型商业银行的重要问题。随着国家实施大数据战略，大数据基础设施逐步完善，数据资源共享复用加速推进，部分政府部门和机构之间公共数据资源逐步实现互联互通。工商注册、纳税、用水、用电、用气、海关报关等小微企业生产经营相关数据信息，可以通过银行与相关政府部门或第三方系统之间对接，实现企业信息的自动、实时、低成本获取，同时银行内部可以利用大数据及云计算技术对所获取信息进行智能分析，实现小微企业客户的精准画像和风险评估，从而很大程度上解决大型商业银行服务小微企业客户信息费用成本过高的问题。

降低小微金融服务交易费用成本。金融科技发展的一个重要趋势是降低金融机构服务客户的交易成本，例如网络银行的出现降低了客户去物理网点办理业务的交通成本，掌上银行的出现降低了客户现金支付的存取及保管成本。可以说，每一次大的金融科技创新应用都有助于降低客户的交易成本。线上信贷产品的创新发展，正是顺应了这一趋势，自动化的信息采集、全线上的信贷自助申请、实时的信贷审批、随时随地的用款还款等，打破了传统信贷基于线下物理网点办理的局限，降低了小微客户服务的空间成本，帮助商业银行释放了更多人力资源，大幅提升了大型商业银行服务小微企业客户的效率，降低了客户贷款的交易成本。目前，线上小微信贷已经成为各大商业银行争相创新的重要发力点。

降低小微金融服务风控成本。金融科技的发展，使得大型商业银行可以扩展小微企业客户的历史信息数据，而不再局限于单一财务数据。通过技术手段采集和量化处理小微企业的纳税、水电气等结构化数据以及声誉、知识产权等非结构化数据，可以进一步降低小微企业的信用风险。基于信息科技优势，大型商业银行可以建立起贷前信息交叉验证和智能反欺诈、贷中风险信息实时监控、贷后风险实时预警等全流程、自动化、智能化的风险评价和防控系统，显著提高风控的精准化、智能化水平，进而有效降低道德风险，同时降低操作风险。

第3节 农业银行小微金融数字化转型实践

为顺应数字化时代客户行为变化和技术创新应用的发展趋势，农业银行依托城乡联动、点多面广、客户资源丰富的传统优势，按照"互联网化、数据化、智能化、开放化"的思路，坚持以客户为中心，以金融科技和业务创新为驱动，全面启动了"推进数字化转型，再造一个农业银行"的转型战略。在全行数字化转型统一框架下，农业银行进一步明确了小微金融业务的发展战略和重点，构建了线上化、移动端、开放式小微金融服务体系，使线上小微产品体系逐渐丰富，小微信贷业务加速发展，逐步探索出一条商业银行小微金融可持续发展之路。

农业银行的数字化转型总体思路是，认真贯彻落实数字化转型战略，对标先进同业，整合运用最新数字化转型成果，按照"互联网化、数据化、智能化、开放化"的总体要求,以客户为中心,以数据为驱动,以"一套产品品牌体系、一个经营管理系统、一个客户服务平台、一个智能化风控体系"为目标,实施小微金融数字化转型"四个一"工程,构建服务有效、成本可控、商业可持续的数字化小微金融体系。

农业银行数字化转型的具体措施可以总结为四个方面。

第一,建立鲜明统一的"小微e贷"数字化产品品牌体系。围绕"微捷贷""链捷贷"和"快捷贷"三大创新方向,建立体系完善、技术领先、品牌响亮、客户满意、竞争力强的"小微e贷"数字化产品体系;进一步下放分行区域特色产品创新授权,推动分行线上产品创新,加快形成"总分联动、互为补充"的产品创新模式,构建"总行通用+分行专用"产品体系;加大"小微e贷"品牌宣传力度,提高品牌辨识度、知名度和美誉度,打造农业银行小微企业金融服务的响亮品牌。

第二,建设综合性小微业务经营管理系统。打造农业银行小微金融业务发展的"指南针",实现各项业务形象化、直观化、可视化的展示,为全行小微企业金融业务监测、统计、分析、管理和决策提供支撑;建立基于大数据分析和人工智能的差异化分析模型,实现客户"名单制"高效精准营销。

第三,打造开放式小微企业客户服务平台。整合分散在各业务系统的数据,结合外部数据源,通过全渠道统一接入,实现客户不同渠道登录享受统一服务;通过预开户服务,为客户提供方便快捷的线上开户渠道;通过预授信服务,根据客户综合信息进行客户信用额度测算并实时反馈,推动有贷客户拓展;将小微企业金融产品和服务封装成标准化数字接口"输出"至合作方平台,形成开放式小微企业金融服务生态圈,借助第三方渠道实现获客及场景引流,扩大小微业务覆盖范围。

第四,建设智能化小微风控体系。通过大数据交叉验证等方式,对企业行为进行风险分析和识别,建立欺诈客户黑名单,实现小微企业线上业务反欺诈系统监视,对高风险客户、黑名单客户拒贷;优化贷后管理模式,丰富小微企业风险预警指标模型,建立清晰、合理、有效的小微企业前瞻性风险预警信号处置机制。

第4节 小微金融数字化转型成果

1.降成本

通过打造"小微e贷"线上融资产品体系,全面降低小微企业融资成本,着力缓解小微企业融资难、融资贵的问题。

建立产品品牌体系。 在全行统筹下，农业银行推出了"微捷贷""链捷贷"和"快捷贷"三大产品，建立了"农银小微e贷"品牌，制定了品牌建设工作方案，并已将其打造成国内小微金融服务的知名品牌。目前，小微e贷线上产品已成为小微企业法人信贷业务发展的主要动力，在激活网点、激活客户、激活队伍方面发挥了重要作用。

加大产品创新力度。 研发上线"纳税e贷""账户e贷"和"抵押e贷"等业内领先产品，推动和支持分行研发上线多样化的"白名单"特色产品，形成"通用+专用"产品格局，极大促进了业务发展。其中，"抵押e贷""纳税e贷"达到千亿级规模，已成为农业银行线上信贷拳头产品。研发上线"保理e融""票据e融"和个人数据网贷等供应链融资产品；在业内首创多级供应链金融服务新模式；通过链捷贷平台与比亚迪供应链平台系统对接，实现农业银行对公认证服务的首次对外输出。

快速推出助力小微企业抗疫复产的创新产品。 创新推出支持小微企业复工复产专项融资产品组合贷款"复工贷"，整合优质信贷产品与各项疫情防控支持政策，全力做好小微企业复工复产信贷支持保障工作；同业首创全线上运作的无还本续贷产品"续捷e贷"，为助力小微企业抗疫复产、落实延期还本付息监管要求、助力"六稳""六保"提供重要抓手。

案例：农业银行小微企业"复工贷"

2020年新冠肺炎疫情暴发以来，农业银行出台支持政策，优化创新产品，整合各类资源，为小微企业复工复产、渡过难关提供了专项金融支持与服务。

疫情期间迅速投产上线。 为更加便捷有效地服务小微企业客户，农业银行迅速推出支持小微企业复工复产专项融资产品组合贷款——复工贷，整合优质信贷产品与各项疫情防控支持政策，全力做好小微企业复工复产信贷支持保障工作。截至2020年6月20日，"复工贷"产品组合累计向小微企业发放贷款2579.76亿元，累计服务小微企业法人贷款客户18.05万户。

持续提供延期还本付息，助力保就业。 支持小微企业客户申请新贷款、增量授信、无还本续贷、宽限期、展期等，满足小微企业受疫情影响出现的各类融资需求。同业首家推出"宽限期+展期+续贷"延期还本付息服务，个性化解决小微企业受疫情影响出现的还款困难问题。两会后，按照党中央、国务院部署与监管部门要求，迅速研究落实延长展期至 2021 年 3 月 31 日的具体办法，在提供延期还本付息的同时要求小微企业承诺稳定就业岗位，全力保障小微企业渡过难关、复产达产。截至 2020 年 6 月 15 日，通过"复工贷"产品组合为小微企业法人客户提供延期还本付息贷款超过 170 亿元，客户数量超过 9000 户。

科技支撑产品服务能力突出。鉴于"复工贷"产品组合线上、线下均可办理，小微企业可通过农业银行官方网站、企业掌银、企业网银、合作平台等多渠道办理，有效解决了疫情期间现场办理业务存在的困难。"复工贷"依托农行近年来数字化转型成果，在疫情期间敏捷研发投产上线，其中"续捷 e 贷"提供线上办理续贷业务渠道，为小微企业客户提供了极大便利。

线上宣传推广有效拓宽覆盖。疫情期间，为广泛宣传农行"复工贷"产品特色与政策优势，农业银行通过 H5、官方网站、直播、录播、线上沙龙等多种形式开展宣传推广。同时，借力农行"普惠 e 站"与多家政府平台、三方平台的合作渠道，为小微企业客户提供了方便快捷的"复工贷"办理入口，切实提升了产品覆盖面与小微企业贷款可获得性。

客户办理安全便捷。客户可通过农业银行网上银行、手机银行及线下渠道申请办理"复工贷"。根据疫情防控需要，可通过线上模式进行贷款申办核查，以线上贷后管理模式暂时替代贷后现场检查，对短期内无法办理抵（质）押登记的客户，暂以信用方式发放贷款，最大程度保障客户办贷安全。对线下业务推行"最多补充一次＋限时办结"机制，疫情期间，普惠型小微企业贷款由有权审批人直接审批。

2. 提效率

加快推进小微企业客户服务平台建设，全面提高小微企业客户服务效率。

研发上线"普惠 e 站"小微企业客户服务平台。小微企业客户可以随时随地登录该平台，通过自助办理或预约申请，无须填写过多资料，便可在线上直接对接小微客户经理，享受"服务一点接入，全程无感触达"的便捷服务体验，接受全方位、专属的小微金融服务。平台首次推出"我要开户、我要贷款、我要签约"三大业务预处理功能，将原来企业开户后方能办理的各项服务流程前置，将线上服务对象由封闭系统下的"客户"扩展至开放系统下的"用户"。平台集成企业开户、支付、结算、评测、融资、理财等业务，为小微企业提供全线上专业化、综合化金融服务，促进了小微金融由客户营销向用户服务、由单一信贷向综合服务的转变。

研发推出"单位在线开户预填"系统。 借助工商数据进行身份核验及信息校验，将客户开户柜台办理时间从半天缩短为半小时，显著提高了开户效率，日均使用量达到万笔，极大方便了客户，减轻了柜面压力。研发上线外汇账户预约开户及远程视频见证功能，实现了企业线上预约免填单、开户进度实时查询、开户意愿远程视频核实等多项功能，进一步提升了跨境金融线上服务能力。

全面升级门户网站"小微企业服务"频道。 在门户网站推出了"普惠e站"服务品牌；全面更新了产品信息，反映了近年来总、分行线上产品创新成果；以客户最佳体验为导向全面优化了版面设计和功能布局，菜单更加简洁，内容更加清晰，界面更加友好。

3. 优管理

快速推进小微业务经营管理平台建设研发，优化小微业务经营管理技术平台。上线"普惠金融"专区，在移动营销宝上推出"小微客户分析""小微营销协同""小微服务业绩""综合服务贡献"四大模块，初步构建了小微金融"营销—实施—统计—评价"管理闭环，实现了小微客户信息分析、公私联动信息整合、线索精准推送、业绩实时统计、客户经理和机构服务评价等多个创新功能，为开展小微综合金融服务打造了全新利器，为实施模板化营销和公私联动提供了系统支撑，为各级经营机构业务管理提供了有力抓手。

4. 强风控

着力打造智能化小微风控体系，全面提升小微业务风险管控能力。

加强智能化风控体系建设规划。 在"四个一"工程框架下，研究制定《小微金融业务数字化风控体系实施方案》，提出依托行内现有风险相关技术平台，构建"1+6"数字化风险管理体系，实现贯穿贷前、贷中、贷后各环节的全面风险管理。

上线小微企业客户行为风险识别系统。 投产上线小微企业客户行为风险识别系统，部署多维度反欺诈规则，覆盖所有"微捷贷"授信模型，实现申请反欺诈、申贷质检、风险处置和风险云图等一整套贷前风控及运营管理功能，极大提高了农业银行小微企业信贷风险管理水平。

5. 夯基础

不断夯实小微金融数字化转型数据基础。一是加大数据资产建设力度。通过多种形式采购或接入工商、税务、海关、社保、电子证照等数据，探索研究灵活多样的数据合作模式，数据资产广度、深度、厚度持续扩展。二是加大数据资产管理力度。根据监管部门最新要求，对小微金融数据报表体系进行了多次完善和优化，开发了延期还本付息相关报表功能，有效支持日常统计分析、监管报送、经营监测和决策管理。此外，启动了小微专属数据库建设项目，依托行内数据集市，建立了符合小微业务经营管理需求的底层数据表。三是加大数据资产应用力度。研究建立小微企业客户营销周期不同阶段的数据分析模型，继续推进结算户转有贷户营销，打造小微企业客户全生命周期管理模式。

展望未来，农业银行将继续深入贯彻落实党中央、国务院决策部署，紧密围绕"推进数字化转型，再造一个农业银行"的发展战略，加快推进小微金融数字化转型"四个一"工程建设，以金融科技和业务创新为驱动，推进产品、营销、渠道、运营、风控、决策等全面数字化转型和线上线下一体化深度融合，着力打造客户体验一流的智慧银行、"三农"普惠领域的最佳数字生态银行。

09 中国建设银行：构建金融生态，探索数字化经营

金磐石[一]　中国建设银行

科技革命和产业变革深刻改变着人类的生产生活方式，影响着经济社会格局。身处"经营数字"的行业，主动拥抱科技革命、适应产业变革是大型商业银行适应社会发展的必然，也是锻造核心竞争力的不二选择。

"物有甘苦，尝之者识；道有夷险，履之者知。"中国建设银行（简称"建设银行"）早在2010年就拉开了数字化经营实践的序幕，历经了三个主要阶段。首先是通过新一代核心系统的建设，对业务流程进行了企业级再造，打造了建设银行数字化经营的坚实基座。继而在"新一代核心系统"建设的基础上，开启了金融生态建设，推进平台化、场景化建设，将金融能力和数据以服务方式向社会开放。2019年，建设银行进一步开启了全面数字化经营探索，按照"建生态、搭场景、扩用户"的数字化经营思路，构建业务、数据和技术三大中台，全面提升数据应用能力、场景运营能力和管理决策能力。

十年回首，战略的定力、敢为人先的魄力、致力于美好生活建设的动力引领建设银行数字化经营探索跨沟过坎。路程虽辛，回味绵绵。

第1节　启航：启动"新一代核心系统建设工程"，打造数字化经营基座

2010年前后，中国经济进入换挡期，深化改革、践行新发展理念，需要传统

[一]　作者系中国建设银行信息总监。

商业银行主动调整经营管理方式。建设银行适时提出了"综合性、多功能、集约化、创新型、智慧型"业务转型战略。"新一代核心系统建设工程"（以下简称"新一代"）就是在这一背景下启动的，它是建设银行应对挑战、突破瓶颈、开启深刻变革、自觉主动推动整体转型的一次积极探索，是一次企业级的业务流程再造。

善建者，不破不立。"新一代"不是局限于原有系统的修修补补，而是站在企业级视角，推动业务与技术全面转型。转型前，各业务部门共有几十套系统在运转，流程漫长，数据孤立。转型后，建设银行打通了系统级、部门级、分行级的壁垒，实现了航母式的企业级能力。这不是简单的能力加总，而是能力的整合、衍生，企业级价值的最大化。基于此，这一阶段的转型理念有三：以客户为中心、以企业级架构为核心、以企业级业务模型为驱动。

以客户为中心：全面了解、经营、维护客户。打通产品部门、客户部门、业务中台部门在客户层面的流程断点、数据断点，构建完整、及时、一致的客户统一视图，提供统一、准确、唯一、创新的客户识别方式，实现灵活的客户细分及专业化的营销。

以企业级架构为核心：打破系统级、部门级、分行级等画地为牢的观念限制，从全行、全集团的角度去统筹资源，组织布局。

以企业级业务模型为驱动：从顶层设计入手，将建设银行战略能力需求和日常操作需求有效转换成以结构化、标准化方式描述，以银行价值链为主线的业务模型，并针对转型举措制定了提升业务能力的解决方案，这是保证业务先进性的关键举措。

在建设银行先后投入9500余人，经过六年半的不懈努力后，"新一代"于2017年6月24日顺利上线。"新一代"在业务架构和IT架构重构的基础上，依托企业级、组件化、参数化所带来的整体优势，逐步形成具有建设银行特色的九大业务能力。

以客户为中心的综合服务能力。整合全行客户信息，形成"统一客户视图"，实现"360度客户画像"，支持个性化服务和精准化营销。对私数字化营销方面，建立企业级营销模型管理体系；对公数字化营销方面，制定专属营销模型和方案。按照客群特征制定多种营销策略，制定产品组合套餐，依据套餐不同实现差异化定价和综合化服务，提供金融综合解决方案。

灵活高效的产品创新能力。打造产品装配工厂，在企业级范围建立可复用的"积木块"，支持根据客户需求快速灵活地组装产品、响应市场。目前建设银行

95%的可售产品是通过"配置型产品创新"装配的。

完整协同的智慧渠道转型能力。以"移动优先"为原则，丰富渠道类型，电子渠道和智慧柜员机对柜面业务的替代率屡创新高。延伸第三方客户渠道以及劳动者港湾、智慧缴费等社会化服务渠道，探索融合服务新模式。渠道智能化方面，在手机、固定电话、自助设备等各类渠道上综合运用语音识别、图像识别等多种人工智能技术，提高自动化处理效率和准确率，提升客户满意度。

集约化的业务运营能力。打造集约化运营平台，实施前后台业务作业分离。凭证处理方面，采用图像识别和自动验印等技术，实现业务集约、高效，节约了大量工时，并为网点转型创造了条件。现金业务方面，采用物流行业的现代配送中心模型，形成一体化运营配送机制，实现金库的智能化管理。创新云生产模式，标准化工作众包，降低人力成本。

全面的风险防控能力。建立企业级风险模型实验室，利用大数据集市和人工智能算法构建风险模型，提升风险识别能力；把风险内控机制嵌入业务流程的前、中、后台各个环节，协同管理，及时进行风险监测、预警和处置，实现风险在渠道、产品、客户多层次防控，具备全方位、智能化的风险联防联控能力。

精细化的资源配置能力。搭建以"交易核算分离"为特征的会计核算体系，实现利率、汇率、费率等价格参数灵活配置，支持产品的组装生产和快速创新，提供客户维度的差异化定价和在线实时测算。从机构、客户、产品等维度为管理层提供经营情况报告，有效支持财会业务决策。

企业级的数据应用能力。打造企业级大数据云平台，实现EB级分布式海量云存储。建立数据湖，增强非结构化数据采集和处理能力；利用分布式处理技术，提升海量数据计算能力；构建泛金融数据模型，整合外部数据，形成多元数据体系；建设数据运营平台，动态管理数据运营；提供多种数据应用模式，支持用户自主用数。

境内外、集团一体化的支撑能力。支持多语言、多法人、多时区的金融服务，统一母子公司、境内外标准，实现境内外业务处理全流程一体化。"新一代核心系统"在全球30家境外机构推广，覆盖25个国家和地区，真正实现"一个版本、全球部署；一次研发、全行共享"，大幅降低海外IT系统开发和运营成本。

便捷高效的员工服务能力。整合办公、事务、学习、通信等多项功能，为员工提供一体化协作平台。为客户经理提供包括客户沟通、自我管理、工作成效、客户营销等的支持，提高营销客户的质量和效率。打造"慧视"系列产品，为总行管理者、分行管理者、条线管理者提供个性化指标数据，赋能数字化经营。

2018年9月，"新一代核心系统建设工程"荣获"2017年度银行科技发展奖"特等奖，得到业界的广泛认可。通过"新一代"的实施，建设银行实现了从"单个系统竖井式作坊开发"到"企业级系统工程工厂研发"的转变，为后续数字化经营探索奠定了坚实基础。

第 2 节　扬帆：构建金融生态环境，开放金融服务

针对多样化的客户需求和愈加同质化的商业竞争，建设银行以"数字化"为总体方向，依托"新一代"打造的坚实基础，谋篇布局，研究金融科技战略部署，优化金融生态环境。2018年，建设银行正式发布《金融科技战略规划》，明确金融科技战略实施方向：建立技术与数据双轮驱动的金融科技基础能力，对内构建协同进化型智慧金融，对外拓展开放共享型智慧生态，努力打造具有"管理智能化、产品定制化、经营协同化、渠道无界化"特征的现代商业银行。

金融科技战略实施，主要依托6个方面工作的推进：

- 深化新一代核心系统推广应用，结合应用实施情况定期重检优化；
- 夯实技术创新基础，持续提升金融科技支撑能力；
- 完善数据服务体系，优化数据治理能力；
- 推进智慧金融建设，不断深化九大业务能力；
- 拓展智慧生态，通过构建平台、连接平台、站在平台连平台，共同构建用户生态；
- 深化体制机制，完善科技创新孵化机制，不断强化总分一体化研发体系。

建设银行持续优化经营模式，夯实科技支撑能力，落实新金融理念，推进住房租赁、普惠金融和金融科技三大战略，赋能社会发展，服务实体经济，助力国家治理能力现代化。

推进住房租赁战略，赋能社会发展。搭建开放共享的住房租赁服务平台，覆盖了全国94%的地级以上城市，累计上线房源超过2600万套。与广州、杭州、济南等11个试点城市签署《发展政策性租赁住房战略合作协议》，向试点城市提供包括金融产品支持、房源筹集运营、信息系统支撑等一揽子的综合服务；创新推出"存房业务"，激活存量空置房源，累计签约超过120万套；打造住房租赁

产业联盟，合作签约商户 1.3 万家，培育住房租赁新生态；在 2020 年抗击新冠肺炎疫情期间，累计为医护人员等无偿提供住房近 2000 套（间）。

建设银行相信，当住房租赁市场有了真正成熟的供给后，人们的消费习惯就会改变，住房难、住房贵的问题将会迎刃而解。

建设"智能、高效、强风控"的普惠金融，服务实体经济。 打造普惠金融新模式，针对"资信不完整、评价手段差"两大痛点，以大数据画像为基础、以场景切入为手段，构建"小微快贷"信用产品体系，已累计切入 60 余类、300 余个场景。

推出"惠懂你"移动客户端，融合小微快贷、个人经营快贷、裕农快贷、交易快贷等应用，提供一键评估、一键贷款、一键支用、一键还款等功能，大幅提升服务效率和扩大覆盖范围。创新智能化风控体系，助力普惠金融高质量发展，"小微快贷"线上贷款不良率低于 1%。通过不断优化"惠懂你"移动客户端融资新平台功能，"惠懂你"App 的客户访问量突破 1 亿，认证企业超 470 万户，授信金额超 4700 亿元，并成为建设银行服务小微企业的重要服务品牌。

通过与工商联、商会、企业信息互联互通，建设银行提供场景化服务，推进普惠金融之"创业者港湾"建设，给予创业创新企业股权投资、信贷融资、创业成长等综合化服务。

2020 年 3 月，中国建设银行成为全国首家普惠型小微企业贷款余额突破万亿元的商业银行。

科技慧政，助力国家治理现代化。 发挥"金融+科技+资本"融合优势，建设智慧政务平台。开放渠道服务资源，推动网点、手机银行、裕农通等成为百姓身边的政务大厅；着力构建"跨地区、跨部门、跨层级"一站式服务体系，真正让"数据多跑路、群众少跑腿"。截至 2020 年年底，建设银行与 28 个省级政府在智慧政务领域签署合作协议，多省市项目落地。"政融支付"实现与 240 个省市县政务服务平台对接，上线 7900 余个公共服务便民缴费事项，协助政府梳理政务事项近 200 万件，平台用户数超过 9600 万。

持续推进金融科技战略，夯实科技支撑能力。 聚焦 ABCDMIX（人工智能、区块链、云计算、大数据、移动互联、物联网和其他前沿技术），封装技术基础能力，实现技术的平台化、组件化和云服务化，降低技术应用门槛，赋能业务创新。同时，持续推进核心技术的自主可控建设，减少对外部的技术依赖，降低不确定性。

平台化方面，人工智能平台已上线图像识别、视频识别、自然语言处理、知识图谱等6大类18个人工智能组件，覆盖300多个业务场景。大数据云平台实现了数据以服务方式对外发布，支持智慧政务、住房公积金数据平台等重点客户的大数据服务。区块链服务平台应用于福费廷、国内信用证、再保理、房源信息发布、电子证照等多种业务场景。物联网服务平台实现物联终端的统一接入、统一管理、统一控制及数据共享，支持5G+智能银行、智能金库、智能钞箱等应用。

组件化方面，部署即时通信、视频直播等公共功能组件，共享公共能力。实现用户认证、客户认证、密码服务、数据安全、基础设施安全、安全策略管理等功能组件，提供安全即服务的能力，满足不同应用场景的安全需求。

云服务化方面，将应用平台和公共功能组件按照云服务产品的标准改进，建立具备云安全、云服务、云运维、云运营能力的"建行云"。目前建行云拥有物理节点26 000多个，云化算力达到90%，拥有端到端解决方案，提供金融级防护。建设银行云服务实力在国有大行中领先，上云业务应用项目已超270个，其中包括住房租赁、智慧政务、智慧社区、善行宗教和中银协区块链等。

金融科技战略的实施促进了金融服务开放，以金融的力量赋能社会，拓展了金融服务领域，也为搭建金融服务场景、扩展客户群奠定了基础。

第3节 领航：围绕"生态、场景、用户"，全面开展数字化经营

2020年以来，建设银行按照"建生态、搭场景、扩用户"的数字化经营理念，全面开启数字化经营探索。

打造大中台体系。 全力打造"数字化工厂"，深入推进"数字力工程"，探索建立数据资产管理体系，搭建包括业务中台、数据中台和技术中台在内的大中台体系。

- **打造业务中台：** 按照"用户—客户"进阶经营和端到端运营要求，提炼账户、支付、营销等可共享复用的业务能力，形成可快捷调取的通用服务模块，赋能前端场景的高效拓展和产品的敏捷创新。
- **打造数据中台：** 构建数据智能中枢和全域数据供应网，强化数据获取、集成整合、挖掘分析、即时赋能等核心功能。
- **打造技术中台：** 技术中台对应用研发、交付、运行所依赖的技术进行平台化、组件化设计，以云服务为主要交付方式，实现人工智能、云计算、区块链、物联网等技术基础能力的快速供给，敏捷赋能业务发展。

围绕"生态、场景、用户"开展探索。 打造彼此相连、同步迭代、实时互动、共创共享的生态圈，跨界连接多个客群、多类产业和多种生产要素，为生态圈内各方提供共同演进的机会和能力。

针对个人用户， 围绕公共服务、公交出行、生活缴费、商户消费、社区居家等生态场景，全面洞察、精准画像，实现生态数字化连接、产品综合化交付、服务多渠道触达。

针对企业用户， 搭建"惠懂你"普惠信贷服务平台、企业智能撮合平台、供应链金融平台等，致力打造企业全生命周期服务的开放共享生态。

针对政府用户， 围绕"优政、利民、兴企"目标，打造"一网通办"智慧政务的云南模式、山西模式、重庆模式和山东模式，用金融力量助推政府治理体系和治理能力现代化。

在经营理念上， 开启了从以产品销售为中心到以客户体验为中心的转变，实现"客户洞察、双向互动、精准触达、千人千面"。

在营销模式上， 充分应用互联平台，组织构建场景、营造生态的革新，实现了"全链路、全渠道、全天候"的全域营销。

在战略推进上， 实现跨区域、跨条线、跨部门、跨层级的统筹协同。

行百里者半九十，数字化经营探索永远在路上。建设银行将继续履行国有大行的责任担当，下沉金融服务重心，借用现代科技建设新金融"水利"基础设施，引金融源头活水通达实体经济最需要的地方，助力社会高质量发展。

第三篇
股份制商业银行转型实践案例

10　招商银行：数字化转型的"道"与"术"
11　中国光大银行：构建以科技创新为关键基因的
　　 数字银行核心竞争力
12　平安银行：全面数字化经营，进入转型决胜期

10 招商银行：数字化转型的"道"与"术"

周天虹　张艳　杨勉　招商银行

招商银行行长田惠宇在《招商银行 2019 年度报告》的行长致辞中说道："'招商银行'和'掌上生活'两大 App 月活跃用户突破 1 亿，零售金融数字化转型追星逐辰，公司金融数字化转型向'南'而行；云计算能力行业领先，开放的数字化基础设施云台初垒……"种种迹象表明，招商银行已然掌握了传统银行数字化转型的"道"，探索出一条清晰的"术"，逐渐打开了未来发展空间。

第 1 节　追本溯源

2013 年，田惠宇接替马蔚华成为招商银行第三任行长，上任之初就面临内外部形势焦灼的环境。内部，招商银行在领跑股份制商业银行多年后，绝对优势已不再；外部，"四期叠加"，即宏观经济增速下行、金融脱媒、利率市场化、异业竞争侵袭银行业，大环境咄咄逼人。

面对内外部的持续发问，田行长给出的答案是打造"轻型银行"，希冀以"轻型银行"之道破解招行二次转型之困。半年后，在 2014 年年度工作会议上，招商银行提出了加快实现"二次转型"，打造"轻型银行"的战略转型目标。

"轻型银行"是招商银行对"二次转型"方向的进一步明确，对方向、路径、定位进行了更深入的探索。"轻"取自互联网企业的特点，用在银行的身上，其本质是指以更少的资本消耗、更集约的经营方式、更灵巧的应发能力实现更高效的发展和更丰厚的价值回报，具体体现在"轻资产、轻经营、轻管理、轻文化"四个方面。

通过"轻资产"，构建资本消耗少、风险权重低、风险可控的业务体系；通过

"轻经营",构建集约化、内涵式、成本节约型业务发展模式,批量获客、精准营销、高效服务以及深度经营,实现轻资产;通过"轻管理",删繁就简、注重实效,按照扁平化、集约化、专业化的思路,借助科技手段,打造高效的组织架构和管理流程;通过"轻文化",创新求变,消除、防御"大企业病"。

第 2 节 发现新引擎

"轻型银行"战略确定之后,招商银行思考的下一步就是在业务发展上如何取舍、倾斜,有所为有所不为。招商银行的规模和体量决定了业务发展不可能大包大揽,在整体资源有限的前提下,应该选择什么或者放弃什么?结论是选择"一体两翼",即零售金融为"一体",公司金融和同业金融为"两翼"。具体则为零售金融打造"最佳银行",业务重点是财富管理、小微金融和消费金融,策略是做大做强、"扬长而去";公司金融要打造"专业银行",重点是形成专业的交易银行和投资银行两大体系,策略是剑走偏锋、打造特色;同业金融要打造"精品银行",重点是大资产管理和金融市场业务"双轮驱动",策略是厚积薄发、直扑前沿。

截至 2019 年年末,招商银行总资产达 7.42 万亿元,较上年末增长 9.95%;全年实现营业收入 2697.03 亿元,同比增长 8.51%,核心盈利能力持续增强。ROAA、ROAE 持续提升,领先同业。

这样的成绩得益于领导者对银行业发展趋势的独到见解。银行业 1.0 阶段是规模取胜阶段,看一家银行的规模,就知道它的收入、利润,银行之间完全是同质化的竞争。2.0 阶段是结构和质量取胜阶段,规模与收入利润不再画等号,也不再和市值画等号。得益于二次转型,招商银行率先走出规模竞争阶段,赢得了转型的红利,在资产规模不大的情况下,实现利润和市值都大幅领先同等规模银行。

第 3 节 提出"金融科技银行"

在初始探索数字化时代的银行时,招商银行也许并不知道应该怎么办,但清晰地知道不应该怎么办,即数字化不只是从线下到线上的物理位置转移,更是一次大换血的涅槃之旅。

对于未来发展规划，招商银行首先提出了"网络化、数据化、智能化"思路。

- **业务系统网络化：** 手机是最好的网络入口，用它可以完成数据搜集、客户交互、身份验证等工作。利用手机的快速迭代，只要把新功能快速应用到业务上，就能借用手机的进化动力，推动银行业自身的创新。
- **数据驱动经营：** 深度挖掘数据资产的价值，让金融产品颗粒度更小、更容易组合变"聪明"。提供更灵活的还款计划、更及时的信息推送、更准确的场景匹配。员工、客户、伙伴可以在任何场景获取最需要、最准确有用的数据信息来提升服务、体验与效率。
- **业务智能服务：** 积累场景数据加上资深员工的经验辅助学习客户的行为，用人工智能辅助甚至替代人脑，克服人性的弱点，打造完美的金融服务。

2017年招商银行年中工作会议吹响了打造金融科技银行的号角。在田惠宇行长看来，科技正深入经济社会的每个细胞，重塑着商业的逻辑，改变着金融的基础。招商银行要把自己定位为一家"金融科技银行"，把科技变革作为未来三到五年的重中之重，为转型下半场提供源源不断的"核动力"。

招商银行这样定义"金融科技银行"：以科技敏捷带动业务敏捷，紧紧围绕客户需求，深度融合科技与业务，快速迭代、持续交付产品和服务，创造最佳客户体验，取得效率与成本、风险更高层次的平衡。

为了实现这一目标，招商银行开始在金融科技基础设施、经营管理模式、生态体系建设三个方面发力。

第4节 数字化五个方向

1. 从客户转向用户：重新定义银行服务对象和经营思维

新时代下，面对客户需求和痛点的日趋个性化、多元化，既有的服务体系越来越力不从心，亟须从全客群服务、全产品服务和全渠道协同服务三个方面着手，深化转型，聚焦客户体验，建立起全新的零售客户服务体系。

对于这个课题，招商银行的答案是从树立用户思维开始，一改银行原有专业生态体系的局限性——只有客户，没有用户，重新定义银行服务对象和经营思维，以用户的思维扩大服务的边界。

从此，招商银行跳出以银行账户为核心的客户体系，延伸到Ⅱ、Ⅲ类账户，以及没有绑定银行账户的 App 用户，着力构建互联网用户体系。以用户体验为导向，持续强化，把月活跃用户（MAU）作为北极星指标的经营理念，牵引整个银行从业务发展到组织体系、管理方式、服务模式，再到思维、理念、文化和价值观的全方位数字化转型。

"有人说银行在零售支付领域已经没有机会，我不这么看，我认为永远都有机会。"田惠宇行长对行业发展的判断让数万名招商银行人在面对金融科技新时代的激烈竞争时，有了更坚定的意志与发展信心。2019 年 9 月 12 日，招商银行 App 用户突破 1 亿大关，正式跻身"亿级 App 俱乐部"，与一线互联网企业同台竞技。

2. 从银行卡转向 App：重新定义银行服务边界

经过 30 年的创新发展，招行被称为银行业的"零售之王"。招行内部将这个成绩归功于两次飞跃：第一次飞跃是用"一卡通"取代存折，率先实现联网通兑；第二次飞跃是以 AUM 取代存款考核，创新财富管理新模式。

站在数字化时代的十字路口，招行抓住时代脉搏的第三次飞跃是从以"卡"为载体到以"App"为载体。对用户而言，"招商银行""掌上生活"两个 App 是真实且亲切的存在；对招商银行而言，跨进 App 就跨进了数字世界。手机 App 帮助招行完成了两个根本性转变：一是账户体系向用户体系转换，从封闭体系转向了开放体系；二是从交易工具变成经营平台。这一转变直接促成招商银行互联网金融策略由之前的"内建平台、外接流量、流量经营"，转变为"内建平台、外拓场景、流量经营"，在零售、批发两个条线重点攻克"外拓场景"短板。

开始收获向 App 转型的红利。当下，"招商银行"和"掌上生活"这两个 App 带来了源源不断的零售客户，成为银行客户经营的主要平台。

3. 从交易思维转向客户旅程：重新定义银行服务逻辑和客户体验

关于如何解决轻管理、轻运营的问题，招商银行将目光聚焦到业务流程改造，从客户需求出发，以"客户旅程地图"开展数字化端到端的流程梳理和优化。

站在客户视角，重新审视从最初接触招行、购买服务，到获得售后服务的全过程，以数字化方式进行流程梳理分析，重塑"客户旅程"，实现客户服务全流程跟踪，并实时感知和反馈客户体验。围绕客户体验，通过数字化的流程改造，实现业务效率、风险管控、运营成本的更高层次的平衡。全行上下齐心协力，通过端到端流程梳理，将多头分散的管理和操作，进行数字化、智能化的逻辑集中，把招商银行打造成一个数字化、智能化的大运营平台，做到前中后台的高效协同，为用户赋能。

4. 从依靠经验转向依靠数据：重新定义银行经营的依据

过去，产品设计更多依靠产品经理的经验和行业敏感性，产品是否匹配客户的需求、客户体验是否存在痛点、营销活动效果是否显著均存在很大的主观性。如今，招商银行以数据为驱动，用数据说话，让数据贯穿渠道拓展、产品创新、营销、客户经营、队伍管理的全流程。利用数据直观、可度量、可对比、可预测，数据分析方法容易复制和标准化等特点，提升客户经营效率。

面对数字化世界，招行在不断碰撞中成长，正在从组织到行动，打破边界，提升中台能力，建设数据中台，将数据作为核心资产，打通内外部数据，完善大数据治理体系，推动组织自我进化。

5. 从集中转向开放：重新定义银行科技基础和企业文化

长期以来，招商银行都是一家科技属性很强的银行。从早期的一卡通、一网通引领招行开疆拓土，一举成名，到如今"招商银行"和"掌上生活"两大 App 引领同业，科技能力决定招行的服务半径与未来发展空间。

这一点，从招行对科技的投入也可窥探一二。2019 年，招商银行整体信息科技投入 93.61 亿元，同比增长 43.97%，是营业收入的 3.72%。截至 2019 年年末，累计申报金融科技创新项目 2260 个，覆盖零售、批发、风险、科技及组织文化转型的各个领域，为 3.0 经营模式提供了坚实支撑。招商银行已经成为一家软件定义银行。

在这样的背景之下，2019 年年中工作会议上，田惠宇行长提出，科技部门要在强化 IT 基础能力建设、打造"云 +API"技术架构的基础上，承担更重要的使命，通过系统融合带动业务融合。打破现有以部门为中心的业务系统竖井，逐一解析系统逻辑，按照模块化标准重构业务系统，从底层打通系统、打通数据，实现"纵向流程不断点，横向系统不隔离"。

2020 年，招商银行进一步明确了建设面向未来 IT 系统的三个条件。一要具备开放架构，可以快速与外部能力连接，以更好地拥抱互联的世界；二要具备低成本的海量计算处理能力，以支持大数据应用；三要实现应用解耦与企业级资源打通的更好平衡，提升对企业的融合服务能力。为此，加快云计算能力建设，全面启动主机应用在金融云上的开发和切换。加快开展数据中台建设，建设全行统一的数据应用门户，把所有客户相关的数据都整合在一起，形成对客户的统一视图。加快推动全行系统的打通与开放，改变部门级系统分散、割裂的现状，加强应用系统的整体架构设计，打通各个系统的工作流、信息流，努力实现一个入口通全行。同时，整合统一的对外开放门户，实现 API 对外全面开放。

第 5 节 以零售 3.0 为突破口

金融科技作为招商银行的战略方向之一，以大数据为驱动，以 MAU 为北极星指标，构建线上用户获取与经营新模式。其背后是希望通过深入推进零售金融 3.0 数字化转型，打造最佳客户体验银行，牵引整个组织变革，应对 VUCA 时代的种种挑战与机遇。

通过零售 3.0 模式探索，招商银行在数字化经营、生态建设、数字化风控、数字化管理四个方面成绩喜人，这四个方面成为招商银行业务全面发展的持续动能。

数字化经营：以"招商银行"和"掌上生活"App 为平台，探索和构建数字化获客模型，打造新的获客增长点。截至 2019 年年末，招商银行 App 累计用户数达 1.14 亿户。基于数字化运营，金融服务效能得到进一步提升，与客户的线上交互能力也进一步增强。

生态建设：通过开放"招商银行"和"掌上生活"App 平台，不断提升服务创新效率。对内开放 App 平台能力，所有分行可通过在招商银行 App 上开发小程序迅速提供新服务；对外向合作伙伴开放 API（应用程序编程接口），聚焦饭票、影票、出行、便民服务等重点场景，拓宽服务边界。截至 2019 年年末，"招商银行"和"掌上生活"App 中 16 个场景的 MAU 超过千万；"招商银行"App 金融场景使用率和非金融场景使用率分别为 83.79% 和 69.80%，"掌上生活"App 金融场景使用率和非金融场景使用率分别为 76.21% 和 73.90%。

数字化风控：基于大数据及人工智能技术，构建起全新一代的实时智能反欺诈平台，实现了智能决策与智能管控的双核智能体系。通过高维建模、社区发现、迁移学习等新兴技术的引入，全方面模拟人类认知"推理—感知—演绎"的进化过程。超过25亿的特征集合，精细刻画用户风险画像，实现了类人脑的高度智能决策引擎。通过生物探针与神经网络技术，实现了非法机器行为识别及客户行为身份认证，保证了即使在客户丢失密码的情况下，也可对其异常行为实现智能管控。同时，不断强化扩展智能风控平台"天秤系统"，伪冒侦测范围覆盖线上和线下交易渠道，优化电信诈骗提醒拦截。

数字化管理：招商银行设置专业用户体验团队，以"为客户创造价值"为出发点，推动客户体验升级。零售方面，重构了零售客户体验监测体系，实现对零售客户体验的实时监测和数字化呈现，初步构建零售客户的体验风向标和服务升级引擎。批发方面，对关键客户旅程进行全面诊断，打通线上审批、风险、合规、运营流程，持续推进各类服务流程的重塑。

面向未来构建金融科技基础设施，探索零售3.0模式的深入，招商银行正在收获数字化转型带来的种种红利。以新冠肺炎疫情开局的2020年，招商银行依然一往无前，坚定地走在转型的路上。2020年4月18日，零售信贷工厂正式发布智慧审批机器人，打造业务办理效率更快、风险管控更精准的贷款审批新模式。

第6节 开放融合之匙

对于如何在数字化时代跟上发展的步伐，田惠宇行长的2019年年报致辞让大家看到了清晰的答案："我们躬逢盛世，躬身入局，像一个懵懂少年，怀着好奇和敬畏之心，努力寻找属于招商银行自己打开数字化大门的那把钥匙——开放与融合。"

招商银行这样定义开放与融合。开放，就是业务要走出去，能力要输出去，要与一切可以连接的合作伙伴连接起来，打破封闭生态圈的封锁，形成包含生活圈、经营圈的开放生态圈；融合，就是要打破内部组织边界、业务边界，把有生力量作用于市场，服务于客户，聚焦于金融服务入口，通过服务的组合增加服务的价值，增强服务的黏性。

通过聚焦生活场景打通生活圈、培育企业数字化服务能力打通企业经营圈、开放银行战略建立更广泛的生态联盟，连接一切，拓宽服务机会。

通过零售、批发、"一体两翼"、前中后台、境内外五个方面的融合，集合全行有生力量作用于市场，综合服务于客户，以多维打高频，形成较于异业的最大比较优势。

近年来，通过系列举措，招商银行轻资本、轻资产的效果非常明显，轻运营也渐入佳境。转型的下半场，招商银行提出了管理和组织文化向零售3.0模式升级，"打破竖井，赋能减负"、蛋壳、清风公约、"开放融合"、轻型文化等轻管理和轻文化动作频发，依靠这套组合拳，内部刮起一股组织进化疾风，在管理和组织文化上向零售3.0模式升级。通过开放文化构建开放系统，不断与外界交换能量，不断熵减，让组织始终保持活力。

从轻资产到轻管理、轻运营，再到轻文化，招商银行的"轻型银行"建设不断走向深入，数字化转型也越来越深入。

如今的招商银行，"招商银行"和"掌上生活"App已是客户经营的主场，传统网点正在积极探索数字化转型，在云计算、大数据、AI、区块链等新技术支撑下，招商银行正在发生新的蜕变。

面向未来，无论时代如何变化，银行作为服务业的本质属性不会改变，客户作为商业逻辑的起点不会变。"牢牢把握好这两个规律，招商银行就有信心穿越周期，赢在未来。"

11 中国光大银行：构建以科技创新为关键基因的数字银行核心竞争力

杨兵兵[⊖]　中国光大银行

金融与科技的深度融合，使得银行数字化转型成为大势所趋，推动银行业态转型升级，为促进实体经济发展提供强大动能。光大银行顺应国家产业政策导向，秉持"以客户为中心"的服务理念，持续加强金融科技能力建设，深入推进全行数字化转型，在实践中逐步形成一批转型案例，为数字经济提供优质金融服务，助力建设以国内大循环为主的双循环发展格局。

第 1 节　数字化转型背景

经过多年发展，国内主要商业银行线上化、数字化建设已取得长足进步，银行数字化转型进入深水区。

宏观政策聚焦数字化发展。 国家高度重视数字经济。2020 年 3 月 4 日召开的中共中央政治局常委会议明确指出，要"加快 5G 网络、数据中心等新型基础设施建设进度"。数字经济加速成熟已成定势，金融服务的数字化迫在眉睫。与此同时，金融监管政策做出适应性调整，科技监管加速成熟，监管沙盒逐步扩大试点范围，金融科技创新迎来政策机遇期。

客户习惯发生深刻变化。 新冠肺炎疫情导致的隔离措施强化了客户使用线上服务的习惯，也使得客户对线上服务的诉求发生变化：从被动接受现有服务转向

⊖　作者系中国光大银行副行长。

主动要求个性化服务,从单一功能服务转向端到端一体化服务,从特定渠道服务转向综合门户一站式服务。伴随客户线上服务使用习惯的转变,数字化服务价值进一步凸显。

市场环境从单一竞争走向生态竞合。银行业迎来更为复杂的竞争环境:一方面,宏观经济承压的大环境下同业竞争将更加激烈;另一方面,来自头部互联网企业的跨业竞争,要求银行以开放的心态迎接竞争与合作并存的新局面,积极应用金融科技和互联网模式,用最新的数字化技术提升运营效率,拓宽服务范围,提升服务水平。

银行数字化转型进入深水区。银行普遍认识到数字化转型的重要性。2019 年中国互联网金融协会开展的商业银行数字化转型专题调研显示,86% 的银行处于数字化转型的过渡阶段或者发展阶段,75% 的银行正在或已经制定了"全行级数字化转型方案",41% 的银行将数字化转型作为"一把手工程"。2020 年,商业银行非接触式的数字化服务能力在支持新冠肺炎疫情防控和复工复产方面发挥了巨大作用,可以预计商业银行的数字化转型将进入全面提速的快速发展时期。

银行数字化转型正从局部突破走向全面开展,从通用领域走向细分领域。全面转型体现在银行各业务条线和前中后台数字化的整体推进。银行数字化转型正从零售板块向所有板块扩散,从个别产品创新向生态协同创新转型。银行数字化涉及的不再是一类业务、一个部门或者一个版块,而是整个业务形态、管理机制和商业模式。深入转型体现在银行数字化的价值领域发生的变化,即从通用市场向细分行业市场转变,从传统金融场景向金融+生活场景转变,从银行客户群体向银行客户+互联网用户群体转变。

第 2 节 光大银行数字化转型实践

1. 数字化转型顶层设计

2018 年,光大银行以中长期战略优化为契机,围绕"打造一流财富管理银行"总战略目标,制定了全行级数字化转型子战略,作为新版战略规划的重要组成部分。

2019 年,光大银行将原电子银行部升级更名为数字金融部,作为全行个人及企业数字金融业务的统筹管理部门，以持续强化组织支撑，进一步推动全行数字化转型，构建以敏捷和科技为主体的共享生态圈。

2020年，光大银行提出"123+N"数字光大发展体系，并制定了16项关键指标的数字银行建设评价体系，通过明确重点金融科技的顶层规划和融合应用，培育以科技创新为关键基因的数字银行核心竞争力。"123+N"数字光大发展体系包括一个智慧大脑、两大技术平台、三项服务能力、N个数字化名品。

2. 互联网贷款生态化转型

"随心贷"是光大银行推出的智能化网络贷款品牌，旗下包括数据类、保险类、联合类等系列产品。随心贷一方面加快平台化建设，提升智能风控和多元化发展能力；另一方面加快细分场景产品建设，推动场景化、生态化转型发展。

随心贷平台建设。 基于互联网大数据风控、人工智能等金融科技力量，搭建同业领先的智能化互联网融资平台，推进"数据驱动、科技助力、场景融合"，推动资产、资金的平衡发展，同时深入消费场景，为客户提供方便、快捷、智能的网络普惠金融服务。

实施数字化经营，基于大数据建立贷款风险审核、授信和贷后等各类模型，引入政府数据、信用数据、场景数据和社交等各类大数据；构建智能化风控体系，基于大数据、机器学习等技术，在获客、贷前、贷中、贷后等环节建立反欺诈模型、评分模型和预警模型等各类数据模型，实施智能化的风控管理；创新网络贷款产品，目前已推出种类较为丰富的零售融资业务，将推进对外开放合作，同时探索丰富对公网贷业务；推进资产平台建设，打造综合化资产管理服务平台。满足互联网融资业务刚性发展要求，加快资产流转，提高整体收益，同时减少对风险加权资产、信贷规模等各项经营资源规模的依赖。

随心贷场景化发展。 随心贷深入医药、农业普惠金融关键领域，打造"阳光医药通"产品体系，推动"惠农贷"产品上线，积极探索为小微企业主提供普惠金融服务。

"阳光医药通"是光大银行基于医药行业电商经销平台，为医药流通供应链中下游零售药店、连锁药店、诊所等基层医疗机构提供的网络信用贷款服务，可有效缓解大型医药流通企业应收金额大、账期长、现金流周转紧张等痛点，实现多方共赢。"阳光医药通"从身份识别、客户开户、授信审批、贷款提款、贷款还款到贷后预警实现全线上自动化处理，产品授信额度有效期不超过1年，贷款期限不超过 1 年，支持多种还款方式。"阳光医药通"通过"互联网+"方式有效助力诊所、零售药店等机构的经营，为广大医药销售终端普惠客群提供服务，社会价值与经济价值并举。

"惠农贷"依托中华财险多年积累的农业保险经营优势、政策优势，借助蚂蚁集团及社会合作伙伴的互联网金融实力，利用开放平台和金融科技力量，构建了国内一流"三农+互联网+融资+保险"一体化服务平台。"惠农贷"主要服务对象为购买农业保险的农户。贷款期限最长不超过 1 年，还款方式为到期一次还本付息，支持随时部分或全额提前还款。惠农贷在线即可完成便捷申请，资金即时到账，改善农村金融融资难、融资贵问题，帮助农业企业实现"降本增效"的目标，从而打开三农产业新格局。

3. 产业链金融服务开放化转型

光大银行融合运用在支付结算和金融科技上的优势点，推进供应链金融发展，缓解小微企业融资难、融资贵问题，打造光信通、物流全程通等数字化产业链金融产品。

光信通是利用区块链技术创新的业务，可实现核心企业信用沿产业链多级有效传导，服务产业链上游，满足产业链中小微企业流动性即对外支付需要，促进产业链供应链稳定。

光信通实现核心企业在线记载付款人、收款人、金额、期限等账款信息，并通过电子签名的方式确认贸易背景且承诺到期无条件付款。流程包括签发、承诺付款、占用专项额度、签收、转让、融资、兑付、上链等环节，其中占用专项额度、融资环节依托对公网贷平台办理。其服务有四大特点。一是服务灵活、可选、可拆分、可转让、可融资、可持有。二是易融资。在线即可便捷地向光大银行申请融资，资金即时到账，解决融资难、融资慢问题，减少产业链账款拖欠或资金占用问题，加快中小微企业资金回笼。三是低成本。通过共享核心企业信用，解决中小微企业融资贵、融资不足问题。四是积累信用。相关交易信息上区块链保存，帮助中小微企业积累可信数据。

物流全程通是光大银行与网络货运、无船承运等物流互联网平台系统对接，通过线上账户管理与支付结算服务切入平台生态圈所提供的一揽子物流行业金融综合解决方案。

物流全程通可服务于网络货运平台等物流新业态内民营、中小微企业及货车司机。依托平台，光大提供账户和支付结算服务；同时，结合真实交易场景和交易数据，进一步为平台生态圈内的货主、物流公司、合作商户等企业提供经营类网络贷款，为平台货车司机提供基于ETC、加油等真实消费场景的个人消费贷款产品。

光大银行已在网络货运等物流新业态金融服务领域具备先发优势，形成了满帮、快成等行业标杆案例，正积极拓展物流全程通商户，推进物流全程通融资类产品落地，缓解物流行业中小微企业资金压力，推动物流行业降本增效、转型升级，促进小微企业数字化转型升级。

4. 自建电子商务场景

光大银行购精彩商城的服务对象为扶贫企业、具有拓展线上采销渠道及员工福利管理需求的企业，其目标是打造面向全网客户、融合金融业务、赋能实体经济、服务中小企业的数字金融新生态，助力全行以电商业务为切入点，与各地特色中小企业开展电商及金融业务的全面合作并开始建设服务于中小企业客户的B2B集采商城。

银政合作。购精彩平台联合地方政府推动扶贫企业脱贫致富。发挥银行电商优势，购精彩积极响应国家战略，服务社会民生，践行社会责任。购精彩与国家级贫困县政府合作，对全国贫困地区产品推行"三免一合"的优惠政策，即免开发费、免入场费、免导流费与合作营销，相继搭建河南兰考、湖南新化、湖南新田、江西瑞金等多个地方的扶贫专区，并联合县政府、扶贫县企业共同开展消费扶贫直播带货活动。购精彩还将积极对接各级政府机关，扩大扶贫帮扶范围，推进湖北和52个未摘帽县扶贫企业的对接辅导、商户入驻及商品上线，开展各类宣传推广工作，以促进消费扶贫。同时，进一步增强扶贫"造血"功能，计划开展送电商培训进贫困县，帮扶贫困县孵化培养有成熟电商经验的优质商户，培育更多的电商人才。

银企合作。特色服务促进企业多方发展。发挥对公对私渠道整合优势，购精彩深入帮扶中小企业拓展线上采销及企业客户的员工福利管理。助力全行以电商业务为切入点，与各地特色中小企业开展电商及金融业务的全面合作，如云南开远锦瑜农业、山东天下第一村烧饼、内蒙古赤峰野农优品、安徽霍山福康石斛、四川九寨沟县曲果食品、山东青岛马家沟生态农业、内蒙古蒙佳粮油、浙江小智电器等。同时，购精彩通过线上"福利购"集采专区、线下集采全程服务，共服务涵盖光大集团内外部多家企业的线上集中采购。购精彩将继续助力更多的中小企业拓展电商业务，进一步打通企业产销渠道。在购精彩 2.0 新系统建成上线后将会持续开发，支持以 API 的方式通过购精彩平台进行"引进来＋走出去"的输入及输出合作，将购精彩优势商品或服务嵌入合作方，帮助合作企业拓展和维系其 C 端客户。

5. 手机银行财富管理平台转型

光大银行坚持"移动优先"策略，致力于将手机银行打造成"财富管理银行核心经营平台"，近年来持续更新迭代，为客户提供更加便捷、安全、智能的金融＋生活综合服务。2020 年 6 月 8 日光大银行正式上线手机银行 7.0 并发布"财富＋"手机银行品牌。

7.0 版手机银行进行了七大功能升级。一是财富管理智能＋，用金融科技建立全面智能财富管理服务，将生物感知识别、TTS 智能语音、自然语言理解等人工智能技术首次应用到理财产品销售流程中，实现销售流程中产品 AI 讲解、AI 资料审核及 AI 风险揭示等功能；二是健康养老品质＋，构建健康养老生态圈；三是幸福体验薪悦＋，提升代发客户服务体验；四是智慧沟通服务＋，依托人工智能技术，用"智"创造无边界沟通；五是账户服务账户＋，在个人手机银行实现家庭账户管理与财富增值；六是社会责任公益＋，围绕抗击疫情、扶贫攻坚等社会热点，践行公益社会责任；七是美好生活生态＋，搭建智慧生活生态圈。

手机银行品牌升级，确立打造"财富＋一个更懂财富管理的银行 App"品牌定位。"＋"具体表现在五个方面：通过金融科技，为客户实现财富增值的"加"；客户通过手机银行经营家庭资产，使家庭更和谐美好的"家"；不断提升服务，使客户获得更好服务体验的"佳"；如影随形，为客户提供线上便利金融服务和财富管理的"金融家"；"打造财富管理银行核心经营平台"，努力做到最好的"嘉"。

第 3 节　数字化转型总结

光大银行数字化转型秉持"以客户为中心"的服务理念，推动 123+*N* 数字银行发展体系建设，通过提升云计算、大数据和智能化技术能力，推动形成移动、开放、生态的数字化经营模式，并在此基础上匹配具有光大特色的数字化金融产品，为客户提供便捷、优质、安全的金融服务，实现银行整体经营转型、产品创新和业务增长。

1. 夯实基础金融科技能力

光大银行以强人工智能应用为指导，通过"一个智慧大脑"建设实现客户差异化、定制化、智能化服务。智能思维左脑不断丰富思维模型，实现自动化营销、智能化风控、精细化运营，充分挖掘数据规模价值。生物感知右脑持续拓展应用场景，实现客户身份识别、客户自助服务、客户智能推介等全流程在线支持。

推动云计算平台服务升级。以分布式架构转型为契机，推动应用全面上云。在基础资源层面，充分发挥容器云 PaaS 平台，利用容器云环境提供的以容器为单位的资源灵活调度、自动编排、弹性伸缩的能力，降低 IT 资源运行和集成成本，实现应用动态发布。

大数据平台加速科技能力转化。持续提升多源异构大数据平台的算力，提高大数据平台异构兼容能力，提升数据服务交付能力。基于数据湖平台，实现全行结构化数据和非结构化数据、准实时数据和批量数据以及外部数据的统一集中管理，提供实时对外服务。

2. 打造移动、开放、生态的数字化经营模式

推动银行服务加速移动化，把移动平台月活客户增长作为重点，将移动金融渠道打造成服务全行的流量引入平台和产品共享平台，对全行满足条件的标准化产品进行基于场景的精准营销，通过做大平台流量为其他业务赋能。

推动经营理念、业务模式到技术的全面开放化，从而实现客户、产品、服务、资源及关键能力的进一步开放共享。通过与各类企业平台合作，融入生态体系，构建线上与线下整合、金融与非金融业务整合、消费互联网与产业互联网整合的开放服务模式，突破既有客户群体及市场份额的限制，拓展光大银行服务外延。

致力于构建数字驱动的 E-SBU 生态服务体系。构建基于场景的获客和产品销售新模式，客户获取及产品销售从单点触达向生态化发展。数字化转型与生态圈建设相辅相成，以金融科技手段联通机构、平台和场景，使用户、数据和产品服

务等在生态圈内有序流通，加速数字化转型进程的同时，助力打造财富管理战略高地和增长极，带动各板块协同发展。

3. 建设数字化名品体系

数字光大发展体系的内生逻辑是通过一个大脑、两大平台、三项能力，最终落地在持续打造数字化金融名品上。在充分应用数字技术及服务能力的基础上，光大银行发挥金融科技对业务创新的引领和驱动作用，实现产品基于场景和数据的精准定制与定价。光大银行努力打造 N 个数字化名品，目前已覆盖普惠金融、消费金融、供应链金融等多个金融服务领域，使渠道更立体、产品更聚焦、服务更智能。

12 平安银行：全面数字化经营，
      进入转型决胜期

李明　李跃　朱培卿[一]　平安银行

"在数字技术重塑社会形态的过程中，企业、个人的金融需求都发生了天翻地覆的变化。这一切变化均要求银行改变自身传统经营模式，跟随经济模式、客户需求的变化进行变革。"正如平安集团总经理兼联席 CEO、平安银行董事长谢永林所言，当前，金融科技的发展已进入新阶段，人工智能、区块链、云计算、大数据等先进科技正在由表及里、由浅入深、由局部到整体，全方位改变甚至颠覆传统商业银行的经营发展模式。互联网金融触角敏锐、响应需求迅速、注重客户体验，显示了很强的竞争优势，这就使传统银行面临着科技新贵的冲击。国内零售银行在每一垂直领域都面临着跨界挑战与冲击，只有从客户角度出发，通过科技力量推动颠覆式革新，方能在这场竞争中脱颖而出。商业银行须明确数字化转型整体规划，打造更加敏捷的组织管理架构，搭建更加灵活的信息科技系统，构建更加完备的金融科技人才体系，才能跟上新一轮科技浪潮，重塑银行核心竞争优势。

2016 年，平安银行确立了"打造中国最卓越、全球领先的智能化零售银行"的战略愿景，正式开启了转型大幕。2020 年，以"零接触服务"为依托的线上金融需求井喷，平安银行在实践中展现了数字化布局的优势，也让业界关注到数字化所产生的经济和社会效益。2020 年，在积极助力抗击新冠肺炎疫情的同时，平安银行迅速决策部署"新三年"战略，出台了《平安银行三年发展战略规划

[一] 作者分别系平安银行零售业务总监、交易银行事业部总裁兼平台及产业金融部总经理、总行财务企划部总经理。

（2020—2022）》，为下一个三年的改革转型积蓄新的动能。

第 1 节　数字化转型战略

在数字经济的全面冲击下，科技对金融的改变势不可挡，同时在我国经济转型发展的新形势下，金融机构必须更好地服务实体经济发展。在转型过程中，确定适合自身发展的战略与战术，兼顾短期、中期和长期的目标至关重要。平安银行制定了"科技引领、零售突破、对公做精"的十二字转型方针，并确定了从"1234"到"3+2+1"再到"四化"不同侧面的转型策略。

1. 转型发展的"黄金三角"

"科技引领、零售突破、对公做精"三位一体，彼此相互支撑、相辅相成，构成平安银行转型发展的"黄金三角"。

科技引领。坚持以科技创新全面重塑银行机体，力争以全新的科技手段为用户提供最高效、便捷的服务。近十年来，平安集团累计科研投入超过 500 亿元，创立了 10 多家新科技公司、25 个科技研发实验室和 6 大科技创新研究院，累计申请科技专利超过 12 000 项。同时，注重用互联网的方式推动创新。例如，平安银行近年来引进一批硅谷、互联网企业技术人才，受到了业务条线的高度认可。可以说，平安集团在金融科技上的积累将转化为平安银行的强大技术壁垒。在落地科技引领的过程中，平安银行不断吸纳平安集团的科研成果，对产品、服务、管理全面赋能。

零售突破。力争在智能化零售银行转型上获得根本突破，更好地满足多样化金融需求。在消费升级的大趋势下，零售业务可以为银行带来巨大的增量发展空间。零售业务持续推进变革转型，践行"数字化经营"理念，推陈出新、全面升级，重点发力消费金融、基础零售、私行财富"三大板块"，提升资源统筹与风险管理"两大能力"，构建以 AI Bank 为内核的开放银行"一个生态"，全力打造"中国最卓越、全球领先的智能化零售银行"。

对公做精。通过精选行业、精耕客户、精配产品、精控风险，打造精品公司银行，为实体经济持续发展提供高质量的金融服务。在全新的经济模式下，传统以信贷为最主要构成部分的对公业务已无法适应，因此平安银行一方面聚焦重点行业、客户，将资源投向国家战略新兴产业以及民营企业；另一方面不断创新业务模式，以"商行+投行"的理念帮助客户振兴主业。

2. 零售转型的落地步骤：从"1234"到"3+2+1"再到"四化"

在零售转型初期，平安银行将管理层的思想统一到战略引领之中，制定了零售先行的战略。同时，结合内外部发展环境的变化，零售转型发展战略也在持续。

"1234"战略。"1"个尖兵即零售LUM，尖兵先行，成效显著，零售LUM成倍增长，成为全行营收和利润的主要贡献力量。"2"即大数据和账户两大能力，大数据应用如精准营销、千人千面、用户体验和风控；账户能力提升方面，通过将智能主账户深度融入平安集团"五大生态圈"，切入客户生活场景，为客户及用户提供场景化、无感化服务。"3"中的SAT为"社交媒体+客户端应用程序+远程服务"。如今，该SAT模式已经成熟，组织（垂直管理）、网点（智能新门店）、产品（产品体系不断丰富）转型已见成效。"4"即以综拓SAT模式、家族传承办公室模式、传统银行升级模式、B2B2C模式"四轮驱动"。

"3+2+1"策略。经过3年磨合，综合金融模式不断深化。2019年，平安银行零售转型进入第二阶段：打造AI内驱的"3+2+1"经营策略。"3"即全力发展"基础零售、私行财富、消费金融"3大业务模块。"2"是指提升风险控制、成本控制2大核心能力。"1"即构建"1大生态"驱动融合。以AI为内驱动力，自上而下打造业内首创的AI Bank。

"四化"新策略。面向零售转型的新阶段，零售持续升级策略。承接全行"数字银行、生态银行、平台银行"三张名片的新定位，推出"数据化经营、线上化运营、综合化服务、生态化发展"的"四化"新策略，推动零售业务转型在全新的阶段换挡升级。

- 数据化经营：数据、AI驱动业务流程及管理决策的自动化、智能化和智慧化。
- 线上化运营：全面提升线上化运营能力，推动业务流程全线上化、经营管理全线上化，实现专业能力全线上化。
- 综合化服务：构建全新的综合化服务模式，基于客户画像，通过全渠道为其提供适配的"金融+生活"综合化产品和服务，进一步提升客户价值贡献。
- 生态化发展：以"让银行服务无处不在"为愿景，对外通过开放银行将银行账户、产品、服务能力与第三方场景流量相结合，对内通过深度融入集团"金融+生态"战略，打通产品服务，形成端到端的服务闭环，最终实现生态驱动发展。

经过一、二阶段的转型，平安银行零售业务对全行的贡献已超半壁江山，零售营业收入由 2016 年的 329 亿元提升为 2020 年的 885 亿元，增幅 160%，占全行营业收入的比例由 31% 提升至 2020 年的 58%；零售净利润由 2016 年的 93 亿元提升为 2020 年的 177 亿元，增幅 90%，占全行净利润的比例由 41% 提升至 2020 年的 61%。

3. 对公做精策略："3+2+1"策略逐步做精做强做大

作为平安集团版图中至关重要的成员，对公业务以银行业务为核心，全面构建证券、基金、信托、养老险、不动产、资管、城科等公司为一体的全集团对公业务经营管理体系，成为全集团对公业务的支柱。为实现"对公做精"的战略目标，平安银行确定了"3+2+1"的策略打法，即着力做精做强行业银行、交易银行、综合金融"三大支柱"，重点聚焦战略客户、小微客户"两大客群"，牢牢坚守资产质量"一条生命线"，坚持走可持续、高质量发展之路。

做精做强行业银行、交易银行、综合金融"三大支柱"。在行业银行方面，聚焦基础设施、房地产、医疗健康、旅游文教、交通运输、仓储物流、电子信息、智能制造、石油及天然气开采、金矿采选及冶炼、清洁能源、绿色环保、民生等重点行业，对战略客户及其产业链提供专业化服务，形成"商行＋投行＋投资"的模式打法。依托集团布局，在汽车、房产、医药、基建、政府等领域构建"标杆模式"。

在交易银行方面，以场景为入口，以交易为基础，以数据为支撑，将交易银行产品全面嵌入企业生产经营过程中，为核心企业及其上下游客户提供一揽子金融服务，共建产业链生态。一方面，通过开放输出、直联对接等手段，在为客户提供金融服务的同时，获取企业生产经营的物流、资金流、信息流、商流"四流"信息；另一方面，基于交易数据和金融行为分析，构建风控模型，提升数字化经营能力，更好地服务产业链生态，锻造差异化竞争优势。集中火力，主攻"口袋财务""智能供应链金融""互联网＋行业"交易等三大平台，深化人工智能等领先技术应用，以科技引领模式创新，推动科技成果全面转化为生产力。

在综合金融方面，充分运用集团科技和生态优势，为金融赋能。围绕客户需求，圈定优势场景，整合集团产品和服务资源，制作精良武器，借助集团资金与牌照资源，构建竞争壁垒，为企业客户提供全方位、一站式综合金融解决方案。

将集团核心渠道资源全面向银行整合，用"团金思想"武装对公队伍，全面提升银行销售队伍的能力和质量。依托集团各专业公司的优质产品服务，形成"大包围"，做深做透银行团体客户，着力实现保费规模、投融规模跨越式增长。

以客户为中心，聚焦"两大客群"。在传统的经济模式里，金融资源属于稀缺资源，金融机构只要做好自己的产品自然不愁客户上门。但是在全新的数字经济时代，客户可以便捷地通过网络获取信息，选择适合自己的产品和服务，并且由数字技术而衍生的新兴技术行业具有完全不同的生命周期和经营数据指标，这就要求银行必须以客户为中心，深入分析行业，围绕客户需求打造全方位、立体式的产品服务体系。对战略客群，坚持以客户为中心，以解决客户痛点为核心，"一户一策"，提供定制化、一站式综合金融服务方案。以生态化、组合化、场景化服务新模式，将战略客户变成核心合作伙伴。

对战略客群要建立三套打法。一是构建客户"1+N"营销体系，以战略客户为核心，拓展其产业链上下游客户。二是构建产品"1+N"服务体系，以钩子产品为核心，推进多产品组合配置和集成。三是构建展业"1+N"销售体系，建立"渠道先锋+产品支持+风险前置"的敏捷营销机制。

对小微客群要形成两种策略打法。一是建立"批量式"打法，围绕战略客户产业链上下游或生态圈，批量拓客，为客户提供线上化、场景化服务。二是建立"散式"打法，整合集团内有竞争力的服务性产品，充分利用寿险代理人团队，快速获客。

同时，打通口袋财务与KYB，打造生态化、场景化"小企业数字金融服务平台"。通过平台模式，数据化经营小微客群。通过大数据积累和运营能力整合，线上化、批量化服务小微客群，降低银行端服务成本，提高客户端服务响应能力和时效。

坚持可持续发展之路，坚守资产质量"一条生命线"。在提高资产质量、防范风险方面，经营理念由"规避风险"转变为"主动管理风险"，继而有效经营风险，使风险与业务高效协同，有力支持业务发展。持续推进风险前置，风险与业务协同制定服务方案，以收益覆盖风险，以方案管理风险，以管理规避风险。制定风险地图，明确重点行业、重点区域、重点客户，有效指导业务拓展。对战略客群和小微客群，风险防控的侧重点各有不同。一方面，聚焦符合国家战略方向、成长性好的行业，聚焦战略客户、基石客户；另一方面，通过场景化获客、平台化经营、智能化风控方式服务小微客群，有效控制授信风险。同时，在内部管理中，落实风险资本收益考核，明确单位风险的收益要求，优化存量业务结构，指导新增业务布局。

第2节 线上+线下融合，打造智能零售银行

打造线上线下融合的业务模式是实现零售转型、打造智能化OMO（Online Merge Offline）服务体系的基础。这种业务模式是通过银行App与零售新门店无缝对接，即线上为线下门店与队伍赋能，线下将客户与业务向线上助推。具体实现模式为：强化互联网营销，同时优化行员App，使其成为营销队伍的7×24全天候智能经营平台。线下打造智能化零售新门店，嵌入丰富的"衣食住行"等多场景体验，以科技赋能提供"更懂客户"的金融服务。

通过AI赋能业务和管理，释放零售产能。平安银行于2019年年初提出启动全面AI化，创新经营模式、业务模式，全面打造AI Bank。AI Bank建设借鉴了领先互联网企业的"AI大脑"设计，强调对人能力的提炼与复制，同时在此基础上进行升级，更加聚焦"银行人"的能力，重点打造"AI Banker"，实现对用户、员工、合作伙伴的连接、赋能与融合，助推业务发展突破。AI Bank整体分为4层体系，包括一个前端业务应用层和知识库中台、技术中台、业务中台三个中台层，通过底层整合知识库与技术搭建中台体系，敏捷赋能前台。

在优化体验方面，平安银行推出了智能投顾、智能投研服务，帮助客户选择更适配的投资方案，为客户提供智能化的财富管理服务，率先推出AI私募直通平台，利用智能视讯替代人工坐席，实现客户零等待；从客户消费场景需求出发，依托科技赋能及大数据驱动，为客户搭建了信用卡从申办到用卡全流程打通的服务体系。2019年，通过"一键即享"流程办理信用卡的客户超400万户。在降低成本方面，平安银行搭建了7×24小时的"AI+客服"体系，2020年年末AI客服非人工占比达90.1%；建设贯穿贷前、贷中、贷后的AI风控机器人，打通了个贷、汽融、信用卡等产品风险管理系统，实现了风险前、中、后台业务全面AI化、实时化的客户级风险管理。2020年，平安银行信用卡新增发卡量1014.97万张，近90%通过AI自动审批。在提升业绩方面，2020年AI客户经理月均服务客户数较2019年月均水平提升693.1%，AUM产品月成交额较2019年月均水平提升355.2%；AI陪练利用AI帮助队伍进行营销话术训练，支持重点场景营销效率翻番。

通过AI赋能业务和管理，零售产能得到进一步释放。2019年年末，零售多

项指标较 2016 年年末取得倍数级增长：零售营收 800 亿元，增幅 140%；零售净利润 195 亿元，增幅 110%；零售 AUM 余额 19 827 亿元，增幅 149%；零售贷款余额 13 572 亿元，增幅 151%；口袋银行 App 活跃用户数 3292 万，增幅 372%。2020 年抗疫期间，AI 能力支持业务迅速部署线上化经营，恢复产能。AI Bank 成为助推零售业绩发展、支持零售转型成功的核心竞争力。

智能新门店，引爆线下网点的"空间进化"。第一家零售新门店——广州流花支行于 2017 年 8 月开业，截至 2020 年 3 月末，全国已开业 323 家新门店。零售新门店的特点主要体现在标准化、智能化、数字化和生态化四个方面。

首先是标准化——打造可复制推广的模式，升级迭代新门店 2.0。在硬件方面，通过建设标准手册实现流程优化、质量保证，用硬件升级促进服务提升；在软件方面，通过口袋银行、口袋银行家等 App 承载自助办理、智能营销、智能管理，并为客户提供 OMO 线上线下融合的服务体验，用科技力量赋能门店形态。

其次是智能化——打造更懂客户的 OMO 营销服务体系。通过建立"$1+N$"厅堂服务和空中客服服务模式，借助数字化工具，持续升级门店综合化服务能力，全面覆盖客户服务和咨询触点。

再次是数字化——构建门店运营数字体系，推动门店经营管理数字化。网点选址方面，依托大数据，选择最佳的门店位置；在网点经营中，从场景出发，围绕重点客群，总结提炼一线优秀作战经验，绘制队伍作战地图，同时通过数据化看板实现业绩的实时、智能推送。

最后是生态化——打造双店生态模式，提升门店社区影响力。平安银行把门店定位为社区影响力中心，链接客户的生活场景，构筑线下私域流量经营闭环。

第 3 节　科技＋生态赋能，打造对公业务"发动机"

构建覆盖客户全旅程的生态银行是平安银行的定位之一。2018 年，平安集团确定了 5 个生态圈核心战略——金融服务、医疗健康、汽车服务、房产服务、智慧城市，将端到端的解决方案嵌入消费者的生活场景里，用科技构建一个生态闭环，覆盖客户全生命旅程，实现科技赋能生态、生态反哺金融。2020 年，交易银行事业部升级打造新型供应链服务体系，通过统一的数字账户体系，建立贯穿客户经营全生命周期的账户、权益及数据体系，打造爆款产品，围绕客户交易链将各类产品按需配置到位，并通过超级 API 的方式对外输出服务，为客户提供覆盖全生命旅程的综合金融服务，有效助力产业链、供应链稳定。

供应链金融"三化"+行业突破。依托物联网+大数据技术创新，供应链金融围绕产业链及核心企业上下游，在房生态、车生态、电子信息、医疗健康等行业率先实现线上化、模型化、自动化（"三化"）的融资服务，未来也将在基建、大消费、军民融合等领域实现"三化"。通过"三化"，交易银行事业部打造出不依托核心企业的供应链模式及风险管理模式，可自动化、批量化、标准化地为中小企业提供新型供应链金融服务。

供应链+API。立足平台客户场景端需求，以超级API的方式对外输出服务，将财资管理、票据、新型供应链金融整合并嵌入企业生产经营全流程，打通企业产业链数字化的各个环节，通过科技+生态+渠道的赋能，助力企业客户发展。目前，平安银行已先后输出现金管理、支付结算、跨境金融等多个OPEN API标准接口服务，接口数量5000多个，满足客户多种场景的金融功能调用。

数字财资+平安好链。数字财资可为行业头部客户、企业集团，以及税务、司法、海关等政府平台提供账户管理、收付结算、现金池、电子票据、资金预算、管理信息等六大功能服务，其叠加平安好链系统，实现产业链协同、业财票税管理、辐射上下游，提升企业财务精细化管理水平，帮助客户管理上下游的供应链体系，优化企业的现金流和供应链管理。

供应链+小企业数字金融。通过平台数据、客户属性数据、场景数据，匹配数保贷、标准小企业数字金融、场景小企业数字金融、供应链$1+N+n$等多种量身定制的产品，围绕不同层级客群的需求，可提供1000万元以内的全覆盖融资服务。

第4节 全面数据化经营，打造智慧财务工程

年报是战略、科技、治理等多维优势的缩影，也是客户、股东和资本市场对数字化经营大检阅的"最后一公里"。2020年年初，很多上市公司推迟公布年报，而2月13日，平安银行在A股上市银行中率先披露了年报，成为沪深两市有史以来第一家在2月15日之前披露年报的上市银行。2021年2月1日，平安银行披露年报，较上年又提前了12天。

这与平安集团"全面数据化经营"的战略性工程息息相关。作为"全面数据化经营"这一整体设计中的核心项目，"智慧财务"工程实现了中国平安全集团各子公司全业务场景的财务业务自动化对接。平安银行自2018年启动"智慧财

务"工程，以"业财融合、赋能业务、驱动经营"为目标，全力推进智慧财务建设。

首先，以数据治理为基础，打造业财综合数据管理平台，统一全行产品目录，推进全行数据集中化和标签化，实现底层系统数据打通共享、信息穿透。统一全行产品管理、产品标准、产品核算，实现核算、流程、数据标准化；通过建立原子产品映射营销产品和核算科目的产品体系，将481个营销产品细分为5675个原子产品，打通业务和财务核算之间的瓶颈，实现产品信息共享，有效促进业财融合。

其次，全面梳理流程断点、推进流程去手工，覆盖"业务流程去手工化、业财流程去手工化、财务流程去手工化"三大领域，完成业财系统打通、流程去断点和自动化等系列工作。对全行299个业务流程、3537个流程节点进行全面梳理和排查，通过对断点形成原因的评估改造，月节约人力116.5人天。对于业财端的断点，基于业务场景进行优化，年减少超过19 200笔手工记账。通过优化业财流程，去手工、提效率，报表频率由月报提至日报，报表产出时效整体提升50%，部分指标产出时效提升30倍。

最后，在流程和数据全打通的基础上，打造多维度、立体化"从董事长到客户经理"的智慧经营平台，在报表、场景、分析、预测、预警及追踪等层面全面实现智能化，平台已涵盖500多张核心卡片，一键可查、层层下钻、智能预警；在业界率先运用管理驾驶舱技术，实现对重点场景的集成分析，覆盖业绩考核、资源配置、成本管控、检视追踪、资产负债管理、客户综合贡献等多领域。目前已创建500多个财务管理及业务应用场景，超过3000项业务场景指标，在业财融合、赋能业务、驱动经营等领域发挥重要作用。

在智慧财务框架下，平安银行开展智慧财务——年报加速核心项目。平安银行首创智能财务报告平台，根据实际情况自主创新设计搭建完成，全面提高年报编制工作的时效性、准确性和自动化程度。该系统按年报三个主要内容，分别设立年报、附注、审计模块。各模块间功能既独立又勾稽，全面加速年报披露进程。

- 年报模块：建立指标数据库，增设任务式管理、多人协同编制的功能，实现全流程线上编制，并根据部门职能相互隔离，确保年报数据安全防护。
- 附注模块：梳理并进行数据探源，集成化接入各关联上游业务系统的明细数据，根据内设模型，自动生成附注表单，助力独立自动化编制附注。

- 审计模块：全面提高审计效率及质量，实现审计需求配置、实时跟踪及自动整合等功能，提升自动化水平。

第 5 节 以科技引领数字化转型新征程

回顾平安银行数字化转型走过的道路，可以说，正是坚持用互联网思维运营银行，坚持以科技驱动金融、以科技提升管理，使平安银行在数字化转型大潮中收益颇丰。通过技术引领、数据引领、模式引领、人才引领，将前沿科技全面运用于产品创新、客户服务、业务运营和风险控制等经营管理各个领域，持续升级传统业务，创新业务模式，优化管理决策，提高运营效率，提升服务体验，推动银行整体科技能力进入股份制银行第一梯队、部分专业领域成为行业引领者。

技术引领。构建领先的技术架构，运用云计算和分布式技术，推动技术架构从传统集中式部署的架构，向分布式、云服务框架转型。构建开发运维一体化运作体系，进一步提升开发与运营团队之间的协作水平，提升应用交付效率。强化领先技术应用，依托集团在人工智能、生物识别、区块链、大数据等领域的核心技术和资源，将新技术深度植入金融服务全流程，推进领先科技与用户服务、产品营销、风险控制、合规管理、精细化管理等多维度的有机融合，实现数字化、智能化的业务运营和经营管理。

数据引领。强化数据治理，提高数据质量，发挥数据价值，提升经营管理能力。完善数据技术，建立大数据技术规范，完善大数据技术平台。挖掘数据价值，深化数据应用，提高底层数据的标准化、标签化、颗粒化、流程自动化、应用智慧化能力。推进数据赋能，在经营决策、产品服务、风险管理和精准营销等方面实现数据赋能，支持智慧管理、智慧经营、智慧风控和智慧销售。

模式引领。完善科技治理模式，积极推进科技与业务深度融合、敏捷运作、持续创新、风险可控的治理模式。深化敏捷化转型，建立敏捷与精益的双模研发体系，加深科技与业务的融合，提升产品研发迭代速度，推动交付质量与客户体验全面提升。加强安全管理，始终坚持"信息安全第一"原则，以运营为核心，实现安全管理前置化、运营场景化、流程精细化，全面提升全员的信息安全意识。

人才引领。对标领先互联网企业，建立专职科技人力机制，做好科技人力资源规划，并建立富有竞争力的薪酬体系和激励机制，为科技人员创造良好的职业发展通道。持续引入全球顶尖科技精英，建立金融科技领军人才队伍，加快多元化的"金融＋科技"复合型人才团队建设。在人才培养上，重点推动新兴科技人才与传统金融人才的融合，让科技人才掌握基础金融知识，接触金融生态；让金融人才掌握基础科技语言，具备互联网思维，打造复合型、包容型的专业人才队伍。

　　道阻且长，行则将至；行而不辍，未来可期！在新时代、新经济发展模式里，银行必须创新模式、跳脱传统，以全新的思维去迎接挑战。商业银行转型既要坚定数字化转型的方向，还要找到适合发展的道路，而这不仅需要执着的信念，更需要踏实执行的定力。

第四篇
城市商业银行转型实践案例

13　江苏银行：全力拥抱智慧化新蓝海
14　南京银行：数联万物，智造未来
15　杭州银行：谋数字创新，求转型发展
16　中原银行：因时而变，顺势而为
17　长沙银行：围绕"客户中心、价值导向"建设科技驱动型数字银行
18　广州银行：构建数字化优势，打造开放银行新引擎
19　郑州银行：夯实金融科技"新基建"，数字化引领业务转型
20　河北银行：科技与业务协同发展的数字化转型之路
21　齐鲁银行：对公资产业务数字化转型之路
22　西安银行：全面数字化转型，实现高质量发展
23　厦门银行："移动优先"打造对公业务数字化转型新门户
24　桂林银行：科技赋能金融，数据驱动业务
25　台州银行：数字化运营助推普惠金融发展
26　泰隆银行：普惠金融服务的数字化转型之路
27　日照银行：借力数字化打造创新型区域精品银行
28　阜新银行：涅槃，数字化转型一念间
29　济宁银行：打造区域领先的数字化精品银行

13 江苏银行：全力拥抱智慧化新蓝海

林凌　倪萍　高兴铭　瞿江　江苏银行

数字变革的兴起，对各行各业固有的业务及服务模式都造成了巨大冲击。就商业银行而言，数字化本质上是技术逻辑在业务层面的呈现，简言之，就是利用新兴数字化技术，重构传统银行管理模式，创新经营理念，从横向和纵向等多维度嵌入客户的日常生活场景，实现更高效、更智能、更有价值的客户服务。商业银行面临着前所未有的机遇和挑战。

2020年突如其来的新冠肺炎疫情为商业银行数字化转型按下了快进键。在转型的道路上，没有适用于所有银行的标准模式，唯有基于自身基因和资源禀赋摸索出的个性化方案。江苏银行致力于建设"智慧化、特色化、国际化、综合化"的服务领先银行，在数字化、智慧化转型方面进行了一系列思考和探索。

第1节　商业银行数字化转型必要性

商业银行数字化转型是指传统银行运用大数据、云计算、人工智能、区块链等科技手段变革经营管理。

数字化转型是商业银行顺应时代发展的需要。 在即将全面跨入小康社会的新时代，数字化转型在我国已作为强国兴邦战略。党的十九大提出，要建设网络强国、数字中国、智慧社会，推动互联网、大数据、人工智能和实体经济深度融合。在"数字中国"的大旗下，以"城市大脑"为核心的"互联网+社会治理"新模式助力我国经济运行模式的变革，随之而来的社会物流、信息流、资金流等都让人们体验到了数字化交易场景。商业银行只有抓住机遇，把握数字化的"自我赋能"，才能在数字时代有立足之处。

数字化转型是商业银行链接社会服务的需要。移动互联网已经进入人们的生活，特别是以 90 后、00 后为代表的新生代消费者的生活。他们是在信息社会中成长起来的第一代人，对消费方式的诉求与上一代截然不同，他们理解信息社会，期望的是网络答案，信任的是技术手段，看重的是简单、便捷、智能化、多渠道的数字化体验，他们的经济行为也更倾向于全面网络化。面对全面的数字化客户行为，商业银行必须转变观念，转换思路，充分发挥智能化、数字化的优势对接客户，从而有效提升客服能力，为创造价值、获得利润提供可能。

数字化转型是商业银行巩固自身发展的需要。商业银行在开展金融服务的过程中，积累了纷繁复杂、有效与失效并存的客户数据。数字化转型后，大数据分析可为商业银行在各大领域筛选出有价值的数据信息，用以有效提升经营收益。一是有利于决策指导。数据的聚类和整合分析，相当于对客户在一个时间段内的潜在金融需求进行预测，以便得出合理的、有针对性的金融参考建议。二是有利于助推营销。运用大数据支持，建立销售管理看板，丰富电子化作业处理手段，实现标准化流程管理，为客户提供系统性支持和智能化服务。三是有利于大幅降本增效。有效启动大数据分析功能，可大幅提升商业银行对渠道的全面管理水平，改善运营调配及人力资源管理的能力方式，降低人工作业成本，从而提高工作效率。四是有利于把控风险。大数据分析可高效进行信贷风险评估和风险防范，识别欺诈交易，建立黑名单定点清除模式，有效降低金融交易风险。

第 2 节　商业银行数字化转型主要障碍

1. 经营思维转换难

传统商业银行的经营理念主要着眼于经营目标的实现，以产品为中心，经营理念比较保守。相对而言，互联网信贷业务具有众多优势，且技术、产品更新迭代快，能够适应市场的千变万化。因此，商业银行应该把经营理念、思维模式作为战略转型的先导。目前，银行的数字化转型进程不断加快，已经从简单的金融产品服务向全面的线上数字化管理跨越。但传统保守的观念容易给银行数字化转型造成疑虑，与时代发展相背离。商业银行应积极跟随客户需求，在战略制定、场景金融、数据分析、人工智能等方面求新求变，跳出机构本位思想，逐步转变为互联网业务的思维，打造客户至上、服务一流、产品创新的新格局。

2. 组织架构调整再造难

数字化转型需要银行先对业务架构和管理架构进行相应的改革与再造，但这是一项浩大的工程，需要上下形成合力，前台与中后台紧密配合。从目前的实际情况来看，传统银行建立的是以产品为中心的部门制，内部组织层级和部门多，条线分割普遍，在这种组织框架下，难以顺利进行内部改革，需要通过高效稳妥的组织形式支撑数字化推进。首先，信息传导和流程设计如果无法满足客户的个性化需求，金融服务就会脱离市场，脱离客户。其次，信息部门在组织架构的再造中应进一步成为业务决策和核心参与者，发挥其"智囊团"参谋助手的作用，而目前商业银行的信息部门往往只是纯后台保障部门，不参与业务决策。由此可见，与互联网组织模式的众多优势相比，传统商业银行的组织管理架构劣势十分明显。

3. 平台数据运用共享难

数据资产概念意识不强：未能起到数据分析、数据指导等作用，且数据分散满足不了快速响应的要求。数据框架基础不牢：缺乏针对不同业务问题进行分析的框架能力，缺乏对整体业务目标及框架的全局思考，无法形成对金融业务的指导。数据共享亟待解决：银行信息系统建设以往呈现"重功能实现，轻数据采集"的特点，造成筛选和归纳整合不到位，数据混杂交错、良莠不齐，导致在大数据分析上缺乏系统性和整体性。数据管理需要加强：数字化转型加快了数据量的变化，数据的安全管理尤为重要，一旦金融风险的科学防范意识淡薄，个人信息资料的储备安全工作不到位，就极易造成数据信息泄露，影响商业银行正常金融业务的开展，对商业银行的信誉产生负面效应。

4. 复合人才队伍组建难

数字化转型与高科技人才队伍建设密切相关。数字化的广泛应用需要精明强干的高科技人才。传统商业银行的人才普遍是以金融和经济专业出身为主，科技类别的人才所占的比例往往较小，且其中大多是从事系统维护等基础工作的，进行系统研发和数字化作业的人员少之又少。近年来，随着商业银行"互联网+"战略深度推进，科技部门的力量有所增强，但在科技人才招聘及培养力度上依旧欠缺，熟悉移动互联、大数据、云计算、区块链等先进技术的一专多能复合型人才稀缺，难以符合数字化发展的需求，这制约和束缚着银行数字化转型进程。打造一支复合型的数字化科技人员队伍，是数字化转型的重中之重。

第 3 节　商业银行数字化转型基本路径

数字化转型不是一蹴而就的，应该包括三个阶段：通过一些简单的可视化工具，使现有流程的数据能够可视化、透明化；通过分析收集到的数据，提出可行性的建议以提升企业效率；深入企业内部的流程管理，以确保数字化转型的初衷（节能增效）能够真正得以实现。

1. 明确战略转型方向

数字化转型，不能简单理解为某项技术的更新，而是对整个系统的流程进行改造，要改变固有的商业模式、作业手段、服务方式以及金融产品的更新迭代频率。这不仅是信息技术的升华，也是客户服务模式的变革。把数字化转型作为商业银行发展的系统性工程，目的是服务实体经济发展，助力客户理财，出发点和落脚点是破解商业银行经营的实际问题。首先，必须从战略上明确转型方向，坚定转型立场，实施转型规划，建立转型意识。其次，在组织设计、人力资源配置、绩效考核等方面全面跟进，使转型战略落到实处。

2. 更新经营发展理念

转变经营发展理念也是数字化转型要解决的根本问题。要树立数据驱动思维，通过数据了解和掌握客户，有选择、全方位地提供一对一的服务及施策，与客户建立共同生存的连体关系，增强内部鲜活力。要树立大数据思维，关注数据的相关性和总体性，立足总体。要发扬互联网思维，对商业银行而言，客户有需求，竞争有压力，传统打法没有胜算，只有借鉴互联网，通过数字化转型开辟新天地，从以产品为中心转向以客户为中心，实现点对点直接服务，才能使开放和共享成为经营现实。要立足价值思维，勇于跳出一切传统银行价格思维的小圈子，树立先进的管理理念和营销策略，有效凝聚客户，达到金融产品经营目标的最高点。

3. 再造风控制度流程

传统的信贷制度、风控模式、评级模型已经不能满足当今数字化时代的需求，商业银行在转型中应牢牢把握客户新时代的金融需求点，把金融科技应用到各领域中，将信息架构与业务架构相匹配，研究出台基于动态而不是静态的线上化信贷制度、模型和系统，打通远程开户、线上申请、自动审批、在线签约和支付结算等一系列与数据、转型相匹配的新流程，努力实现商业银行经营运作的专业化、批量化、模板化。同时，在体系重构过程中，坚持风险可控和监管合规的底线思维，对风险制度管控流程加以重构和细化，使创新发展与风险管控形成一体，问责和免责边界清晰。

第 4 节　搭建统一的信息平台

推进数字化转型，要在现有的基础上，全力构建适应转型发展，有效支持数据共享复用、系统互联互通、服务模块搭建、应用弹性扩展的多功能数字化云平台，借此来实现金融业务与金融技术的合二为一，从而改善商业银行的技术环境，使数据架构体系更完善，全面管理更规范。要有效保障和支撑数字化转型所运作的产品创新、客户营销、风控运营和管理决策等多方位的实际需要。要夯实平台数字化基础，提升线上作业的各项服务能力，提升线上整合服务能力，提高网络支付基础能力，统一规划和完善线上渠道布局，打造多功能、全方位、一体化的客服线上化信息平台。

1. 打造开放营销场景

数字化时代，场景必将成为商业银行金融产品和服务竞争的主战场。传统的柜面式、厅堂式营销渠道不再是主要的业务开展方向，批量化营销必须描绘好客户生产生活的各个金融场景，综合"线上、线下、远程"三大渠道优势，以客户需要为准绳，让客户有所比较。要秉承开放合作的态度，做好数据源的挖掘和扩充，不仅在内部推进渠道融合，还要在外部扩充实力，如联合互联公司、渠道服务商、平台运营商等，共同打造开放合作的新金融生态体系。扩大朋友圈，壮大客户群，加速从"渠道导向"向"客户导向"转型，尽快适应金融场景化发展趋势的变化，应对新的挑战。

2. 强化数据整合运用

商业银行要利用大数据技术进行全面挖潜改造，重获新形势下的生命力。要及时出台经营管理决策，引领传统模式向数字化智能银行转型，从"外延式"向"精细化"发展。一方面要强化数据在智能风控上的应用，把风控模型数据化建设作为核心，把输出风险能力作为重点，做好对外平台对接，引入社保、海关、工商、税务等外在政务信息，强化行业外的基础数据整合。另一方面强化数据在精准营销中的应用，构建大数据应用视图，建立健全客户标签体系，做好多维度分析，搜集客户各方面的需求信息，实现数据应用的最佳价值。

3. 创新线上经营模式

第一，要实现产品线上化。在网上建立起客户服务渠道平台，打造一批具有市场影响力的数字化产品，让客户满意度高、短期见效快的产品。第二，要实现金融服务的线上化。加大线上化经营的宣传工作，把客户引领到线上，使客户尝到零距离获得金融服务的甜头。第三，要实现管理线上化。全行建立一套集营销推动、业务审批流程、资源配置、线上风控为一体的管理体系，实行前、中、后台闭环式管理流程，使线上管理更规范。第四，要实现办公线上化。不断提高内部沟通效率，改变固有的服务范围和服务方式，最快速度完成对信息推送、业务审批、文件处理、业绩查询、内部沟通等的办公要求，既有利于对员工的管理，也有利于数字化转型。第五，要实现数据的线上化。做好线上化数据的分析和积累，切实保存好可利用的数据，为数字化转型提供可靠依据。

第5节　江苏银行数字化转型探索

江苏银行坚持以金融科技为突破方向，以打造最具大数据和互联网基因的科技银行为目标，通过科技促进思维转变、业务创新，更好地满足客户需求，提高金融核心竞争力。整体推进智慧金融进化工程，建立一套涵盖智慧化营销、拓客、服务、体验、管理、风控的全新体系，在业内率先走出一条智慧金融的新道路，努力实现"让融资不再难，无论你是谁，总有一款产品适合你"的愿景，促进金融服务创新。

1. 数字化营销领域

推行"筋斗云"移动工作平台。"筋斗云"是为提高全行对公业务营销能力，向客户经理提供的智能化工作支持系统，该平台将整合客户经理及营销管理人员的日常工作，实现营销支持和移动办公。

- 通过产业链上下游派生、业务派生及客户推荐派生等关系，全面绘制了客户关联关系图谱，通过信息共享，有效助力客户经理撬动新客户营销。
- 搭建业务撮合平台，打通与"企业网银"的线上对接，实现客户网银端发布贸易及金融需求。
- 通过业务撮合，进一步增强金融服务，提升客户黏性。
- 通过全方位业绩展示、表内外业务数据、客户ERP分析、财务数据分析、物联网风险监控分析、结算量分析以及产品覆盖度分析等功能，为基层营销提供服务支持。

深耕"e融支付"交易场景生态圈。 重点深耕教育、医疗、交通三大场景生态圈。2017年，江苏银行与部分医院合作推出的一站式智慧医疗服务平台"爱健康"，不仅实现了线上挂号、线上缴费，而且在线下医院窗口及自助缴费机实现了扫码缴费的功能，大大缓解了患者挂号难、缴费慢的问题，为市民就诊创造了更多便利。创新推出"车生活"智能服务，让市民通过手机就可以享受全线上、智能化、便捷化的一站式车主服务。2018年江苏银行在业内首创了"爱学习"智慧教育服务，为家长、教师及学校财务三种不同角色定制了专属解决方案，全面支持缴费管理、校务管理、家校互动等功能。

打造直销银行数字化营销平台。 联合国内著名互联网企业共同建设数字化营销平台。江苏银行的营销活动平台面向各种业务场景提供精细化运营的能力，在业务场景进行数字化重构，并与营销策略在客户体验层面进行统一协同，实现人群识别精细化、触达智能化、全渠道域的协作运营。

2. 数字化产品领域

创新"随e融"智慧化标杆产品。 随着2020年银行客户无接触服务、线上化交易进程的加速，江苏银行借鉴互联网公司先予后取经营理念及网贷模式成功经验，积极拓宽外部数据来源，深挖内部冷数据价值，加大模型智能化体系建设，打破部门在产品和数据等方面的分割，升级整合银行各类产品，改善客户体验。拓展以开放银行为抓手的场景服务模式，积极运用生物识别等先进技术，借助新型算法模型网络，以打造"随e融"为智慧进化标杆、创新类的产品，为客户提供更便捷、更安全、更灵动的普惠金融服务。

打造"智盛"交易银行品牌。 交易银行是江苏银行应对内外部挑战、实现公司业务转型升级的必然选择。未来五年我们将围绕"增加低成本结算资金"的目标，确立"以客户为中心"的理念，打造"智盛"交易银行品牌，构建"一个平台"（线上化结算融资平台）和"两个核心"（现金管理与供应链金融）的交易银行体系。运用金融科技，推动交易银行业务创新。建设供应链金融云平台，与电商平台、供应链交易平台开展深入合作，拓宽批量获客渠道，打造交易银行生态圈，提供"交易+融资+结算"的综合金融服务。联合成立产业链金融研究院，融入区块链、物联网等科技基因，加强交易银行金融科技的研究与运用。加强电子银行渠道建设，完善企业网银产品服务，研发企业手机银行，建立"标准产品丰富，特色定制灵活，服务渠道多元，境内跨境并举"的线上化交易银行产品体系。

推出区块链品牌"苏银链"。"苏银链"基于 Linux 开源系统搭建并进行了性能优化，使数据处理速度得到提升，交易吞吐量也得到量级提升、质级突破。对"苏银链"进行国密改造，提升安全性能，保证"上链"数据更加安全可靠。自"苏银链"平台上线至今，已成功落地票据贴现、物联网动产质押、OA 无纸化审批、电子合约可信存证等多个业务场景，在供应链金融、互联网金融服务等方面都取得积极进展。

3. 智慧运营领域

以敏态工作机制推动减负增效。从基层减负着手，组建敏态工作小组，围绕线上化、移动化、智能化及便利化，对金融业务进行开创性创新，从源头端优化流程，减轻客户经理无谓的事务性工作，提升客户体验感，增强在金融同业中的业务优势。全面实现企业财务报表智能识别、内部统计报表线上化取数及线上审批、开具银票、税票等功能；开发直通式放款功能，使客户、客户经理足不出户即可完成贷款落地；通过"客户经理之家"一站式服务平台，为基层提供业务交流、问题反映、问题查询、客户营销、操作指导等线上服务。推出短视频培训机制，助力客户经理减负增效。

搭建"5G 云投顾平台"。借助国内 5G 建设和商用的推进，利用"远程服务"技术为客户提供便捷、优质、安全的视频银行服务，视频客服业务场景突破原先客服中心坐席承接限制，将线下网点嵌入视频服务中，利用网点空闲时间与客服坐席共同为客户服务，并通过实时、预约两种服务模式，让客户可以更灵活地选择办理业务的时间。通过边缘计算了解银行营业网点的客户流量、业务量情况以及各时间段客户分布等，适时调配网点客户经理、大堂人员和自助设备数量等，提升客户业务办理效率和网点服务能力。

4. 智能风控领域

构建大数据应用基础管理体系。 已整合的内外部数据包括 27 大类个人数据信息和 16 大类企业数据信息。建立了整体运转有效的数据治理架构。处理层面打造了"融创智库"大数据平台，通过数据、模型和应用三方面的金融科技手段帮助风险控制提升前瞻性，将事后发现风险提前到事前预测风险，有效提升了风险防控的效果。在应用数据层面，推出"大数据风控月光宝盒"数据产品，包括黑名单宝盒、贷前宝盒、授信额度宝盒、定价宝盒等，实现具有核心知识产权的信贷技术创新。目前，全国有 20 多家机构已经共享使用了江苏银行"大数据风控月光宝盒"。

建立大数据实时风控反欺诈平台。 充分整合利用行内外大数据资源，构建一个渗透到各业务条线、整合行内外资源的互联网实时反欺诈平台。在对内整合方面，利用大数据工作站、搜 e 融平台的建设打破了各条线、部门的数据壁垒，通过从历史欺诈案例中提炼总结特征数据，打牢大数据风控基础，利用客户身份信息、账户信息、交易信息、客户操作信息和行为信息等挖掘风险特征，构筑互联网实时反欺诈平台。在对外整合方面，与国内外顶级专业反欺诈机构展开交流学习，进行欺诈数据的交换与共享。

打造"千里眼"智能远程审查平台。 "千里眼"为加强核保及贷后检查的风险控制，节约人力成本而打造，将手机端与远程坐席视频实时互联，实现了单人到场，远程核查。平台主要由 4 个板块组成：移动工作平台板块、智能视频客服平台板块、智能风控平台板块和影像平台板块。其中智能视频客服平台是江苏银行自主搭建的语音通信服务平台，通过客户人脸识别身份审查技术，对平板电脑/手机中拍摄的公司客户人像与该公司授权人进行比对，确认客户的真实身份，识别率可达 98%；通过客户经理拍照上传的客户资料、财务报表等进行自动 OCR 识别并录入系统。录入后，通过完整性检测、证件真伪检测等技术，并调用智能风控平台板块的服务，进行进一步的分析审核，强化风控。通过语音识别，将客户全程的语音记录下来并转为文字，作为审查报告的附件，使现场访谈内容不会有遗漏。通过对以上四大平台板块的有机整合，打造了"千里眼"智能远程审查平台的技术框架，确保了整体流程的安全、稳定、高效以及优质的客户体验。

第 6 节　后疫情时代银行数字化转型思考

1. 后疫情时代银行数字化转型的机遇与挑战

2020 年年初以来，监管部门积极推动和引导金融机构加强线上服务。随着疫情防控进入常态化，全社会对"非接触"金融服务的迫切需要将持续从需求端催生远程端的新业态，智慧数字化银行将迎来机遇期。在本次新冠肺炎疫情期间，国内商业银行充分发挥智慧银行渠道优势，提升服务便捷性，全力保障金融服务顺畅，助力疫情防控。后疫情时代，数字化转型不再是商业银行某个板块或条线的系统、业务、渠道的创新，只有全行上下在观念、模式、架构、机制、流程、技术等方面协同推进，才能做大做强远程服务供给端，在新一轮金融科技浪潮冲击下突出重围。

2. 后疫情时代银行数字化转型展望

未来，各家商业银行将面临更加激烈的入口流量竞争，通过构建社交矩阵、开展裂变营销、开启大数据运营实现获客、活客、留客必将成为主流，这些转变都会对后疫情时代的银行数字化转型提出更高要求。经过前几年的探索，银行数字化运营的发展格局已日渐明晰，转而进入特色化、精细化、专业化的建设阶段。进入后疫情时代，商业银行应紧跟行业发展趋势，加速金融科技创新，抢抓新兴业务场景，全面推进银行高质量发展。

夯实基础，加快推进智慧银行企业级业务系统架构建设。在企业级业务、系统、架构等方面，加快实施银行数字化转型的新基建。以企业级战略为出发点，描绘智慧银行整体业务地图，构建整体业务机构，通过流程模型、产品模型、数据模型、体验模型等实现末端业务与技术的衔接，达到业务模型驱动 IT 研发的目的。为满足企业架构运营维护需要，搭建自动化发布、变更、巡检、监控、维护机制，保证技术系统更好地服务企业级业务与战略。

苦练内功，着力提升智慧银行服务与经营能力。在外部需求明确且急迫的现状下，后疫情时代银行数字化转型成功的重点在于智慧银行自身的能力建设与提升。一是丰富职能与业务范围。通过机构职能的调整优化与业务范围的拓展，进一步理顺智慧银行与商业银行内部各部室之间的关系，明确在全行组织架构中的定位。二是创新内部组织架构。在数字化、智能化、全业务的运营模式下，优化调整内部组织架构，构建新的管理流程，合理配置资源。

加强人才队伍建设。 着重面向数字运营、智能运营、客户运营、新媒体运营，打造新型复合型人才队伍。加大培训力度，推动技能提升转岗，适度引入补充外部智力，迅速补齐多元化运营的短板。

提升一体化运营管理水平。 针对智慧银行业务分工细、技能岗位多、作业流程长等特点，通过数字化运营管理系统群建设，提升精细化管理水平，强化多机构协同作业、资源统筹、业务互补能力。

疫情的发生，倒逼和加速了商业银行的数字化转型进程。数字经济正从过去的客户端进入现在的供给侧，数字化服务也必将成为驱动产业升级的利器。江苏银行正大力推动智慧金融进化工程，这是对既往经营理念的升级迭代，更是一项需要长期攻坚的任务和挑战。久久为功，我们一直在路上！

14 南京银行：数联万物，智造未来

丁晓平　南京银行

当今世界已经步入数字经济时代，数字化转型已经成为社会发展的主流方向。2020 年的新冠肺炎疫情对全世界都造成了重大影响，客观上进一步推进了全社会数字化转型的进程。国家发力新型基础设施投资，着眼 5G、人工智能、工业互联网等领域；企业更广泛地使用大数据、云计算、人工智能等技术，不断革新产品生产和客户服务模式，大量的消费和生产活动开始从线下转移到线上，那些提前布局数字化转型的企业则将此次危机变成了机遇，走在了同行的前面。

面对蓬勃兴起的数字化浪潮，商业银行不进则退，如何加快数字化转型，促进数字经济和实体经济融合发展，是每一家银行需要思考的问题。作为首家在上交所上市的城商行，南京银行的资产规模已超过 1 万亿元。作为一家一直关注转型创新、高质量发展的区域性银行，南京银行对金融科技的运用极为重视，并于 2018 年成立数字银行管理部，旨在推动全行数字化转型，依托云计算、大数据、人工智能等前沿技术手段，为业务创新发展赋能，为经营精准化、管理精细化提供数字化工具，助力数字化转型。本文将从发展思路、发展阶段、实施路径与措施、成果简介等方面阐述南京银行数字化转型实践历程。

第 1 节　数字化转型：一个系统性工程

长期以来，数据都是作为信息化系统过程中的附属资源而存在的，是系统处理的"对象"。数据的存储和备份需要耗费大量成本，加上银行业务的专业化分工越来越细，因此，数据一直是相互孤立地在系统中存在，而银行对数据存储也是以成本中心定位的。直到有一天，互联网的兴起使全球数据海量汇聚，算法和算力得到了大幅提高，加之人工智能的飞速发展，使得我们对于图像、声音等非结构化数据的处理能力与以往已不可同日而语。由此，数字世界已渐渐成为实体世界的"倒影"，数据不再是成本而是资产，现有数据可以产生价值。这时，各行各业开始成立专业的数据采集、加工和应用部门，迈出数字化转型的步伐。

但是，由于长期烟囱式的数据存储、只关注业务关键数据而忽视描述性数据、信息系统的快速迭代，以及监管政策的变更等诸多原因，人们对于不完整、不准确、不统一的数据的使用举步维艰。要有效利用现有数据，人们必须付出极大努力对其进行治理。这是一个系统性工程，既涉及数据标准、质量、元数据、数据共享等诸多方面，也涉及大量源系统的分析和改造。

2018年3月16日，银保监会发布《银行业金融机构数据治理指引》（征求意见稿），同日，南京银行在业内率先成立数字银行管理部，这也是其数字化转型发展的重要布局。

第2节　组织与机制变革

南京银行较早意识到了数据作为生产要素的重要意义及巨大价值，开始了数字化转型实践，助力高质量发展。它积极响应国家号召和监管要求，在贯彻国家建设数字中国战略的同时，落实监管机构对于商业银行数据治理的要求。在自身建设方面，基于精准化营销、精细化管理、模型化风控，以及越来越高的监管报送要求，确立了科技与数据双轮驱动的金融科技战略，建立了全行数据管理委员会统筹数据战略与决策，成立了一级部门——数字银行管理部，并将其定位于全行的数字化转型的推动部门。

南京银行建成了数据管理的纵向和横向的协作机制，总分联动，条块结合，形成合力。数据管理委员会负责制定全行数据管理相关规划与政策，审查重大制度和流程，审议重大事项并做出决策。数据管理委员会办公室负责落实决策，强化日常管理，把控任务节点，协调各方关系，上报项目进展和待决策事项。数字银行管理部负责具体任务实施牵头、整体项目统筹协调、进度及质量过程跟踪。总行各部门作为业务数据的具体管理和应用部门，负责本业务领域的数据治理及数据应用工作。各分行形成职责分明的组织架构，落实具体治理要求。

南京银行未来发展总目标是实现全行数字化转型，全面落实"经营数据化"和"管理数据化"的发展战略，构建数据驱动型创新体系和发展模式。通过数据治理、数据平台搭建、数字创新研究实验室建设、数据专业人才队伍培养，为业务发展提供创新动力，为管理决策提供科技支撑，实现从"操作型、交易型"银行向"数字化、智慧化"银行转变，充分发挥数据资产价值，使全行数据管理与应用能力在中等股份制银行和同等城商行中处于领先水平。

以建设"智慧银行"为目标，遵循"数据—信息—商业智能—价值"的转型路径，实施"业务数据化、数据场景化、场景智能化"三步走战略，以"实验—改进"为方法论，辅以风险控制体系，注重大数据发展的合规性，通过跨业合作，学习国内外同业先进成熟的大数据管理经验。具体包括以下五方面内容：一是积极拓宽数据采集范围，储备数据资产；二是不断完善数据治理，落实数据管控机制；三是有序推进大数据平台建设，实现系统支撑；四是积极探索前沿科技，搭建智慧银行创新体系；五是开展大数据、人工智能等前沿探索，实现智慧创新。通过以上工作，不断完善大数据架构体系，搭建全行共享数据平台，实现有机处理繁杂数据、高效配置金融资源、敏锐洞察客户需求、精准推送高度智能化金融产品，让数据成为支撑实现"产品个性化、营销精准化、管理数据化、风控模型化"的核心驱动力，成为数字化转型中的重要资产。

第3节 数字化转型实施路径与措施

加强数据采集和整理，储备数据资产。数据是数字化转型工作中最重要的基础资源，也是银行独特的优势资源。大数据建设应以"内外兼顾"为原则，既要做好自身已有数据的价值钻研和分析架构的改造，也要积极引入外部数据资源，如工商、税务、司法、交通等公开数据及第三方合作单位的信息，通过多样化、多层次的行内与行外、线上与线下、标准化与非标准化数据整合，积极储备各类数据资产，扩展业务部门使用数据的宽度，提高内外部数据的准确性、及时性、连续性和完整性。

持续开展数据治理，落实数据管控机制。在数字化转型过程中，注重数据治理工作，通过"盘、规、治、用"，破除数据孤岛，打通业务数据，赋能业务打造良好生态。在数据规范（标准）层面，优化基础数据标准，建立从数据标准到数据字典再到元数据管理的全流程数据管控机制。依照《银行业金融机构数据治理指引》（征求意见稿）要求，明确数据治理组织架构，规划数据平台系统建设与数据标准体系，建立数据管理流程体系和数据质量控制机制，打造明晰、完整、有序的数据逻辑体系，解决系统数据的逻辑性和关联性，为数据的完整性、有效性和一致性打下良好的基础，切实提高全行数据质量。按年度发布全行统一的数据标准，建立数据质量提升计划，不断完善数据标准体系，逐步提升全行数据质量。

有序推进大数据平台体系建设，实现系统支撑。推进大数据平台建设，启动数据平台项目群项目实施，以数据治理和数据资产运营为中心，围绕数据采集、数据整合、分析挖掘、业务应用四个层级，分步实施。首先，建设大数据平台的初步应用能力。通过行业调研、业务部门访谈和科技研究等手段，初步确立大数据平台架构，建立大数据基础平台，并在此基础上构建客户内外部统一视图、探索性数据挖掘和统计报表等初步分析应用，熟悉大数据平台关键技术、数据分析挖掘技术等。其次，建设大数据平台建模与挖掘分析能力。通过增加离线数据处理集群平台，采集整理行内各系统产生的客户业务数据，以及第三方合作机构的外部数据，进一步丰富客户营销、风险管理方面的数据信息，构建风险、营销等分析应用系统，将数据决策融入业务营销和实时风控过程。最后，建设机器学习人工智能环境，实现智能化银行。通过增加在线和流式数据处理集群，通过构建计量模型和机器学习算法，进行动态模型参数设计和数据分析，针对分析结果参与实时业务系统决策，对实时业务进行自动、快速的数据化决策支持。

积极探索前沿科技，搭建智慧银行创新体系。以创新为中心，以人工智能技术应用为突破口，以建设智慧银行为目标，建设"鑫智语"语音识别交互引擎、"鑫智图"图像及人脸识别引擎、"鑫智策"数据科学决策引擎等智能中台板块。在"鑫智语"板块，深入挖掘智能问答、智能催收、声纹识别、语音搜索、语音质检等技术，建立智能问答系统，探索智能问答机器人的实施路径；在"鑫智图"板块，以建设图像视频分析能力为核心，利用动态人脸识别、静态人脸比对、活体识别、OCR文字识别等技术助力业务部门流程优化；在"鑫智策"板块，通过机器学习、深度学习通用算法集成，提供数据接入、模型训练、模型评估、模型部署、模型监控、模型优化等全流程的支持，持续落地新场景的业务赋能。

加强大数据人才队伍建设，培育全行数据文化。积极培养既懂业务又懂数据分析的数据分析师和数据科学家，推动业务与科技、数据与创新应用的融合。建立数类岗位专业序列，包括专业化数据监管与治理团队、数据分析挖掘团队、数据科学家团队、数据技术管理团队等，打造一支和大数据发展相适应的数据管理团队。积极引进高层次数据管理人才，将业界先进数据管理与应用方法引入行内，快速提升数据管理水平。积极培养全员数字思维，树立数据资产意识，养成依规用数、科学用数的职业操守。

第 4 节　数字化转型实践成果

1. 架构支撑，平台搭建

金融科技是数字化转型的基础。在云计算领域，早在 2017 年，南京银行已开展与阿里云和蚂蚁金服的战略合作，完成了国内第一家分布式核心业务系统——"鑫云+"互联网金融平台的建设。平台极大提升了业务处理能力，降低了运营成本，实现了核心技术自主掌控，同时在业务模式上，开创了互联网合作新模式。南京银行以此为依托，做中小银行和行业平台的连接者，共同构建中小银行线上金融生态。

在大数据领域，"鑫航标"大数据平台集合行内外各类数据信息，支撑全行各领域的数据挖掘、分析、共享、查询、交互、图形化展示等一站式数据工作，推动全行各层级用户参与数据分析和运用，积极传播数据应用价值。

2. 数据整合，中台服务

持续推进数据中台建设，贯彻"数据即资产"的数据管理理念，统一整合行内外数据，提供模型服务、分析服务。根据数据治理、数据采集、数据平台、数据服务及业务应用五个层级对数据架构进行统一规划，初步建成"1+N+X"的数据架构平台项目群（1 个数据治理体系，N 个数据平台组件，X 个应用项目），为后续数据整合分析、建模应用、数据资产管理等构建基础框架。

通过建设全行统一的数据基础平台——"数据湖"分布式数据平台，完成内外部数据的全面接入，实现行内跨条线、跨系统数据的有效整合，为下一步大数据分析应用提供了来源一致、标准统一、质量可靠的数据保障；通过建设"图计算"知识图谱平台，打通数据间的关联关系，将对客户的理解从单点信息引申到客户在关联网络中的影响，为智能化决策提供基础；通过建设面向全行业务骨干的智能应用平台——"水晶球"数据科学平台，搭建一系列效率高、上手快的数据模型程序与编写工具，缓解科技人员模型开发重荷，提升业务骨干模型构建自主能力，实现业务与技术的真正融合，拓展数据应用场景，培养精通业务、善用技术的模型算法团队；通过建设自助、实时、简洁、高效的数据提取与智能分析工具——"魔数师"自主分析平台，实现"人人都是数据分析师"的发展愿景，改善了传统报表查询审批流程长、耗时多、提取慢，以及自主分析能力弱、工具少、要求高的痛点。通过一系列重点平台的建设，形成全行的"数据核心"，有力支撑了知识图谱、数据建模等新兴技术的应用，实现将数据和人工智能技术广泛应用于营销管理、客户服务、风险合规及运营决策等领域，为数字银行和智能银行建设提供有力的支撑。

3. 场景融入，赋能业务

从"业务数据化"到"数据场景化"，再到"场景智能化"，南京银行将数字化技术与业务场景深度融合，鑫航标大数据应用平台即其典型应用。

"鑫航标"作为数据产品超市，整合了行内业务数据和行外市场数据，面向全行提供数据服务，全员均可参与数据分析。同时，通过网页端、移动端和服务接口端实现多渠道全场景覆盖，结合丰富的数据可视化技术、人工智能技术，挖掘数据的深层价值，形成业务知识和智慧，提供更准确的决策支持依据，助力实现数字化获客、数字化营销及数字化风控，构建面向未来的智能银行，切实提升全行的核心竞争力。

在数字化获客方面，获客场景由原先传统客户申请、自然增长模式转为线上线下相结合。对于零售客户，可通过纯线上渠道，如社交媒体或第三方平台，获得全新客户，建立客户营销模型与风险模型，自动获得授信额度。在对公客户服务方面，通过场景植入、联动赋能和智能推介，打造适合企业客户的智能触客体系，拓宽客户服务渠道，支撑实体经济，服务小微客户，践行普惠金融。

在数字化营销方面，南京银行 App 首页实现"千人千面"差异化推送，短信链接个性化生成，及互联网用户精准触达等功能上。实现这一功能的基础在于大零售营销管理平台的持续升级、客户标签体系的建设推进，以及客户画像与行为分析的不断完善。依托人工智能，布局智慧金融，为客户的资产配置提供精准化、个性化的产品组合和更专业的系统数据支撑。

在数字化风控方面，运用智能风险工具、风控模型，在授信业务的贷前、贷中、贷后全流程实现数字化，最终达成智能化、自动化、可视化的风险洞察、风险预判、风险决策。在贷前环节，利用知识图谱、黑灰名单、反欺诈模型、集团族谱、交叉验证模型对客户进行准入筛查、欺诈评估与信用评估；在贷中环节，利用宏观经济监测、智能信用分析、全生命周期视图、全口径限额等技术对客户进行监测、跟踪、预警；在贷后环节，利用大数据风险预警平台和资金流向监测模型、授信执行监测模型、授权监测模型、押品监测模型等对贷后行为进行监测分析，提前识别出潜在风险，若风险发生，则利用智能催收模型、失联修复模型、资产线索挖掘模型等进行清收保全。

4. 数字员工，未来动力

在人工智能应用方面，南京银行基于大数据基础、深度学习与人工智能技术，做有温度的银行，让用户足不出户也能够感受到温暖贴心的服务。2019年11月，南京银行数字员工"楠楠"和"晶晶"在手机银行上线，标志着24小时永不离线的AI智能数字员工客服系统推出，为客户带来智能化、交互式、现场感极强的线上金融服务。客户无须亲临银行网点即可随时随地享受面对面的个性化服务体验。2020年2月，由于疫情突发，不少理财经理不能按期返岗，使得理财到期的客户不能像往常一样得到理财经理的电话提醒。为了快速实现这类关怀型客户服务，南京银行采用机器人数字员工进行主动外呼服务。数字员工的这项功能从业务需求到上线仅耗时3个工作日，以智能语音的服务形态，代替全行300多个理财经理，一周可实现所有高价值客户的互动式提醒服务。

"楠楠"和"晶晶"是国内银行业最早投入使用的AI数字员工，融合了人物形象模拟，采用了业界领先的语音识别、自然语言理解、意图识别等多项AI技术，以及三维计算机视觉技术，3D真人形象建模、表情和动作驱动，语音克隆等先进技术。依托对金融业人工智能落地应用的深刻理解和创新，二者的形象不仅可个性化定制，还能通过AI算法实现其面部表情、身体动作和发音实时匹配，实现良好的拟人化效果和感知体验。

AI数字员工营业厅是人工智能在商业银行的全新应用成果，它把网点搬进手机中、把员工送到客户前，实现数字时代线上化、智能化的服务，打造出有温度的南京银行。目前AI数字员工营业厅可受理业务已涵盖迎宾咨询、各类查询、转账汇款、生活缴费、理财咨询与贵金属销售等多个业务场景，能够支持个人客户大部分业务办理需求。未来，南京银行将致力于打造多渠道、多场景的AI数字员工服务体系，探索更多咨询服务和业务场景应用，在提升客户服务体验的同时，降低银行成本，拓宽金融服务边界，推进智慧银行建设。

第 5 节　数字化转型面临难题与挑战

南京银行是国内较早建立数字化转型战略和设立专门管理部门的银行之一，目前其数字化转型尚在摸索之中，很多工作都是一面研究一面实践，下面将从外部环境和自身状况两个方面谈谈南京银行面临的难题与挑战。

1. 外部环境

数字化时代的变迁与金融的定位。银行数字化转型的最初动力来自互联网公司的竞争压力。人们的生产生活需要金融服务，而金融作为媒介的定位，需要跟上数字化时代的节奏，努力融入数字经济、数字产业、数字城市中，建立线上化渠道、场景生态圈，努力打造开放银行服务体系。要做到这点，需要银行从理念、模式、产品体系、服务流程、系统建设等方面进行一系列变革，并且要成为各个行业的专家。

金融科技的飞速发展和快速迭代使银行感到迷茫。大数据、人工智能技术的更新换代是以月为单位的，如人脸识别、机器学习的很多技术可能在上半年效果还不理想，到了下半年就出现成熟应用了。这使得银行过去采用的传统瀑布式系统建设模式不再适用，因为系统更新迭代频率很快，很多系统刚刚建成就落伍了。所以商业银行需要建立起一支能够快速跟踪应用前沿技术的队伍，并能够将这些技术应用于商业银行经营和管理的业务场景中，实现技术与业务的快速融合。

要充分发挥数字经济的价值，就必须让数据共享和流通起来。数据的有效共享和流通需要建立在能够保护隐私的交易机制上，在保密和安全的前提下发挥数据的价值。然而由于数据相关的物权不明晰，相关法律法规未能完成制定，数据的共享和交换存在一定的合规性问题。现有的物权法、合同法、知识产权法等法律法规在数字经济时代未能及时完善，同时，数据的可共享、可复制、可无限供、无形性等特点使数据确权更加复杂与困难。商业银行在经济中所处的特殊地位、服务客群和监管环境要求商业银行更加注重客户隐私保护和数据安全，因此在外部数据运用和共享方面须采取更加稳健的策略。

2. 商业银行自身状况

商业银行数字化转型的体制与机制问题。数字化转型是一个新物种，在监管指导、组织架构、工作机制、制度流程、考核绩效等方面没有先例可循。就组织架构来说，数字化转型的牵头部门在各个银行不尽相同，有设立在信息科技部门的，有设立在零售业务部门的，有设立在电子银行部门的，近年来还有设立在专门的数字化转型部门的。数字化转型的工作重点也不尽相同，或侧重线上化平台业务，或侧重开放银行建设，抑或侧重大数据人工智能应用建设。总体而言，各商业银行在金融科技创新的总体目标下各自探索适合本行发展的道路。

数据治理工作。 数据治理正如环境治理，涉及的系统多、问题多、工作多，是一项耗时费力的复杂工作。数据治理工作涉及的业务范围广，关联系统较多，内容庞杂，协调过程中难以界定具体负责部门。例如，部分系统有业务数据在被使用，但无主管这些数据的业务部门，这会影响相关数据治理工作的推进。再如，部分业务部门对数据治理的认识不到位，存在一定的畏难情绪。数据治理是公司治理工作中重要的一部分，是一项"自上而下"的工作，因此需要进行顶层设计，在决策层设立专门负责数据治理工作的组织，研究和部署全行数据治理的战略方向和重点工作，并统筹推进业务部门、数据部门和技术部门的协调工作，通过会商、决策机制推动数据治理重点难点问题的解决。

人才队伍建设。 数字化转型，人才是关键。传统数据建模分析和应用研究方面的技术人员缺乏，大数据、云技术、数字货币等创新性专业技术人员严重缺乏，既懂银行业务又懂专业信息技术和数据建模的复合型人才更是千金难求。商业银行要顺应数字化转型潮流，投入更多资源到高端专业人才队伍培养和建设领域，在应用新技术时要在能力允许范围内成立大数据中心、数据建模中心、可视化中心、数字货币中心等专业的数据分析和应用研究中心，培养并吸引技术人才队伍，不断加强在职人员的技术和业务能力培训，打破部门之间的壁垒，部门间联合培养复合型人才。

15 杭州银行：谋数字创新，求转型发展

李炯[一]　庄凌　杭州银行

当前，全球数字化转型进入提速期。《中国数字经济发展白皮书（2020年）》显示，2019 年我国数字经济增加值规模达 35.8 万亿元，占 GDP 的比重达 36.2%。可以预计，在全球疫情的背景下，2020 年数字经济在 GDP 中的占比将进一步扩大。数字时代作为工业时代的接替者已成为全球共识，任何组织及个人甚至物件，都难以回避数字化这一趋势。在此背景下，进行数字化转型，打破传统的时空和感知界限，进一步拓展其服务的广度和深度，打造无界的智慧银行，将成为商业银行发展的必由之路。

为实现"中国价值领先银行"的愿景，杭州银行"思而行，行而悟"，及早布局，谋求创新发展，探索出了一条独具特色的转型之路。

第 1 节　银行数字化转型之我"思"

随着计算机和通信技术的发展，自 20 世纪六七十年代起，整个社会先后经历了电子化、信息化、数字化这三个发展阶段，处于社会价值链高端领域的金融机构，同样遵循着这样的发展规律。可以说，数字化是电子化、信息化的延续，是随着现代科技，尤其是 IT 技术的进步而达成的历史发展必然阶段，是业务与技术不断向更深层次融合的产物。

1. 数字化及数字化转型

本文中的"数字化"一词则特指数字化转型。随着人工智能、大数据、云计

[一] 作者系杭州银行副行长。

算等一系列新兴技术在经历了前期摸索式发展,并逐渐向产业和行业下沉后,我们在某种程度上已经可以利用这些技术在计算机世界中实现现实缤纷世界的全息重建。数字化表达的信息不仅可以反映个体的行为、喜好及思想观点,更可以洞悉事物运行的规律及趋势。数字化转型就是将这些数字技术与业务深度融合,从而引发的一场战略性业务转型,其不仅需要实施数字技术,还需要牵涉各部门的组织变革、企业文化的重塑,是一种思维方式的转型,甚至颠覆。数字化转型将导致企业的运营体系和商业模式乃至社会生态发生重大变革,提供创造收入和价值的新机会。正如维基百科中提到的,"数字化转型的解决方案是从本质上赋能新的革新和创造力,而非仅用来增强或支持传统的方法"。

这个意义下的数字化与电子化、信息化有本质的区别。电子化、信息化仅是把组织内部的各个业务活动映射到 IT 信息系统里,数字化则提供了新的发展思路,开创了新业态。数码相机仅用了十年时间就将胶片相机送进博物馆。"世界潮流,浩浩荡荡,顺之者昌,逆之者亡。"今天的我们很难想象,第一款民用的数码单反 DCS100 是柯达于 1991 年推向市场的,但是在忽然到来的数码相机普及潮中,柯达却手足无措,被尼康和佳能反超,在 2004 年以后连年亏损,甚至走向了破产的边缘。未来只会有更多颠覆性变革出现,不思进取的传统行业必然会受到冲击甚至消亡。理解未来即将改变生产、消费、社会生活的新兴技术,思考技术革新带来的巨大颠覆,制定相应的发展战略是我们当下应该做的,这些看似遥远,实则迫在眉睫。

2. 银行数字化转型:金融本质未变,服务全新演绎

过去十年人们对数字化金融的观念经历了一个逐步转变的过程。从最早单纯地将互联网作为一个管道,仅关注如何把业务放到数字渠道上,到现在把整个业务与互联网结合,即从一个数字化产品运营和数字化用户的角度来思考和推进整个业务体系,商业银行的业务已经形成"互联网渠道+互联网账户+互联网产品"的全数字化模式。

银行的数字化转型,其实并没有对银行的本质进行重新定义,而是用新技术、新理念对银行的服务进行全新演绎。就如数码相机的出现,并没有带来画质的显著提升,但由于采用的数字成像技术带来了相片处理方式的变革,由此产生的连锁性反应引发了颠覆性巨变。数码相机无须胶卷和冲印过程,其拍照功能可以嵌入手机中,用图像处理软件即可对照片进行后期加工,使普通用户用手机就

可以完成从拍照到处理的整个流程。虽然依旧是相机，但此相机已非彼相机，它极大降低了相机的使用成本和使用门槛，提升了服务的可获得性。银行数字化转型的意义也在于此，即在金融活动的内在逻辑下，借新技术之力赋能银行业务，实现普惠金融，全面提升服务能力。虽然数字化转型对业界的影响可能是颠覆性的，但数字化并非万能，它是一场以技术为开端、手段，始终围绕银行的使命与本质，对银行传统经营模式、管理体制机制、业务体系及品牌文化的深层改造与优化。这种本源思维，其实与马斯克"第一原理"的理念如出一辙。

商业银行数字化转型是一个关于理念、策略、流程的变革和实践过程，对于中小银行尤为重要。银行的传统业务模式是网点+产品+人员，还有品牌。在原有赛道中，标杆银行的领先优势很难超越，中小银行缺乏先行优势、产品优势、品牌优势，在人才培养、经验沉淀和客户积累等方面都与大型国有银行和股份制银行存在明显差距，也不可能大规模地增加网点和人员，即使采取传统的粗放外延增长方式，也只能跟随而不可能超越。数字化创新，则有可能打破"网点+产品+人员"传统模式的束缚，改换"赛道"，另立规则，通过"场景×平台×体验"产生裂变效应，快速缩小与标杆银行的差距，甚至"弯道超车"。

3. 银行数字化转型已然时不我待

银行数字化转型驱动因素大致如下。

（1）数字化转型是技术加速发展带来的溢出效应

现代科技，尤其是IT技术带来的影响已经远远超出了技术的范畴。随着人工智能、大数据、区块链等一系列新兴技术的涌现和逐渐成熟，计算机算法和算力得到极大提升，使机器从海量数据中自行归纳物体特征、描述、还原和定位新事物的能力得以大幅提高。尤其是大数据由量变引起质变，带动了思维模式和处理方式的创新，带来了更强的决策能力、洞察能力和流程优化能力。这些新技术的综合运用必将大幅降低人力成本并提升风险控制及业务处理能力，因此，如何通过应用场景实现技术的商业变现自然而然成为行业普遍关注的问题。可以说，银行数字化转型既是银行业自身与时俱进的主动变革，也是受技术商业化应用驱动的结果。

（2）市场环境的变化驱动数字变革

随着数字化进程加快，整个社会的生产、生活模式都在发生转变。人与人之间的沟通和交流也越来越依赖网络，智能推送、智能识别、智能客服等已经成为日常生活的一部分。麦肯锡对亚洲银行客户的调查显示，从 2014 年到 2017 年，许多发达市场中使用在线服务的客户数量大幅上升，大多数新兴市场中使用在线服务的客户数量更是翻了两倍以上，更多的客户愿意尝试使用全面数字化产品（尤其是储蓄）。有研究报告显示，在许多市场中，45～65 岁的人群是智能手机用户增长最快的群体。随着年长客户越来越习惯于使用智能手机，他们将被功能丰富、风格优雅、便于使用的 App 和互联网服务所吸引，更愿意尝试使用全面数字化产品（尤其是储蓄）。企业客户也是数字服务的拥趸，根据麦肯锡在欧洲的研究，SME（中小企业）客户选择有良好数字平台银行的可能性比选择在附近设有分行的银行的可能性高 4.5 倍。银行只有适应市场环境的变化，调整自身服务模式，将自己的服务切入整个社会的数字生态链，才能更好地服务社会，体现自身价值。

（3）竞争加剧使银行数字化转型需求日益迫切

随着利率市场化改革和金融脱媒步伐的加快，银行赖以生存的息差逐渐收窄，银行经营成本提高、净利息收入降低。同时，银行还要应对互联网金融公司等新型竞争对手的挑战。竞争的加剧促使银行从传统的以产品为中心向以客户为中心转变，强调用户体验，在成本可控的情况下，深挖市场潜力。银行只有树立数字化思维，通过金融科技赋能业务，充分利用大数据和人工智能等技术，才能以较低的成本满足客户需求，提高服务效率，延伸其在服务、产品、风控、运营等方面的能力边界，进一步拓展生存空间与市场份额，获得新的利润增长点，提升内在价值。

（4）监管方式的改变加速银行数字化转型

数字化也是金融监管创新的一个重要方向，如监管部门建设了 EAST 系统，从海量数据中快速、准确地定位可疑信息，改变过去现场检查中大海捞针式的工作方法，通过非现场监管方式，极大提高了监管效能。

第 2 节 银行数字化转型之我"行"

2016 年年初，杭州银行在五年规划中提出"六六战略"，拉开了数字化转型序幕。规划提出，打造"轻新精合"品质银行的发展理念，以数字化创新为重点，有效提升其对业务的助推作用，促进全行在战略、业务模式和基础能力等各层面的转型发展。为此，杭州银行逐步形成和明确了"建设一个目标体系、确立双驱发展模式"的转型发展之"道"和"3+N"的数字创新之"术"。

1. 求转型发展之"道"

为加快战略落地，杭州银行坚持本源思维，回归服务客户的初心，明确数字化转型的整体目标和思路。

（1）重塑服务品牌，建立以客户为中心的服务体系

商业银行数字化的核心是建立以客户为中心的产品和服务体系。《Bank 4.0》作者布莱特提到，"未来的银行将不再是一个地方，而是一种行为"。将"人"置于银行服务的中心位置，让传统的银行服务彻底摆脱物理网点和机具的限制，实现人们随时随地可获得便捷的金融服务。

（2）"数据驱动"与"客户驱动"的双驱发展模式

数据驱动： 数字化时代数据为王，数据是核心竞争力，是创新的源泉，使人类的决策逐渐从"经验依赖"转变到"数据依赖"。因此，"六六战略"明确要求，在分析与决策环节，将核心业务经营管理向基于信息的决策迁移，提升决策流程；在经营管理环节，在市场营销、销售、客户服务、产品开发、风险管理等多个业务条线和领域加强数据应用，打造本行独具的核心竞争力。

客户驱动： 目前商业银行的工作方式存在"专业驱动"和"客户驱动"两种理念。银行传统上偏重于专业驱动，即从银行的专业角度出发，构建和完善数字化服务体系。但是，以当下商业银行的竞争格局而言，差异化服务才是未来银行业竞争的蓝海，而客户驱动才是差异化竞争中至关重要的出发点。

2. 谋数字创新之"术"

基于转型发展的整体思路，为推动转型的顺利实施，杭州银行制定了"3+N"的数字创新之"术"，即强化3项核心能力、突破若干项（"N"）转型发展的关键环节。

（1）强化3项核心能力

1）**依托金融科技，完善IT支撑能力。** 完善IT基础架构，加强信息化支撑体系，一方面优化传统业务的IT架构，一方面建立新型应用架构体系，建立双速

IT模式，积极打造面向数字化应用场景的信息系统。有效整合全行各板块的IT资源，大幅提升IT基础设施利用率，逐步实现全行大部分系统IT资源的弹性部署，从而随时按需满足计算需求。

2）**培养数字洞察力，构建数字化经营能力**。将数据转化为智慧营销、智慧风控、管理决策等数字决策能力，依托丰富的数据积累和强大的模型分析能力，构建客户洞察，通过服务层实现价值输出，实现客户选择、产品创新与风险控制。养成在日常工作中通过量化分析评估、监测工作状态，继而有针对性地改进和完善数字化管理机制，形成自然的、与日常工作融为一体的数字化工作环境和氛围。

3）**营造良好生态，提升合作共赢能力**。积极寻求合作伙伴，加强与外部平台的合作，形成F2B、F2C、F2G、F2F的数字生态圈，谋求合作共赢。跨界构建多元的合作平台，整合金融服务但不止于金融本身，对接衣食住行、医疗、养老和政府服务等方面，服务于社会，实现经济价值与社会价值双丰收。

（2）突破"N"项关键环节

数字化转型是一条没有人走过的、充满不确定性的艰辛之路，需要不断摸索、创新和试错，在实践的基础上开辟出一条前行的道路。杭州银行集中投入力量，在若干关键环节上，寻求企业数字化初步尝试的可行路径。在初步尝试后，总结经验，以点带面进行企业层级的规模化应用落地，实现全面数字化转型。

1）**流程与体验**。数字化创新对业务流程的影响是全方位的，包括从前台营销到后台运营。"六六战略"要求"优化决策流程与业务流程，推动集中运营，提高效率和客户体验"，为此，需要设立客户体验与流程优化二级部，参与各类产品的设计与流程优化，持续改进用户体验，重构服务流程。

2）**渠道**。将线上线下相结合，提供一致性的全渠道智慧服务。"六六战略"提出"数字化改造传统业务，传统业务数字化改造，发展直销银行等线上平台"。通过打造以"宝石山"品牌直销银行为代表的一系列移动银行项目，建设以安全高效、智能生活为中心的数字银行，突破传统实体网点经营模式，破除金融服务在时间、空间的界限。

3）**场景**。将产品嵌入生产、消费场景进行获客，促进交叉销售。场景作为客户接触金融服务的重要触点，是银行引导并积累客户流量的重要途径，能够使客户在不知不觉中接受并使用银行产品，并通过高频场景金融服务的重复使用，增强与银行间的黏性。在广度上，将银行的金融服务嵌入个人和企业客户的生产经营、生活、教育、娱乐、社交等各种综合场景；在深度上，金融服务需要渗透到客户从考虑到购买金融服务的整个旅程中。

4）**精细化管理**。银行需要变外延式扩张为内涵式增长。"六六战略"对杭州银行在资源管理、成本定价、全成本管理等方面的能力提出了更高要求。近几年，杭州银行中后台管理类项目逐年增加，其中管会系统建设就是最具代表性的案例之一。这些项目的实施，将精细化管理的理念、方法和流程用计算机系统这种具象的方式沉淀下来，通过系统的开发和使用推进管理模式的转变，提高银行的精细化管理水平。

5）**组织形式**。为促进金融科技与业务发展的有效融合，形成数字化创新所需的快速测试、试错、学习、调试及迭代的能力，银行需要具备适合敏捷开发的组织形式。因此，在产品开发过程中，信息技术部、电子银行部、零售金融部和小微金融部等相关部门打破部门藩篱，让各业务部门骨干人员长期在信息技术部研发现场办公，组建跨业务条线团队，共同论证、研发，并对产品运营提出新需求和反馈，进而不断推动产品的创新、设计、落地和成熟。

3. 提质赋能，"行"之有"效"

近几年来，在全行员工的不懈努力下，杭州银行业务规模较快增长，资产质量保持良好，管理水平持续提高。截至2019年年末，资产总额达10 249.78亿元，较年初增加1051.52亿元，增幅为11.43%；实现净利润66.02亿元，较上年同期增加11.89亿元，增幅为21.97%；不良贷款率1.34%，比年初下降0.11个百分点。杭州银行已发展为一家综合实力跻身全国前列的区域性商业银行，在渠道拓展、产品研发、IT基础建设等各方面均交出了一张亮丽的转型成绩单。

1）**在渠道端**，通过拓展线上渠道，提升线下综合化服务，实现线上业务移动化、线下业务智能化。目前已构建了以智慧银行、移动Pad、移动银行为主的综合一体的服务渠道。

- **智慧银行建设**：2017年，杭州银行首家智慧银行网点——环北支行正式亮相，通过技术引领，推动网点智能化转型，优化服务流程，为客户提供全新体验。目前，杭州银行已实现全行网点智慧化转型，投放各类机具1100余台，在提升营业网点服务能力的同时，节省了柜口350余个，解放了470多个柜员的人力，柜面分流率达90%以上。凭借良好的经济和社会效益，智慧银行受到了监管部门的肯定和同业专家的好评，先后获得"中国信息化最佳实践奖""浙江省金融科技十大案例""十佳智能网点创新奖"等荣誉。

- **优化移动银行建设：** 杭州银行形成了以安全高效、智能生活为中心的数字银行，以手机银行、直销银行、微信网厅等多渠道扩大线上引流和转化。2019年，杭州银行推进基于跨终端开发平台的移动应用建设，进一步优化系统架构，提升客户体验。2019年年底，其电子银行客户数较2010年增长150倍，主要电子交易笔数替代率超过98.5%，已成为杭州银行对客服务的最主要渠道。

2）**在产品端**，积极利用数字化技术推出普惠金融产品，创新业务模式，改进业务流程。杭州银行零售金融部和小微金融部陆续推出了公鸡贷、云抵贷、税金贷等小额贷款产品，实现业务流程线上化运营。这些产品以客户为中心，简化申请流程，充分利用线上手机银行、微信网厅等多渠道获客，让传统的信贷员从客户信息调查与合同审批的工作中解放出来，专注客户营销。通过"客户线上智能下单＋银行线下上门服务"的模式，解决传统银行贷款服务的痛点，有效提升了金融服务效率和客户体验。截至2019年年底，三类贷款申请笔数达92万笔，累计发放金额超2000亿元。

3）**在系统端**，进一步夯实IT支撑基础，逐步从封闭架构过渡到开放架构，建立分布式双核心架构体系。升级改造后的核心系统极大提升了系统的服务能力，核心联机交易延时较升级前降低50%以上，日终任务耗时缩短近70%。2019年年初，上线基于阿里云分布式架构的专有云平台，完成了承载二、三类账户的互联网核心架构建设，能提供亿级账户数和每日千万级交易的服务能力，目前已对接了10多个互联网场景。

4）**在数据端**，以"大数据平台＋数据仓库"为双数据引擎构建本行数据服务体系。引入华为大数据平台，自建第三方外部数据平台，对内统一提供数据服务，满足产品、运营、风控等多方需求。通过整合分析客户全部历史数据，构建客户统一视图，为客户分析筛选、精准营销、关联关系挖掘等提供数据支撑。

5）**在数字生态端**，充分利用杭州的区位优势和外部良好的金融、科创环境，通过合作促发展、防风险、谋融合。先后与微众银行、蚂蚁集团、美团等互联网金融头部企业开展业务合作，开发了微粒贷、美团卡等相关产品。另外，为了更好地推进金融科技发展，借力头部科技企业，提升技术能力，自2017年起，杭州银行分别与腾讯、杭州城市大数据公司、阿里云、华为等签署战略合作协议，共同推进金融科技创新。

第3节　银行数字化转型之我"悟"

对于银行，尤其是中小银行，数字化转型之路可谓道阻且长。目前，多数银行尚在起步阶段，虽然通过这几年的摸索取得了一些成效，但离期望还有很大的差距。通过这几年的转型实践，我们深刻体会到，在银行转型过程中必须首先解决几个制约银行数字化转型的堵点问题，才能顺利进入发展和转型的快车道。

1）**企业文化与固有思维的制约**。企业的任何活动离不开特定的文化背景，从整体上看，银行业仍是个数字文化相对薄弱的行业。在数字化与智能化时代，数字化这个新酒瓶里不能还是装老酒，要新瓶装新酒。这个"新酒"，就是全新的数字化思维方式和数字化认知。只有这样，数字化转型才能具备认知与思维革命的原动能，才能做到"会其意，知其理，守其则，践其行"。这是一个长期的任务，也是银行在转型过程中无法回避的一个课题。企业文化的建立往往需要自上而下地发起和推动数字化转型这场变革，还需要采取一些实实在在的具体举措。成功的企业在每天的日常工作中都会积极构建新文化。例如新加坡星展银行把数字化学习纳入KPI考核，并通过举办"黑客马拉松"活动，分批次组织员工参与数字化服务的搭建，亲身体验数字化服务建立的过程，激励员工以客户视角重新思考客户服务的流程，建立对数字化转型的认识和体验。

2）**人才的制约**。未来银行的竞争说到底还是人的竞争，一个人的知识结构往往对其思维模式有很大的影响。作为新兴领域，数字化转型相关人才在世界范围内都处于紧缺状态，尤其是了解行业背景的数字化人才。换句话说，未来银行需要的是懂业务的技术人员和懂技术的业务人员。一些国际领先银行积极调整员工的知识结构，如美国摩根大通全行22万员工中有25%的人员具有技术/数据背景，这些人员并非集中在科技部门，而是分布在各业务部门。美国第一资本金融公司（Capital One）高度重视数据人才的培养与建设，设立了中央数据中心和业务条线内嵌数据团队两层架构。该中央数据中心团队有约800人，主要负责为商业决策和管理工作提供数据和技术支持；而业务条线内嵌数据团队有近1000人，按照不同产品线和职能部门，将数字化运营的理念充分渗透到每个业务条线中。

3）**数据的制约**。银行数据看似很多，但是在大数据应用方面并无太大优势。首先，当前银行可分析和利用的数据仍以内部结构化数据为主，行内的大量半结构化、非结构化数据以及集团内其他附属公司的数据尚未得到充分的整合和利用。其次，主要的数据都是围绕账户和交易展开，而大数据应用需要的是对客户360°全景式的检视，需要了解客户衣食住行的方方面面，仅关注资金流向是远远不够的。数据需要花时间去积累，银行只有坚持"数据为银行重要资产"的原则，把数据采集与积累作为一项必须做好的工作去做，才有希望突破数据瓶颈。另外，数据还有价值密度低的特点，需要银行沉下心，脚踏实地对数据进行清洗、整理、过滤，最终发掘出有价值的内容。

总　　结

银行数字化转型不是一朝一夕的事，在很长的一段时间内，它都将是银行发展的中心议题。商业银行需要保持咬定青山不放松的战略定力，一以贯之，方能找到通向智慧银行的秘境之路。

16 中原银行：因时而变，顺势而为

王炯[①]　中原银行

数字经济是经济发展的未来趋势，而数字化转型是中小银行未来发展的必然选择。不转型，则可能面临"七无"的困境，即无产品、无客户（老客户流失严重、新客户获取难度大）、无效率、无体验、无运营、无业务、无利润。只有及时高效地进行数字化转型，才能从根本上扭转成本高企这一核心桎梏，解决传统营销没有跟踪评价、效果无法评估等现实困难，实现高质量的创新发展。

第1节　银行数字化转型内涵和目标

1. 数字化转型内涵

数字化转型是对银行系统性的重新定义，包括组织架构、业务流程、业务模式、IT系统、人员能力等方面的变革。银行实现数字化转型后，将驱动业务发展，提供经营管理抓手，创新商业模式，进而带动银行业务的内生增长。

（1）驱动业务发展

通过数字化转型，转变银行业务发展动力，真正实现数字驱动业务发展。首先，大数据驱动客群经营。通过大数据应用，实现对客户的精准画像，实施精准营销；通过大数据应用用例，实现全产品、全渠道触达客户，以及对客户的全生命周期管理；通过数据营销闭环管理体系，实现数据策略的不断迭代优化。其次，助推数字化产品创设。创新机制设计，建立数字化产品创设体系，提升数字

[①] 作者系中原银行行长。

化产品创设能力。最后，助力数字化风控运营。建立覆盖贷前、贷中、贷后的全流程、数据化、智能化风控管理模式，推动管理流程的数字化、智能化，提高运营效率。

（2）提供经营管理的抓手

搭建敏捷高效的组织架构。通过敏捷组织架构，打破组织壁垒，提升管理效率。建立数据思维的管理模式，推动各业务流程的线上化、数字化、智能化，实现管理模式由经验驱动、流程驱动、考核驱动向数据驱动的转变。打造具备数字化能力的人才队伍，构建数字文化，强化数据思维，提升大数据管理分析和应用能力、敏捷领导力，实现从员工到领导层全员的能力转变。

（3）创新商业模式

通过数字化应用能力的提升和新技术的应用，有效提升银行运营效率，促进银行向场景化获客、平台化服务、生态化经营转变，进而带动商业模式的创新。

2. 数字化转型目标

中小银行推动数字化转型是为了更好地适应经营环境的变化，践行以客户为中心的经营理念，提升自身竞争力。

（1）以客户为中心，更好地了解、满足客户需求

借助数字化工具、大数据分析，建立对客户需求更好、更清晰的认知，增强KYC（Know Your Customer）能力，真正关注客户的需求，这是银行"黏住"客户的前提，也是创设更加符合客户需求的产品的一个重要条件。通过数字化应用，在准确了解客户需求的基础上，快速响应，优化客户体验，搭建以客户为中心的商业模式，解决因客户到店率不高、客户黏性不足导致的对客户了解不充分的问题，转变目前被动经营的状态。

（2）降低成本，提升经营效益

第一，通过流程的线上化和数据化，实现操作环节的人工替代，降低人工成本；通过精准化营销，降低运营成本。第二，通过数据高级分析，实现客户精准识别，运用数据建模等方式提升商业银行风险控制能力，降低风险管理成本。第三，根据数据进行风险预警、预判，提升对客户及内部员工的行为分析、判断和管理能力，实现主动合规，降低合规管理成本。第四，通过数字化转型，搭建生

态化经营体系，提高商业银行服务效率和能力，进一步拓宽商业银行盈利边界。

（3）整合资源，提升市场竞争力

通过数字化转型，商业银行将更加高效地整合"金融+非金融"资源，通过搭建平台、共享客户、嵌入场景、构建生态，建立更加个性化、具有特色的商业模式，更有效地提升研发效率，提高竞争门槛，从而更好地应对来自同业、跨业的竞争。

（4）坚持金融本源，服务当地实体经济

中小银行数字化转型是在银行的基础上开展数字化转型，因此须保持银行的本质，提升金融专业能力，做好专业化经营，更好地服务当地实体经济，支持实体经济的发展。

第 2 节　中原银行数字化转型实践

在具体的实践过程中，中原银行一方面综合分析了数字化发展趋势，借鉴先进银行的最佳实践，并结合中国银行业实际情况，明确了"一横四纵一基石"整体架构；另一方面，为更好地实施转型工作，采取了"三步走"战略实施路径。

1."一横四纵一基石"整体架构

"一横"是指项目群的精益管理，确保转型项目群各项目成功落地的整体协调和统筹安排。总行成立战略转型办公室，协调推进转型项目的落地。

"四纵"包括敏捷组织、大数据应用、双速 IT、科技生态建设，具体如下。

1）数字化转型以敏捷组织为切入点，打造端到端、跨职能的实体团队，为转型提供组织保障，同时为敏捷组织制定人员、岗位、考核与授权体系等系统性的灵活调整机制，迅速适应市场需求的变化。中原银行以零售条线作为敏捷组织转型的试点，实现零售条线的整体敏捷。

2）大数据应用是数字化转型的核心与驱动力。在敏捷转型和技术变化的过程中，通过加强数据采集，建立完备的大数据标签体系，打造标准化的数据治理流程，提升数据加工能力；同时运用机器学习、人工智能等技术，建立数据中台和数据应用平台，用于营销、管理、风控，提升数字应用能力；实现将数据作为一种要素进行配置和使用，提升经营效益和管理效率。

3）双速 IT，即通过科技架构转型，为数字化提供科技基础设施和科技能力支撑。一方面，通过 IT 与业务融合，共同开发、测试、交付，构建起以分布式架构、微服务开发为主的，能够快速应对市场需求变化的科技体系架构；另一方面，对于银行日常运营管理中涉及客户信息、账户信息、交易信息等需要安全稳健运行的系统，通过精益传统项目管理，在保证安全和稳健运营的前提下，持续提升平台的支撑能力。

4）科技生态建设，即通过开放、共享的思维，构建科技生态，打造未来银行的商业模式。一方面，通过数字化转型，不断提升经营管理效率；另一方面，通过场景融合，逐步建立满足客户需求的非金融生态，形成对客户的高黏度吸引。

"一基石"指围绕转型，人力、计财、运营、风险、合规等中后台部门均要实现转变，发挥全行转型基石作用，在全行建立以客户为中心的敏捷文化。

2."三步走"战略实施路径

根据清晰的战略规划蓝图，为实现数字化转型目标，中原银行采用了"三步走"战略实施路径。

第一步：以组织的敏捷为切入点，推动客群经营、产品创设、渠道管理、IT 和数据设施、人员队伍素质、体制机制的转型。

第二步：深化数字化能力建设，具体包括三个方面。强化数字化应用能力，以零售数字化营销能力作为切入点，推动数字化基础设施建设和数字产品建设及应用能力的提升；提升数字化产品创设能力，打造常态化产品创设、创新机制，通过机制带来批量的产品创设，通过市场的筛选，找到爆款产品；建立总分支联动的数字化营销体系，通过数据驱动、总分支协同联动，提升经营能力。

第三步：运营模式到商业模式创新。一方面，通过大数据技术及相关金融新技术应用，比如区块链、AI 等技术应用，实现运营效率质的提升；另一方面，通过场景和开放平台建设积累能力，打造开放银行，促进银行商业模式的创新。

经过近一年半的转型实施，中原银行已完成组织敏捷的"第一步"，进入全面深化数字化能力建设的"第二步"。

3.数字化转型具体方法

（1）建立跨职能敏捷组织

组织敏捷化与数字化转型相辅相成，是对原有人力资源的重新配置。通过

"信任+授权"的方式，可减少组织中间环节，改变决策和信息反馈方式，充分调动人员的积极性，发挥人员的内在价值。敏捷组织以敏捷工作小组为基本工作单元，小组成员包括业务分析、市场营销、数据分析、系统开发等多种角色人员，组成跨职能、端到端的实体团队。敏捷工作小组围绕客户需求，快速沟通，动态调整工作节奏，把传统的以多个长阶段任务瀑布式推进的模式变为短周期持续的循环迭代模式，"端到端"地负责产品的开发、营销、市场反馈和持续调整。

在具体实践方面，中原银行在以客户为中心理念的基础上，强化客群部门的主导作用，由客群部门负责研究市场、了解客户痛点、发现客户需求，并以此为切入点，分别向产品部门、渠道支持部门提出产品需求和客户体验流程改善要求，然后根据客户痛点和需求的满足情况，提出持续改进的方向，从而建立客户经营的闭环。在组织架构设计上，中原银行充分研究并借鉴国际先进同业经验，以细分客群为中心，建立跨职能、端到端的网格式部落架构，覆盖全客群、全产品、全渠道，在部落内成立跨职能实体小组。通过组织架构重构，明确总分支职能分工：总行在规划客群、规划产品、规划渠道、规划活动、制定策略等方面充分发挥作用，分支行做好属地营销体系搭建和策略执行。同时，加强总分联动，促使敏捷转型相关工作的落地。

（2）坚持数据用例驱动

中小银行在数据应用方面经验欠缺，在数据资源、技术等处于相对劣势的情况下，可通过数据用例试点先行，实现数据用例的速赢，并不断迭代优化，从而探索出数据应用落地的可行路径，再逐步在全行进行大规模推广。

通过试点用例，加强数据应用基础能力建设。一是搭建涵盖基础层、数据中台、应用层的数据架构体系。基础层的核心是做好数据治理工作。数据中台是要建立数据平台和数据模型，其中，数据平台主要包括开放运营平台、数据整合平台、实时数据平台等；数据模型则是数据驱动的核心，指依据一定的业务逻辑，分析影响经营管理结果的要素，并运用一定的算法建立模型，实现分析的目的。应用层则是基于数据中台所进行的大数据应用，把运用一定数据算法形成的数据洞见，应用于精准营销、客户画像、智能风控等。数据架构体系的搭建与完善，为数据用例试点与后续逐步规模化推广奠定了数据基础。二是深化闭环管理工具的应用，如通过应用PDCA循环——计划（Plan）、执行（Do）、检查（Check）和行动（Act），实现"端对端"的流程改进和循环优化。具体到实践中，就是通过经营规划、策略发布、销售检视、反馈迭代这四个大数据营销管理重要环节的持续循环，提高数据的完整度和精准度。三是在数据用例试点的选择上，可选择更容易见到业务成效的营销用例，如中原银行首先在全行落地理财产品到期、大众客群防流失等5大用例，待效果显现后，再开始在全行规模化上线26个大数据用例，覆盖客户全生命周期，推动零售AUM总计提升320亿元。

（3）通过规模化推广，打造数据驱动营销模式

第一，建立用例执行考核机制，引导数据用例聚焦业务需求，对未能起到业务推动作用的用例及时优化调整，真正使数据与业务营销紧密结合。第二，建立用例全流程评价体系，包括用例初期的评审机制、用例执行的评价机制及用例成效价值的反馈机制，以便对用例的优先级进行统筹排序，保障其规范化执行与持续迭代优化。第三，逐步培养数据人才，要打破部门间的职能壁垒，联合培养具备数据分析、数据建模等技能的数据人才，并提升数据人员业务能力；同时，要培养业务分析师，提升业务人员对数据的认识、理解和运用能力，建立多层次、多元化的数字化人才梯队。第四，重视用例效果展示，打造可视化工具，鼓励员工以数据思维挑战传统思维，通过数字化的成果宣导，提升商业银行大数据规模化应用的信心，最终推动业务管理从市场研判到决策部署，再到体制机制建设等各流程，使数据成为推动银行发展的"能源"。

4. 打造总分支数字化营销体系

数字化营销体系是以客户作为经营的核心，建立以客户为中心的经营模式，通过数据驱动的方式，使总行、分行和支行更好地了解市场、了解客户，发现客户需求并实现金融产品的精准销售，同时进一步明确布局场景和市场方向，组织和管理分支行工作，最终实现经营业绩和市场竞争力的双提升。

数字化营销体系的核心是"三轨制"营销模式。"一轨"指纯线上营销。总行负责高阶策略制定，并在线上完成从销售商机挖掘、产品咨询到交易执行的全链条工作，总分行共同负责售后、贷后工作。"二轨"指线上、线下联动营销。总行负责高阶策略制定、销售商机发掘和线上营销，但出于监管规定、流程和客户体验的要求，需要分行协助完成咨询与交易业务落地。"三轨"指总分支协同营销。总行仅承担策略制定工作，分支行完成策略的本地化制定、营销及交易的执行落地。

在推动方面，中小银行为保证整体营销体系的落地，可以采用"先试点，后逐步推广"的模式；针对新型营销体系下支行各类岗位所涉及的标准行为，可以先强制执行，保证行为的标准性，使支行各类人员的行为逐步标准化，最终成为日常工作习惯。

5. 数字化产品创设能力

数字化产品创设以打造产品全生命周期的闭环管理为目标，通过打造产品货架管理平台、明确三大产品创设赛道、建立全行创新机制等方式，引导全行树立以"客户为中心"的数字化产品经营理念。

（1）打造产品货架管理平台

通过绘制产品图谱，制定基于全行经营及客群增长目标的年度产品战略，同时明确内部产品创设的实现方式与外部产品筛选的标准与流程。依托产品货架管理平台，设置合理的产品上架标准与分层审批机制，实现实时在线查看各产品的销售状态、额度、收益率等信息，并定期检视主要产品的经营表现，体系化地拆解和分析关键指标，对产品的成本收益、客户体验评价进行分析，以明确下阶段产品解决方案（策略调整或产品下架），打造产品全生命周期的闭环管理。

（2）明确三大产品创设赛道

通过精益敏捷创新的方式做好现有产品的优化迭代，以提升客户体验；以拓展银行主结算账户客群为目标，进行产品交叉销售的组合创新，提升客户黏性；通过举办内外部创新大赛等方式，进行新产品的孵化与运营，进一步探索新的业务增长点。

（3）建立全行创新机制

中原银行通过制定创新机制管理办法，梳理创新委、创新办及其他相关部门职责，确定全行创新战略和目标方案，打通了自上而下的战略级创意、由外而内的同业盯市扫描、自下而上的全行级创意这三个创意收集渠道，建立了基于数据思维清晰的业务产品规划，从创意激发、演进、孵化、规模化等方面明确创新资源投入与评价机制，持续沉淀创新方法论，进一步带动全行创新发展。

6. 数字化运营能力

数字化运营主要涵盖数据运营、用户运营、产品运营、活动运营、内容运营等五大方面，其中数据运营是支持其他运营活动有效开展的基础。

数据运营的核心是结合业务需求做好数据埋点，通过对用户行为数据、业务数据等数据的采集和分析，不断改善其他运营活动的设计和执行。

用户运营的核心是关注整个用户旅程，提升用户生命周期价值，从获客、活客、交互到自传播整个生命周期中各环节间的转化情况，持续提升用户运营指标，例如新客户数、活跃用户数、用户净推荐值（NPS）等。

产品运营是内容运营和活动运营的基础，其核心是关注用户体验与用户需求，通过对用户的路径分析、漏损分析、A/B测试、用户反馈等，加强对产品功能体验的持续优化及组合创新。

活动运营的核心是关注用户的转化路径，结合异业联盟为用户带来的价值增值服务，以及分支行的属地化特色线上运营活动，对系列营销活动进行复盘总结，及时调整运营策略与资源投放，对用户获取后的转化设计承接方案。

内容运营的核心是激发用户参与、分享，运用多元媒体渠道进行信息的传播，覆盖场景类服务信息、金融知识、产业资讯等内容，并结合企业产品信息、活动信息等呈现给用户，一方面可以更好地了解用户提供多元化视角，进一步完善用户画像；另一方面可以通过私域流量用户的传播，拓展客群，提升企业和产品的知名度。

数字化运营的五个板块相互统一又各有侧重，在实践过程中往往散落在各个部落，缺乏更高层面体系化的运营整合，并且需要重视短期目标与长期目标的平衡发展。从中原银行的实践来看，建议由专门的运营团队进行数字化运营的统筹设计、资源配置及关键数据埋点的跟踪反馈，以便及时调整活动策略、提升产品体验、了解客户动态，用数据进行结果验证，持续优化资源配置。

7. 技术架构

中原银行进一步完善科技治理架构，加快推进"分布式、服务化"技术架构转型与"敏捷+传统"的双速IT交付建设，以"强后台、大中台、敏前台"的建设思路，相继完成云平台、统一开发平台、微服务平台、DevOps平台等基础平台建设，为全行数字化转型提供了强有力的科技支撑。

1）**制定架构规划**。总体科技架构分为四层，即基础设施层、平台服务层、产品服务层、渠道接入层。按照规划，在应用架构层面进行系统解耦和服务化，在技术架构层面向分布式转型，推广微服务平台和混合云。

2）建立基础平台。通过建设 DevOps 集开发、测试、运维一体化端到端的项目交付平台，可进一步提高应用自动化工具的交付效率和交付质量。同时研发配套开发工具，建设统一开发平台、统一技术栈，简化开发流程，降低开发门槛，减少培训成本，加快人员能力提升。此外，采用分布式架构，打造具有高扩展、高性能、高可用性的微服务平台，引入容器技术。

3）开展分布式改造。在实践过程中，通过引入领域驱动设计（DDD）方法，构建了一套规范的设计方法和一致的架构体系，用于指导微服务的设计和开发。在优先级排布方面，优先对阻碍敏捷交付的系统进行分布式改造或重构，具体而言，与客户直接交互的、提供客户服务的、经常进行产品创新的业务系统都将采用敏捷交付模式，优先进行分布式改造。中原银行信贷系统、对公手机银行等多数业务已在微服务平台上进行重构，并进一步探索核心业务的系统迁移，随着分布式改造的推进，最终实现全面微服务化。

8. 中后台转型

中后台作为转型的重要支撑，须围绕如何更好地支持前台的敏捷转型，主动通过管理前置、路程跟踪、参与设计、提供工具等方式，使前中后台形成整体共振。在具体实践方面，中原银行在三个关键点实现突破。

第一，在运营合规部门建立了全行产品、业务运营合规风险前置管理的工作机制。通过前置参与评审各业务部门提出的涉及运营、合规风险的业务需求、测试案例、生产验证案例，为业务部门提供运营风险及业务操作的专业性建议，有效提升了转型后的合规风险管控能力。

第二，建立了转型后组织的日常风险管理机制——风险集市。通过让各风险管理部门的专家进入风险集市，实现风险与业务的高频互动，推动中后台部门主动参与业务部门的产品设计、风险管理，帮助前台业务部门有效管理业务风险。在前台业务方面，通过建立业务部落风险墙，提高业务人员的风险意识，提升主动管理风险能力。

第三，在成本分摊建设方面，按照"谁受益、谁承担"的原则，搭建成本分摊系统平台，推进成本分摊上游数据治理，实现机构、条线、部落/部门、产品维度成本精准计量与成效评估。在产品综合定价方面，通过形成综合产品定价方法论，建立客户综合定价系统，建立基于客户贡献度、客户分层、客户画像等客户维度的差异化定价体系，灵活、动态地适应市场变化，支持业务营销。

第3节　数字化转型经验

通过数字化转型，中小银行将更好地适应经营环境的变化，践行以客户为中心的经营理念，提升服务客户的能力，提高经营效益，提升自身竞争力。结合中原银行在数字化转型中的具体实践，中小银行在推动数字化转型过程中需要一些条件和推进策略。

1. 数字化转型需要的条件

第一，高层对数字化转型的坚定支持。数字化转型作为一项长期系统性工程，涉及组织、人员、考核、时间与资源等多方面投入，因此需要高层领导持续予以重视，首先做好转型工作的顶层设计，并以工作机制作为保障。

第二，积极推进数据治理。数字化转型离不开数据的支撑，而数据治理作为大数据应用的基础，既是重点又是难点。在与银行业务紧密相连的基础上，推进数据治理工作，做好内外部数据的采集整合、清洗加工，以及数据埋点、数据存储和数据日常管理等也是转型的必要条件。

第三，持续优化线上业务发展。数字化转型需要实现业务的线上化，一方面要建立线上经营机制，实现银行业务营销与运营管理的线上操作；另一方面，要持续优化业务及工作流程，对传统流程进行规范化、标准化、参数化改造，为后续不断改善客户体验奠定基础。

第四，重视数字化人才的培养与引入。数字化转型需要大量能够将数据分析与银行业务有效结合的复合型人才。为此，商业银行要调整人才发展战略，创新人才培养机制，建立敏捷型人才能力模型，打造了解业务、熟悉IT模式、掌握数据分析应用技术的T型人才团队。

第五，保持数字化转型的战略定力。转型需要投入大量的人力、财力、物力和精力，其成果要在速赢和能力的持续增长方面做好平衡。虽然数字化转型效果最明显的措施是成功实施速赢项目，但转型也要考虑对未来的战略安排，两者如何平衡，需要团队在转型推动中逐步达成共识，持续保持数字化转型的战略定力。

2. 数字化转型的实施步骤

第一，规划先行、明确目标。为了整体推动商业银行数字化转型，须制定明确的战略规划。在战略规划的指导下，进一步明确总体目标、阶段性目标及业务试点，从而以终为始，分步骤、有序地推动各项转型工作的落地。

第二，试点切入、迅速验证。在转型的具体推动方面，可以采用单点切入、小步快跑的互联网思维。通过业务试点切入，一是可以对转型试点项目迅速验证，发现转型过程中的问题快速迭代，逐步找准方向，形成示范效应，为后续的规模化转型提供经验借鉴；二是通过试点项目验证，推动中后台、科技、数据的转型；三是在试点中锻炼队伍，培养促进转型的敏捷能力。

第三，能力建设、形成支撑。随着数字化转型的不断深入，中小银行需要不断加强数字化能力建设，为转型提供能力支撑。强化数字化应用能力，如以零售的数字化营销作为切入点，打造大数据用例在精准驱动营销方面的能力；提升数字化产品创设能力，打造常态化的产品创设、创新机制，通过机制带来批量化的产品创设；建立总行、分行、支行一体化的营销能力，使其有效联动，以数据作为驱动力，以支行为支点，更好地提升服务客户的能力。

第四，创新模式、构建生态。数字化转型将推动中小银行由过去传统的经验驱动型业务模式向数据驱动型业务模式转变，并构建银行数字化生态：一是构建以客户为中心的经营生态，即所有的经营管理都是以客户为中心，精准了解客户并快速响应客户需求，根据客户需求来交付产品和服务方案；二是构建业务合作的生态，银行通过自建场景或与外部平台对接的方式，嵌入产品和服务，将金融服务融入各种生产、生活场景中，以场景为核心向用户提供金融服务；三是构建技术生态，通过开放银行建设，打造平台化的商业模式。

17 长沙银行：围绕"客户中心、价值导向"建设科技驱动型数字银行

邬胜　王志斌　刘艳　长沙银行

当前，中国经济步入高质量发展的新时代，科技创新已成为社会经济发展的最主要驱动力。与此同时，技术的飞速发展深刻改变了人们的生活习惯，这也导致了银行服务形态的巨大变革，传统的发展模式难以为继，推动数字化转型才是商业银行的唯一出路。如何打好数字化转型攻坚战，已成为各家商业银行必须直面的重要课题。2019年，中国人民银行发布《金融科技（FinTech）发展规划（2019—2021年）》，为持牌金融机构发展金融科技做出了顶层设计。各商业银行应在此框架下，因地制宜，闯出一条符合自身发展的数字化转型之路。

长沙银行成立于1997年5月，是湖南省首家区域性股份制商业银行和最大的法人金融企业，也是湖南省首家A股上市银行。截至2019年年末，长沙银行资产规模突破6000亿元，营收、净利润均实现双位数增长，这样一份业绩答卷与全行推进数字化转型密不可分。长沙银行的数字化转型可以概括为"16213+"，即一组云数据中心、六大中台、双网双柜、一个智能营销平台、三大生态，以及基于金融科技的若干创新应用。

第1节　数字化转型战略

银行的数字化转型可以从三个层面推进：业务数字化、数字业务化和治理数字化。业务数字化包括线上化、移动化和数据化；数字业务化指依托大数据和金融科技，通过开放化、智能化、生态化的场景建设，将数据资源转化为业务机

会,即流量建设和流量变现;治理数字化指依托大数据、AI等技术建立智能分析平台,提升银行的运营、管理和决策效率。

长沙银行的数字化转型战略是构架基于云计算、分布式的多点多活的长行云数据中心,打造集数据、产品、运营、财务、风险、人力的智能中台,构建双网双柜、一致体验的数字渠道及赋能前线的智能营销平台,建设含本地生活、投行、投资的生态系统,加上基于金融科技的创新应用,形成"科技+金融+生态"的数字银行发展新模式(见图17-1)。

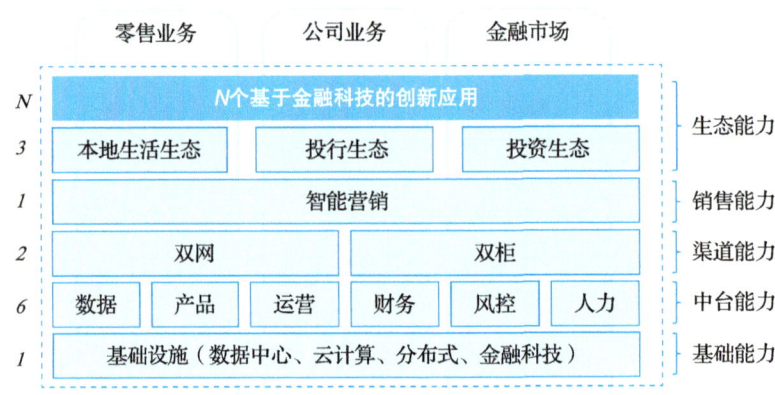

图17-1 长沙银行的数字银行体系

1. 基础能力

基础能力包括基础设施、研发基础能力及敏捷组织转型三个方面。

(1) 基础设施

基础设施包含数据中心、分布式云、大数据。需要建设多点多活的数据中心,实现数据中心内设施的"池化共享、弹性伸缩",计算、存储、网络的"灵活部署、敏捷交付",确保业务系统运行的连续性及数据中心发展的可持续性。基于异构融合技术、容器技术、多副本技术构建开发、测试、部署、管理一体化的私有云平台,以私有云平台为基础实现应用系统的分布式架构,实现智能化、全链路、统一化的运维体系。运用大数据所带来的新思维、新方法和新工具,逐步形成行内、行外、线上、线下的结构化与非结构化数据集成能力,多种数据格式并存的海量数据存储能力以及基于流式计算实现海量数据的实时处理能力,同时运用机器学习、实时决策、可视化等技术提升数据分析挖掘能力。

（2）研发基础能力

完善研发管理、技术管理、测试管理、生产问题管理、量化考核管理等管理细则，通过对研发规模、效率、质量、产能进行精细化度量，实现研发全流程的数字化。

（3）敏捷组织转型

在组织文化转型方面，推动组织从职能型向敏捷部落制转型，激活组织创新潜力，提升科技对业务的响应速度，按照"小团队、大平台"的方式启动敏捷转型。

2. 六大中台能力

围绕"服务共享、技术复用"的理念，通过做厚中台，将涉及共性金融业务的模块沉淀到中台共享，同时把个性化的业务模块剥离到业务前台。

1）**具备治理能力、分析能力、应用能力的数据中台**。在数据整合层建立实时事件库、行为数据模型、互联网金融数据模型；基于整合层建设客户集市、营销集市、风险集市，支撑业务处理和管理分析层能力建设，实现让数据可信、使数据可用、用数据说话的中台能力目标。

2）**全面、高质、有特色的产品中台**。对全行重点产品，包括贷款、理财、票据、存款、金融市场、贸易融资等进行梳理，加快开展基础技术改造，加快办理时效，提高竞争力。建设统一支付平台，为智慧城市、智慧系列项目、大型集团客户、大型平台类商户合作打基础，以满足多商户、多渠道的统一收款、统一充值、统一对账、统一结算的综合需求。

3）**共享支撑，沉淀一体化的运营中台**。通过对银行运营服务能力深度整合，搭建共享运营中台，提供一套高效运营的完整框架。共享支撑的运营中台提供集中作业、授权、监控等服务，可实现前台运营业务迁移，推进个人业务集中、对公业务再造、柜面业务电子化等流程优化，构建专家服务中心，为网点经营提供专业化决策支持。

4）**高效率、高价值的财务中台**。通过夯实基础、打通脉络、多轮驱动，制定财务数据标准和产品目录及管理方案，建设对公和零售经营效益分析模型、财务管理系统和协同分润平台，从而实现财务核算集约化、经营分析线上化、战略经营分析和专题投产分析智能化。

5）稳健行远，重构风险的风控中台。通过搭建风控中台实现风控过程数据化，风控信息的可跟踪、可积累，高效提升风控执行效率，推动风控案防工作从"人工控制"到"机器控制"的转变。通过风控中台对前台业务应用的实时监控、反馈评估与快速迭代来提升模型有效性，实现客户风险有效量化。

6）移动化、智能化的人力中台。建设以用户为导向的人力资源管理系统，更好地支撑 SSC、COE、HRBP 的建设。建设高效 OA 系统，实现内部 IM、移动办公的移动互联应用，统一移动门户，完善移动审批、移动知识管理等应用，提供办公智能机器人助手，提升工作效率。建设具备知识运营能力和知识生态圈能力的培训管理系统，满足用户移动化、精准化、个性化的学习和培训诉求。

3. 双网双柜

以统一用户体系为基础、以用户体验为突破口，持续推进产品服务线上化、线上线下全渠道流程闭环的建设工作。依托双网（互联网、移动互联网）双柜（网点智能高柜、远程 AI 云柜）打造数字化渠道平台，全面推动线上线下智能化融合发展，为客户提供立体化、全渠道的综合服务。

1）互联网。重构个人网银与企业网银，实现统一的开发框架、渠道入口、用户体系和交互体验，并在此基础上实现个人和对公客户的互通互认及部分业务的公私联动。

2）移动互联网。着力打造长沙银行超级 App，结合智能化、大数据分析能力实现千人千面的界面风格及业务产品个性化推荐，同时融合微信生态能力打造"轻银行"，实现业务在微信渠道的裂变，并将微信生态流量转化为私域流量，持续提升基于用户生命周期的微信生态的获客、活客能力，为用户提供极致用户体验和性能体验。

3）网点智能高柜。持续优化网点总体布局，进一步深化网点智慧化转型，依托功能丰富的智能设备、全渠道协同、网点运营管理数字化，实现各类网点的降本增效和客户体验提升，利用数字媒体技术和人机交互技术为客户提供一站式、全方位的智能金融服务，打造"数据智慧 + 平台运营"的新一代数字化智慧网点。

4）远程 AI 云柜。围绕智能化、视频能力打造远程视频银行，发挥"长行智慧大脑"的作用，从触客形式、信息传递和闭环管理提升智能化水平。对外，让客户随时随地通过远程视频银行享受"面对面"的服务，打破地域和时间限制；

对内，加强对智能机器人的训练及全量客户声音的智能挖掘，推动人员转型，降低人力成本。

4. 智能营销

从精准营销、全渠道智能营销、构建权益体系及完善第三方互联网生态等方面加快智能营销体系建设。

- 精准营销：利用大数据、机器学习完善客户洞察分析体系，提高客户信息数据质量，建立全生命周期客户画像及标签体系，快速自动化部署营销策略，实现产品的精准推送；完善高并发实时数据采集、实时指标计算能力以及在线机器学习能力，支撑更加丰富的事件式营销场景，让客户感受到有温度的服务。
- 全渠道智能营销：搭建智能营销平台，实现全渠道的营销活动发布、过程管理、结果统计分析。为客户经理提供赋能工具，实现端到端的营销生命周期管理。
- 构建权益体系及完善第三方互联网生态：建立数字化权益服务体系，与第三方互联网生态合作，实现自动化的客户引流、产品销售、效果评估。

5. 构建三个生态

通过线上线下联动、科技业务融合构建生态体系。以科技为支撑，打造开放银行体系，具备账户、支付、信贷等金融产品的标准输出能力，实现外部生态的快速对接和引流，增加获客渠道。

其一，提供智慧医疗、智慧校园、智慧党建、智慧物业等系列产品，多角度扩充特定客户群体。以弗兰社、呼啦、社区网格化为抓手连接商户与消费者，运用数字化能力进一步提升用户体验，服务本地生活，覆盖衣食住行、医教游娱等各方面，打造基于本土"吃喝玩乐美"的线上线下权益体系，构建面向零售、面向小微的本地生活生态。其二，建立投行产品信息数据库和投资方信息数据库，最终实现信息发布、交易信息对接、咨询、统计等服务为一体的投行生态。其三，整合同业、科技等资源，建设面向资产管理的投资生态。

6. 拓展金融科技应用场景

在多维生态体系中，充分利用人脸识别、智能语音、OCR、RPA、eID、大数据等技术，探索开放化、智能化、生态化的全新业务模式，在引客、获客、黏客、贷前、贷中、贷后等各个业务环节探索更多应用场景，如利用人脸识别技术实现对公线上开户，利用语音转义技术实现智能语音外呼，利用 eID 实现网络身份认证等。

第 2 节　数字化转型实践与成果

2019 年是长沙银行的"数字驱动年"。依托"科技引领、数据驱动"的发展理念，长沙银行构建起"线上+线下""客户+账户""数据+生态""体验+口碑"的金融新零售模式，坚持走科技引领转型、体验创造价值、"农村包围城市"的发展道路，全面推动零售业务转型发展，并取得了明显成效。

1. 金融科技应用

借助人工智能、大数据、区块链、云计算和 5G 等技术，分阶段、分板块地推动金融科技在日常业务中的应用落地。2019 年，长沙银行的金融科技应用主要聚焦于渠道布局、生态构建、服务提升、智能风控这四大关键环节。

（1）渠道布局

线上方面，长沙银行实现"网上银行+电话银行+微信银行+手机银行"四位一体的服务平台布局。通过打造超级 App 重新定义用户交互体验，实现全局和关键交易的用户行为埋点，伴随数字化运行能力进一步提升用户体验。全面升级快乐商城功能，搭建基于本土"吃喝玩乐美"的线上线下权益生态体系。2019 年度新增快乐商城用户 81.58 万户。线下方面，长沙银行持续优化网点布局，年度签约超 3000 个农村金融服务站，构建"县域支行+乡镇支行+农金站"的立体网络，延伸服务触角，打造乡村振兴战略的坚强堡垒；启动智慧化网点转型，搭建"服务、营销、人员管理、设备管理"一体化网点综合管理平台，打通厅堂内包括 Pad1.0、Pad2.0 及各类自助设备间"互联互通、数据共享、服务联动和统一管理"体系。2019 年，实现从精准营销应用试点到"线上+线下+远程银行"全渠道的通路打通，包括信用卡促激活、零售产品推荐等 17 个应用场景，提升了渠道触客的友好性与智能化。

（2）生态构建

长沙银行立足湖南市场，围绕居民"衣食住行娱"方面的需求，通过"快乐商城+呼啦支付"，连接本土生活，平台化赋能中小商户，联动商户端与用户端，形成用户流、资金流、信息流"三流合一"，加速构建"金融+生活"的金融生态圈。积极寻求跨界合作，对 G 端、B 端、C 端的连接赋能服务民生、赋能产业，打造开放银行。主动对接各级政府现代治理能力提升和智慧政务与数字城市建设需求，积极开展业务，携手地方公安构建线上业务处理平台，共建星城园丁、便民服务桥、大钥匙等地方公众服务平台，落地长沙公交、长沙地铁等智慧项目，提供线上线下公交卡充值、二维码乘车等便民服务。支持本地互联网平台累计服务客户数超 1745 万人，全面助力智慧园区产融合作平台，在服务政府、服务企业、服务市民的过程中实现客户引流、项目引流、交叉销售和资金归集。2019 年，推出"快乐 e 贷 – 政采贷""快乐 e 贷 – 税 e 贷"等线上产品，企业通过 1 台手机、3 个办理步骤，仅 30 分钟即可在线上完成申请放款的全流程。

（3）服务提升

长沙银行秉承 3A（Anytime、Anywhere 和 Anyway）理念，坚持要做中国最快乐的银行，为客户提供快捷、便利、全天候的服务。目前，它正在实现从"应用驱动"向"数字驱动"的转变，逐步推进"一切业务数据化、一切数据业务化"，打造精品数字银行。推进智慧运营能力建设，应用人脸识别、OCR、远程视频等技术优化对公开户线上化流程，上柜时间由平均 50 分钟降至 15 分钟。建设数字化运营看板，为网点服务质量提升提供数据支撑。新推出便携式发卡机、个性化发卡机、智能现金柜设备。智能现金柜可实现大额、零钞现金、对公业务的自助办理，进一步提升客户体验。在智能客服方向，利用金融科技整合多项生物识别技术，引入深度学习、自动聚类、数据挖掘等技术构建 AI 基础能力平台，基本实现了"人工智能+全渠道"的立体化服务能力，包括智能导航、智能外呼、在线机器人、智能质检等多项人工智能服务能力，构建了远程银行渠道的"智慧大脑"。目前，智能客服全渠道的智能替代率达 60%，其中智能机器人在手机银行上线后的智能替代率达 92%，准确率达 95%；智能导航业务办理率达 61%，较前一年同期提升 20%；智能外呼已覆盖零售催收、营销、促活、通知等各类业务，其中信用卡 M1 催收效果超过人工催收。目前，智能设备分担率已达 70%，线上化占比已达 90%，智慧运营能力稳步提升，数字银行雏形初现。

（4）智能风控

结合线上、线下海量数据进行风险画像，打造全面风险控制体系，加强风险动态管理、贷后预警等，实现不良率持续下降。首先，夯实数据基础。2019年，长沙银行持续引进工商、司法、税务等各类外部数据，数据维度不断丰富，同时，对行内业务沉淀的数据进行挖掘、清洗，建设风险数据集市，数据实用性大幅提升。其次，升级数据运用。2019年，针对各类产品持续研发风控策略和风控模型，引入"蚁盾"提升策略模型部署效能、引入"PAI平台"提升模型开发效能，逐步搭建线上智慧审批机制。目前各类线上智慧审批的产品余额已经超过百亿元，风控效果良好。最后，完善数据系统。2019年，银行持续完善风险预警规则以及预警系统，根据宏观环境、动态管理的实时变化，对量化模型持续优化升级，采用全生命周期风控，并重视对风险的预警提示，做到风险早识别、早预警、早见效。

2. 数字化人才队伍建设

通过"内培+外引"模式为数字化转型提供坚实的人才支撑。在当前汹涌的竞争格局和金融科技浪潮下，商业银行必须清醒认识到"核心技术和能力是买不来的"，掌握核心技术、构筑核心能力必须坚持"以我为主"。与此同时，也要保持开放心态，善用外力，"借船出海"。在充分自主和风险可控的前提下，积极引进新技术、新模式和合作伙伴。

（1）内部培养

在长沙银行2019年全年新招聘人员中，科技人员占比超过74%，同比增幅超过36%。长沙银行计划，2020—2022年金融科技人才数量将在目前的基础上再翻一番，并进一步优化人才结构。具体措施如下：成立金融科技实验室，引进和培养人工智能、区块链、物联网、云计算、大数据等方向的高端人才，提升银行将金融科技应用到金融场景的能力；成立广州研发部，方便在粤吸收金融科技人才，以广州分行特色业务研发为基础带动本行湖南辖内的金融科技发展；成立分支行科技支持团队，以优质校招生为主，将落地一系列完整的培养计划，打造一批中间业务的专业产品经理，对内对接总行研发进行产品设计，对外直面客户进行产品能力输出；以人才画像和能力地图为基础，建立符合现状的培训体系，提升金融科技人才队伍的整体能力；重新优化IT岗位序列的晋升制度，形成具备竞争力的IT岗位职业发展路径，做到能吸引人才，能留住人才；推动金融科技人才从技术部门向业务部门输出的常态化，促进技术和业务的深度融合，树立数字化思维，提升全行的数字化思维和能力。

（2）外部合作

当前，银行业加大开放力度是大势所趋，对外开放深度、内部改革强度和跨界合作力度都前所未有。过去一年，长沙银行一方面与华为、阿里云、腾讯云等头部企业达成战略合作，并陆续落地了多个项目；另一方面，也在探索与金融科技公司合作的新模式，构建金融科技生态，与金融科技企业共同成长，实现金融科技成果的先行先试和快速应用，全面提升在数字化应用领域的技术和业务优势。

3. 基础能力

首先，滨江新数据中心试运行，启动同城 IDC 数据中心、金融产业基地数据中心的选址和设计工作。其次，信息科技基础设施强化，完成阿里云飞天平台、大数据实时计算平台及分布式数据库建设，全面升级基础平台能力，高效、稳健地支撑快速增长的业务交易量。2019 年核心日均交易量 945 万笔，峰值突破 1465 万笔，较上年增长 21.3%。同步数据赋能管理升级，成立数据创新实验室和数据社区，建立自助分析平台，上线数据智能营销平台，实现数据赋能管理全面升级。最后，敏捷转型。2019 年，全行探索组织模式和文化变革，加快部落制和敏捷转型。通过推动建立充分授权体系和差异化考核机制，推行"我快你乐""试错容错"的文化，在内部实行扁平化试点，打造"大平台、小团队"，探索项目制管理模式，完成了 6 大部落、30 个小组的建设工作。信息科技团队成员超 1000 人，且全员纳入敏捷部落管理，需求定制化能力强，需求时效增快 15%，需求吞吐率增长 20%。在 2020 年疫情期间，实现 1 天对接问诊平台、1 周完成员工健康信息管理、2 周完成对公线上开户。

第 3 节　数字化转型经验与思考

行成于思。要实现数字化转型，思想要先行，继而推动组织和行为模式的转型。员工观念转变不是一个容易的过程，商业银行的数字化转型不是简单地实现某个业务、某个产品的数字化，而需要全员树立数字化思维，围绕客户价值，以结果为导向，建立快速吸收新技术和商业模式、快速自我创新的机制及能力，形

成一个优秀的自组织、自创新的生态，并在推动转型和持续变革中建立不断自我进化的能力。

融会贯通。技术融入业务、服务融入生态、数据融入运营，科技与业务的融合才能更好地推动模式的创新。科技团队在对新技术的研究过程中，要注重和业务团队的沟通，要关注业务场景的分析和应用，要及时宣讲和推广研究结果。同时，业务团队要主动学习和理解金融科技能力应用内涵，围绕业务模式创新和流程体质增效方面，积极参与，及时反馈，推动技术与业务的融合与迭代优化，形成金融科技能力应用的良性循环。

输攻墨守。在数字化转型中，开放和转型要快，同时安防和风控要跟上。新技术应用会伴有新风险，因此需要在监管要求、业务场景和技术应用方面对业务模式的创新试点进行充分评估和论证，需要借助和强化风险的防控能力，更好地为金融创新保驾护航，确保数字化转型工作的快速稳健推行。

18 广州银行：构建数字化优势，打造开放银行新引擎

丘斌　魏生　广州银行

一场突如其来的新冠肺炎疫情，倒逼生产、生活、社会管理等多项场景实现大规模线上化，使中国社会整体数字化进程骤然加速。在这场战"疫"中，银行在受影响的同时，也迎来了新的发展机遇。银行的应对措施，不仅是数字化实战能力的检验，也是数字时代下对客户经营模式和应急能力的审视。

当前国内银行业的数字化进程已经整体步入新阶段，转型步伐快的银行业绩提速明显快于其他银行。银行数字化转型迫在眉睫，"道"已无争议，大数据、云计算、人工智能等技术以及下一代颠覆性技术是"器"，数据治理、业务流程、工具与技术、管理与聚合等数字化管理手段是"术"。大多数银行的数字化实践与新技术运用的实质差异并不大，真正缺乏的是一套有效的整体规划和端到端实施方案。找到银行长期存在的短板和痛点，审视和分析银行经营与风控能力、现有客群基础及业务结构、盈利及发展模式、生态构建能力等，通过方法论的运用和数据化经营，尝试新的商业模式，循序渐进地改善体系架构，培养核心能力，打造差异化竞争力，才是银行数字化转型之最优"法"。

第 1 节　驱动数字化转型的痛点

银行业绩分化，第一梯队银行拉开与其他银行的差距。自 2017 年始，经济下行压力加大，金融脱媒趋势加剧，受息差收窄和中间业务收入下降双头挤压，银行出现明显业绩分化，必须寻找新的业绩驱动因素，例如高收益的息差业务和非息业务。处于数字化转型第一梯队的银行，通过深耕各自的优势领域进行转型，

快速实现从"量"的高速增长转为"质"的增长。城商行由于难以享受跨区经营的红利，往往会面临四大"拦路虎"——增量业务有限、产品服务特色不足、生态思维有待培养、体制机制有待创新，因而亟须借助数字化转型破题。

金融科技进入成熟期，得以在银行中加速引入并释放价值。以人工智能、区块链、云计算、大数据为代表的科技快速发展，优化了金融供给模式，改变了金融发展生态，提升了线上经营能力，优化了业务办理流程，推动了金融业务从个性化、便捷化向移动化、智能化的转变。城商行在业务规模、资金实力、科技水平和人才储备等方面均与大型商业银行存在差距，在数字化转型实践中，也普遍存在转型战略目标不清晰、场景连接不丰富、产品迭代速度慢等问题。

普遍存在数字化战略、人才、组织和机制等问题。一是数字化战略，即对数字化转型的内涵和目标缺乏统一认识，科技部缺乏业务视角、定位不清晰，业务部门对怎么做数字化创新没有清晰定论。二是数字化人才，即缺乏变革所需的高端IT人才，特别是在数据分析领域。三是组织协调，即协作方式较为传统、部门协同弱，致使组织不够敏捷，客户导向性不足；风险、财务、人力、运营、科技与前台业务的融合不足，服务导向性不足。四是管理机制，缺乏推动变革所需的客户导向管理机制，考核侧重短期，不敢创新冒险；缺乏促进部门协同合作的考核分润机制等。总之，数字化实践布局相对分散，尚未形成统一、清晰、自上而下的数字化整体战略和完善的变革推动机制，是普遍存在且亟待解决的根源问题。

第2节 数字化转型规划及解决方案

在复杂多变的外部经营环境下，广州银行坚持规模、效益和质量均衡发展的总基调，坚持以"控风险增效益、强服务提效率"为主线，积极推进二次转型，确立了"科技赋能金融"的发展理念，积极探索和应用新技术来创新金融产品和服务，以数字化转型为驱动力，持续深化向数字化银行转型的发展战略，提升改革创新和科学发展能力，以科技之力促进金融业务提质增效，助力金融产品孵化创新，多措并举重构金融服务，助力湾区实体经济做大、做实、做好。

广州银行的数字化转型有方法论支撑——银行数字化的"兵法体系"（见图18-1），从不同维度、不同角度提炼了银行数字化建设的兵法体系和思路，包括顶层设计、业务战略、能力建设等领域，以及业务架构、技术架构和关键技术运用等方面。

拥有清晰的总体规划（见图18-2）与方法论指导，有助于统一思想，迅速行动，通过调结构、促转型，加快创新，推进全行数字化转型全面提速，最终评价必须以结果为导向，实现经营效益和客户体验的同步提升。

18 广州银行：构建数字化优势，打造开放银行新引擎

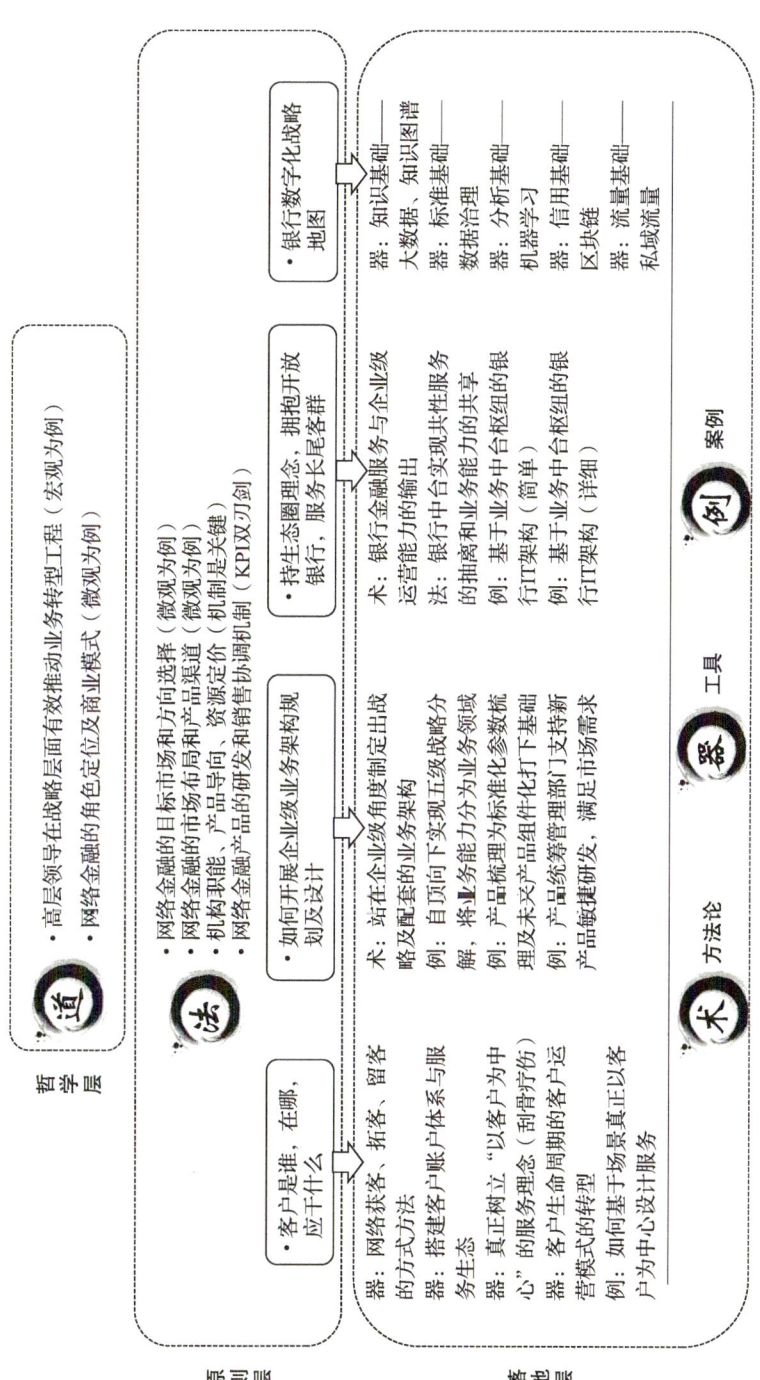

图 18-1 银行数字化的"兵法体系"

使命 Mission
创造价值，奉献社会

愿景 Vision
调结构、促转型、加快创新、提升核心竞争力，把广州银行建设成一流的精品银行

顶层设计	**两个导向**	坚持问题导向，以客户体验为中心		坚持客户导向，突出价值创造
	三大原则	**高起点原则** 数字化转型必定是全行新十年战略规划的核心主线	**全方位原则** 整体规划、统领全局、统一视图、统一框架	**快步跑原则** 实现全面数字化转型和线上线下一体化深度融合
业务战略	**三大转型方向**	从部门银行到敏捷银行	从封闭到开放	从经验驱动到数据驱动
	四化并举	**数字化** 从内部数据整合、政府和监管数据对接、外部企业数据融合作三个方向齐头并进	**移动化** 打造无人网点、移动银行、智能终端以及智能家居等新兴渠道	**智慧化** 对外更个性化，内部经营更数据化和智能化	**生态化** 商业模式生态化，经营能力构建生态化，组织能力生态化
	五大业务管理目标	统一客户管理	统一产品管理	集中运营	网点转型	建立共享服务中心
能力建设	**七大业务能力**	渠道管理	客户管理	产品管理	营运管理	企业管理	风险管理	信息报告
	八大核心竞争力	较高的客户体验优化效率	开放银行场景切入能力	长尾客户经营能力	数据驱动业务发展能力	大数据量化风险管理能力	数据整合与服务能力	领先的技术架构与创新能力	全行级高效业务协调组织能力

图18-2 广州银行数字化转型总体规划

第3节　智慧互联网开放银行应用案例

开放银行是一种平台化的商业模式，使银行创造出新的价值，构建新的核心竞争力。

1. 开放银行实施方法和路径

开放银行建设首先是顶层设计、业务架构等机制建设，其次是选取抓手，最后是多维度落实：客户维度，从客户（账户）角度出发服务好客户；产品维度，打造满足不同客户需求的产品以及基于场景创设产品；生态维度，实现客户转化和客户全生命周期运营。

（1）机制是关键

创新需要跨界，打破部门条线的界限，实现跨银行、跨产品、跨部门，银行需要从机构职能、产品导向、资源定价等方面建立新的机制来支持创新。为此，广州银行设立了独立的、总行层面的事业部，由行领导牵头管理和协调总行层面跨部门、跨条线，前、中、后台相关资源，针对场景需求、市场需求、客户需求创设不同领域的产品，覆盖消费金融、普惠金融、交易金融、科技金融等不同领域、不同业态，渠道上跨部门、跨条线，后台对接传统银行系统，以此模式实现从后台审批到产品创设、营销等各渠道业务全面打通。

（2）以智慧银行为抓手

在机制的支持之下，银行应采取循序渐进的方式进行变革和创新。与传统银行相比，智慧银行在客户、产品、渠道、流程与模式、业务需求与发展等方面都存在很多差异。客户方面，面向互联网的所有金融客户进行营销，最大限度增加客户入口，包括存量银行客户和非银行客户；产品方面，涵盖互联网业务模式下全部金融行为的产品和服务，不仅有基于互联网基因的创新金融与跨界商业服务，也有对传统金融产品与服务的互联网包装与营销；渠道方面，包括所有与互联网相关的渠道，如 Web 页面、移动端；流程与模式方面，基于互联网创新、高效的信用评估模式，同时结合传统银行信用模型，涵盖丰富的基于互联网发展的业务与服务模式，如 O2O、移动互联网、B2B、B2C 等；业务需求与发展方面，业务需求变化快，应用频繁更新，新的商业模式层出不穷，需要可灵活扩展的技术框架，支撑新的业务需求和模式。智慧银行由此带来商业模式、业务模式、运营方式、技术手段等多方面的创新，实现超越时间和空间的客户接入能力、低廉的用户价值转换成本、丰富的营销办法和手段，渗透到更加广阔的客户群，发展更多的中小型业务，获得更加丰厚的利润，实现长尾经济的商业模式。未来，银行的基本业务可以模块化，金融服务将可以按需求"拼凑"业务模块和对外输出，增加服务的弹性和多样化，银行将成为高度开放共享的金融服务平台。

广州银行的实践是内建平台、外拓场景。内建平台指打造互联渠道矩阵，对银行来说，创建更高频客户触达的场景入口，打通各条线和系统孤岛，建立能够满足客户不同场景需求的产品、服务和资源矩阵；对客户来说，建立客户统一视图，享受全渠道统一服务。外拓场景指打造开放平台，通过 H5、SDK、API 等方式接入合作伙伴服务，主动触达客户，提高获客效率，降低获客成本；深入渗透到科技企业，满足多方需求；收集数据，整合利用，形成自己的数据体系。

（3）客户统筹

通过提供不同的金融服务吸引客户，在服务过程中深度认识客户，再叠加不同应用场景进一步提供产品，进行客户转化，完成从客户触达、客户定义、获客、客户运营到客户转化的互联网模式变革。传统银行的客户群包括借记卡、信用卡、小微、公司以及二三类账户客户等，分属于不同的业务部门，对应不同的产品。开放银行的价值在于客户统筹，即通过客户信息归集，实现客户在条线间共享和流动，对适合的客户交叉销售引流，使客户价值最大化。

以中产客户的场景生态为例（见图 18-3），智慧银行通过创新服务场景，提升客户黏性。银行不缺客户和资源，欠缺的是与场景快速契合的方法和思维，而开放银行的本质是实现理念、人才、科技和资源的快速匹配。

（4）产品创新与产品统筹

传统银行的存款/理财类、贷款类、组合产品类、科技创新类产品分散在不同的渠道和部门，银行在产品创新时应围绕客户需求进行整合，实现产品间的相互转化和推动。围绕同一类型标签客户建立相关产品视图，统筹、关联、创设跨界产品，再对客户进行线上线下多渠道投放和交叉营销。多产品、多渠道投放和交叉营销，需要银行打破以单个产品收益作为 KPI 的管理模式，通过价值链重构，采用按客户来源、渠道来源、产品归属、交易流量的多维度考核。

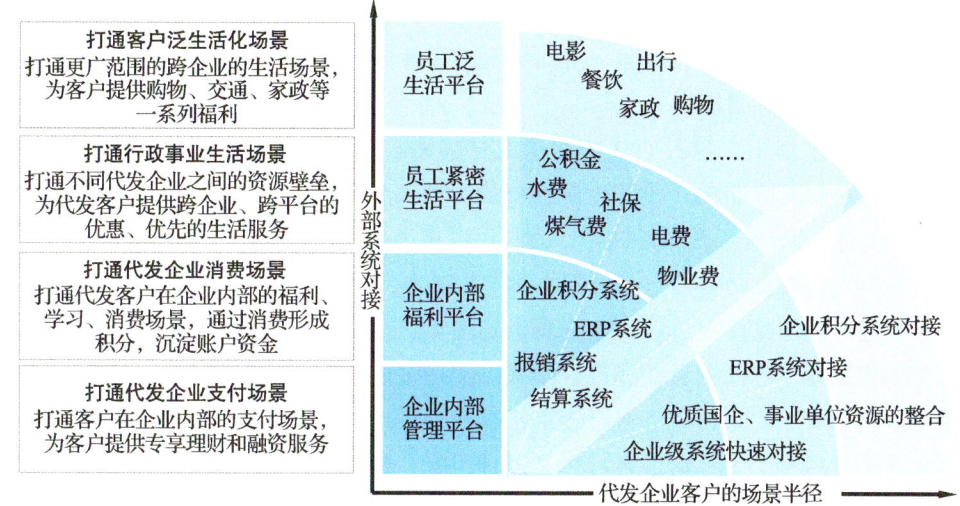

图 18-3　基于场景以客户为中心设计服务

广州银行智慧银行中心建立了多产品线集成的整体金融解决方案，针对不同行业、不同垂直标签用户，推出不同类型产品，实现后端整合、前端自动推送，目前主要聚焦于信贷产品、账户/支付产品、财富产品以及风控能力输出，分步骤推进四类不同产品的研发和输出。

未来，通过垂直化行业解决方案，将银行服务与各大场景相结合，形成"B2B2C"的销售格局，建设金融生态，同步完成 C 端客户的营销及交易达成；以统一 App 和互联网开放平台为核心，嵌入智慧银行的支付、账户、理财、贷款等金融服务能力，进一步拓展获客渠道，丰富服务场景；为分支行落地项目提供解决方案，与分支行良性互动，形成良好的全行上下互动、全力拓展的新零售营销氛围。

2. 开放平台金融业务输出能力

未来互联网开放平台的想象空间更大，不仅包括 O2O、新零售、移动电商、共享经济等新兴场景，诸如企业服务、普惠金融、交易金融等传统业务也可能线上化，或以更便捷、自动化的方式实现。通过开放式合作，银行变成了生态中的一环，不再是产品孤立、服务缺少关联、以自我为中心的模式，而是以开放融合的方式与伙伴银行、合作渠道、客户场景、最终用户等多方共同形成一个生态。

广州银行通过互联网开放平台（SDK、API 等形式）的能力封装，以支付、信用、融资等服务切入行业生态场景，进而深入多种业务场景，最终输出完整的银行金融服务与企业级运营能力。

在这个生态中，银行的优势在于客户体系、产品体系、支付体系和信用体系，不仅可以把自身的产品和金融服务能力植入合作渠道（如电商、旅游、房屋租赁等），让其具备金融服务能力，而且可以通过与其他证券、基金、信投等金融机构合作，整合金融资源、资金能力和产品能力，打造更大的合作生态圈。

上述生态圈建设完成后，才能真正实现客户运营。利用开放平台，银行将告别传统围绕单个产品的营销和推广模式，实现多产品以客户为中心的交叉营销和推广。目前，广州银行智慧银行正在搭建一个客户精准营销平台，目的是与互联网平台建立匹配关系，通过客户标签进行匹配，快速、精准地推送投放匹配需求的金融产品及服务，提升客户体验，提高客户转化率。

综上所述，银行只有利用互联网开放平台，与场景方打造合作生态圈，实现多产品以客户为中心的交叉营销和推广，才能实现客户全生命周期运营。这对于传统银行来说其实是非常困难的。那么银行如何实现向针对拓客、获客、黏客、留客等客户全生命周期的运营模式转型呢？一是要主动与场景方融合；二是要对客户进行相应了解；三是要建立客户的统一视图和标签系统；四是要与合作方对接与客户有关的银行业务系统，并实现内部打通，做到了解客户、服务客户和运营客户，对客户的数据进行采集分析和再利用。

3. 智慧银行信息系统

（1）设计理念

广州银行智慧银行信息系统（IDEASystem）的设计理念是促进业务与科技融合，建立新架构来支撑业务开放共享和产品创新的高效灵活，构建新生态来支持行内外的协作互联，引入新技术来提升服务的安全智慧水平，以业务需求驱动，利用数字化、敏捷开发和快速迭代，建立一个更加开放、提供相关业务能力的系统组合（见图18-4）。

在具备基础能力后，通过整合已有资源，在不触动过多现有系统、产品、客群以及管理模式的情况下，搭建一个面向互联网场景、服务互联网客群的轻型银行。其中，互联网核心平台、传统核心系统和正在建设的新核心系统是平行、并立的，大数据平台与全行大数据平台资源共享、底层对接。IDEASystem 在具备传统功能的同时，采用分布式架构，支持快速迭代的产品创新，助力广州银行打造具有现代数字化核心竞争优势的轻型银行。

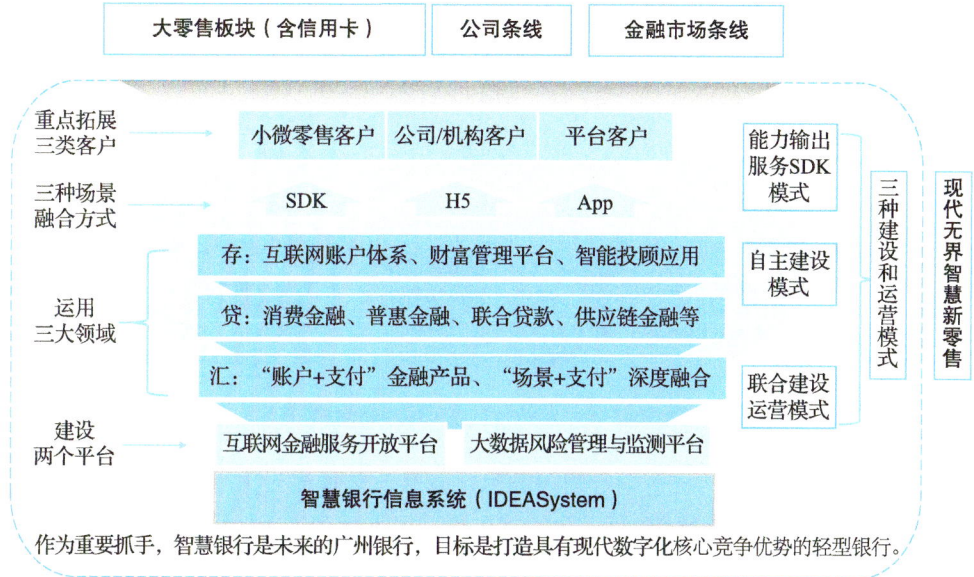

图 18-4　广州银行智慧银行信息系统架构

（2）系统架构

在系统架构层面，建立了轻前台、强中台、智后台的整体架构，并推出中台战略，规划业务中台、数据中台和 AI 智慧中台。在中台层面，不触动传统核心业务和中间业务，对内通过微服务方式，对外通过互联网开放平台进行整合对接，在不影响业务正常开展的情况下，打通不同业务系统、数据孤岛、管理孤岛，建立统一的用户视图和产品视图。前端通过 API 的方式与中台、后台连接，中台是关键设计。

4. 一站式金融服务解决方案

IDEASystem 作为广州银行互联网基础平台，为前中后台全面的数字化改造奠定了基础（见图 18-5），实现了银行前中后台六个方面的数字化。前台以全新交互方式，感知客户需求；中台以高效 IT 系统，重构基础设施；后台以智能决策系统，塑造银行思维。

① 移动前端数字化	① 数字化移动前端	④ 数据中台
• 建立银行超级App（统一支持多银行前台业务系统：掌银、信用卡、展业、钱包、商城、客服） • 行业标杆：支付宝、微信	② 体验中台 ③ 业务中台 ④ 数据中台	• 智能化数据应用能力：客户画像、智能营销、智能风控、智能客服 • 提供智能化、"精确制导式"的火力支持
② 体验数字化	⑤ 开放平台	⑤ 开放平台
• 打造数字化的客户体验平台：刷脸支付、指纹识别、语音识别、OCR识别、VR/AR增强、机器人应答等	⑥ 分布式后台	• 通过二维码、扫一扫、小程序、API网关、应用市场等方式提供企业端、客户端、开发者开放合作能力，进行联合数字化运营
③ 业务中台	客户长尾化、渠道移动化、业务高频化、产品场景化、数据平台化、设计体验化、实施敏捷化、……	⑥ 分布式后台
• 银行统一的业务中台体系：客户中心、产品中心、资产中心 • 提供"前店后厂"快捷敏捷的平台化业务工厂能力		• 通过分布式、微服务技术平台构建敏捷的数字银行后台应用，实现高容错、高性能、高可扩展的新一代银行基础架构

图 18-5　广州银行的全面数字化理念

场景聚合的前台：打造全行统一的用户体系，实现多元化用户服务入口，提供一站式金融服务解决方案。

智能中台：实现"云"的基础 IT 架构，构建动态、高效、开放、弹性、敏捷的信息高速公路。

数据聚合的后台：在全行共享数据仓库的基础上，对内外部数据进行整合，采用语音语义识别、多层神经网络、图形图像识别、金融机器人等 AI 技术，实现从客服、风控、监管到反洗钱等不同环节的自动化处理。

第 4 节　开放银行带来的业务成效

互联网开放银行的建设目标是，推动全行所有内部业务系统与外部合作方系统均通过统一的开放银行 API 服务接口按场景金融模式实现对接，大力提升无接触金融服务能力，改变传统银行产品单一和获客渠道单一的不利竞争局面，促使银行产品充分融于各类场景中。

开放银行将在多个领域触发传统银行模式的业务变革，具体表现在：有助于推动传统业务的发展和用户体验的提升，取代传统的银企互联方式，将金融业务嵌入政府、企业的 ERP、SCM 等系统，实现场景聚合；有助于参与打造智慧城市、智慧政府等金融场景，从而打造具有本土特色的数字化金融新生态；有助于把金融服务嵌入客户的日常生活之中，识别客户在不同场景下的金融服务需求；有助于根据客户历史行为开展精准营销、智能推荐等，提升获客率；有助于通过接入智能助手等"客户身边的银行"服务渠道，随时随地为客户提供财富管理、投融资咨询、生活帮助等一站式贴身金融服务。

广州银行依托开放银行在不同领域打造出了场景金融范例。已完成的一期项目实施重点在零售业务板块，以及特定场景平台或供应链金融项目的对接，旨在整合合作方的零售客户资源，探索住房、航旅、电商、旅游等生活消费场景的客户触点，构建相关的客户生态体系。

1）**租房金融场景**。广州银行与某地产集团联合打造了住房租赁线上综合金融解决方案，提供如下多种金融服务：将租客物业生活缴费、企业收款从线下模式转换为线上模式，并协助租赁管理平台提升业务效率、服务质量和活跃度；面向租客提供电子钱包，用于租客押金冻结，当租客未按时缴纳租金时，可按平台要求实现自动扣款，用押金抵扣租金；根据大数据分析及客户画像，可提供面向租客的个人押金分期信用贷款产品，缓解新租客需缴纳押二付一的资金压力，解决现金流紧张的问题；可提供面向租客的电子钱包增值存款产品，鼓励租客在电子钱包中留存更多的资金，助力盘活平台的支付场景。该平台目前已服务6万套住宅、10万平方商铺、2万个车位的客户。

2）**航旅金融场景**。与某航空集团和银联电子联合推出电子钱包综合金融服务，提供多种金融服务，包括建立积分跨界消费、聚合支付的业务模式，为客户提供电子账户、支付结算、消费金融、财富管理等金融服务，通过支付和账户，服务场景客户，获取客户；通过消费信贷产品，获取息差收入；通过客户使用电子钱包，沉淀结算性存款；通过大额存单，获取存款；开立专项对公结算户，获取结算性存款；通过销售基金、理财等产品，依托电子账户扣款，获取销售手续费；最终联动服务对公和个人客户，通过服务、系统产生黏性，打造多方共赢的良性合作生态。

3）**商超金融场景**。与某著名商场合作，为其近500万会员提供线上支付、消费金融、余额理财等全方位服务，打通便捷支付，实现账户一体化，推动老用户激活和拓展新客户，提升商圈流量和增加交易量，打造多元化场景金融生态，实现金融与零售的共赢。

4）**政务服务场景**。与广东省政务服务数据管理局政务服务项目对接，通过"线上+线下"模式，向市民提供"金融+民生+政务"一体化场景解决方案，打造大湾区"微政务服务中心"。

5）**普惠金融场景**。围绕特定客群，构建系列线上化的贷款产品和服务，可发挥线上场景和数据融合的优势，完善线上、线下产品结构，形成以"普及+场景订制"为特色的业务品牌，稳步推进银税互动、银商合作、银担合作、银保合作等服务模式。

6）**小微金融场景**。提供多种金融服务，涵盖结算、票据、传统表内信贷、供应链金融等一揽子综合金融服务。针对零售小微客群，推动业务产品线上化，并打造线上消费贷、普惠贷、经营贷等创新产品；针对小升规企业、特色行业企业，推出成长贷、政银保、灯易贷、红木易贷等产品；针对科技型中小企业，推出科技贷、知易贷、高新贷等产品。

总　　结

概括而言，在进行银行数字化建设时不能局限于 IT 角度，而应站在更高的层面去思考，以管理思维、业务思维、场景思维和互联网理念，运用兵法体系的"道、法、术、器、例"的方法，剥茧抽丝、自上而下，通过转变思维模式，推进银行的数字化转型。

19 郑州银行：夯实金融科技"新基建"，数字化引领业务转型

申学清 郑州银行

商业银行数字化转型的核心是"以客户为中心、数据驱动、全渠道联动"，这已不是"要不要"的抉择，而是"快与慢"的竞赛。未来，数字化的程度将决定商业银行的生存和发展规模。随着大数据、人工智能、云计算、区块链、5G、物联网和移动互联网等技术的逐步成熟和应用，银行用户的行为和偏好在发生变化，银行传统的"存贷汇"经营模式逐步被颠覆。加上人口红利逐渐消退、经济增速放缓、内外部竞争加剧、监管趋严等一系列因素的影响，商业银行亟须从"标准化、规模化、以产品为中心"的传统业务经营模式向"个性化、智能化、以客户为中心"的数字化模式转型。不仅如此，中共中央政治局于 2019 年 7 月 30 日首次提出把以人工智能、5G 网络、物联网等为依托的"新基建"作为国家发展战略，让银行依托金融科技的数字化转型方向变得更加明确。

第 1 节　驱动数字化转型痛点

随着内外部竞争的日趋激烈，面对"内忧外患"的局面，城商行严重依托"存贷汇"的传统业务结构和经营模式已难以支撑未来的持续稳健发展。数字化转型的主要驱动因素可以概括为客群和客户行为偏好变化、渠道与产品创新、内外部竞争加剧、利率市场化和监管趋严等关键转变。

○ 作者系郑州银行行长。

1）客群和客户行为偏好产生巨大变化，客户体验日趋多样化。互联网与金融科技的渗透极大改变了客户的金融行为与偏好，客群年轻化、长尾化，更倾向于移动渠道，产品需求个性化等，而城商行普遍同质化的金融产品和传统的营销渠道难以满足客户日渐敏捷化、定制化、线上化、多元化的金融需求。尤其针对线上化特征明显的年轻客群而言，只有通过深挖需求才能满足这部分客户的个性化需求，赢得未来的竞争。

客群的变化也倒逼商业银行注重长尾客群经营。传统银行习惯于服务高端的企业客户和个人客户（二八法则），但数字化时代客户边界被打破，服务长尾客群需要更加精细化的数字化运营能力：数字渠道获客、精准客户洞察、千人千面的营销、智能化的客户体验等。通过全面数字化转型对客群进行精细化管理，针对性地提升客户体验，是银行业当前的必然选择。

2）渠道和产品日渐线上化、多元化。过去传统金融机构以线下渠道和营业网点为营销与服务的主要阵地，但智能手机普及以及物理网点萎缩使移动互联成为主要的客户触达渠道，客户体验也由此成为重要的获客指标。产品特点转变为多维、高频、线上场景。数字化转型是银行突破网点限制的重大机遇，并能有效带动银行产品的创新。

3）内外部竞争日趋激烈。当前整体经济增速放缓，银行业内部竞争白热化，与此同时，外部金融科技企业纷纷拿到行业"入场券"，银行亟待通过数据赋能提升自身竞争力。在银行业内部，国有大行利用自身科技与定价的优势，争相布局业务"下沉"，以"量增价降"的形式对中小银行业务形成挤压。在行业外部，大型金融科技和互联网企业纷纷依托自身产业背景、客群和数据积累、线上渠道优势及互联网生态资源，在支付结算业务、普惠金融、线上贷款融资等领域抢占市场和业务份额，极大加剧了同业竞争。鉴于非银金融机构的数字化程度高、易操作、产品成本低，更容易招揽顾客，银行将被迫压低价格，银行与非银行之间的竞争也将愈演愈烈。

第 2 节　数字化转型规划及解决方案

银行的数字化转型，就是以大数据和人工智能为工具，驱动银行在客户分群和洞察、精准营销、风险控制、产品创设、智能运营、客户体验和旅程管理等方面进行持续优化和创新的过程。数字化转型是一个系统工程，战略和顶层设计、业务应用层、数据技术层这三个层次缺一不可，且在转型过程中要统筹规划和实施。

1. 战略规划和顶层设计

数字化转型的路径通常有三种模式。渐进式，指在原有组织架构和业务模式上，逐步向数字化转型。该模式转型过程缓慢。颠覆式，指按照敏捷型全面重构组织架构。该模式颠覆性较强，但风险也较大。重组式，指在现有架构基础上，成立一个具有顶层推动力的数字化转型组织，解决转型过程中存在的跨部门、跨条线的问题和冲突，逐步过渡到敏捷型。相比渐进式和颠覆式，重组式相对务实可行，比渐进式更高效，比颠覆式风险更小。经过高管层和专家团队的多次咨询论证，郑州银行根据自身的历史和文化，最后选择了重组式的转型模式，最终目标是通过数字化转型，打造高质量发展的轻型银行，形成持续创造价值的能力。其采用的主要转型路径包括五个方面。

（1）业务数据化

业务数据化包含电子化、线上化、移动化、数据化、智能化等五个维度。这一步的基础是业务线上化和打造数据中台，以便高效、实时地向前台提供标准化的数据产品和数据服务。同时，还要以互联网思维重塑客户旅程，形成全方位的客户洞察，重塑营销和风控服务体系，提升客户体验以增强客户黏性，精细化运营并提高差异化服务水平。

（2）数据业务化

业务线上化以后，多数商业银行仍处于自有的生态圈经营业务，只不过是把传统的线下业务搬到了线上，并没有实质性的改变。搭建业务场景，植入无感的金融服务，构建开放场景的大数据生态圈，从而灵活快捷地响应市场变化，满足金融需求，才是数字化转型的真正目标。这需要从业务架构、系统架构、产品创设和服务体系等层面进行多维度的变革或改良。人工智能、区块链等前沿技术正是适应这种变革的关键工具。

（3）数据资产化

业务数据包括行内及行外数据，也包括数据标准、数据质量、元数据等，有业务价值的数据才能称为数据资产。数据资产服务融合内外部数据，汇聚线上和线下数据，形成高效、有序、可扩展的大数据标签和指标体系，更加高效和精准地把数据价值应用到精准营销、风险控制、运营优化、经营分析与决策等业务场景中。

（4）数据智能化

通过打造自身的自动化建模平台和人工智能平台，让人工智能技术自动化、规模化和闭环式地为业务服务，把人工智能技术变成数字化转型的加速器。生物识别、知识图谱、图像识别、自然语言处理、深度学习、联邦学习、流程机器人自动化等技术使得业务场景应用更加智能化。

（5）组织敏捷化

合理调整组织架构和业务架构，相对清晰地划分业务部门和科技部门在数字化方面的职责，确保数字化转型不会变成"纸上谈兵"。科技、数据、渠道、业务一盘局，统筹规划，一致行动。清晰地划分哪些平台归业务端，哪些归科技端，并分配相应的技术人员归口管理，解决业务和科技"打架"的通病，实现业务架构和技术架构紧密耦合，科技和业务的分析团队松散融合。

2. 业务应用层

业务应用层关注如何使数字化在业务领域和能力领域的设计和应用落地。我们从纵向和横向两个维度进行分析、梳理和规划。首先，纵向维度是业务线，按照客户分类和业务经营的视角来分析数字化如何在业务场景和业务流程中得到运用。其次，横向维度是构建数字化应用能力，包括的应用方向大致有客户洞察、数字化营销、数字化风控、数字化渠道、数字化生态、数字化客户体验旅程管理、数字化产品创新、数字化运营及数字化财务管理。

单一从业务维度或能力维度都很难做好数字化转型，业务维度为银行提供了业务需求梳理的切入点和业务需求沟通的平台，能力维度则能够帮助银行从数字化技术和数字化应用方面落地方案。

3. 数据技术层

数据技术能力是数字化转型的重要基础，是一家银行实现数字化的"基础建设"，其主要作用是科学地构建客户管理、运营和服务体系，并为客户提供有针对性的产品服务，保障业务良性发展和经营效益持续提高。数字化"基础建设"主要包括数据管理和应用能力、全渠道运营能力及IT支撑能力三个方面。

1）**数据管理和应用能力**。打通和整合各个系统前端的数据来源，完善数据标准和数据治理，提供高质量且口径统一的全行级业务数据指标体系；结合内外部数据统一客户画像，实现客户管理全流程数字化；采用大数据和人工智能技术，构建智能营销和风控模型，最大化挖掘数据价值，实现风控智能化和营销的精准化、场景化、个性化；提升数据敏捷响应能力、数据安全管理能力，以及全行级的数据资产管理能力。

2）全渠道运营能力。 全渠道的核心是提升客户体验，让客户线索在有效渠道之间传递和转化，形成闭环。首先要打通线上及线下跨渠道的数据和流程，实现一致性客户体验，形成电子银行端、手机银行端、微信银行端、智能设备端、传统网点等多渠道的数据联动和合作机制；挖掘、分析客户在各个渠道的行为和偏好，优化客户旅程，以客户体验为基础完善全渠道建设；用大数据分析驱动客户洞见及经营策略，包括目标客群、产品适配、渠道选择等；依托数据细分客群能够带来的业务价值，再利用价值和客户需求设计适合不同渠道的产品、最佳触达方式和精准的运营方案。

3）IT支撑能力。 第一，建设企业级业务与技术框架，形成双重驱动。业务架构是从业务视角出发，将业务流程、产品和体验组件化；技术架构是从技术视角出发，实现系统平台化、松耦合、面向服务的微服务，同时通过大数据平台、数据仓库、数据库的集中存储和管理，构建数据共享机制，为跨部门及跨团队的创新提供基础。业务与科技、数据、渠道、服务相辅相成，互为促进，通过业务协作化、技术平台化、数据协同化、服务共享化，搭建支撑数字化发展的高速列车。第二，构建智能的运维管理和分析体系。充分利用原有业务系统、管理系统和IT系统生成的海量数据，针对具体IT运营场景，对整个服务场景进行建模分析、算法模型设计和训练，及时发现和预测故障，并以可视化的形式呈现，逐步建立数字化运营管理体系。第三，打造敏捷科技开发能力。成立敏捷专业组织，深度融合科技和业务，将传统的"瀑布式"开发和敏捷开发相结合，形成双速IT开发和管理机制。打造高弹性、松耦合的微服务技术架构，提高开发效率，降低运营成本，快速响应业务需求。

第3节　数字化转型关键点

作为全国第一家"A+H"上市的城商行，郑州银行在高质量发展的大方针指导下，依托数字化的引领，逐步向"轻思维、轻管理、轻成本、轻资产、轻经营"的轻型银行转型。同时，结合自身特点和优势，按照"移动化、数据化、智能化、场景化、开放化"的总体思路，其在产品、营销、渠道、运营、风控、决策等方面进行了全方位的数字化转型探索。郑州银行的数字化转型最初是自下而上、由点及面逐步开展的。

1) **建立高层牵头的数字化转型组织**。数字化转型组织由三个委员会构成，即信息科技委员会、数据管理委员会、产品创新委员会，统一协调推进全行数字化转型。三个委员会各司其职，相互协作：信息科技委员会负责大型科技项目的规划和评审；数据管理委员会负责数据标准实施的管理和组织推动，以及数据质量的综合管理；产品创新委员会承担新产品的创设和管理工作。

2) **重塑客户旅程，提升客户体验**。客户旅程涵盖了客户在体验某项银行产品或服务之前、之中和之后的方方面面，不同客户旅程的周期长短和接触点数量都不尽相同。重塑客户旅程的目的是吸引新客户并增强与现有客群的关系，有效提升客户满意度和产品销量，降低端到端的服务成本和客户流失率。郑州银行根据实际情况优化自己的客户旅程，注重客户需求，不断提升客户体验，为客户提供简单、直观的线下线上无缝交互体验。

3) **重塑营销和风控模式**。零售、对公、同业并列为银行的三大核心业务。零售业务数字化：零售业务因其资本消耗低、价值回报丰厚，是数字化转型的重点。郑州银行主要在零售业务体系重塑、流程梳理与优化、智能产品和服务推荐、线上线下一体化营销、多渠道交叉营销等方面发力。除了传统的个人存款、财富管理、私人银行、消费金融外，它聚焦"以零售为核心，对公、同业协同发展"，打造智能化零售银行。对公业务数字化：对公业务具有非标性，数字化转型相对较慢，郑州银行把发展产业链金融作为推动对公业务数字化转型的有力抓手。大数据风控：利用大数据、图像识别等技术，配合业务部门和信贷管理部门统一进行贷后、档案管理，建立授信客户分层管理机制，实现贷后管理的数字化运营；建立"全资产风险地图"，甄别全口径风险资产中占比较大的风险业务；强化大数据应用，建设覆盖贷前、贷后、催收各环节的闭环预警体系；运用大数据、知识图谱、机器学习、图像识别、自然语言处理等人工智能新技术将风险管控贯穿整个信贷、投资运作的全过程。

4) **建立全渠道运营体系**。通过全渠道战略从根本上改变客户运营和服务，从单一渠道的客户服务，转变为包含分支行、ATM、手机应用、互联网和呼叫中心等的全渠道客服体系。在该体系中，每个渠道都有自助服务（需人工支持的除外），任何触点的客户体验都能保证一致和透明，大幅提高客户服务效率。

5) **成立敏捷组织，强力推行产品创新**。像互联网公司一样以客户为中心、以快速创新为目的，进行敏捷组织改造。打破传统的层级组织架构和部门孤岛，通过敏捷模式激发组织活力，采用以"小组"（squad）为单位的工作方式，每个小组都有产品管理、数据分析、营销/渠道管理等不同背景和技能的传统职能职员。随着创新对主营业务的作用日益凸显，某些创新业务亮点逐渐规模化，并建立了完善的产品体系、广泛的销售网络和领先的后援平台。

6）**建立专职分析团队，实现规模化的大数据智能应用**。大数据的智能应用是零售银行在未来10年制胜的关键。策略上，松散地融合科技和业务的建模分析团队，以存量客户为主、新客户为辅，沿着大零售的客户旅程和生命周期，围绕银行整体、获客、存量客户、流失客户、产品、渠道等方面进行分析，找到价值提升关键点。同时，利用大数据和人工智能技术，打造大数据智能营销闭环体系。基于结果分析、前线及客户意见形成反馈，持续改善大数据分析和执行能力。

第4节 数字化转型经验

近几年，郑州银行一直注重从人才、制度、流程和金融科技服务能力上进行优化和提升，通过大数据、人工智能等前沿技术应用驱动客户数字化、产品组合化、渠道平台化，大力推进数字化转型，探索有特色的轻型化之路。

1）**轻思维：重塑科技思维，打造数据文化**。移动互联时代，用户习惯及行为在变，其金融需求也在改变。数字化转型首先需要转变传统思维，即传统的商业银行经营思维。从郑州银行自身发展来看，经过几年的打磨，金融科技作为"核心动能"的战略地位已经在企业文化中得到一致认同。总行、分行和支行三层机构都意识到金融科技与数据资产对业务创新赋能的重要性，科技引领思维和数字文化已经深入人心，科技、数据、渠道正逐步从成本中心转为利润中心。

2）**轻管理：组织与管理轻型化**。传统商业银行的管理层级多、流程长、效率低，导致信息不透明、机制不灵活。数字化时代下的"轻"管理主要在3个方面做出了改变。第一，组织架构扁平化。摒弃金字塔型的传统架构，科学地界定机构职责边界，整合管理职能，压缩管理层级，实施扁平化管理，缩短信息传导流程，提高信息传导效率。及时调整组织架构，集聚专业人才形成合力，高效地推进数字化进程。郑州银行成立了零售业务支持部、对公业务支持部、零售风险支持部、对公风险支持部，横向打通了零售、对公、风险条线的支撑和融合；将分散在各个业务部门的产品创设功能融合在一起，成立了产品创新管理部；成立了数据管理部，将科技部门和各个业务部门的数据分析挖掘人员松散地组织在一起，共同开发机器学习算法和模型，驱动业务拓展。第二，业务流程高效化。围绕客户需求建设流程银行，以客户体验为中心管理和服务客户，减少端到端的环节，给客户带来更好的服务体验。第三，运营作业集中化。成立集中运营中心，提升支持作业效率，缩短前台呼叫响应时间，同时有效管控风险、降低运营成本。

3）**轻成本：深化人工智能应用，提质增效**。通过深化金融科技和人工智能技术的应用，有效降低营销获客成本，提高精准营销效率；深入运用大数据技术，有效地进行大数据风控和反欺诈，提高风险管理效率；积极应用人工智能技术，在智能审批、智能客服、智能投顾、智能交易等方面全面赋能，实现金融效率的提升。

4）**轻资产：构建轻资产业务体系**。轻资产业务是指在资产组合中，资产较重的贷款占比低，资产较轻的零售金融、公司金融、同业金融业务占比高，具体可概括为三个方面。第一，零售业务轻型化。采用大数据进行客群细分，精准营销；根据用户的理财需求、行为及风险偏好，打造智能投顾与资产管理业务；借助大数据智能算法进行风险管控。第二，公司业务轻型化。基于支付结算功能发展交易银行，利用大数据技术来提升小微企业融资的效率，利用区块链等技术助推供应链金融业务发展等。第三，同业业务轻型化。通过金融科技有效整合既有同业资源，实现数字化、综合化、生态化。以同业资源为基础，提升同业对接效率，利用银行之间的技术差异，在同业之间进行金融科技输出等。

5）**轻经营：打造高效轻盈的经营模式**。首先，获客方式轻。将传统的依托网点的线下客户拓展模式改为以线上为主的获客方式，采用大数据和人工智能技术构建客户画像和客户关联图谱，细分客群，充分挖掘客户价值，从而提高获客效能，降低获客成本。其次，营销方式轻。建立数据驱动下的批量获客与精准营销，实现客户需求的实时响应，客户体验和黏性显著提高。在客户经营阶段，新增客户标签维度2000多个，通过对客群的多维细分，深入洞察客户特征和行为，并针对不同客群形成千人千面的产品推荐机制，最终实现客户引流、留存、唤醒、提升价值的目标。最后，渠道建设轻。打通线上线下多种营销渠道，建立关联互动机制，实时开展公私联动、交叉营销活动。构建客户标识与应用，建立渠道和交易联动机制，监测客户动账渠道，并提醒其他业务条线及时展开营销活动;同时,通过大数据模型建立客户触达引擎,捕捉渠道间客户接触轨迹,构建客户触达视图,匹配渠道传递的服务信息,规划出线上线下多触点的客户旅程,进而发起差异化的营销活动;打造以手机银行为主要客户触达渠道、多渠道联动的营销管理平台,将网点渠道、远程渠道、电子渠道进行联动,重塑客户旅程,深挖客户价值。未来,郑州银行将在数字化的基础上实现智能化经营,驱动价值创造和高质量发展。

总　　结

商业银行的数字化转型现已变成数字化"迁徙",所有传统业务都需要迁徙到数字化渠道中。转型是一场输不起的战役,是推陈出新,也是凤凰涅槃,这个过程充满艰辛和挑战。在培养数字思维和文化的基础上,我们将坚韧不拔地在数字化转型的道路上不断探索,加速金融科技赋能,规模化地创新产品、业务和服务。

20 河北银行：科技与业务协同发展的数字化转型之路

杜晓洁　赵爽　陈晓萌　河北银行

在数字化技术的推广与应用逐渐深入的过程中，产生了种类繁多的新模式和新理念，这些新模式、新理念正是推动我国传统经济踏上数字化转型之路的关键因素。商业银行的数字化转型，是在互联网信息技术飞速发展过程中逐渐形成的一种新型经济形态，也是为客户创造价值的一次重要变革。在新的经营条件下，通过充分运用数字化工具，不断深化技术升级和场景延展，使我们的管理更加高效，服务更加周到，并由此创造出更多价值。

随着技术进步和客户需求的变化，商业银行对数字化转型有着更急迫和更高的要求。在线上化、数字化、智能化不断递进的大背景下，从建设线上渠道、数字化基础及数据产品，到业务功能和展业工具一体化、服务与经营一体化，建设金融科技生态已经成为必然选择。

第 1 节　数字化转型是必由之路

一直以来，河北银行在推动地方经济发展、维持地方金融平衡方面发挥着重要作用。然而，新兴数字金融的出现和市场需求的改变，使传统银行的地位面临巨大挑战，五大痛点驱动河北银行启动了数字化转型。

第一，传统模式阻碍发展。在严监管和无法充分竞争的环境中生长，银行的盈利方式和发展战略长期偏重于粗放型，习惯于服务大客户、大企业和政府，这种传统的经营模式已无法满足客户日益多样化的需求。

第二，支付结算客户流失。中国的第三方支付企业非常强大，它们凭借创新和更贴近场景的服务获取了海量客户。在进行线上支付业务时，大部分用户会选择微信或支付宝，选择网上银行或手机银行的只占少数。

第三，在存款理财方面存在竞争劣势。余额宝横空出世，通过余额理财的方式满足了小额长尾资金的理财需求。这类产品在收益水平、方便程度和提现能力上都具有明显优势，直接冲击了商业银行的存款、储蓄、理财产品及其利润水平，这种竞争也在一定程度上推进了我国利率市场化的进程。

第四，在资产和负债端力不从心。数字金融的蓬勃发展在一定程度上加剧了金融脱媒。具体到网络贷款业务，像阿里巴巴这样的企业有其独特优势，不仅自身拥有海量的交易和销售数据作为宽阔的"护城河"，而且叠加了从外部获得的诸如水电、税务、海关等数据。经过科学的算法整合，这类企业可以实现名副其实的大数据风控，进而高效地满足个人和中小商户的融资需求，它们在一定范围内替代了银行的中介作用，加剧了金融脱媒。反观银行，传统业务过于依赖物理网点，获客量有限，较难形成规模效应。从受理到放款的整个过程，不仅环节繁多、人工成本居高不下，而且审批结果也颇受审批人员的风险偏好影响，导致客户体验较差。此消彼长，商业银行对诸多"外来户"的跨界竞争自然难以招架。

第五，用户使用习惯的变化挤压了盈利。线下渠道和营业网点原本是银行的核心优势，但当下网络已成为接触用户的主要方式，物理网点的重要性日渐消退。高净值客户更青睐网上操作，低净值客户更习惯去网点办理业务。在这种趋势下，网点的盈利性减弱无法避免，但成本却呈"价格刚性"，并未随之同步降低，这在无形之中挤压了银行的利润。

结合传统银行自身存在的问题，以及新兴数字金融给商业银行带来的挑战，想要获得稳定、持续的发展，就必须顺应发展趋势，对经营理念与经营模式做出改革和创新。河北银行亟须进行数字化转型，以便更好地发挥自身优势，也只有这样才能满足当下的客户和市场需求。

第 2 节 技术与业务协同发展的转型之路

2016 年，河北银行启动了数字化转型，以科技协同发展战略规划为起点，逐渐将大数据、云计算、人工智能等新技术应用在信息化建设中，走上了以科技力量为依托，引领业务和流程创新的数字化转型之路。

1. 定规划，打造金融科技创新体系

2016年，河北银行启动了"科技协同发展规划"项目，为未来新一代信息系统转型提供方向与指引。该项目提出了一个融合、三大转型、九项能力的IT发展战略思路，完成了包括IT治理规划、应用架构规划、数据架构规划、技术架构规划在内的IT整体架构规划蓝图，提出了未来科技管理体系的完善建议，明晰了"三纵五横"的蓝图格局，形成了以客户为中心的架构模式。

IT治理方面，从IT决策、IT组织、IT岗位、IT人员、IT流程等重点领域提出了未来科技管理体系的完善建议；应用架构方面，以互联化为目标，明晰了"三纵五横"的蓝图格局，形成以客户为中心的架构模式，为未来新一代信息系统转型提供方向与指引；数据架构方面，通过构建"数据仓库+大数据平台"的混合型数据支撑平台，强化数据分析应用广度与深度，提升客户、营销、风控的智能化水平；技术架构方面，将技术标准化、安全体系化、资源动态化和管理自动化作为未来支持业务持续发展的核心思路及关键要点，不断强化云计算、分布式技术应用的广度与深度，实现可弹性扩展的IT技术基础设施支撑体系；核心系统、电子渠道与互联网金融方面，明晰了核心系统的业务定位及边界，结合同业新一代核心系统建设经验，从系统解耦、产品创新等方面提出重点能力提升建议，同时以"高时效，低成本，高可扩展，高可用性"为建设原则，制定了互联网金融IT支撑平台的整体蓝图规划。

数字化转型是一项浩大的工程，需要良好的组织结构予以保障。河北银行着力加强顶层设计，重塑信息科技组织架构，加强科技人才的吸纳与培养，成立金融科技公司，凝聚科技创新力量，赋能全行业务转型发展。一方面，成立了以董事长担任组长的信息科技领导小组，全面部署金融科技创新规划，统筹推进金融科技工作；另一方面，重塑信息科技组织架构，加强科技人才的吸纳与培养，在总行层面组建了科技与数据中心，下设信息科技部和数据管理部，成立了冀银科技有限公司，构建了"一组、一中心、两部、一公司"的金融科技新布局。通过上下联动、内外协同、优势互补，以新科技构建新生态，为转型发展赋能。

2. 搭平台，提升基础技术能力

河北银行积极探索新技术，提升基础技术能力，结合业务发展的整体需求，逐步推进建设企业服务总线系统、人脸识别系统、大数据平台、新影像平台、视频平台、智能化平台等基础技术平台，优化应用架构，提升系统处理性能，为数

字化转型奠定坚实基础。

按照科技规划路线，持续升级或建设基础技术平台，优化总体系统架构，节约资源，为金融科技在业务中的应用夯实基础。2017年，建设企业服务总线系统，制定系统间的交互标准，实现系统间的松耦合架构，奠定了加速IT建设和发展的重要基础；2018年，建设大数据平台及信贷前置处理平台，借助平台建设，陆续推进大数据审贷、大数据反欺诈、大数据精准营销、大数据安全运维检测预警等功能落地；建设人脸识别系统，并在智能网点项目中首次应用，辅助实现客户身份识别，后续应用场景不断扩大；2019年推动零售渠道整合、对公渠道整合、核心系统国密改造等重点项目；2020年积极跟踪与研究金融科技新技术，统筹人工智能架构，启动智能化平台系统建设，并将其与新客服系统、视频平台一起作为项目群协同建设，继续升级基础技术平台能力，推动开放平台建设，开发员工App，用于一线人员以信贷业务为主的外拓营销。

另外，在应用新技术、建设新平台的同时，加强项目过程管理，推动开发安全标准、数据标准的落地，并实施核心系统升级、网络架构优化、机房改造、服务器虚拟化等项目，为信息系统井喷式增长和改造提供有力支撑。

3. 促发展，推动科技金融在零售业务中的应用

大力推进零售业务创新改革，具体采取了以下措施：利用人脸识别、多媒体感应等技术，打造以智能服务区为起点，以传统业务区为终点，辅以互动体验区、便民服务区的智能网点服务体系；研发智能投顾，运用机器学习算法并融入河北银行财富管理实践及基金研究经验，构建以公募基金为基础的"智能基金组合配置服务"体系，通过手机银行为客户提供服务，使客户足不出户即可享受专业的投资指导；在信贷业务方面，2018年河北银行提出三年实现个人信贷业务线上化，分期推进信用、抵押、保证及住房按揭贷款业务的线上化，到2020年初步建立个人消费贷款线上产品体系。大力推动大数据的引入应用、风控模型及指标库的建立，并结合行内系统架构梳理、成本核算等因素，推进建设信贷业务前置处理平台、员工App，通过引入人脸识别、GPS定位、图像水印等技术，加强风控水平，提升业务办理效率，以实现个人消费贷款业务受理线上化、审批自动化、合同无纸化、出账实时化。

以实现个人消费贷款业务的线上化过程为例。2018年，河北银行引入反欺诈、涉诉等外部大数据，自主建立各类风控模型，并与各地公积金中心系统对

接，借助电子签名、人脸识别等技术，打造河北银行首款数字化转型信用贷款产品——享贷，该产品由客户通过手机银行自助申请，零资料，贷款资金最快30秒到账。2019年，河北银行与石家庄市不动产登记中心对接，通过系统间直连，实现了抵押登记的在线办理，并借助录音录像、GPS、图像水印等技术，推出线上抵押贷款"房E贷"，客户经理通过员工App上门受理业务，现场搜集并上传影像资料，系统+后台人工实时审批，在线完成抵押登记及缴费，实现了抵押贷款的立等放款。2020年，河北银行加快推进个人保证贷款及住房按揭贷款线上化，同步推进视频平台建设、NFC身份证件信息读取等项目建设，并引入婚姻、丧葬等民政数据，通过大数据的不断丰富与技术手段应用，持续打造便捷高效、风险可控的线上化个人消费贷款产品体系。

第一，建立信贷业务前置处理平台。 根据三年建立个人消费贷款线上产品体系的规划，统筹考虑行内现有系统架构及系统定位。2018年，河北银行推进信贷业务前置处理平台建设，实现的主要功能有对接行内手机银行、网银、微信银行等线上业务办理渠道，对接行内外多个系统，包括外部数据公司、政务机构、行内征信前置系统、信贷系统、ECIF系统等，以便调取反欺诈、工商、征信等各类数据，并提供模型服务、业务流程管控等。该平台作为串联与调度内外部系统、提供个性化信贷业务处理与管理的基础性平台，为推进个人消费贷款业务线上化提供了有力支撑。

第二，多渠道丰富外部大数据。 实现信贷业务线上化，系统是基础，数据是核心。2018年以来，河北银行持续推进各类外部大数据的引入，已陆续引入工商、司法、反欺诈、涉诉、非银机构借贷、公积金、房产评估、婚姻及丧葬等多类数据，在获取客户有效授权的前提下，合理运用外部大数据及行内代发工资、存量信贷等数据，对客户资质进行综合判断，在客户提供"零资料"的前提下，大大提升线上贷款的风险把控水平及客户体验，同时有效解决了传统业务过度依赖人为主观判断及征信报告信息有限的问题。

第三，开发风控模型，建立业务指标库。 根据线上产品特点及业务流程，自主建设线上贷款风控模型，并借助行内外数据建立指标库，已建立准入、反欺诈、审批、定价、贷后预警等多种模型，指标库指标多达700余项。

第四，建立员工移动业务处理平台（员工App）。 为丰富移动端业务受理渠道，优化行内工作流程，提高工作效率，河北银行于2019年启动员工移动业务处理平台（员工App）建设，完成与信贷系统、信贷前置、无纸化等十余个系统的对接，实现的主要功能包括个人及小企业贷款的上门受理；根据手机银行等线上渠道推送的业务申请，及时进行业务的抢派单分配；在线完成抵押房产的价值评估；在线完成抵押贷款的审查审批、进行信贷业务影像资料采集、合同签订以及重要环节的录音录像等。尤其是借助与石家庄市不动产登记中心的系统对接，实现了抵押登记的在线办理、在线缴费，实时放款，真正做到客户足不出户、贷款资金到家，大大提升了客户体验及河北银行抵押贷款的市场竞争力。

第五，强化技术应用，有效降低业务风险。根据不同线上贷款的产品特点，借助多项技术手段持续提升线上贷款的客户体验及风控水平。针对手机银行办理的业务，通过人脸识别、电子签名等技术，有效识别客户身份，加强风险防控；针对通过员工 App 办理的业务，借助 GPS、图像水印、录音录像、电子印章等技术，有效提升系统刚性风控水平及业务办理效率。推进视频平台建设，通过"现场＋远程视频"方式，实现客户经理与客户的视频连线，通过核实客户身份真实性、办理意愿、合同签署真实性以及抵押物现场情况等，进一步加强线上贷款的风控管理水平。

第 3 节 主要挑战和效果评估

1. 转型过程中面临的主要挑战

其一，**科技人才紧缺**。数字化转型与高科技人才队伍建设密不可分，数字化技术的广泛发展应用，需要大量的科技人才做支撑。目前，河北银行科技人才仅占全行总人数的 2.5% 左右，系统研发、大数据方面的专业人员更是稀缺。另外，石家庄作为二线省会城市，对高科技人才的吸引力远低于一线城市，不仅难以吸引外地人才，本地人才流失情况也不容忽视。

其二，**系统井喷式增长，运维压力大**。数字化转型和金融科技同步升级，河北银行已建设起由 106 个应用系统共同提供服务的信息系统群，尤其是随着近年来对大数据、云计算、人工智能、分布式等技术的探索逐渐在系统建设中落地，机房、服务器、网络、应用系统等方面的运维复杂度和难度显著增加。

其三，**经营思维亟待转换**。新兴互联网金融公司以客户为中心，且其技术、产品更新迭代快捷，能够适应市场的千变万化。河北银行在向数字化转型的过程中，既要秉持审慎态度，保持银行整体的稳健发展，又不能畏首畏尾，需要在场景金融、数据分析、人工智能等方面求新求变，要转变为互联网业务的思维，在经营思维和技术发展上找到合适的转换之路。

其四，数据管理和运用出现瓶颈。 河北银行在数字化转型初期数据资产意识偏弱，现存数据未能起到指导作用，且数据分散，不能很好地满足快速响应的要求。在逐渐引入多项外部数据后，对外部数据的管理尚未建立数据生命周期管理体系，且信息系统建设存在"重功能，轻数据"的问题，造成筛选和归纳整合不到位，数据混杂交错、良莠不齐，在支撑业务发展、更好地发挥数据价值方面还须提升。

2. 效果评估

在科技创新组织架构方面，由以前科委会带领信息技术部的二级架构，升级为由信息科技领导小组带领科技与数据中心、信息科技部、数据管理部及冀银科技有限公司，共同构建的"一组、一中心、两部、一公司"金融科技新架构。

在新技术应用方面，人脸识别技术在智能网点、柜面、手机银行、微信银行中陆续应用，突破了业务办理的空间和时间限制，使开户、转账、信息维护等交易得以远程实现，极大提升了客户体验。语音识别、客户意图识别在智能语音客服系统中应用，为客户带来更人性化的服务；智能化数据分析在智能投顾系统的应用，实现基金产品有针对性的多渠道推送。通过内外部数据的结合应用，大数据审贷、大数据反欺诈、大数据精准营销、大数据安全运维监测预警陆续上线。引入先进的分布式架构建设的手机银行 5.0 版本，给客户带来良好体验的同时，在系统扩展性、稳定性、性能及前瞻性方面也实现了"智"的飞跃。通过推动金融场景融合，建设开放银行，投产应用聚合支付、便民缴费、科技应用三项金融能力的对外输出平台，河北银行将其科技能力嵌入多个合作方的应用场景。

在零售条线应用方面，河北银行加快推进消费贷款转型升级，自 2018 年以来陆续推进信贷前置系统、员工 App、视频平台等项目建设，同时大力引入公积金、民政、反欺诈、房产评估等外部大数据，并自主开发准入、审批、贷后预警等模型及指标体系，不断推进消费贷款智能化、便捷化及高效化；在智能网点推进方面，利用人脸识别、多媒体感应等技术，打造了以智能服务区为起点，传统业务区为终点，辅以互动体验区、便民服务区的智能网点服务体系；在智慧金融服务产品方面，推出智能投顾，以河北银行专家团队和专业系统为支撑，根据相应的模型匹配，通过测定风险度和预期的收益情况，将最合适的理财产品组合推荐给客户。

2020年，河北银行全年发放线上消费贷款160.94亿元，累计服务客户近11.5万户，成为个贷业务的主要增长来源之一。信用贷款的办理时间从以往的数小时缩短到线上的最快30秒放款，抵押贷款从以往的几天压缩到最快两小时放款，部分业务资料实现档案电子化，并支持通过系统随时查看，客户经理无须花费过多时间整理档案，大大降低了行内的人工成本与物力成本，同时客户经理能够有更多时间拓展营销，有效推进了行内工作效率及客户经理营销水平。

第4节 成功转型的必要因素

商业银行的数字化转型是一项系统性的工程，从方案的制定到具体实施都需要科学规划。河北银行致力于打造"以客户为中心"的智慧银行，制定科技协同发展战略，加强基础技术平台建设，推动金融科技在零售条线的深入应用，引入人工智能技术，打造多渠道服务平台，为客户带来更人性化的服务。

第一，加强顶层设计，保障科技投入充足。主动转型，行内高层领导重视数字化转型工作，成立数字化转型创新架构体系或队伍，同时对科技规划、电子化渠道建设、基础设施建设给予充足的持续性投入，为数字化转型提供保障。

第二，重视整体应用架构优化。洞悉未来新技术发展趋势，确保IT架构不断吐故纳新，灵活适应转型创新，为业务创新提供坚实基础。

第三，高度重视科技应用，积极探索新技术。时刻洞悉业内新技术应用方向，积极探索、应用，开展关键应用技术研究，提升自身应用人工智能、大数据、区块链等技术的能力，整合内外资源，提升产品创新和数据分析能力。

第四，重视综合性科技人才的培养，支持数字化转型。建立完善的专业人才引进和培养机制，优化人才激励和考核机制，加强对科技专业人才的金融业务培训和对业务人员的科技专业知识指导，培养金融科技复合型人才。

21 齐鲁银行：对公资产业务数字化转型之路[一]

张功臣　胡金良　王彦　赵成樱　齐鲁银行

金融行业的数字化转型是指金融机构通过运用人工智能、云计算、区块链、大数据、5G等新兴技术，实现传统金融模式和路径的优化、改造和升级，提升公司治理、经营管理、风险控制效率的过程。其目标是充分利用IT技术，利用内外部数据创新商业模式、研发新产品并精确定价、开拓新市场和新客户，进行精准营销和严控风险。在为客户提供更贴身优质的服务、为社会创造价值的同时，获得新的利润增长点。

数字化转型无论是在银行追求卓越的内部驱动下，还是在作为生存之战的外部压力下，都已经成为不二之选。其中外部压力主要来源于三方面：随着数字经济的快速发展，信息量呈爆炸式增长，对银行的数据应用能力提出越来越高的要求；互联网金融公司在支付结算、资产业务、供应链等领域的跨界竞争给传统金融机构带来了巨大的压力；互联网改变了人们的生活和工作习惯，客户体验要求越来越高，其需求日益多元化、个性化，同时，客户对成本、收益的关注不断提高。因此，对银行来说，数字化转型势在必行。

近年来，银行纷纷将数字化转型作为突破发展的重要战略，加快从顶层设计、组织结构、产品结构、人员结构和服务模式等层面推动数字化变革，重塑数字化时代的竞争优势。但数字化转型是一项复杂的系统性工程，并非技术应用的浅尝辄止，而是一场由内及外的自我革命。由于每家银行的公司治理水平

[一] 本文为齐鲁银行山东省金融学会年度重点研究课题《区块链技术在供应链金融业务中的应用研究》阶段性成果。

不同，业务、科技水平参差不一，面临的外部环境也各有差异，所以如何进行数字化转型并没有标准答案和方法，需要根据银行自身情况采取不同的策略与规划，按照不同的路径推进和实施。从目前国内银行业数字化实践来看，中小银行与国有银行、全国性股份制银行在数字化转型方面的投入和成果差异巨大，且无法照搬照抄它们的成功经验。因此，如何在体量小、治理弱、人才少、投入少的困局中实现数字化突围，已成为中小银行必须思考的关键问题。从数字化推进战略来看，在银行纷纷布局"大零售"战略、"大资管"战略之际，对公业务作为传统银行业务的压舱石，却稍显落寞，但随着互联网机构跨界竞争的不断加剧，对公业务的数字化转型已迫在眉睫。构建对公场景、快速做大流量、嵌入金融业务、布局金融服务生态圈，成为众多银行对公业务的转型趋势。

第 1 节 对公资产业务数字化转型初衷

齐鲁银行在数字化转型发展的大潮中，积极拥抱变化，坚持以科技手段支撑"服务地方经济、服务中小企业、服务城乡居民"的业务发展目标定位，持续推动金融创新，将科技赋能作为创新发展的重要驱动力，加速布局全行数字生态。齐鲁银行将数字金融全面纳入全行发展战略规划，并确定"业务线上化、服务场景化、决策智能化、系统平台化、科技敏捷化"的数字化转型目标，致力于打造"体验最佳、效率最高、流程最优、风控最强、决策最准"的数字化银行。在数字化转型战略布局下，近几年对公资产业务数字化转型全面推进。

1. 资产质量风险

利率市场化的深入，互联网金融、基金保险等资管业务的兴起，以及银行资产端的快速增长，导致表内核心负债不足，资产流动性风险非常突出。2017年，中国银监会（现银保监会）出台《关于银行业风险防控工作的指导意见》（银监发〔2017〕6号文件），直接列举出银行风险防控的十大重点领域，其中信用风险和流动性风险排在首位。文件要求各家银行切实履行风险防控主体责任，消除风险隐患，严防系统性风险。

近年来，银行的整体资产质量有所改善，不良贷款余额和不良率均有所下降。但与国有银行和股份制银行相比，城商行体量较小，在稳健性和抗风险能力上相对较弱，易受宏观经济周期性波动的影响。目前我国经济增长已由高速发展转变为高质量发展，调结构、促转型、"三去一降一补"政策的实施，必然会影响到银行的资产质量。虽然近年来城商行加大了对资产质量的管控力度，秉承稳健经营原则对新增授信客户实行严格准入制度，同时采取各种措施对不良资产进行清收、打包转让，但受宏观环境的影响，逾期贷款上升的趋势依然明显，资产质量风险不容忽视。

2. 同业竞争压力

随着国际金融全球化和国内金融供给侧结构性改革进程加快，银行间的竞争日益加剧，客户市场的划分更加清晰，国有银行从定价、资金实力等方面都对大型企业有着强大的吸引力，而中小银行受制于资本限额，对企业的金融支持力度有限，在大客户营销与切入上话语权比较弱，尤其在一些优质的基建项目上切入难度极大。

在当前经济下行压力和激烈的竞争形势下，传统金融业务的发展遇到场景应用有限、产品同质化严重、系统平台缺失等瓶颈。国有行、股份行等大型商业银行的业务也纷纷下沉，加之保险、信托及资管公司等非银金融机构的竞争，城商行的生存和发展空间不断受到挤压。如何提升产品质量，优化业务流程，降低经营成本，成为城商行在行业内占据一席之地的突破点。

3. 客户需求多元化

一方面，随着国内各产业"互联网+"的快速发展，企业对金融服务的需求发生很大变化，线上化的快速融资、高效的资金流动成为企业客户的迫切需求。传统线下落地处理的业务模式由于流程链条长、审批效率低、步骤烦琐等弊端，越来越难以满足客户需求，在拓展新客户困难的同时，还面临老客户流失的风险。

另一方面，在买方市场环境下，企业对成本和收益的关注度越来越高，商业银行资产业务定价持续下行、息差不断收窄，导致对优质客户的维护难度越来越大。同时由于企业所属行业不同，在产业链条中的地位不同，导致其经营模式差异较大，标准化的金融产品和系统难以满足企业日益发展的个性化需求。

基于以上痛点，齐鲁银行认识到只有真正以客户为中心，站在客户的角度设计金融产品和服务，充分满足客户的实际需求，才是制胜的关键所在。通过对客户需求进行充分调研分析发现，只有走数字化这条路才能打开业务发展的新局面。

第 2 节　对公资产业务数字化转型方案

1. 转型规划及思路

按"金融回归本源、服务实体经济"要求，齐鲁银行对公资产业务数字化转型致力于为企业提供多维度、专业化的资产管理、流动性分析、线上投融资服务，全方位助力企业解决在流动性管理方面的资金预测难、资产变现难、头寸调度难等问题，成为企业贴心的财资管家。从企业资产数据着手，搭建全新的流动性管理平台，创新"池化"融资模式，通过搭载现金管理系统与供应链金融系统，一手抓资金链，一手抓产业链，实现融资业务全流程线上化，为对公业务向交易银行的转型打下坚实基础。

为了实现企业资产管理的一站式服务，提升客户体验，按照大平台、微服务的思路，围绕客户需求，从系统架构、数据治理、渠道整合及流程再造等多方面入手，重新构建对公资产业务的数字化线上服务。通过整合信贷、核心、票据等行内多个业务系统，打破系统间的信息壁垒，将企业自有的活期存款、定期存款、电子票据、应收账款等资产数据进行融合，把企业资产"融"为一个"蓄水池"，并为企业提供资产负债可视化管理。另外，通过大数据自动分析和匹配，为企业实现流动性精准管理，实现入池资产和出池资金匹配，实现"水位"平稳。当企业出现资金头寸缺口时，及时预警并提出智能融资建议，通过资产的质押模式实现资产变现，以盘活企业资金流。

2. 解决方案

按照对公资产业务转型的规划和思路，提出了一套涵盖资产池系统、秒贷系统、银企家园门户等在内的"融易资产池"解决方案。

（1）创新资产负债统一视图

"融易资产池"为企业提供资产负债统一视图，帮助企业看清资产状况；提供全程资产跟踪服务，帮助企业了解家底；同时帮助企业更好地识别资产风险，提高投资效率。企业不再需要向银行咨询、查询可用额度，可随时、在线通过统一视图查询高变现资产、已有负债、可用额度，还可进行分类查询（见图 21-1）。

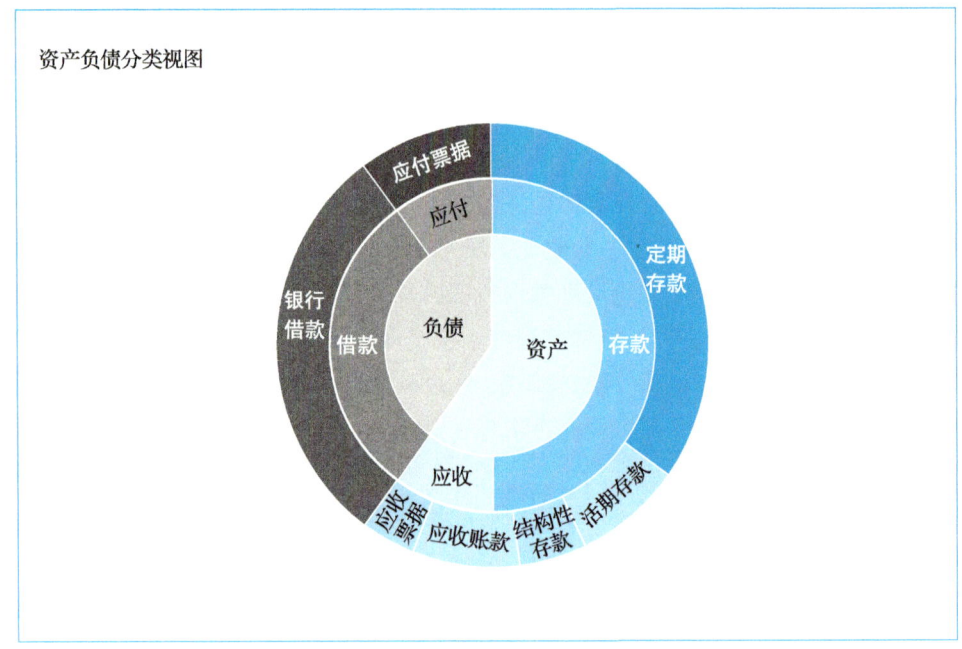

图 21-1 资产负债分类视图

此外,"融易资产池"还为企业提供资产测算功能,支持多种方式录入资产负债信息。资产入池即产生额度,允许企业通过资产池水位图动态实时查询资产池额度,从根本上帮助企业解决"资产分散,管理难度较大"等资产监控难题,便于企业随时掌握自身资产情况(见图 21-2)。

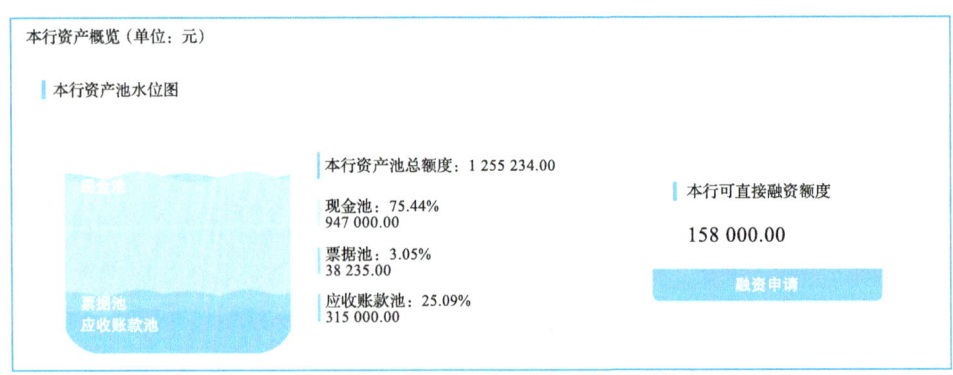

图 21-2 资产池水位图

(2) 资产流动性管控

在现金为王的时代，企业对资金流动性管理愈加重视，"融易资产池"为企业提供流动性日历，帮助企业进行资金流动性管理。企业可以手工设置每日流动性上限和下限，同时，可以根据流动性日历看到未来 1 ～ 3 个月的资金流动情况。当企业当日盈余较多时，可支持企业线上购买理财产品；当企业当日流动性较低时，可以及时预警并提出智能融资建议（见图 21-3）。

图 21-3　流动性日历

(3) 全流程线上化服务

这项服务主要解决传统线下操作时企业跑腿多、审批时间长等弊端。"融易资产池"通过运用大数据、深度学习算法模型等互联网技术，为企业提供智能匹配、智能风控的全流程线上化融资，提升企业的融资效率，降低成本。线上质押用信和极速贴现功能，使企业能够在入池资产质押生成的池融资额度内，灵活办理各项银行表内外授信业务，快速获得融资。通过智能推荐资产质押、秒贷功能，帮助客户极速贷款。当质押融资额度不足时，系统智能推荐资产质押，业务流程和操作手续极简，真正实现"零接触"全线上化服务。

(4) 全能额度授信

全能额度是将企业各类资产混合池化形成的额度，分为企业信用额度和企业资产池额度。通过全能额度，"融易资产池"打破了传统对公业务押品与用信一一对应、资产与负债匹配定价的业务模式。在互联网与大数据技术的驱动下，传统对公业务"醇酒装新瓶"，通过资产智能化滚动出入池，企业可自主选择用信方式，灵活方便，大大增强客户黏性。现金、定期存款、大额存单、银行承兑汇票、商业承兑汇票、应收账款、电子保函、信用证等资产都可分别入池和建池，还能共同组合形成资产池。企业可以使用池内额度进行开票、开证、开立保函、超短贷等业务，解决以往只能资产单一用信的痛点，使企业资产流动更加迅捷方便，资金收益率更高。

3. 实施过程

按照确定的对公资产业务数字化转型规划思路，组织实施了"融易资产池"系统建设项目。根据整体解决方案，项目主要经历了四个里程碑阶段。

（1）业务流程全面梳理和再造

齐鲁银行作为第一家落地实施资产池业务的城商行，由于业内无实际案例可以参考，加之该业务为全线上处理模式，在业务操作流程、授信审批及风险合规控制等方面与线下模式完全不同，因此在项目需求整理方面花费了数月时间。在此期间由公司银行部、信贷审批部、风险管理部、合规部、科技部联合组成的项目组一边参考行内线下业务流程，一边从无到有反复梳理和设计全新线上流程，最终在各部门的共同协作下形成完整的线上业务方案。

（2）系统架构的科学规划和设计

"融易资产池"作为齐鲁银行首创提供给企业客户的全新流动性管理平台，其线上化、智能化等特点对系统架构提出了全新要求。具体系统整体架构如图21-4所示。

前端模块：包括银企家园门户入口的企业端和行内管理用的银行端，采用B/S方式、J2EE架构，具有良好的人机交互界面，为银行和企业提供信息查询、出入池操作、用信申请、报表查询等功能页面。

Web管理服务器：负责接收处理浏览器端发起的管理交易。

核心处理总控：资产池系统的核心处理进程，处理银行端、企业端等发起的各种交易。基于分布式架构，应用一系列公共组件（如RabbitMQ、ZooKeeper等），提升系统性能。可根据业务需求快速组建新的业务模块，各业务模块相互独立又可以组合，复用度高。支持分布式系统远程调用。使用MyBatis持久层框架，支持多种数据库；使用Redis缓存中间件，提高非结构化数据存储性能。

21 齐鲁银行：对公资产业务数字化转型之路

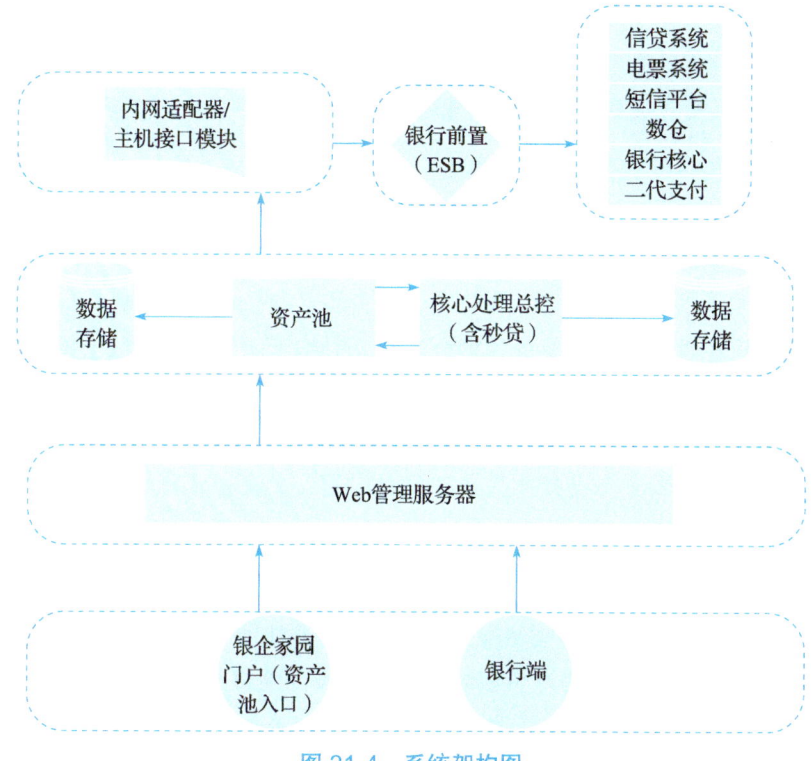

图 21-4　系统架构图

主机接口模块：主机转换程序，转换核心接口到银行主机后台的接口。

银行前置：负责银行端和合作商系统对接的通信安全，实现接口转换和文件传送功能。

关键技术应用主要体现在以下几个方面。

1）微服务架构设计，保证系统的高可用性。基于微服务架构，根据业务模块划分服务种类，实现每个服务只处理一个业务功能且单独部署，服务之间相互隔离，降低了业务逻辑的耦合度，实现了业务逻辑的灵活处理；服务之间通过轻量级的 API 进行通信，采用流量限制、服务降级等措施，保证了系统的高可用性。

2）电子签章技术应用，实现融资线上化。基于 CFCA 认证体系，实现对企业身份认证，保证企业资产出入池和灵活调配的安全性；通过电子签章技术实现企业在线融资申请、电子合同签订，从而实现了资产池质押业务的全流程线上化处理，提高融资效率。

3）基于大数据风控模型，实现资产池业务全流程风险预警。在"融易资产池"

建设过程中，充分运用大数据技术分析整合行内外数据，加工企业风险类信息，生成企业风险指标库。通过专家模型、机器学习模型对企业进行风险评分，创建企业信用评价模型，提升贷款审批效率；同时为资产池业务提供全流程风险预警。

（3）业务与科技的有机协同和融合

"融易资产池"线上化业务创新的特点决定了该项目建设过程中业务与科技有机融合的重要性。对业务而言，着重考虑线上模式下用户体验良好性、业务流程简约性、风险控制严密性等，同时充分结合线下操作模式，确定新信贷审批模式、构建新风控模型，确保业务处理合规性。对技术而言，针对线上模式的处理需求，重点分析论证是否具备可采用的技术、技术应用的成熟度等，以确定相应的技术实现方案，例如线上融资与企业签约问题需要通过电子签章技术实现等。项目实施过程中需要业务与技术人员在反复沟通、交流和充分理解中确定可落地的实施方案。

（4）系统分步迭代上线

"融易资产池"建设采用类敏捷开发模式，按照功能的重要程度进行迭代式升级，逐步完善。首先完成资产负债统一视图、流动性日历、池额度管理的上线，然后依次完成极速开票、秒贷、秒贴、开票提示承兑、受托支付功能，最后完成商票开票和贴现，实现了完整业务周期处理。入池资产逐步扩展到了票据、活期存款、定期存款、结构性存款、债券等。

第3节 转型过程中的主要挑战

"融易资产池"建设作为齐鲁银行的一项战略性项目工程，并非一个单纯技术开发项目，而是一个业务模式和管理体制的变革项目，是对传统风险控制模式具有较大挑战的项目，实施过程中需要跨条线、跨部门通力协作和无缝对接。整个项目通过多方面人力的合理调整与配置，业务管理流程创新变革，加之新技术运用才得以落地实现。

（1）业务与技术协同的挑战

在前期全面梳理业务需求的过程中，因涉及公司银行部、信贷审批部、风险管理部、合规部等多部门协作，业务人员的风控思维如何由企业"三表"（损益表、现金流量表、资产负债表）向线上"双流"（数据流、资金流）转换，如何根据企业资产池匹配合理的授信额度等问题都是前所未有的难题。

另外，通过项目建设发现，业务从线下到线上的转变并非简单的迁移，需要业务人员和技术人员的思维随之改变。要充分把握线上业务特点，对业务流程、处理逻辑、风险控制等各个环节进行精心设计和实现，否则很容易因考虑不全面而造成业务漏洞和风险。因此，项目对业务人员和技术人员的数字化思维、专业能力及相互协作都是极大的考验。

（2）业务与业务协同的挑战

基于"融易资产池"支持不同种类资产同时入池管理、融资的特殊性，建设过程中需要对接核心、信贷、征信、票据、理财等多个系统，需要各系统主管业务部门之间紧密协同。如何协调组织好各部门共同推进项目进度，成为项目建设中的又一大难题。

（3）数据风控的挑战

"融易资产池"全面线上化的模式虽然可以规避原有线下业务办理过程中人工审核失误、资料遗失等风险，但同时会带来新的风险。由于线上业务处理模式是通过对数据、模型和算法的加工获取企业的信用评级，进而确定对应的授信额度，那么数据的全面性和准确性、模型的合理性和精准度等，都会对风控效果带来较大影响，因此需要根据实际业务不定期地调整和更新模型。

（4）外部数据接入的挑战

基于数据的风控模式对数据的广度和深度以及数据质量均提出了较高要求。齐鲁银行目前除了行内数据外，还接入了工商、司法、税务、征信等政府类数据，但是要建立企业风控模型，这些数据还远远不够，于是引入了一些第三方数据。但如果这些外部数据的质量难以保证，也将给业务带来很大影响。

第4节　数字化转型效果评估

齐鲁银行"融易资产池"建设为对公业务发展注入了强大的活力。通过服务手段、营销模式、风控理念等方面的转变，为企业客户提供了具有特色的资产流动性管理一站式综合服务，为对公业务的可持续发展提供了不竭动力，也带来了可观的经济效益。

1）减少人工干预，降低运营成本。"融易资产池"投产后，对所有资产池业务实现了全流程线上化管理,相比原来线下人工处理有了很大的效率提升,有效节约了人工成本。同时由于纸质合同全部改为电子合同,合同管理及存储改由系统处理,从而节省了日常运营成本。

2)提升客户体验,增强客户黏性。"融易资产池"全线上化处理模式大大提升了客户体验,使其足不出户即可对自身资产情况了如指掌,并能够及时发现流动性方面的风险,方便地获得融资,有效盘活企业资产。该系统所提供的智能化资产管理服务赢得了客户的充分认可,有效增强了客户的黏性。截至2020年6月末,资产池已签约客户600余户,约占全行对公融资客户总数的80%左右,为客户提供了极大便利(见图21-5)。

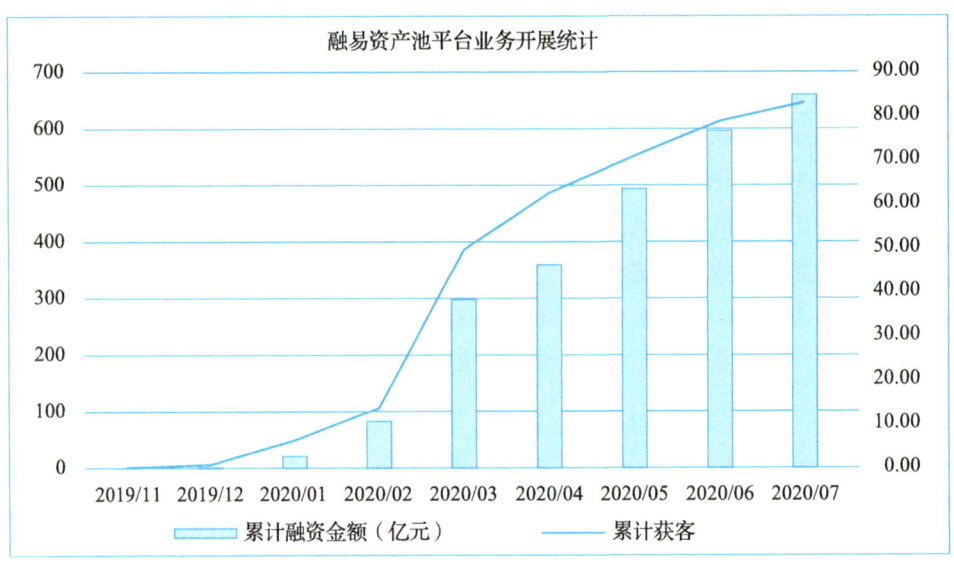

图21-5 资产池业务开展统计图

3)提高资产质量,增加中间业务收入。齐鲁银行"池化"的创新融资模式,有效降低了企业融资风险,提升了银行资产质量。同时,通过为企业提供线上资产质押、秒级开票、自助式贴现等快速融资方式,方便企业解决燃眉之急。截至2020年6月末,授信批复总额超过300亿元,实现中间业务收入400余万元。

第5节 数字化转型思考与总结

第一,数字化转型需要复合型人才。从齐鲁银行对公资产业务数字化转型实践来看，对于传统银行数字化转型，首先要做的是全行自上而下数字化转型理念的培育，但观念意识转变是个比较困难的过程，需要在日常工作中不断体会和深化。在理念转变基础上，业务人员除了精通业务外，还应培养对新兴技术应用的敏感度，学会用数字化思维思考问题，增强数据应用意识；技术人员应在精通专业技术的基础上，多加学习和深入了解业务，并加强对技术在业务创新应用方面的探索。只有多培养既懂业务又懂技术的复合型人才，才能满足数字化转型需要。

第二，数字化转型需要业务与技术深度融合。 对数字化转型而言，关键在于业务与技术深度融合，而非单独依靠其中一方。技术人员应紧紧围绕业务需要解决的难点和痛点，通过对业务诉求的充分理解和把握，结合对行业技术应用情况的掌握，提出可行的解决方案；而业务人员应转变传统思路，提出数字化业务创新思路，同时充分理解技术人员所提出的解决方案。二者在协作过程中应发挥各自优势，并通过合理的组织模式、考核机制等，统一目标，发挥合力，才能有效推动数字化转型落地实施。

第三，中小银行数字化转型应立足实际。 通过自身实践我们发现，中小银行数字化转型应从顶层设计入手，以"业务转型"为目标，根据自身业务特点，设计合理的路径以及路径上的每一个节点，采用先进、适用、合理投入的数字化技术，并最大限度地运用信息科技发展成熟成果，最终实现企业价值。

第四，数据是数字化转型的关键基础。 向数据要价值，在数字化转型过程中，无论是优化运营效率、开展精准化营销还是提高风险控制能力，都离不开对数据的应用。因此，规范数据管理、提高数据质量、充分挖掘数据价值已成为数字化转型最关键的基础。

总　　结

2020年是我国"十三五"的收官之年，也是"十四五"的规划之年，可以预见，"十四五"时期将是数字化转型落地的关键时间窗口，数字化转型也将是未来全社会的重点工作，对于数字化渗透力最强的金融行业，更是重中之重。齐鲁银行将不忘金融初心，全方位推动数字化转型落地实施，持续赋能业务创新发展，承担应尽的社会责任，助力新型智慧城市构建，服务实体经济，践行普惠金融。

22 西安银行：全面数字化转型，实现高质量发展

长孙菲　西安银行[一]

近几年，面对新一轮技术革命所引发的金融服务巨变，各金融机构纷纷借助人工智能、大数据、云计算、区块链等前沿技术奋起直追，推动银行的数字化转型进程。2019年8月，中国人民银行发布实施《金融科技（FinTech）发展规划（2019—2021年）》，标志着包括商业银行在内的金融机构的金融科技创新与数字化转型进入新的发展阶段。2020年，突如其来的疫情"黑天鹅"，促使数字经济获得空前重视，银行数字化转型面临向纵深加速发展的考验。在新冠肺炎疫情的冲击下，全球经济发展遇阻，国内经济发展方式、经济结构、增长动力也随之发生转变，推动高质量发展成为保持经济持续健康发展的必然要求。金融机构作为实体经济的"活水之源"，将在新一轮经济振兴中扮演重要角色。

西安银行于2016年积极投身数字化转型建设，切实将金融资源投入地方实体经济建设中，实现自身发展与地方经济发展的高度融合。以高质量发展为目标，全面推进数字化转型，以深度融合的互联网思维，打造线上线下一体化服务体系，构建"移动化、线上化、场景化、开放化"的经营新模式，提升综合金融服务水平。

第1节　数字化战略先行

西安银行在新一轮五年战略规划（2017—2021）中确定了"持续推进数字化、特色化、综合化转型，打造西部领先上市银行"的战略愿景，把数字化战

[一] 西安银行课题组成员：王欣、胡博、茹华、吴得耀、郑一忱、肖梁、长孙菲、刘俊。

提升到新的高度。通过科技赋能,将金融服务融入国家战略、服务区域发展中,并支持实体经济发展、助力智慧城市建设、大力支持小微企业,依数字化战略一步一个台阶,实现了"质量、效益、规模"的均衡发展,成为地方金融服务业主力军。

为加快战略落地,西安银行提出"一个核心、双轮驱动、三大支撑、四大领域、五个关键词"的发展理念。

(1)以数字化转型作为科技引领实践与创新驱动发展的核心

金融行业一直是技术创新的积极实践者和受益者。西安银行始终围绕数字化转型这一重要目标,积极推进科技与金融的深度融合,并将科技创新贯穿于金融业务全流程、全领域,为客户提供更便捷的服务,为风险管理提供更有效的工具,为运营管理节约更多的成本。

(2)坚持数字化银行和银行数字化双轮驱动策略

数字化银行,即利用互联网技术打造创新的产品体系、获客渠道、风险管理机制乃至金融生态。运用"大、智、移、云"(大数据、人工智能、移动互联网和云计算)技术,将"数字化"注入全渠道业务的全流程闭环操作,全面提升客户体验。银行的数字化,主要是内部管理的数字化,通过技术架构改造和大数据挖掘,以数字化的方式提供内控、管理、分析、决策等各项内容并对其建立有机联系。

(3)以创新组织机制、业务机制、技术架构作为三大支撑

组织机制方面,专门设立了数字银行部和互联网金融部,作为推进数字化转型的两大抓手;业务机制方面,建立全方位对接互联网机构的业务和科技能力,形成场景共享、生态共建,着力打造具有高效流程、大数据模型和高并发支撑能力的平台;技术架构方面,探索"集中+分布"的开放融合架构,推进云平台集中管理模式的应用,实现信息科技支撑的安全高效、开放融合、集中管理和弹性扩展。

(4)产品创新、获客渠道、风控技术、金融生态四大领域

产品创新方面,将业务需求驱动和信息科技引领紧密融合,聚焦对客服务,提高客户体验。获客渠道方面,站在B2B和B2C视角精简并数字化业务流程,降低成本,提高效率,改善客户体验。风控技术方面,以反欺诈、防盗用为主要目标,建立全方位、全流程的风险防控策略,综合运用OCR识别、人脸认证、"@盾"等技术手段,利用SAS建模工具建立自有风险授信模型,大幅提升风险管理水平。金融生态方面,通过技术创新与跨界融合,搭建全新的消费金融与普

惠金融平台，升级对政府公共服务、惠民便民工程等领域的系统性金融支撑，打造数字金融生活城市典范。

（5）移动化、平台化、场景化、智能化、数据化五个关键词

移动化：坚持移动优先，充分利用业界领先的移动开发技术，统一移动服务门户，体系化建设移动产品，有效跟踪业务投放，支持业务持续迭代，并以开放、标准的框架无缝打通手机银行业务生态。平台化：创新移动支付、投资理财、现金管理等综合金融服务，对内聚合产品与服务，对外连接合作伙伴与客户。场景化：广泛连接各类金融生态场景，打造覆盖"衣食住行医教购娱"的生活生态圈。智能化：引入指纹、手势、刷脸、声纹等生物识别技术，形成新的交互体验。数据化：通过大数据应用和挖掘，全面客观地刻画客户标签，设计针对性的产品和营销方案，提高"识客、达客、获客、活客"能力。

第 2 节 业务数字化提升金融服务质效

业务数字化是银行数字化转型的基础。数字化转型战略提出以来，西安银行始终围绕战略目标，推动业务的数字化升级，将金融科技创新贯穿于业务全流程、全领域，不断提升金融服务质效。

1. 移动优先

构建"手机银行 + 微信银行 + 直销银行"三位一体的数字化零售服务能力，实现"C 端突围"；升级移动支付服务，形成零售业务服务新模式。

围绕移动优先战略，将手机银行、微信银行、直销银行打造成本地客户、区域外客户、他行客户、潜在客户、场景客户等主要的获客平台，借助线上渠道有效提升获客效率，降低获客成本，增强客户黏性，提升客户活跃度。手机银行于 2018 年全新改版，实现了储蓄、理财、缴费、基金、保险、贵金属等业务的线上全流程办理，促进零售业务稳健增长。创新整合内外部优质资源，从银行基础金融服务拓展至各类生活服务，为用户提供了多场景、智能化、优体验、强安全的移动金融新体验。微信银行依托轻量化微信端，面向本行及他行客户，提供一站式掌上金融服务，涵盖金融、生活、特惠等全方位的本地特色板块，并于 2018 年突破百万级用户量。同时，凭借优质、多元的内容产出和专业化营销运营，已发展成具备本地传播影响力的强势自媒体渠道。直销银行在西北地区率先开展线上消费金融业务服务，依托各类线上场景，基于大数据风险分析，为客户提供实时、小额、分散的消费金融产品，实现线上客户的全国覆盖和客群结构的有效优化。

升级线上支付服务，创新推出西银惠付、西银在线、西银云缴费等产品，同时满足普通消费者及商户的移动化金融服务需求，使线下零售在叠加线上支付功能后变得更加智慧化、便捷化。西银惠付是聚合支付系列产品，覆盖微信、支付宝、银联二维码等主流扫码渠道，包含静态二维码、扫码收款设备、智能 POS、聚合支付接口等多种产品形态。普通消费者可在线下通过扫描二维码完成线上支付操作，安全便捷；商户可通过 PC 端、App 端、公众号端进行收银管理，享受便捷、安全、高效、灵活的收款方式。西银在线是西安银行自主研发的线上移动支付产品，支持用户使用微信、支付宝、银联及西安银行卡在线完成付款。商户可使用该产品在 PC 端、微信公众号、支付宝生活号等多种渠道进行资金结算，同时可享受手续费优惠、对接便捷、统一对账及定制化开发等优质服务，目前已覆盖电商购物、便民缴费、政企线上服务及校园缴费等多样支付场景。西银云缴费是一款面向各类企事业单位不同缴费场景开发的互联网缴费产品，可满足商户线上、线下收费需求，实现不同群体便捷缴费、商户后台实时对账等功能，目前已在出租车、热力缴费、校园缴费等场景中落地应用。

2. 场景建设

构建"场景＋金融"相互融合的数字化对公服务能力，实现"B 端赋能、G 端连接"，打造对公业务增长新引擎。

西安银行坚持场景化创新经营发展模式，围绕本地智慧城市建设，发挥区域优势，搭建本地化场景服务框架。借助"慧管家""西银特惠""西银钱包""智慧医院"等创新产品，提供涵盖"B+C""G+C""B+G+C"的综合解决方案，打造嵌入式的场景金融服务，将居民生活服务、社会公共服务与银行金融服务有机整合，并以 API、SDK、H5、小程序等方式对外输出，构建具有本地特色的吃、住、行、游、购、娱、医、教等八大领域的生活服务，重点布局交通、便民、政务、医疗、旅游、社区、文化等七大场景，输出账户、支付、理财、缴费等四大能力，在建立、拓展及巩固对公客户合作关系的同时，从场景中低成本、批量化获取零售客户，为公司及零售客户提供更为丰富且差异化的权益和服务体验，构建有利于区域竞争的数字化壁垒。

智慧社区：深入全省近 200 个社区，为百姓提供社区便利服务。其中，为西安市保障房中心上线"G+B+C"三维立体缴费管理系统，为其辖属的 11 家物业公司、50 余个保障房社区、7 万余户廉租房和公租房提供线上综合缴费及资金自动代扣服务。

智慧政务：助力"行政效能革命"在政务领域流程上高效落地，推动智慧政务发展，联合陕西省出入境管理局推出出入境护照办理、签证办理等线上化、自助化服务；联合陕西省财政厅共同推出省非税电子票据平台，累计开具票据超过 200 万单；协助相关单位实现西安市流动人员养老医疗保险缴纳线上化；推出手机端办理不动产登记及缴费业务；推出手机缴存西安市房屋专项维修资金业务。

便民服务：为西安市民开通了水费、电费、天然气、有线电视、话费等线上线下缴费渠道，此外，为延安天然气打造了物联网缴费新模式，实现了一站式纯线上购气，形成良好示范效应。在线充值实时到表，利用物联网技术解决了线下写卡问题，真正实现业务全流程线上化；同时上线多渠道缴费入口，客户通过延安天然气支付宝小程序、城市服务或西安银行微信银行等，简单绑卡即可购气；为"放心早餐"定制线上线下一体化金融服务，累计服务市民超过 3000 万人次；联合陕西省多家热力公司，使近 30 万市民实现"足不出户，手机一键缴暖气费"；联合西安市自来水公司升级便民服务，在原有抄表业主可用手机缴水费方式外，新增一站式充值写卡模式，即持有指定样式水卡的市民，使用 NFC 功能 Android 手机可在手机缴纳水费并完成充值写卡，服务覆盖全市上千个社区，37 万户居民。

交通出行：与机动车停放中心、各大客运站对接，方便市民用手机缴纳道路停车费、购买汽车票；为出租车行业打造西安市统一的"出租车收款码"和全国首个"智慧码"，完善了出租车 O2O 生态圈，为市民出行提供了新的解决方案；延安市 500 辆公交车统一安装西安银行专用电子设备，近 300 万市民及游客可直接通过手机扫码非接触式支付车费。

文化旅游：联合陕西大剧院、西安音乐厅等，创新推出新一代线上会员产品"乐钱包"，一方面，基于银行Ⅲ类账户，为消费者提供安全、便捷、优惠的储值消费服务；另一方面，为行业客户快速搭建支付+账户+会员+卡券+积分的"5+"会员钱包体系，协助其同步实现会员账户的金融标准化，功能及界面的开发定制化，以及会员运营的推广市场化。联合科技企业共同推进"一部手机游西安"智慧旅游服务，为西安城墙、大唐芙蓉园等标志性景区提供门票销售、在线选座和商户收银等一揽子金融服务，并为城墙"梦长安"等景区演出定制手机选座、购票等多项线上服务。

智慧医院：与西安市第三医院、第九医院及西安高新医院等共建智慧医院新模式，基于"互联网＋金融＋医院"将线上虚拟医院与线下实体医院有机融合，通过网络实现诊间支付、电子就诊卡、智慧支付、预约挂号、智能导诊/挂号、智能候诊、检查报告查询等一站式全流程的移动医疗服务模式，真正解决患者挂号难、缴费难等问题。

校园缴费：为全省 60 余家教育类客户，包括高校、中小学、幼儿园、培训机构提供多渠道收缴费服务，减少家长、学生排队缴费和人群密切接触的困扰，便利教育类客户智能收款、对账。

3. 聚焦生态

构建"线上＋线下"互联互通的综合金融服务体系，打通 BCG 端与互联网平台链路，实现金融服务多向输出，加速布局多方共赢的互联网金融生态圈。

坚持以客户为中心，聚焦客户使用旅程，优化全业务操作流程，推动"线上＋线下"互联互通的全行服务质态提升。一是加快线下业务线上化，大力推动全行业务线上化程度，搭建并持续完善线上服务体系，提升线上交易笔数，改善用户体验；二是实现网点向智能化、自动化转型，创新开户模式，开展业务用印电子化改革、网点无卡化改造、柜面无纸化等流程再造工作，实现网点渠道与线上 App 应用场景的互联互通，同时完成 RPA 在财务记账等场景的应用落地，提升服务质效，助力网点由交易型向营销型再向社交型转型。

同时，基于开放银行理念，以互联网开放平台为依托，坚持产品、渠道、技术创新，将银行自有的金融服务通过 API、SDK、H5、小程序等形式开放给第三方合作伙伴，在发展储蓄、支付、结算业务的同时，带动个人信贷、供应链金融、小企业信贷、理财销售等业务发展。强化与互联网头部公司的合作、连接、赋能和融合，丰富银行产品，打通 B/C/G 端与微信、支付宝等平台链路，实现服务跨行业跨渠道延伸，提高银行品牌价值，不断聚集新客户，加大客户引流，提升交易规模，拓宽盈利模式，最终形成多方共赢的互联网金融生态圈。

第 3 节　科技赋能提升核心竞争力

金融科技是数字化转型的生产力。西安银行坚持以数字化战略为统领，推动科技与金融的深度融合，通过关键业务领域的重点项目体现数字化的核心价值，致力于打造卓越的计算与存储、实时在线风控、人工智能服务、多渠道整合、激活数据价值、平台化运营、敏捷自主研发等七大能力，从产品、渠道、风控、管理等多个维度共同发力，丰富金融产品，提升用户体验，创新服务模式，完善风控体系，优化运营效率，提升金融科技核心竞争力。

1. 加速 IT 架构转型，提升科技支撑业务的响应能力

基于云计算框架，构建"西行三朵云"，有效整合行内计算、存储、网络三部分资源，提升资源利用率和运维效率。在互联网业务场景，全面引入分布式架构，大幅提升本行互联网金融交易能力，更好地适应互联网时代高弹性、高并发、高融合的业务特点，实现 IT 资源快速响应、弹性伸缩，实现业务高峰扩容分钟级，为银行大力发展互联网等创新业务提供基础保障。

同时，以深度融合的互联网思维多方搭建平台，有效提升科技支撑能力。例如与蚂蚁集团深度合作，在金融行业率先引入 mPaaS 移动开发平台，实现手机银行全新移动开发架构升级；利用人工智能技术、线上身份核验技术，构建综合化人工智能客服平台，实现语音导航、智能外呼、在线客服机器人、语音质检等多项人工智能应用；建成以大数据为支撑的业务运营平台，实现业务数据智能分析、展示，深挖数据价值。

2. 加速科技创新，提升科技赋能的"价值创造力"

近年来，西安银行逐步扩大新兴 IT 技术在各领域的应用，先后实现"人工智能"技术平台向智能客服、智能风控、智能营销等多个方面的服务输出，实现 RPA 技术在反洗钱、财务记账、业务运营及系统运营等场景的应用，对内提升管理效率和风控能力，对外提升客户服务能力和客户体验；通过"生物识别+电子身份证照（eID）"等手段组合升级线上身份认证能力；持续优化"柜面无纸化""网点无卡化"流程，推出"西银e贷""智慧存"等面向特定客群的金融创新产品，构建线上线下相互渗透的服务体系。

在疫情期间，西安银行利用技术手段助力抗疫，积极探索"屏幕对屏幕"线上服务对"面对面"线下服务的有效补充，实时智能响应客户需求。顺应产业互联网、政务互联网发展趋势，加快突破 G 端、B 端，打造更多领域产品和服务模式，强化 G、B、C 三端联动，不断提升科技赋能的价值创造力。

3. 注重产品升级，构建面向移动互联时代的超级 App

将手机银行打造为 ABC 面（零售客户、公司客户、员工）三面融合的统一移动门户，实现端到端的客户旅程数字化改造，拓宽、深化服务半径，从而同时满足普通消费者及企业客户的移动化金融服务需求。打通线上与线下、界内与界外，加速推进手机银行对本行个人客户、法人客户全覆盖，努力实现手机银行产品功能与服务体验在区域内个人金融资产和核心储蓄存款的"双领先"，树立西安银行区域法人"线上综合服务第一平台"的品牌形象。

一方面，开放生态场景，借助手机号注册和 Ⅱ、Ⅲ 类账户服务能力，为本行及他行客户提供多元化、便捷化一站式掌上金融服务，并最大程度实现客户转化及价值挖掘；同时，打造具有本地特色的线上"生活 + 金融"服务生态圈，与互联网企业形成差异化竞争优势。另一方面，满足包括小企业主在内的企业客户数字化服务体验需求，实现企业金融服务移动互联网化，中小微企业客户只需打开一个 App，不仅可享受转账、理财、贷款、信用卡、生活缴费等个人金融服务，也可快速切换享受账户管理、移动授权、银企对账等企业金融服务。

4. 重视数据资产管理，提升数字化治理水平

数据是银行越来越重要的资产和增值源泉，银行数字化的核心能力就是数据能力。西安银行依据数字化转型战略规划，积极应对金融业务复杂度与日俱增的现状，坚持"以用户为中心、数据安全为基础、技术为驱动"的原则，稳步推进数据治理工作。它将数据治理工作贯穿于数据的产生、获取、存储、应用和销毁等全生命周期的各个环节，不断提升从业务数据输入端到输出端的全行数据治理理念，规范、统一全行数据标准，提高数据质量，最终做到深挖数据规律与价值，加快实现数据资产价值在各个领域的不断放大。

5. 构建数字化风控体系，筑牢转型生命线

风险防控是数字化转型的生命线。在数字化转型过程中全面树立风险防控的新思维、新定位，大胆探索创新，加强风险管理，在复杂敏感的风险环境考验中保持风险可控。基于大数据和人工智能技术，不断创新风险管理工作机制，深化风险技术工具应用，加速风险识别和风险评估的数字化转型，构建了全面、主动、高效的实时在线风控体系。

构建互联网交易反欺诈平台，建设智能、主动、实时的全流程反欺诈体系，实现

对全渠道、全业务的 7×24 小时全面风险监控；建设智能风险决策平台，积极配合信贷业务发展需要，充分利用内外部数据信息，推进线上信贷风控模型建设，打造"借呗一期"等风控模型，形成"自主风控+特色风控"文化，逐步提升风险决策水平。

第 4 节　数字化转型面临的挑战

第一，业务高速发展对人力资源规模和人员知识结构带来挑战。随着金融业务不断向数字化、移动化、智能化转型，银行各条线，特别是信息科技条线的人力资源规模面临巨大挑战。新技术的蓬勃发展，逐渐打破传统领域的竖井式知识体系，原有存量人员的知识结构亟须更新，同时，在有限人力条件下，面对苛刻的客户体验和市场竞争，银行亟须补充新的复合型、数字型人才力量，切实扩充适配数字化转型的人员规模。

第二，与领先科技企业合作，对银行科技组织架构设置及人员经验带来挑战。以西安银行为例，为加速数字化转型，银行已与领先科技企业达成合作，引入先进经验和成熟技术，并取得明显成效。但在合作中也发现，银行现行组织架构与科技企业团队设置差异巨大，原有人员经验较难充分满足双方深入合作需要。因此，金融科技也促使银行从架构层面调整适配，组建多岗位混编的融合项目组，形成敏捷项目团队，以确保项目上线后的应用成效。

第三，网络安全形势严峻，对银行运营保障能力带来挑战。随着网络与信息技术在金融领域的广泛和深入应用，漏洞、病毒等问题对银行系统安全构成巨大威胁，金融网络安全形势严峻，科技风险上升成为全局性、系统性重要风险，确保金融网络安全成为防范系统性金融风险必须考虑的因素。

第四，人才竞争激烈，对银行人才留存及培养带来挑战。有数据显示目前国内金融科技人才总缺口达 150 万。各大商业银行积极抢占金融科技人才，采取增设岗位、提高薪酬等多种方式，利用校招、社招及猎头公司等多种渠道广泛招募专业人才。在北上广深之外，西安也已成为各企业抢夺人才的新战场，互联网巨头企业纷纷在西安成立数据中心或研发中心，与银行形成激烈的人才竞争。

第 5 节　数字化转型思考与总结

第一，数字化转型任重道远，顶层设计是关键。数字化转型是一项复杂的、长期的系统工程。西安银行的数字化转型能够取得良好的阶段性成果，得益于它抓住机遇，主动转型，重视数字化转型顶层设计，并在全行自上而下对数字化转型战略达成共识，建立适应转型发展的企业文化，努力营造"务实敢为、鼓励创新、追求卓越"的数字化转型文化氛围。

第二，**快速响应客户需求，敏捷抵达市场**。这是数字化转型最本质的特点。西安银行高度重视金融科技创新引领作用，坚持以用户为中心，敏捷、快速地更新产品、优化平台，与客户不断变化的需求保持同步。例如疫情期间通过技术创新、产品创新、服务创新，实时智能响应客户需求，助力复工复产。

第三，**重视数据资产，强化数据资产管理和应用能力**。高度重视数据资产，注重大数据应用体系建设，持续开展数据治理工作，统一数据标准，深挖数据价值，完善数据应用服务，不断强化数据资产管理和应用能力，目前已携手各业务条线在"客户洞察、产品创新、流程再造、辅助决策"等方面实现数据资产价值。

第四，**重视业务与技术协同发展，保障银行安全运营**。数字化转型离不开业务创新和技术创新，但创新要注重业务与技术的高效协同。西安银行在转型过程中始终把安全运营放在第一位，在业务高速发展的同时，确保技术对正常业务运营的响应速度、服务质量和保障能力，确保业务核算系统的连续性以及管理系统的及时准确性。

第五，**人才队伍建设是根本保障**。数字人才是数字化转型的根本保障，也是数字化转型的核心驱动力。西安银行围绕战略、区域、专业及产品需求开展自我诊断，保证重点领域、重点项目、重点工作的人力资源投放。采取各种方式聚焦新业务、新技术、新岗位急需的专业人才，营造有利于创新发展的环境。搭建吸引人才发挥能力的平台，持续转变人力资源配置理念，探索金融科技支持下的人力资源配置模式，突出效益效率导向，合理把控人员总量结构调控的力度和节奏。为支撑未来三至五年信息科技工作可持续发展，对信息科技组织架构进行全面优化升级，侧重于云计算、网络安全、人工智能等新技术领域的团队建设，并高度重视专业人才及复合型人才的储备和培养，促进新型IT技术与金融服务的深度融合。

23 厦门银行:"移动优先"打造
对公业务数字化转型新门户

郑承满　厦门银行

在金融脱媒和数字化浪潮下,客户行为悄然转变,互联网和移动端的金融行为迅速增长,客户对金融服务的获取与体验的期望逐渐提升,银行管道化趋势愈发明显。与此同时,数字经济时代,客户需求变得更加多样化,信息变化速度快而频繁,传统银行业慢节奏的信息处理速度已经远远落后。银行面临客户体验与运营效能两大难题,数字化转型势在必行。

作为传统银行业务的中流砥柱,对公业务由于其服务客群的特殊性,数字化转型步伐相对滞后。近年来,银行对公业务发展面临着国内宏观经济发展放缓、资产荒、信贷投放乏力等一系列挑战,对公业务收入贡献占比不断收窄,对公存款增速迅速回落。此外,对公客户不良贷款率不断攀升,给银行资产质量等带来了前所未有的挑战和压力。如何加快推进对公业务数字化建设,重新推动对公业务增长和寻找新的增长点,为全行转型提供养分,已经成为银行数字化转型中的关键一环。

在此形势下,厦门银行结合全球银行业新格局和行内数字化现状,制定了数字化转型策略。其中,横向以体验创新为导入,完善线上服务,实现传统对公业务的数字化进阶,积极尝试创新,重塑客户体验;纵向以互联网为载体,积极寻求体外业务切入和提升机会,实现数字化单点突破。力求通过数字化建设,为客户提供强大的线上功能与服务,以带动全行中后台体系的提升与渠道整合,助推全行加速战略转型。

第 1 节　数字化转型初衷

厦门银行的愿景是成为服务两岸、聚焦中小企业、区域一流的综合金融服务商。基于此愿景，全行制定了"业务聚焦、综合经营、数字驱动、转型提升"的发展战略，从各个业务板块进行转型升级，培育强大的中小企业客户基础和产品服务能力，建设开放式金融生态系统，全面满足客户的金融需求，以实现均衡化、全面化发展，最终成为综合型银行。

在对公业务板块，厦门银行始终秉承"深耕重点客户，夯实基础客户，打造专业化与数字化的综合服务能力"的经营理念，致力于成为"区域领先的综合金融服务商"，重点发展中小企业基础客户，提高其数量和营收占比。近年来，伴随着金融科技的发展和企业经营模式的转变，公司客户发展步伐加快，市场差异化需求骤增，倒逼银行发展对公业务。由于产品创新速度日渐加快，行内现有的产品和服务已无法充分满足当前的业务和技术要求，线上化产品的功能性和易用性不足也导致客户体验下降。因此，加快对公业务数字化转型迫在眉睫，主要表现在五个方面。

（1）线上化需求迫切

数字化时代，客户的金融行为已被彻底改变，一方面，智能化移动设备的普及提高了线上化服务的可行性，培养了消费者的线上使用习惯；另一方面，互联网金融跨界竞争造就了强大的线上服务能力，拉升了客户对金融服务的体验预期。当前，线上金融活动的用户规模迅速增长，其中移动端增速更快，移动渗透率不断提升。客户在线上使用金融服务的习惯已经养成，对线上化、移动化金融服务需求的迫切程度也随之升高。而厦门银行目前由于缺乏多维度、高频化的场景应用服务，线上渠道渗透率较低，对公业务线上产品和服务较少，难以达到企业客户的体验预期。

（2）中小企业客户拓展难

过去，银行依靠线下渠道优势，逐步与大企业及政府机构建立了长期、良好的合作关系。但宏观环境的转变和金融科技的迅猛发展，促使"二八定律"逐步被打破，长尾客户转变成银行最具活力和潜力的客群之一。长尾客群数量庞大，企业类型各异，需求差异化程度高。厦门银行现有的产品服务缺乏精细化的数字化运营能力，不能精准洞察客户需求；金融服务线上化、实时化程度也不够，难以有效触达长尾客户，导致客户难以拓展。此外，由于无法按照大企业的服务方式配备同等比例的专属客户经理来提供相应的服务，无法及时满足客户的差异化需求，导致现有存量客户满意度不高，中小企业客户维护难。

（3）企业黏性不高

目前银行的传统渠道缺少互联网"以用户为中心"的建设思路，没有以场景建设深入企业的经营过程，所以缺乏场景化应用服务，客户对服务的黏性不高。而以基础金融功能为中心的渠道同样缺乏场景化应用服务，无法维系企业相应的运营活动，从而难以达到活客、黏客的效果。此外，目前各家企业更换银行的成本较低，企业与银行之间难以保持较强且持续的合作关系。缺乏"生活＋金融"场景，而以优惠条件吸引企业选择银行不具备稳定性，易造成客户流失。如何在线上运营多维度的非金融类业务场景，并引流到金融服务，成为银行需要关注的重点。

（4）市场竞争激烈

银行同业纷纷进行数字化布局，通过数字化转型实现创新，六大行、股份制银行先发，城商行迅速跟进，同业竞争趋于白热化。同时，跨界竞争也在不断加剧，互联网巨头等非金融机构纷纷切入长尾人群金融服务市场，依靠强大的大数据和场景能力，牢牢占据大量金融消费场景入口，抢夺银行的市场份额。银行数字化转型已是生死存亡之战，不进则退，需要积极应对。

（5）金融与科技深度融合

伴随着移动技术、物联网、云计算、大数据、人工智能、区块链等技术的快速发展，金融与科技的深度融合已成为推动金融服务转型升级的新动力。为此，将科技与金融行业场景深度融合，不断增强客户对数字化、网络化、智能化金融产品和服务的满意度，推动商业银行加速向数字化、智能化、生态化发展，已成为银行业的发展共识。

第 2 节　数字化转型方案

近年来，移动互联网技术成为推动经济增长的一个重要引擎，是一个引领社会创新的关键领域。"随时随地、碎片化、多场景、生态融合"的数字化移动金融平台已成为客户的第一选择。结合自身数字化转型战略及对公业务数字化现状，厦门银行以体验创新为导入口，以移动应用为切入点，践行"移动优先"，开创了数字化转型的新赛道。对外以客户为中心，全面推进移动渠道的建设和"产品＋服务"的移动化，提高移动渠道的渗透率和客户体验。对内推进业务部门客户经理办公移动化和客户管理移动化，提升内部运营效率和精准营销能力。同时，应用移动端生态圈及相应技术，利用营销创新开辟新市场，通过提供场景化嵌入式的移动端服务，吸引客户，提高竞争力。为此，厦门银行的新一代对公移动金融综合服务平台——厦行e企管应运而生，成为打造对公业务数字化转型新门户。

建立"厦行e企管"的目标是构建全面的、对公移动渠道的"产品+服务"平台，统一银行移动框架，聚焦内外部产品与服务用户体验。此项目结合了当前的主流互联网技术，以客户体验创新为导入口，从企业经营的高频场景出发，使用大数据等技术，在客户端和云端建设了移动开发平台、PaaS 平台、SaaS 平台、通信平台等创新技术平台，可满足至少未来十年的业务发展需求，做到了科技引领金融创新，金融创新为业务赋能。

"厦行e企管"不仅可以为企业提供账户管理、移动支付、移动代发、存款理财、贷款业务等金融服务，还可以提供移动办公、费用报销、人事管理、商旅服务等增值服务，是企业的贴心管家，能帮助企业实现"管钱放心、管事省心、管人舒心"，提高企业的管理效率，节约运营成本，助力企业客户创造更多价值。

（1）打造移动金融

一方面，通过对公业务移动端的创新建设，深入业务平台整合，整合原有分散的各个渠道业务能力，实现对公金融服务的数字化、移动化。另一方面，通过移动窗口为企业提供丰富的账户管理、转账汇款、代发工资、存款理财、贷款业务等金融服务，减少客户去网点以及排队等候的时间，降低企业运营成本，扩大服务客群的覆盖范围。此外，充分考虑客户的使用习惯，优化客户体验，在不断加载产品和服务的同时，注重界面的易用性与互动性，以提升客户的数字化交互体验。

（2）构建服务场景

在为企业提供便利性金融服务的基础上，"厦行e企管"结合企业客户的日常经营管理行为，打造了"生活+金融"场景，可为企业提供日常高频的移动办公场景，比如考勤打卡、请假销假、外出申请、差旅报销等，并引入外部第三方服务资源，提供订机票、酒店、火车票等企业商旅服务，以构建更加丰富的高频服务场景，为企业及其员工提供便利，增加企业客户黏性。

（3）探索公私联动

通过构建企业"经营场景+支付+资源"融合服务，在金融服务的基础上，为企业提供行政管理、财务管理、商旅预定、人事管理等丰富的增值服务，使银行服务不再局限于企业财务人员，而是面向企业全体员工，让银行从源头掌握企业每笔支付背后的动因，了解企业内每一个用户（员工）的角色与习惯，进一步带动客户端业务的发展，将企业内部员工发展成银行的个人金融客户，实现可持续的公私联动。

（4）深耕数据资产

通过传统业务数字化以及丰富的服务场景，实现企业及企业员工的多维度数据的沉淀，为基于数据的精细化运营奠定基础。企业经营数据沉淀到一定程度后，可增加风控数据的积累，提高银行的风控能力。通过大数据分析能力，可进一步对企业进行实时精准画像，形成全方位的企业洞察力，帮助银行从海量企业中筛选出优质的目标客户，拓展长尾客户。同时，可针对不同情况的企业提供定制化的精准服务（包括理财、信贷等），通过数据驱动满足企业的差异化需求，实现精准营销，达到降低企业成本和提高银行收益的双赢目标。

第3节 数字化转型实践

在数字化建设过程中，银行高层深度参与，通过数字化战略小组的统筹，建立了强大的IT架构，给予资源倾斜激励，强化支撑体系，确保数字化战略落地。"厦行e企管"在实施过程中采取赋能工作方式和敏捷开发方式，分步建设业务功能，逐步迭代完善。

第一步：完善对公金融线上服务。

基于统一的移动前端技术平台，建立前中后台分离的企业手机银行及微信银行，实现传统业务线上化。业务从企业使用频率最高的金融服务入手，打通企业经营中的基础流程化功能、企业内办公场景功能、企业内通信功能与银行支付功能的连接通道。为企业提供从业务发起、业务审批、财务审批到金融支付无缝对接的全流程、端到端的数字化服务，主要功能包括账户管理、转账汇款、代发工资、存款理财、贷款业务等。通过推出行业内领先的新型对公手机银行超级App，以数字化渠道触达长尾客户，给潜在客户留下创新、贴心、友好的品牌形象，促进口碑传播和获客。

第二步：强化"生活+金融"场景化建设。

在系统基础平台建设完成、传统业务实现线上化的基础上，进一步开拓新的业务场景。结合企业的日常办公行为，通过构建移动办公、权限管理、流程管理、费用报销、考勤打卡、外出申请、请假销假、疫情填报、即时通信、商旅服务等场景化服务，将企业的业务场景与金融服务无缝嵌入企业的经营活动中，不断强化"生活+金融"场景化建设，构建金融服务生态圈，提升用户体验，增强客户黏性。

第三步：构建基于数据的精细化运营能力。

在前两步系统运营的基础上，探索利用大数据和 AI 技术，迭代优化对客移动端的服务。通过数据沉淀及数据分析能力，构建精细化运营能力，实现业务拓展。针对沉淀的企业运营大数据进行建模分析，全面、及时洞察企业经营的趋势变化，了解企业真实的资金使用行为，并根据上下游企业的数据分析企业自身的潜在风险因子，从而对企业可能存在的风险进行预警，提高银行的风控能力。同时，通过企业精准画像，识别企业的精细化运营需求，提高差异化服务水平，实现精准营销。此外，通过线上业务沉淀用户数据，识别企业 C 端用户的金融行为特征，拓展优质个人客户，实现可持续的公私联动。

第 4 节　数字化转型主要挑战

第一，组织架构及实施方式变革。 移动应用作为体验、业务、科技相结合的产物，有别于传统 IT 实施的组织架构和流程方法。根据移动端的应用特点，组织层面需要打造包括业务场景、体验设计、业务运营及 IT 系统建设在内的专业化团队，建立用户体验、产品及运营、IT 支撑三位一体的组织，实施先进的管理流程。在实施方式上，需要改变传统的瀑布式开发模式，采用设计思维与敏捷相结合的工作方法，快速开发并持续迭代优化。

第二，移动技术平台建设。 在厦门银行的科技规划中，移动技术平台的定位是支撑全行的移动应用。为支持长期发展战略，"厦行 e 企管"项目的实施需要从系统建设、工艺研发、技术储备和新技术的研究及运用等多方面进行转型，以实现移动应用的快速实施和持续迭代。项目基于统一的移动前端技术平台，并整合了阿里巴巴的 Mobile PaaS 平台，构建的移动技术平台和框架需具备的能力包括：通过丰富的业务插件、组件，快速构建高质量、用户体验好的 App 的能力；不同模式移动应用接入的运行管理、监控；支撑移动应用全生命周期的开发工具、测试、发布及运维能力。

第三，场景建设规划。 功能型、体验型、场景化、互联网生态融合相结合的应用方式是厦门银行未来移动应用的主要方式，因此产品经理需要紧跟互联网发展动态，洞察商机，设计丰富的产品和服务，并应用于客户的生活场景。由于资源和环境的限制以及移动应用快速开发迭代的特点，"厦行 e 企管"在初期的功能模块上需要选择最高频、用户需求最迫切的场景去获客和活客。这个阶段往往无法满足用户的全部需求，这就要求开发团队在规划功能时细分客户，做好场景建设规划，逐步实现。同时，在 IT 建设方面，要重点考虑系统的可扩展性和灵活性，根据不断变化的需求，快速调整业务功能模块，并且支持通过引入第三方的服务资源，来满足不同企业的经营需求，为后续的系统扩展做好准备。

第四，网络安全挑战。随着业务移动化和数据化的推进，大量银行数据从线下转移到线上，在数据为王的时代，这些具有重要价值的数据难免被人觊觎，银行数据的安全性面临严峻挑战。同时，在数字化时代，银行加速开放，与越来越多的商业生态系统共建了金融服务生态圈，加强了与外界在交易、数据、流程等方面的共享和融合，数据安全的职责边界和技术边界逐渐模糊，融合也使得单点网络问题更易引发全面的系统性风险，安全保障问题愈发突出。

第五，产品运营推广。新产品"三分建设、七分运营"，系统建设完成、产品推向市场后，需要有相关的营销推广手段及配套的推广计划并实时跟进。运营管理要从推广、营销和销售等多个领域，时刻保持高效运作，从思想观念和推广模式上向运营的互联网化转变，以此保障新系统、新产品上线后能够快速推广并占领市场，为银行带来新的优质客户。

第 5 节　对公业务数字化转型效果

"厦行 e 企管"引入了先进的移动端管理理念和技术，打造了具有本地特色的"场景化＋数据化"的综合金融服务方案，建设了厦门银行第一款真正面向中小企业的集支付结算、移动办公、企业管理于一体的移动产品，是各业务部门发布产品、资讯以及进行银企互动的重要渠道。系统应用先进的金融科技和主流移动互联网技术构建全行移动技术平台和框架，改进了开发测试工艺，缩短了后续移动需求的发布和迭代周期。

自 2019 年 10 月正式推出"厦行 e 企管"以来，厦门银行对公业务"产品＋服务"的移动化得到全面推进，移动渠道的渗透率大大提升，助力渠道交互和共享能力建设，提高了客户的全渠道服务体验，帮助企业降低了运营成本，真正做到了科技为业务赋能。同时实现了业务部门客户经理办公移动化和客户管理移动化，提升了内部运营效率和精准营销能力，深化了对公业务的数字化转型。

便捷的开发迭代模式，使 App 能紧跟热点、快速上线。在 2020 年新冠肺炎疫情期间，"厦行e企管"率先推出了疫情填报功能，方便企业管理者快速了解员工的健康状况。疫情期间的线上交易笔数占全渠道交易笔数的60%以上。

在"厦行e企管"上线后的半年多时间里，推广效果良好，对小微企业客户的渗透率超过30%，占厦门银行全量对公客户的12%，且仍在不断增长。"厦行e企管"广泛服务于批发和零售业、制造业、信息传输及软件和信息技术服务业等行业的中小企业，累计交易笔数及交易总金额也在不断增加，现已成为对公业务的重要渠道。

"厦行e企管"使对公业务的服务对象真正走向企业全员，通过构建丰富的企业经营场景，帮助企业实现了业务移动化、办公移动化及管理移动化；通过积累企业的日常管理数据和经营数据，并结合厦门银行独有的大数据分析模型，能勾勒出更为全面立体的企业画像，达到了解企业真实经营状况的目的，从而更有效精准地为企业提供差异化服务，为企业评级、企业授信、精准营销等提供数据支持。"厦行e企管"提升了基于数据的精细化运营能力，并为最终实现业务数据化、数据业务化的战略转型打下了基础。

第6节 数字化转型经验总结

在数字化时代，银行对公业务迎来四大机遇，即线上化、平台化、生态化和开放化。未来，对公业务数字化经营的核心不是单纯地将产品销售和服务从线下迁移到线上，更关键的是要形成体系化的整体模式，在精准营销获客、跨条线在线协同、场景生态切入等领域同时发力。

移动应用作为厦门银行数字化转型的实践先驱，为今后深化数字化转型以及探索数字建设新模式积累了宝贵的经验。

第一，强化支撑体系。要进行数字化转型，首先要从企业思想和组织模式上转变。在转型实践中，厦门银行高层领导数字化战略小组，统筹数字化建设工作，不断吸纳人才，给予资源倾斜激励，建立相应的板块组织、资源配置、风险管理、人力资源、IT运营等作为支撑，确保了数字化战略的落地。

第二，注重客户体验。以体验创新为导入口区分客群特征，以提供契合的移动应用，根据客户细分进行界面定制与个性化消息推送。采用人性化设计，充分考虑客户的使用习惯，在不断加载产品和服务的同时，注重界面的易用性与互动性，重视客户体验，提升了客户黏性。

第三，组建专业团队。 从需求、体验、运营和技术支撑上组建移动应用的专业团队。其中，产品经理紧跟互联网发展动态，结合场景设计丰富的产品和服务，创造客户价值，提升客户满意度；体验设计师站在客户视角，从登录体验、个性化体验、UI 体验、操作体验等多个维度进行体验设计，以打造极致的用户体验；运营管理人员从推广、营销领域，紧跟热点，开放思维，向互联网运营转变；技术支撑人员从系统建设、研发工艺上进行转型，注重技术储备和新技术的研究运用，建立移动的技术资产库，以支持移动应用的快速实施和持续迭代。

第四，善用移动端生态圈。 面向公司客户，辐射生态圈其他群体，进一步打通 B 端业务和 C 端业务，探索可持续的公私联动新模式。乐于被互联网集成和集成他人，通过提供场景化嵌入式的移动端服务，吸引客户，提高竞争力。

总　结

2020 年是"十三五"规划的收官之年，也是厦门银行三年战略规划成果的检阅之年，在经济增速下行、疫情防控常态化的背景下，"厦行 e 企管"迅速成为对公核心客群线上经营活动和金融服务的新门户，为数字化转型战略夯实了基础。厦门银行将继续深耕本地，以客户为中心，坚持金融科技创新，积极建设开放式金融生态系统，服务实体经济发展，全力向愿景迈进。

24 桂林银行：科技赋能金融，数据驱动业务

吴东[一] 桂林银行

近年来，大数据、云计算、互联网、人工智能、物联网等技术飞速发展，科技革命正在重塑金融行业。一方面，原有的竞争边界和竞争格局已经随着金融科技的发展被打破，消费金融、支付、投资与财富管理等领域正在被重塑，互联网公司、科技公司等新竞争者加剧了行业竞争。另一方面，金融科技的快速发展有利于商业银行金融产品和服务模式创新，如客户体验改善、交易成本降低、服务效率提高等。中国人民银行在 2019 年 8 月发布的《金融科技（FinTech）发展规划（2019—2021 年）》中提到，"金融科技成为推动金融转型升级的新引擎"。金融科技的飞速发展为商业银行带来了挑战和机遇，也驱动银行大步踏上数字化转型的道路。

桂林银行一直积极拥抱金融科技，通过互联网+自主研发的方式，将自身从网点密集型和劳动密集型的"1.0 线下银行"，提升到网上银行、手机银行、互联网金融蓬勃发展的"2.0 线上银行"，最后进化为科技密集型和专业密集型的"3.0 智慧银行"。当前，数字化、智能化、开放性的银行时代正在到来，它将彻底改变商业银行的营销模式、风控模式和运营模式，拓展银行的服务边界，并对商业银行的经营管理提出更高的要求。在"让数据说话"的"3.0 智慧银行"阶段，开展数字化转型是大势所趋。

第 1 节 战略领航，深入开展数字化转型工作

近年来，桂林银行持续推动全行数字化建设，探索数据的价值挖掘与综合治

[一] 作者系桂林银行董事长。

理，将数字化转型上升到全行发展战略高度。桂林银行秉持自主创新、自主研发、自主运营的精神，持续加大科技投入，不断提高全行数字化应用能力与科技应用能力，将数字竞争力放在银行竞争中的业务支撑地位，稳步推进业务的数字化、管理的数字化，优化客户体验，精准获客，构建全行智能风控、智能运营，不断提升数字驱动能力。

1. 完善管理体制机制，推动全行数字化转型

不断完善数据管理架构，明确两会一层、各业务部门、分支机构在数据管理中的职责要求和相互衔接的运行机制，自上而下推动数字化转型。一是根据桂林银行集团一体化管理要求，优化数据管理架构，突破传统的多层级管理模式，建设跨部门协同、跨条线协同、总分支协同的敏捷管理架构；二是成立总行数字银行管理部，推进数字化应用能力和科技应用能力提升，落实全行数字化转型发展战略。

2. 夯实平台系统基础，促进科技赋能金融

大数据时代，银行数据快速增长、业务部门数据需求愈发旺盛，为了更好地提供数据服务，桂林银行积极应对，以"科技赋能"为核心动能，不断优化行内信息系统，探索数据应用技术。

1）**建设企业大数据平台，提升数据服务能力**。采用大数据技术弥补传统数据仓库的缺点，建设满足银行业务经营需要、适应互联网金融发展的企业大数据平台。在应用架构上，拥抱开源社区，采用业界领先的应用架构建立集数据采集、清洗、转换、存储、质量监控、数据补录和报表管理全流程于一体的应用功能结构，以实现对数据的全生命周期管理，为全行各业务条线提供数据相关的体系化支持与服务。

2）**建设新核心系统，提升数字化核心竞争力**。2018年12月，桂林银行启动新核心系统建设项目，通过自主可控的核心系统，提升科技服务能力，打造产品工厂，实现产品快速定制。这既是桂林银行以"以客户为中心，以产品为导向"服务理念的一次具体体现，也是桂林银行不断适应金融科技发展而迈出的有力一步。

3. 构建数据运营闭环，深耕三大应用领域

以"分析—决策—运营—分析"的数据运营闭环思想指导数字化应用，根据业务部门实际需求场景，以"数据+业务"的模式，结合行内外数据，运用金融

科技和大数据技术构建数据运营闭环,洞察业务情况,指导业务决策和运营,推动传统业务数字化,提升营销、风控、运营三大领域的数字化应用能力。

(1)精准营销

数字化营销始终是桂林银行坚持不断提升自我竞争力的核心领域,是驱动实现智慧银行深度发展的利器。例如依托客户关系管理系统(CRM),通过大数据分析、数据建模,全面构建客户360°全景视图并生成个性化金融产品推荐,使客户经理可借助系统全面掌握客户信息,洞察客户的金融需求;在客户到达网点时,由智能网点系统实现客户智能无感知身份识别,并将客户360°业务视图及产品推荐方案推送至网点大堂经理厅堂Pad,实现客户识别、主动接待、精准的营销创新服务闭环。此外,引入智能营销决策引擎,通过数字化营销模型,客户经理的营销成功率提升2～5倍,客户体验也得到提升,精准营销初见雏形;建立流失预警模型,可预测下个月可能流失的客户,形成名单并将其分发给客户经理进行营销和稳存工作,模型的查准率高达80%,从而达到精准挽留的目的(见图24-1)。

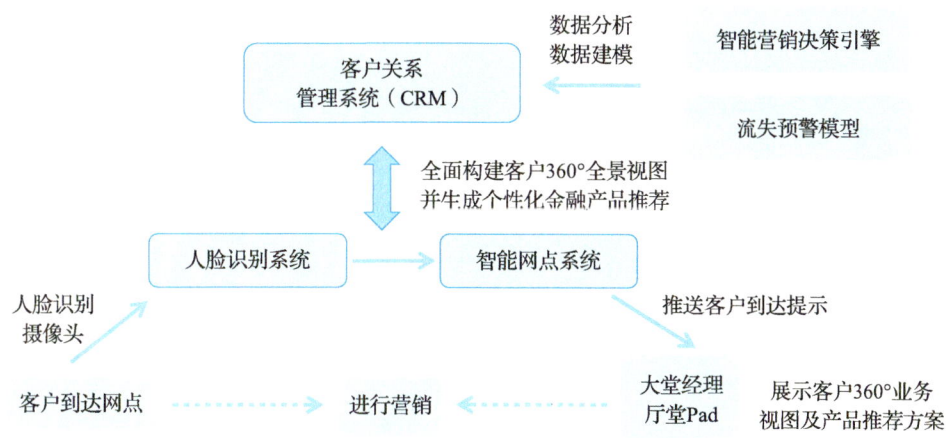

图 24-1 基于大数据的智能厅堂客户识别和精准营销方案

(2)智能风控

在风控领域强化以"数据"为核心的新型智能风控手段,不断提升全行风险管理能力。

整合行内客户的还款数据、催收数据、核销数据,结合外部人行征信数据、司法黑名单等开发全行个人黑名单库，并开发内部评级模型，对授信客户准入时进行风险等级评定，有效筛选风险较高的客户。

通过整合行内客户数据，利用工商、税务、司法、征信等外部系统，获取行内授信客户公共信息，建设预警模型等方式，打造一套个人资产业务智能预警体系，对贷后客户的外部借贷行为、司法诉讼情况和欺诈行为等进行定期扫描，对高风险客户进行实时扫描，对全行零售业务合规情况进行监控，为授信后管理、客户风险预警提供有效支持。

建设专业的催收系统，为个人线上贷款、信用卡和小微贷款提供专业的催收管理平台。系统可以实现智能AI语音催收以及个人催收案件的集中管理、智能分配、催收记录保存、案件跟踪、催收效果评估等。

建设移动金融反欺诈平台，应用大数据流式处理及设备指纹等先进技术，整合分析多渠道实时交易信息及行内外数据源，从异常交易、风险手机号、风险IP欺诈、黑名单、关键信息识别等多维度对用户的交易数据和行为数据进行大数据分析并同步联动智能客服，突破银行传统事后监督模式的技术限制，实现全渠道、全场景的欺诈风险智能识别（见图24-2）。

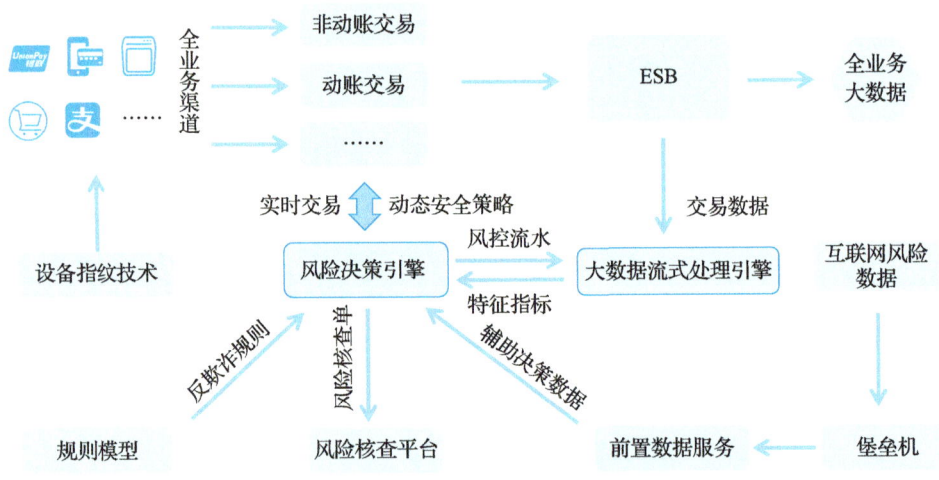

图24-2 移动金融反欺诈平台风险决策架构流程

通过"数据共享、技术共享、风险共担"模式，开展互联网平台合作贷款业务，利用人脸识别、实名认证、反欺诈模型、智能审批与决策等数字化手段降低信用风险。同时，为使行内互联网平台合作贷款合规经营，桂林银行致力于打造自主的互联网金融核心风控能力，提升风险管理水平，推动互联网金融业务持续发展。通过互联网平台合作贷款风控系统的开发，建设大数据风控模型，通过接入客户信息、人行征信及多方采集数据，整合客户行为、社交信息，逐步实现可自主风控的互联网金融体系。

（3）智慧运营

运营是商业银行业务开展的基础和核心竞争力，桂林银行围绕经营管理的全过程，依托新技术，不断优化改进业务流程、工作方式，为提升银行业务运营能力提供了重要的支持和保障。

1）建设会计后台大集中系统。现阶段银行业务发展仍然离不开物理网点和柜面，业务处理效能的提升仍是银行运营管理的重点之一。桂林银行借助金融科技力量，建设会计后台大集中系统，将科技和业务处理相结合，提高业务运作效率，增强内控管理效能，促进网点转型发展。

2）推进电子渠道升级。一方面，与阿里巴巴、腾讯等科技公司开展深入交流，引入开放平台架构，提升手机银行数字化运营能力、开发和维护效率，实现"产品＋运营＋营销"创新模式，加速客户转化。截至2020年12月末，电子渠道替代率达95.05%，超出2020年全国银行平均替代率（90.88%）4.17百分点；手机银行客户数达到386万户，用户规模和用户数位列广西区域城商行前列。另一方面，通过系统优化、流程管理、科学排班、现场规范督导等措施提高服务质量和效率，有效提升电话银行和智能客服整体服务水平。桂林银行通过推进网点智能化、轻型化转型，建成覆盖各项金融业务的线上服务体系，2019年、2020年连续两年获评网上银行服务领域企业标准"领跑者"，成为35家标杆银行之一，也是广西连续两年唯一入围的地方银行。

3）开发智慧审计系统。通过"大数据分析、发现疑点、认真核实、智慧审计"的数字化审计方式对电子数据进行采集、归集和分析，实现审计工作线上化、智能化，不断提高审计工作的效率和质量，为促进桂林银行经营计划和经营目标的实现、提高经济效益起到了重要作用。

4）建设数据中心总控中心（ECC控制中心）。以控制和优化运营管理为目标，使用先进的技术手段，通过对计算机系统进行集中监控管理，实现系统监控、业务实时监控和数据展示，确保信息系统和相应业务安全平稳运行，同时为行内数据分析、业务优化提供依据。

5）推动数据统计分析在运营场景的应用落地。桂林银行积极响应国家普惠金融号召,通过"服务下沉、渠道下沉、产品下沉",构建具有特色的农村金融服务体系,致力于改善农村地区金融环境,解决农村金融服务"最后一公里"的难题。基于大数据技术对农村金融服务站的客户、交易、站长等相关数据进行全面统计分析,定期出具《农村金融大数据分析报告》,多维度挖掘数据内在关系,寻找客观规律。基于报告分析情况,一方面应用机器学习技术构建评分模型,为站点设置、站长选择、站点运营提供决策依据;另一方面依托大数据平台持续积累农村金融服务站相关数据,不断迭代优化模型。通过数据统计分析在运营场景的应用落地,稳步推进业务的数字化、管理的数字化。

4. 创新金融科技运用,打造特色业务品牌

桂林银行以打造"社区金融、农村金融、沿边金融、小微金融"四大特色业务品牌为切入点,借助金融科技驱动业务创新发展,构建差异化竞争优势。

(1)依托金融科技,推动社区银行网点智能化升级

一是通过投入 VTM、智能柜台、智能排队机、移动营销 Pad 等先进设备,实现全功能的自助业务办理,取代高柜个人非现金和对公票据业务;引入新型高速大额存取款机,替代高柜现金业务,有效改善了客户体验,节约了人力成本,提升了客户服务和营销效率。二是通过智能化机具的布放和智能化技术的应用,让客户可以通过互动营销屏了解银行的金融产品;通过电商平台体验机在网点内体验 O2O 的电商服务;通过人脸支付、移动支付感受快捷的支付体验。通过全新的客户交互、产品创新与展示,提升网点的智能化水平和客户体验度。

(2)依托金融科技,践行金融服务乡村振兴使命

完善网络延伸服务,加快县域支行和乡镇小微支行的布局,以创新模式在乡村设立农村普惠金融综合服务点(以下简称"服务点")。桂林银行将"智慧银行"理念融入乡镇小微支行,为其布放智能柜台、大额存取款机,配置非现金柜台等,为农村居民和农户提供全功能的存取款、支付结算、助农贷款等金融服务。借助先进的移动金融设备,银行工作人员还深入田间地头为农户现场办卡、开通电子银行、办理特色储蓄产品。通过对手机银行、"小能人"生活服务平台、直销银行等 App 的推广,提高金融服务在农村地区的电子化程度。截至 2020 年年末,桂林银行已在广西设立县域支行 48 家,发起设立村镇银行 6 家,设立县乡社区支行、小微支行 109 家,设立服务点 4030 个。农村金融服务覆盖全区 47 个县 5000 多个行政村,辐射农村人口近 2000 万。

借助自有电商平台"小能人"生活服务平台和实体站点,大力推动农产品上行。一方面在"小能人"生活服务平台设立"助农扶贫"专区,上架贫困地区农产品;另一方面依托服务站点优势,通过服务站点站长整合村内农产品,通过"天天开心团"平台,采取"线上团购预售+线下实体网点提货"的方式,点对点将服务点覆盖的农产品销往城市,逐步形成"银行+企业+服务点+开心团"的农产品上行新模式。借助电商平台和实体站点,开展线上、线下联动宣传,并通过众筹、团购、预售等多种方式推动农产品销售,助力广西砂糖橘、荔枝、芒果、南瓜等农产品打开销路,帮助农户走出困境,帮助农业企业发展壮大。

(3)依托金融科技,打造沿边金融综合服务模式

桂林银行从特色化区域发展定位出发,支持边贸基础设施建设,推动边贸结算业务,以"互联网+边贸"思维,基于清晰规范的贸易关系和成熟的结算体系,不断加大对东兴互市服务平台系统的支持力度,投放信贷资金支持东兴互市交易大数据中心和十八方口岸管理系统建设。在东兴互市贸易区市场服务中心,可以通过东兴互市交易大数据平台看到互市贸易区内所有商家每天的交易商品、金额和相关物流信息,并且该系统与银行系统互联,实现了互市贸易结算业务的数据化、线上化,减少了边民持结算单往返于越南商户、结算中心、口岸货场的环节,大大缩减了贸易结算时间。目前,东兴互市贸易区已建成口岸智能化运作管理系统,实现了线上交易数据与纸质单据的双重匹配,在满足真实贸易背景等要求的前提下,大幅提升了业务办理效率和便利程度,带动了互市贸易业务总量的提升。

(4)依托金融科技,实现小微金融创新发展

借助金融科技及大数据风控手段,根据商户交易数据、公共数据、征信信息等,开发上线小微速贷产品,为符合授信条件的小微商户法人或单位负责人提供信用贷款服务,解决小微商户日常经营所需。同时为更好地实现小微业务线上化,桂林银行引入小微智慧管理系统,成功将德国 IPC 信贷技术植入系统,同时保留了 IPC 调查技术的特点,还原了该技术的核心,初步实现了线上线下的有机结合,通过半线上化的标准调查、线上化的标准审批和贷后管理,实现了业务流程的全流程线上化处理。

在广西率先与税务部门协同联动,通过"银税互动"机制,借助企业纳税信息和互联网技术推出广西首款银税直连的大数据信贷产品"桂银乐税贷",实现真正的银税直连、以税定贷。客户最快 10 分钟可以在线完成贷款申请、审批、

放款等操作,实现了小微企业贷款智能化极速审批,最大程度提升客户的贷款体验。"银税互动"将碎片化、分散化、休眠化的中小企业纳税信息进行挖掘和整合,建立起完善的银税合作机制,实现了纳税信用与市场资源配置的深度耦合,解决了银企信用信息不对称的问题;既帮助金融机构控制放贷风险,又帮助企业以信用"通行证"获得融资,拓宽了融资途径。桂银乐税贷在全区进行推广后产生了良好的社会效益和经济效益,成为广西税务系统提升营商环境的重要银企合作项目,助力广西经济高质量发展。

第 2 节 蹄疾步稳,打造广西最有价值的银行

2020 年是全面建成小康社会和"十三五"规划收官之年,也是桂林银行的金融科技元年。金融科技的飞速发展为桂林银行实现跨越发展提供了新的动力,通过应用金融科技,桂林银行得以强化自身数字化业务能力,提升服务地方经济、服务乡村振兴能力。未来,桂林银行将从数据治理、人力资源、信息科技和数字化应用四个方面发力,推动数字化转型工作。

1. 加强数据治理工作

桂林银行积极贯彻执行银保监会《银行业金融机构数据治理指引》要求,开展数据治理工作,提高数据质量,奠定全行数字化转型基础。

1)**建立并完善数据治理体制机制建设**。完善数据治理架构,进一步明确两会一层、各业务部门、分支机构在数据治理中的职责要求和相互衔接的运行机制,制定并逐步完善数据治理相关制度,充分发挥数字银行管理部的作用,有效推动全行数据治理和数字化转型工作。

2)**完善数据标准体系,提升数据质量**。完善企业级数据治理流程与管理机制,推进数据标准和数据管控平台建设,梳理全行的数据分布和关系,建立各类基础信息资产的准入和更新等管理机制、流程及办法,实施全生命周期数据质量闭环管理,切实提升基础信息质量。

3)**整合行内和行外数据,充分挖掘数据价值**。对分散在行内各业务条线、各职能部门、各分支机构和各子系统中的数据进行有效整合;在合法合规前提下,不断整合行外工商、税务、司法、环保、海关、电商平台等不同渠道的数据,构建客户的人口统计学数据、交易数据、行为数据等,夯实大数据应用基础。

2. 强化人力资源支撑

数字化转型需要具备数字化技能和数字化思维的人才的支撑。桂林银行将根据自身数字化建设目标不断吸收数字化人才，并通过配套机制的建设和完善，激发组织活力。

1）大力吸引和培养数字化人才。加强复合型科技人才队伍的建设，在培养专业人员的同时，建立完善的金融科技专业人才引进机制，加大数字化培训力度，以培养和储备足够多的金融科技复合型人才，为数字化建设提供充足的智力支持和人才保障。为了更好地吸引和留住数字化人才，桂林银行积极借鉴金融科技公司经验，设立管理和专家的"双轨"职业路径，为具有战略重要性的优秀数字化人才设计专家发展路径，鼓励数字专家型人才实现快速晋升，并提供轮岗机会，确保职业发展的灵活性。

2）推进激励约束机制的配套转型。在全行数字化转型战略的指导下，优化数字化人才激励约束机制，采取市场化薪酬制度，持续不断激发数字化人才的科技创新热情。

3. 加强信息科技投入和研发

鉴于信息科技是数字化转型的基础，桂林银行将持续加强信息科技建设投入，为全行数字化转型和长远发展提供强有力的支撑。

持续加大信息科技投入力度，继续加强基础设施和信息安全建设，在信息科技基础设施、系统开发和系统维护等方面投入资金，不断完善新一代核心系统功能，加强全行应用系统的建设和改造，继续推进"两地三中心"建设等，提高全行信息系统稳定运行保障能力。

积极探索并逐步推进技术架构向开放、开源、分布式系统架构转型。分布式系统架构具有可扩展性强、处理效率高、容错能力强、开发和测试方法更为敏捷等特点，是大数据、机器学习、人工智能、区块链等技术的支撑技术，可以有效满足灵活扩展、高并发的业务需求，为数字化建设提供支持。

4. 赋能数字化应用

桂林银行将不断探索金融科技、大数据与业务发展的契合点，通过数字业务化、业务数字化推动业务创新实践。

1）开展数据化精准营销。依托CRM系统、大数据平台，利用大数据技术，多维度进行深层次的客户数据挖掘分析，构建客户 360° 全景视图并进行客户分层，获取重点目标客群，开展数据化精准营销，通过智能推荐、主动营销大幅提升营销效率，降低营销成本。

2）**构建智能风控体系**。依托大数据平台，在"算法、数据、算力"不同层面持续提升；不断完善大数据风控体系，引入机器学习、深度学习的模型和算法等人工智能技术，优化完善风险模型，提升风险决策的实时性和智能化水平；根据客户形态、风险管理偏好动态监测与调整风险规则及模型，不断提高风险模型、风控系统的敏感性和准确性；对欺诈检测、风险评估、预警催收等多个风控环节开展全方位的风险预测和管控。

3）**加强智慧运营建设**。优化运营服务机制，实现自动化智能服务，提高数字化运营能力和运营效率。在客户接触层，将加快推进线下网点智能化改造、数字渠道升级及金融和非金融资源的整合，打通数据和信息在各个渠道的无缝交互，打造以客户为中心的全渠道发展模式，为客户提供跨渠道的无感体验。在服务交付层，将加强前台与后台作业系统的整合，并合理规划和布局机器人流程自动化技术，在风控合规的前提下，实现作业处理的高度自动化，逐步向"智慧工厂"转型。在管控层，将借助数据挖掘和机器学习等技术，对运营数据进行分析，为前台接触层的渠道与服务优化提供反馈，为营销服务提供支持。

4）**创新金融产品与服务**。将充分运用大数据、云计算、人工智能等数字技术，创新金融产品和服务，优化服务体验，增强客户黏性。运用大数据和人工智能技术，整合海量数据，挖掘数据价值，创新金融产品和服务。例如，通过综合分析客户的信用数据、行为数据、社交关系数据、交易数据等，智能匹配授信额度及利率，为众多缺乏信用记录和抵质押品的小微客户、农户等"长尾客群"提供小额化、便捷化、灵活化的信贷产品，践行普惠金融。

5）**探索全新的商业模式**。进一步强化金融科技应用，依托线下渠道优势，加强跨界整合，进一步强化社区金融生态圈、农村金融生态圈、产业金融生态圈建设，满足客户端到端的金融与非金融需求，提升客户体验。一方面，推进社区和农村金融生态圈建设：进一步强化"小能人"生活平台、手机银行等平台建设，不断丰富居民生活应用场景，积累海量商户和用户，依托社区网点和农村金融服务站线下优势，不断打造社区金融生态圈和农村金融生态圈，逐步提升社区金融和农村金融竞争优势。另一方面，推进产业金融生态圈建设：依托自身供应链金融平台、"小能人"生活服务平台等重要平台资源，进一步扩大跨界合作范围，与更多商户、企业、政府机构、互联网企业等开展合作，同时与线下渠道充分结合，不断延伸供应链金融、农村产业金融客户服务触角，扩大客户规模。

总　　结

未来桂林银行将坚持以高质量发展为主题，围绕"十四五"规划和2035年远景目标，以"高、正、严、专、实、暖、拼"七字工作方针为引领，坚持"专注于服务乡村振兴的银行"的战略方向，深耕本土市场，以"科技赋能"为核心动能，继续推进全行数字化转型，积极建设开放金融生态，推动乡村振兴，助力广西经济平稳健康发展，扎扎实实做一家有高度、有深度、有温度、有情怀的现代金融企业。

25 台州银行：数字化运营助推普惠金融发展

黄军民[一]　台州银行

当前，以云计算、人工智能、移动互联网、大数据、区块链等为代表的新兴科技正悄无声息地改变着金融业的传统模式，给金融业带来了历史性的机遇与挑战。数字时代下，金融服务也在加速数字化进程，"金融+科技""金融+互联网""金融+大数据"等新形态方兴未艾。数字化转型已成为银行业业务升级发展的"第一动力"，银行的传统理念和服务模式发生了质的改变，在数字经济的大趋势下，越来越多的银行将数字化转型作为最重要的战略方向。

第1节　小微平台建设背景

1. 对数字化转型大趋势的理解与判断

从狭义的角度看，商业银行的数字化转型是通过充分利用最新的技术，包括云计算、人工智能、移动互联网、大数据、区块链等，使业务流程不断优化，产品服务实现线上化。从广义的角度看，商业银行的数字化转型是数字化的核心内涵，包括三个方面：一是数据价值，银行通过所拥有及所取得的数据，深入挖掘有价值的信息，并用在经营管理上；二是客户体验，数字化应用最终要体现在为客户提供更优质、更贴心、更有温度的金融服务上；三是利润增长点，利用有价值的信息和极致的客户体验，去开拓新客户、创新新模式、研发新产品，同时做到精准营销、严控风险。

[一] 作者系台州银行行长。

数字化转型是商业银行业务发展的必然趋势。在数字经济的发展趋势下，台州银行主动拥抱变化、迎接挑战，充分利用前沿科技，积极探索新时代下的金融科技转型之路，推进业务与科技创新协同发展，升级小微金融传统服务，并在转型实践中取得诸多实践成果，包括台州银行客户服务移动工作站、微信分行、手机银行等。2018 年，为了进一步推进小微金融服务转型升级，提升金融服务效率，台州银行开始搭建各业务系统间交互运行的基础平台——小微金融服务智慧平台（简称小微平台或枢纽平台），打造"以枢纽平台为核心的一站、一分行、一平台、一中心"模式。

2. 小微平台建设拟解决的痛点

小微平台主要解决台州银行的以下几个痛点。

1）**功能不断迭代的众多应用系统无法实现完全互联互通**。由于台州银行的各个应用系统存在技术架构不统一的问题，在面对数字化转型压力时，面向客户运营服务的互联互通能力明显不能完全满足业务的需求，应用系统需要升级。

2）**利率市场化要求银行快速根据市场调整本行的利率定价**。随着利率市场化的推进，银行的经营环境发生了深刻变化，各大银行在利率市场化下的经营和盈利情况受到强烈冲击。利率市场化下，银行间日益激烈的竞争已成为常态，银行在拥有更多定价权的同时，也面临市场定价的压力以及成本和盈利的压力。台州银行必须能够根据市场快速做出利率定价的响应，否则难以应对利率市场化的大环境。

3）**客户需求日趋多样化和复杂化**。从客户需求看，经济转型使落后的"低、小、散"产业逐渐淘汰，传统产业加快转型，大量新产业、新业态兴起。小微客户的金融需求日趋多样化和复杂化，他们对银行的产品和业务办理流程有了充分的认识，其金融需求也相应升级，不再局限于某一产品，而是对产品综合性的需求，对银行的要求也更高，需要银行提供全面、优质的服务。同时，小微客户希望银行能针对其特点，提供个性化的产品和服务。

4）**业务人员和客户提高了对新产品的创新速度和业务办理效率的要求**。在当前竞争激烈的金融形势下，各大银行都在全力争夺客户，争做客户的主办行。为了在客户营销中获得优势，业务人员需要台州银行能快速响应客户的产品需求，并在较短的时间内完成业务办理，提升客户的体验感，提高客户的满意度。当然，这也是客户的需求。

第 2 节 小微金融服务智慧平台

台州银行以"快前台、强中台、稳后台"的 IT 建设理念，采用先进的企业运营业务架构理念和基于云平台的分布式技术架构，打通柜面前端、网银、24 小时移动营业厅、移动工作站、微信银行、后台作业中心等业务渠道，对接大数据、外部信息平台等，构造了涵盖"一个客户营销精准化平台、五个中心"的业务枢纽——小微金融服务智慧平台（简称"小微平台"）。平台涵盖客户运营中心、产品管理中心、计价管理中心、交易管理中心、信贷流程中心、工作流平台等中心，以数据为驱动，实现场景生态丰富、线上线下协同、产品创新灵活、信贷作业流程优化、风险控制智能、客户管理网格化。

1. "场景化 + 平台化"搭建开放的获客平台

借助大数据，台州银行构建了"场景化 + 平台化"的开放获客平台，提高了获客效率，降低了客户办理业务的时间，让更多小微企业和"三农"得到便捷的服务。

目前，台州银行在村居营销或者办"兴农卡"入主大会时，会在村居进行布码，客户通过扫二维码（包括台州银行的"贷款申请二维码"和台州银保监分局的"掌上办贷二维码"）或业务人员名片即可发起贷款申请。同时，银行还在园区和其他客户人流量较多的地方布码，方便客户发起申请。客户通过扫码或者在微信分行、网上银行渠道发起的贷款申请，会自动启用小微平台贷款申请流程，以秒级速度实现客户身份验证和征信查询，再通过大数据风险模型应用模块"三张评分卡"中的"预筛选评分卡"，量化客户准入，快速预判并实施客户自动化筛选，并把预筛选通过的客户派单至对应的客户经理，客户经理可直接在小微平台查询到客户的申请信息，并进行后续跟进处理。

此外，为积极推进供应链金融支持小微企业发展，台州银行在小微平台搭建了供应链平台，借助物联网、大数据、人工智能、区块链等前沿技术，通过对接外部数据源，缓解小微企业融资中的信息不对称问题，再结合现有的小微信贷技术，实现线上线下相结合的小微供应链金融作业模式。同时还建立了多渠道的核心企业获客机制：一方面，梳理存量名单，寻找可合作的存量核心企业；另一方面，对接其他外部平台，获取增量核心企业。以核心企业为中心，实现"1+N"获客，将获客来源辐射到核心企业的上下游及周边客户。

2. 特色"计价平台"和"智慧产品超市"

建设具有台州银行特色的"计价平台"和"智慧产品超市",以快速响应市场化计价需求和小微客户多样化产品需求。

搭建全行"计价平台",实现全行利率、费率、汇率的统一管理。在总行定价的基础上,实现全渠道、全产品及对客销售过程中的差异化计价,向客户提供多维度、多方式的差异化计价服务,并可通过价格的参数化配置和快速发布,对接行内业务交易系统,支持快速响应市场化计价需求。

建设"智慧产品超市",以生命周期管理模式管理产品。运营平台的产品采取标准化、参数化及配置化结构管理,从产品创新、面市到退市实现一体化管理。核心系统和客户端兼容对接,支持新增产品的快速配置组装、属地个性化包装,统一发布并快速推向市场,为客户提供更多样、更灵活的产品服务方案。产品系统的产品信息通过移动工作站、网上银行、综合前端系统等系统进行展示,并通过大数据对产品进行全面分析、评估和管理。

3. 优化信贷作业流程,打造强风控中台

搭建信贷业务流程的组件化配置及授信业务的预审批机制,优化信贷作业流程。此外,通过大数据风险模型打造强风控中台。

优化信贷作业流程,实现线上线下业务流程组件化配置管理和灵活定制,完成直销产品流程、供应链流程、信用卡进件流程,转化贷款的贷前、贷中流程管理。同时,创新"贷款预审批"机制,在提高贷款发放效率的同时,为有需求的客户申请"提前做",做到客户一旦有需要就能立即进行业务办理,减少中间的等待环节。

利用大数据分析和风险模型,打造强风控中台。在贷前调查方面,在征信和其他第三方数据基础上,通过预筛选评分模型,量化客户的准入标准及申请客户的风险等级;在贷款审查方面,在第三方数据支持、自编财务信息、老客户历史行为信息等基础上,通过信审评分模型,提高业务运营效率、审批效率;在贷后管理方面,根据客户的贷后行为、还贷情况等,通过客户风险预警评分卡预测客户未来的风险情况,并推送给营销人员帮助其开展贷后监控。

4. 创新"行业专业化、村居网格化"的管理新模式

创新"行业专业化、村居网格化"的管理新模式,以便向小微客户提供专业

化的金融服务支持。

通过综合平台形式管理获客和管客模式已成为台州银行经营管理的重要手段。基于业务区域规划及客户资源划分，业务人员在小微平台建立行业、市场、地理、供应链、村居、小区等核心客户群体。对于行业、市场、供应链等客群，台州银行会指派专业人员进行管理。对于行业客群，支行将指派专人了解行业发展历史、行业产品链条、行业的盈利模式，以及行业发展趋势和竞争格局，让业务人员成为该领域的"专家"。对于供应链客群，支行将寻找可合作的存量核心企业，由总行指派专业人员进行指导并与核心企业接洽，为供应链企业提供专业的服务。对于村居、小区客群，实行"网格化"管理。根据业务区域规划，各支行将明确各自的管辖地，并将所在村居和小区划分给支行内的营销人员，由营销人员主要负责自己所在村居（小区）的营销工作，通过与村居（小区）关键人建立良好合作关系以及举办公益活动、惠民活动等方式，进行地毯式营销，凭借"兴农卡"入主大会等模式，积极了解村居（小区）客户相关信息，并将信息收集、建档、授信工作做深、做透，一步一个脚印地推进网格化管理工作，同时深入挖掘村居（小区）内的客户资料，为进一步营销打好基础。

5. 依托大数据，实现客户生命周期管理

通过小微平台建设，完整、准确地实现客户画像以及客户全生命周期管理。

形成客户的360°视图。该360°视图主要涵盖客户的基本信息、个人交易数据、日常经营活动和个人客户在社会生活中体现的消费偏好等关键要素，这有助于客户经理更好地了解和把握客户，并对客户的收入、风险等相关因素进行分析和预测，进而为客户提供更优质和个性化的服务。

实现客户全生命周期管理，根据客户的特点将客户分为潜在客户、新客户、老客户、流失客户，依托大数据，实时根据规则对客户"打标签"以定义客户类型。对于不同阶段的客户，制定不同的客户关系管理和维护措施，针对性地开展获客、活客、黏客活动，以达到精准营销、提高营销成效的目的。

第3节 创新型成效

小微金融服务智慧平台的建设，是台州银行践行"小微模式、社区化经营商业模式"的具体表现，也是践行数字化转型的最好写照。

1. 开放的获客平台，扩展了服务和业务的辐射范围

"扫码办贷"和供应链"1+N"的获客模式，"场景化+平台化"的开放获客平台，打破了时间和空间的限制，解决了物理网点布局缺失、人员队伍投放不足及作业时间限制等问题，为客户提供全天候 24 小时掌上服务，使客户足不出户在线一分钟即可完成贷款申请，实现了线上和线下高效融合，让更多的小微、三农客户享受到台州银行提供的金融服务，极大扩展了客户服务与业务拓展的辐射范围。

"客户扫码，银行收单"，贷款申请就像手机下单点外卖一样方便，大大提升了客户体验。此外，线上申请后客户身份自动验证、征信评分自动落地、贷款业务自动派单，极大简化了贷款流程，提高了业务处理效率，多维度、结构化的大数据应用与分析，实现了精准获客、精准定位、精准营销。

2. 差异化利率定价和产品定制，大大提升了产品创新服务的效率

实现差异化的利率定价和产品定制功能，为客户提供更多样、更灵活的定价和产品服务方案，大大提升了产品创新服务的效率。

商业银行产品创新，通常需要经历前期调研讨论、产品制度拟定、产品登记发布、业务系统需求开发、运营测试上线、机构推广等多个环节，由总行统一实施完成，该流程一般要经历 3 个月到半年。通过小微平台产品管理中心、计价管理中心，台州银行各分支机构可根据辖区客户需要，差异化定制符合自身需求的对客产品，同时，通过"定价平台"和"智慧产品超市"，系统线上处理时间大大缩短，整个产品创新周期缩短为 1～2 周。截至 2020 年 6 月底，小微平台产品运营中心已完成 414 项可售产品配置，可售产品 281 项，包括贷款产品 238 项（含供应链产品 115 项）、存款 25 项、信用卡 18 项。通过平台配置创新、差异化定制，为客户群体提供了多样、灵活的产品服务方案和定价方案，能快速响应客户对台州银行产品的需求，大大提升了产品创新服务的效率。

3. 优化的信贷流程，加快了小微客户的融资速度

通过信贷业务流程可配置化、贷款预审批机制、信贷业务审批流程简化等举措，提高业务人员对小微客户的服务质量和小微企业的融资速度。

按照以往的模式，如客户经理发放续贷客户的贷款，须在贷款到期前走访客户，了解客户最新的信息，并在贷款到期后，发起贷款登记、录入业务要素、完

成调查表制作、提交贷款审批，然后完成合同签约和贷款发放。但通过小微平台的贷款预审批机制，客户经理可在客户贷款到期前就完成客户贷款合同签约前的一系列操作，减少了客户的等待时间，加快了小微企业融资的速度，使客户最快在贷款到期后半天内即可完成续贷。此外，通过信贷业务审批简化，既合理减轻了审批人员的工作量，进一步提升了客户办理贷款的速度，给客户带来极佳的体验，同时又有利于业务人员利用台州银行这一特有的优势开展老客户营销。以新技术之利，简化业务流程，降低操作门槛，让客户足不出户就能享受到更有温度、更有速度、更有深度的优质金融服务。

4. "数据化+行业化"，加强了专业化的风控能力

对于地理、市场、园区、供应链等核心客户群体，台州银行指派专业人员进行管理。首先，有利于向小微客户提供专业化的金融服务支持，让业务人员成为该领域的"专家"；其次，通过对其负责行业的盈利模式、发展趋势和竞争格局等的了解，业务人员能提升专业风控能力，防范信用风险。

此外，利用大数据分析和风险模型打造的强风控中台。在贷前调查方面，通过征信、第三方数据及预筛选评分模型，量化了客户的准入标准和申请客户的风险等级，既有助于业务人员了解客户的风险信息，又加快了客户预筛选速度，提高了预筛选效率；在贷款审查方面，通过信审评分模型和客户的 BI 报告，提高业务运营效率和贷款的审批效率；在贷后管理方面，通过客户风险预警评分卡预测客户未来的风险情况与大数据的任务推送，帮助业务人员更快地了解客户贷后的风险情况，降低风险发生的概率。

5. 村居网格化管理和客户生命周期管理有助于开展精准营销

小微平台上线至今，客户群共新增 11 016 个，其中村居群和小区群共新增 4332 个。对于村居群和小区群，台州银行实行网格化管理，一户户实地了解群内客户的信息，将收集的信息录入小微平台系统并建档，为后续批量预授信做好准备。结合客户生命周期管理，可精准定位目标客户，深入了解客户需求，为客户提供适合的金融产品，进而提高一线业务人员营销成功率，提升人均"单产"。

此外，对不同阶段的客户，开展不同的客户关系管理措施和营销措施，有助于提高营销的成功率。客户生命周期管理把客户分为潜在客户、新客户、老客户和流失客户，能帮助业务人员更好地开展营销。对于潜在客户和新客户，主要通

过客户拜访，根据客户实际情况进行存贷款营销；对于老客户，通过大数据分析客户对产品的偏好程度、忠诚程度和多样性需求，开展交叉销售，做客户的主办行；对于流失客户，通过实地走访或者电话联系，结合大数据获取的信息，找到客户流失的原因，并针对性地进行挽客。

面对数字经济的大趋势，台州银行一直顺势谋变，主动拥抱变化、迎接挑战，充分利用新兴的金融科技，积极探索新时代下的金融科技转型之路，推进业务与科技创新协同发展，实现"数据驱动"，升级小微金融传统服务。小微金融服务智慧平台的建设，是台州银行积极践行数字化转型的典型案例，也是践行"小微模式、社区化经营商业模式"的具体体现。该平台的搭建，有助于扩展服务和业务的辐射范围，提升对客服务效率和对客营销的精准度，提高普惠金融服务的能力和水平，并将覆盖更多金融业务和小微客户。

台州银行将持续以数字化转型为重要战略方向，继续认真做好小微平台的建设工作以及行内其他系统的数字化转型升级工作，不断优化流程、提升服务，创新精准、便利的金融服务，为客户提供更优质的金融服务，推动普惠金融的发展。

26 泰隆银行：普惠金融服务的数字化转型之路

张兴忠　泰隆银行

随着近十年移动互联网的发展，商业银行正在迈入数字化时代。随着大型互联网公司陆续进入金融领域，商业银行切身感受到了巨大的外部挑战。面对巨大的外部压力，数字化转型是必须采取的战略举措。2020年伊始，一场突如其来的新冠肺炎疫情，让银行业经历了一次压力测试，"宅生活"推动线上流量骤增，为银行业带来新机遇的同时也考验着各家银行的数字化经营能力。

泰隆银行始终坚持"服务小微企业、践行普惠金融"的定位，充分运用外部综合信息，运用移动互联网、大数据模型等技术，深入推进在准入模式、作业模式和风控措施等方面的创新，有效扩大了普惠金融覆盖面，降低了金融服务成本，提高了综合服务效率，在数字化转型的实践中探索出一套颇具特色的小微企业信贷服务模式和风险控制技术。

第 1 节　数字化转型驱动力

泰隆银行数字化转型的驱动力来源于以下几个方面的变化。

（1）负债端

零售客户对银行产品和服务的差异化需求正在增强；客户办理业务的渠道、方式在快速变化，移动化、便捷化成为主流；客户已经不满足于传统的存款、理财、保险等产品和服务，需要更全面、更贴心的产品和服务。

（2）资产端

1）客户对信贷服务的要求在逐步提高：泰隆银行传统的"三三制"服务承诺的竞争力在逐步减弱；同时随着移动设备的推广应用以及互联网金融的蓬勃发展，客户期望体验高效、便捷的信贷服务。为此，银行不仅需要建立线上新渠道，还需要优化线下渠道，实现线上和线下相结合，并主动融入数字化的场景中。

2）客户群发生变化：高端客户与普惠金融客户出现重合，为了实现对长尾客户的精准营销，需要通过数字化转型，利用大数据挖掘技术，来提高营销精准性和风控能力。

3）客户对信贷产品的需求出现分化：单一的信贷产品已经无法满足所有小微客户的需求，银行需要不断进行产品创新、迭代，并且结合客户的特点进行差异化定价。

基于此，泰隆银行制定的数字化转型整体战略如下：通过建设并运用大数据管理体系，用数据驱动客户分层分群，实现客户关系全生命周期管理；通过搭建与客户分层分群相适应的综合经营和服务体系，建立与小微金融业务相适应的数字化经营模式；在组织和机制上，建立数字化的组织文化，建立快速试错的敏捷交付体系，使体制机制形成闭环，最终实现降本增效、优化客户体验、提高风险防控水平的目标。

具体到信贷业务领域，泰隆银行从作业模式入手，将全新的金融科技手段融入信贷工厂建设中去，打造了一个全新的信贷作业平台。同时，利用客户信息数字化的机会，将操作风险、道德风险的管理要求落实到系统中，将客户信用风险的计量结果运用在决策流程中。通过建设和运行信贷工厂，提高全行工作效率，提升服务覆盖率，有效提升风险管理能力。

第2节 泰隆方法：以数字化为核心的信贷工厂作业模式

传统小微信贷服务模式是存在"天花板"的。由于小微企业分布地域广，小微金融服务机构均通过走访式获客，现场调查、收集资料，费时费力、效率低。过去，泰隆银行承诺"三三制"，客户新申请办理一笔贷款，需3天；续贷一笔，3小时完成——这个速度在业内已经处于领先地位，但是这种作业模式的效率仍然比较低，客户经理能够服务的客户数有限，造成人均产效低、运营成本高。同时，由于传统模式下客户信息不够完善、全面，资产质量管控难度大，小微金融的信用风险相对较高，难以兼顾发展速度和资产质量。

在无法解决上述难题的同时，银行又面临客户对信贷服务的便捷性越来越高的要求，在这种情况下，传统的作业模式已经难以为继。随势而动，利用移动互联网技术，打造全新的信贷作业模式成为银行的不二选择。

为了突破小微信贷服务"天花板"，扩大普惠金融覆盖面，提升普惠金融服务质量，有效解决小微企业融资难的问题，泰隆银行从2015年开始着手建立"金融科技＋信贷流程再造"双轮齐驱的新作业模式——信贷工厂。自2016年上线至今，信贷工厂逐步实现了传统线下信贷作业与线上移动作业模式的融合。

在泰隆银行，客户经理人手一台Pad，移动办公已成为常态。一台Pad就是一个没有现金的"移动网点"，可完成90%以上的常规性综合业务。通过Pad，服务场景不再受限，客户经理可方便地为客户提供开卡、激活、办理结算、签约、发放贷款等金融服务。这种作业模式，极大提升了客户经理的工作效率，扩大了客户经理的服务覆盖面，为做深、做透普惠金融提供了解决方案。

1. 信贷工厂作业模式

1）**实现前中后台分离作业**。为了落实前中后台分离的作业模式，泰隆银行建立了信贷工厂集中作业中心。前台客户经理的主要职责侧重于现场营销、调查和信息采集；而中台客户经理由经过专业培训的远程作业人员担任，主要负责信息初审、录入、审核等中后台的审查审核工作。中台采用统一的客户准入标准、录入标准、审核标准、服务标准，加强了对操作风险和员工道德风险的管控。

2）**积极采用金融科技，关键环节从人控升级为机控**。在信息采集录入环节，采用OCR识别技术、电子合同CA认证、活体人脸识别、签字识别和语音识别技术等科技手段。在贷前阶段通过预评估准入、"三查询"及第三方数据控制，在贷中阶段通过系统校验、中台审核、时间印戳、申请评级、风险探测、现场定位、双人调查、合同签订等手段控制，在贷后阶段通过中台监控、数据分析、非现场检查、预警监测、精准贷后等手段控制，将传统作业模式下的"四眼原则"、实地调查、空白合同管理、经营项目核实等常见的管理盲区纳入监控和管理。

3）**通过采集外部数据平台，将客户数字化**。接入诸多外部数据平台，如征信、法院、工商、海关、税务等政务数据，建立客户画像，形成外部数据统一视图，为金融科技的运用提供便利。

4）**大数据反欺诈**。以大数据为基础，构建了全行一站式反欺诈系统。通过引进设备指纹、生物探针、知识图谱等反欺诈技术，建设规则库、名单库、指标库、案件库，开发了完整的反欺诈规则、信贷规则及反欺诈模型，对信贷业务全生命周期进行管理，为信贷业务健康、可持续发展提供了有力保障。

5）**模式模型化**。引入工商、司法、黑名单、税务等外部数据以及省银保监共享数据，并通过对第三方数据和内部自有数据的整合和提炼，利用大数据实时、精准等特性，在贷前、贷中、贷后对客户进行全方位的快速评估和实时监控。

- 贷前：严把客户准入关，运用大数据建立预评估准入规则，解决客户准入问题。泰隆银行已经有针对性地建立了客户预评估准入规则，目前共设置数百条禁入规则和提示规则，整体拦截率为12.13%，有效解决了客户准入难、标准不一等问题。据统计，在预评估非直接通过的业务中，抗辩通过的业务出险率为全量业务的2.11倍，表明预评估对高风险客户有着较为明显的拦截作用。
- 贷中：通过风险模型对客户进行分层和排序，实现客户差异化管理。风险模型主要针对线上业务的申请、行为进行风险或额度测算，实现了操作线上化全流程改造，包括续贷管理、网申渠道、预评估改造、审批策略、线上签约等。目前已经建立并使用了多个小微客户评分模型和额度测算模型。通过模型，加快了审批流程，同时将风险偏好相对准确地反映在了审批环节。
- 贷后：通过对内外部数据的动态化监测，借助分析工具和挖掘技术对数据进行解读，及时发现风险隐患，实现从"全面撒网"到"重点捕捞"的转变。例如，通过风险监测系统，按月对全量信贷户进行大数据风险监测，一方面为一线减压减负，节约人力成本，提高贷后作业效率；另一方面做到风险隐患"早发现、早防范、早控制"。同时，泰隆银行做了很多创新设计，比如通过"一键引入"功能，自动采集工商、征信等数据，减轻客户信息录入的工作量，提高了作业效率和用户体验。

2. 新作业模式对推广、深化普惠金融的意义

1）**掌握并分析客户信息**。如何快速识别、准确掌握客户信息是实现普惠金融必须解决的问题，在泰隆银行社区化战略大背景下，新作业模式可以帮助客户经理更好地了解客户，如征信、多头借贷、涉案或犯罪信息、收入等；同时还帮助客户经理对客户信息进行整合、分析，如对客户的风险水平进行打分量化、对消费性客户进行额度测算等。

2）提高客户经理纵深作战能力。移动化作业有效延伸了服务半径，突破了普惠金融业务发展的瓶颈，极大提高了一线业务团队纵深作业能力。使用信贷工厂后，我们让原本"去不了""不敢去"的偏远农村和山区的老百姓得到实实在在的金融服务，真正做到了普惠百姓。如台州市天台县平桥镇辖内的紫凝山区距泰隆银行始丰支行25多公里，开车往返至少一个半小时。信贷工厂投放台州市场后，迅速成为天台始丰支行客户经理下乡上山践行普惠金融的利器。在不到6个月的时间内，始丰支行就通过移动办公（Pad）在该区域发放贷款500多笔，总额7000多万元，展现了"山不过来，我就过去"的普惠情怀。

3）提升客户经理作业速度和服务效率。近年来泰隆银行推行"全覆盖"的整体部署，将市场重点下沉至社区和村居，但受机构数量限制，在很多没有网点覆盖的乡镇、农村，客户经理需多次往返银行网点，耗费了大量时间。实行信贷工厂作业后，采用现场预评估、签署征信授权书、签订合同等方式，客户经理可以在30分钟左右完成贷款全流程作业。

截至2020年6月，泰隆银行通过信贷工厂累计发放各类信贷业务约100万笔，金额超2000亿元。全行的信贷业务处理时间由过去的3天、3小时变成现在的30分钟，甚至3分钟。目前信贷工厂可以为客户提供7×12小时服务，每天可以处理信贷业务1000笔以上。新的作业模式通过优化系统流程，提高贷款办理效率，有效拓展了客户经理人均管户量。据统计，新模式下客户经理平均管户数增加35%，有效提升了人均产效，降低了成本收入比。

4）提高客户贷款可获得性和满意度。泰隆银行积极将浙江省委省政府提出的"最多跑一次"的便民服务理念贯彻在金融服务中，目前约85%的信贷客户"最多跑一次"即可获得信贷服务，且还在向"一次也不用跑"努力，即直接把优质的金融服务和金融产品送上门，让小微客户享受"足不出户，现场得到贷款"和贵宾客户才有的"一对一上门服务"。如金华分行东阳支行使用Pad作业现场放款比例高达81.4%，近一年来让600多名客户"一次都不用跑"就享受到普惠金融上门服务，实实在在发挥着银行"端盘子"的服务精神。

5）切实落地信用风险、操作风险、道德风险管控措施。通过前中后台有效分离、有效配合，以及机控代替人控的作业模式，有效落实了对操作风险、道德风险的管理要求。集中作业中心运行至今，共发现合同冒签、空白合同等操作风险、道德风险事件千余次，减少损失数千万元。

新模式上线以来，通过信贷工厂Pad发放的贷款，90天以上的逾期率约 0.5%。2019 年全行新发生不良贷款率较峰值下降了 1.09%，不良率下降到 1.13%。实践表明，新模式的信用风险控制效果明显优于传统作业模式。

6）**推动对外合作，实现普惠金融"走出去"**。通过一段时间的运行，新作业模式带来的"红利"开始显现。基于此，泰隆银行开始推动"走出去"战略，通过模式和技术输出，为同业送去推广普惠金融的"利器"。截至目前，泰隆银行已与多家法人机构签订了战略合作协议，合作业务布局覆盖粤皖闽川四省。

3. 集中数据平台——泰隆云平台

在新作业模式下，客户的数字化以及在此基础上建立的各类决策、评分模型是整个模式运行的核心。为打破数据孤岛，连通各系统数据，发挥数据价值，支持大数据风险模型，为线上化提供实时服务和风险监测，我们运用云计算、大数据、智能决策、微服务等技术，启动了泰隆云平台建设。

泰隆云平台汇集全行各类基础数据和应用数据，形成全行统一的数据资产层，并对业务部门开放；提供统一的机器学习平台，基于云计算、大数据等技术支持大量优质算法（包括机器学习、深度学习、文本挖掘算法），支持海量、亿级数据的复杂计算，支持开展一站式可视化建模（包括数据处理、特征工程、数据建模等）；可视化、可配置的基础服务提高了数据决策服务的部署和迭代效率。截至目前，泰隆云平台已经在线上信用产品、客户账户风险监测等领域提供实时决策服务输出。

泰隆云平台为银行业务生产过程提供标准化、平台化、服务化、模型化、配置化的数据智能决策服务，驱动泰隆银行在客户洞察、市场营销、风险管理、产品研发、客户体验等方面不断突破与创新。

4. 治理数据，标准先行

在泰隆云平台整合数据能力的基础上，为了挖掘"数据金矿"，提高预评估规则、风险模型、贷后监测的准确度，泰隆银行开展了深度数据治理工作，建立了数据标准。

1）**指标标准的建立与完善**。为解决数据不一致、数据口径不统一的问题，泰隆银行建立指标数据标准，统一指标标准开发。2017 年建立 1000 多项基础类数据标准；2018 年将指标主题调整为业务、风险、财务、客户、人力、机构、运营七大主题；2019 年梳理指标层级，主动发起和重点推进风险和财务主题指标落标。

2）**推动指标管理线上化，完善管理机制**。实现指标查询和管理流程线上化，提高管理效率。明确职责与管理流程，通过制定规章明确指标生命周期管理、应用管理、开发和数据质量监控的流程和职责。

经过近两年的数据治理，泰隆银行目前已实现1000多项基础数据标准与业务系统落标，建立了全行的数据标准化体系。其中，新核心、新信贷、客户信息系统落标率均超90%，解决了数据同步、数据共享、数据准确性、数据完整性和系统集成的标准问题，为新模式的平稳运行及后续进化铺就了康庄大道。

第3节 未来普惠金融路上的数字化

第一，建设智慧社区。社区化是泰隆银行的"看家本领"，也是深化普惠金融服务，提高机构产效和人均产效的关键。我们将以智慧社区建设为目标，以"夯实基础＋生态建设＋科技应用"为抓手，通过数据化驱动、精细化管理和系统化支撑推动社区化升级建设，继续深化"两档一授信"（社区建档、客户建档、社区全面授信）建设，逐步实现社区的数字化，进一步提升我行社区化管理、作业及营销效率，不断推动社区化经营模式的转型升级。

第二，开启业务线上化进程。在实现客户、信贷业务数字化的基础上，将通过大数据建模、评级等方式，加强对存量、优质客户的分层分类，并据此逐步推进小额业务线上化、存量续贷线上化等业务线上化进程。这将进一步提高客户经理的作业效率，提升客户体验，真正实现"贷款和存款、买理财一样方便"。

第三，继续推动"走出去"战略，深化外部合作。在"走出去"战略实施过程中，我们不仅输出了新的作业模式，同时对台州小微做法、泰隆文化理念、社区化战略、信贷基本原则、调查技术、队伍建设、授权问责、考核激励等泰隆模式和技术进行输出，开展全方位合作。后续，我们将继续对外输出在数字普惠金融方面的探索成果，同时积极吸收同业在这方面的优秀成果。"一花独放不是春，百花齐放满园春。"

总　　结

展望未来，随着数字技术与普惠金融理念的不断融合，发展数字普惠金融已是大势所趋。人工智能、区块链、大数据和云计算等核心技术也将进一步引领普惠金融服务向纵深发展。我们坚信，持续、深化的数字化转型是泰隆银行未来发展的必由之路。

泰隆银行将不忘初心，按照"好银行"的标准，不断探索和完善小微金融服务模式，努力成为中国小微金融标准建设的重要参与者和"人人平等"普惠金融愿景的积极实践者。

27 日照银行：借力数字化打造创新型区域精品银行

秦宝林　王逸东　张传斌　张伟　日照银行

数字化时代的到来带动着金融改革不断深化，以人工智能、大数据、云计算、区块链等技术为代表的金融科技，正在重塑银行的业务形态和服务模式，为金融机构的数字化转型提供新的工具和方案。对于正处于跨越式发展阶段、力争弯道超车的日照银行而言，建立自身数字化转型优势，开创科技引领业务健康快速发展的新局面，打造创新型区域化精品银行，推行数字化转型战略的重要性不言而喻。在此背景下，日照银行顺势而谋、应势而动，在战略发展、组织架构、业务模式、数据管理、IT建设等领域不断改革创新，积极推进数字化转型，逐步构建数字化银行生态体系，迎接成立20周年。

第1节　全局统筹谋划，推动战略转型

描绘金融科技发展蓝图是日照银行开启数字化转型的重要一环。为顺应金融科技时代潮流，推动金融与科技深度融合，日照银行将数字化转型作为发展战略的重要内容，积极运用金融科技，带动银行整体的转型发展。

1）"科技强行"保驾护航。将"科技强行"纳入全行五大重点工作，以金融科技促发展、防风险、助融合。通过全面启动实施"1833"科技强行重大工程（围绕1条主线，明确8大目标，推进33项举措），统筹谋划全行的科技强行工作，动员全行上下用科技赋能发展、用创新拥抱未来，努力开创金融科技引领业务健康快速发展的新局面，为打造创新型特色化区域精品银行提供金融科技支撑。

2）描绘发展规划蓝图。通过制定《日照银行金融科技发展规划（2019—2021）》，全面实施新一轮金融科技战略规划，从信息科技的应用架构、数据架构、基础架构、科技治理维度以及网络金融的定位、产品、治理等领域出发，打造金融科技"一基两翼"格局，即以自身金融科技建设为基础，以南京银行、城商行联盟先进平台为两翼，大力推进金融科技创新技术应用的深入研究，以科技促进线上线下"双轮驱动"业务发展，为全力打造创新型特色区域精品银行奠定坚实的金融科技基础。

3）科技投入逐年增加。不断加大 IT 设施建设，逐年增加金融科技投入，提升服务的数字化水平。2016—2020 年，日照银行的金融科技投入分别为 1.22 亿元、1.48 亿元、1.91 亿元、1.95 亿元和 2.08 亿元，5 年时间里投入翻倍。日照银行的信息化水平显著提升，实现了从单一业务系统到多渠道、全覆盖、多联动的智能化综合业务系统，完成了服务渠道、业务支撑、企业管理等八大应用群的建设，涵盖了综合业务系统、信贷风险管理系统、财务管理系统、客户关系管理系统、交易监控系统、数据仓库系统、大数据平台等 130 余套信息系统，有力支撑着全行的经营发展。

4）同业合作日益紧密。与南京银行建立战略合作关系：机制上，双方成立战略合作、业务合作委员会，高层保持密切往来，分支机构全面结对；管理上，引入南京银行先进的管理经验，实施"五年百人"培训合作计划；业务上，引入南京银行的综合化经营模式，创新综合化金融服务，实现了金融科技研发能力和业务创新能力的快速提升。与山东省城商行联盟建立紧密合作关系，充分吸收城商行联盟在信息科技建设和业务创新方面的成果，着力打造日照银行特色，力争尽快形成区域竞争优势。与微众银行、新网银行等互联网企业开展深度合作，通过优势互补和资源整合，推动网络渠道拓展、业务结构优化、产品种类丰富，提高数字化金融服务水平。同时，加强与百度、腾讯等公司的业务交流与推进，为下一步创新互联网金融产品、打造端到端的业务流程、塑造金融科技品牌奠定了基础。与华为建立战略合作关系，相继组织行内中高层管理者赴华为观摩学习，开展华为文化与管理模式线上培训，学习华为在人才管理理念、战略管理、文化管理、危机管控等方面的先进经验。

第 2 节 适应当下格局，推进组织架构转型

随着规模过千亿、跨区域经营步伐加快、人员队伍壮大、监管环境趋严，日

照银行深切感受到在互联网、人工智能、大数据和区块链方面与先进银行的差距，如果不尽快跟上，就会错失机遇。为快速适应数字化转型发展，经过通盘考虑，日照银行打破了现有组织架构的运作模式，解决了传统架构对当下格局水土不服的问题。

1）设立三道防线风险管理体系。设立信息科技管理委员会，由其负责制定信息科技和数据治理建设的中长期规划，审批信息科技和数据管理项目建设计划、立项生产等。同时，明确董事会、高级管理层、信息科技管理委员会、科技部、风险管理部、审计部、各分支机构在信息科技管理中的职责，形成以科技部为第一道防线、风险管理部为第二道防线、审计部为第三道防线的信息科技风险管理体系，建立了有效的管理和问责机制。

2）推行中心支行管理模式。建立辖区中心支行管理架构，强化基础架构管理。目前日照银行的营业网点共 100 家，其中 9 家分行、7 家中心支行和 3 家特色支行由总行直管。中心支行管理架构设立后，在山东省银行业法人机构中率先开展内部巡察，首年即实现各分行、中心支行、直管支行巡察全覆盖，发现并推动解决 10 大类 50 余项突出问题。

3）优化总行现有部室架构。设立网络金融部，内设电子银行中心、互联网中心、智慧银行中心、客服中心和市场营销中心五大部门，围绕"业务线上化、服务智能化、生活便捷化"的互联网思维，积极创新业务模式和管理方式，推动互联网业务快速发展。设立消费金融中心，实行个人金融业务部管理下的准事业部管理，并实行相对独立的业务核算与运营管理模式，推动零售业务转型升级。在山东省城商行中率先成立数字银行部，全面推进数字化建设，统筹推动全行数据架构规划、数据治理、数据平台建设、数据应用建设及数据创新研究等数字化银行的建设工作，持续强化大数据体系对营销精准化和管理精细化的服务支撑。

4）开展"稳态 IT"和"敏态 IT"双模布局。为强化信息科技自主研发能力，日照银行成立了信息科技开发中心和济南分行信息科技研发中心。其中，信息科技开发中心负责稳态模式类、基础类信息系统的建设；济南分行信息科技研发中心负责信息科技创新机制建设、敏态模式类信息系统研发、数据应用和智能创新研发。二者相互配合，形成"稳态 + 敏态"的双线布局。稳态 IT 定位传统业务，可实现长期的融合发展；敏态 IT 定位创新业务，可实现长期的创新引领。

5）建设"两地三中心"灾备模式。采用同城双中心 + 异地灾备中心的"两地三中心"灾备模式，其中生产中心是各业务系统运行的中心枢纽，是总行与分支行、外联单位和离行自助设备之间互联互通的网络枢纽；同城灾备中心为应用级，如果发生因自然灾难或人为灾难导致的数据中心的数据丢失或业务中断等情况，可快速、及时地将应用切换至同地灾备中心，保障重要业务系统的连续运行和对外服务连续；异地灾备中心为数据级，用于存放部分重要信息系统的快照数据和备份数据。

第 3 节 提升服务能力，推进业务模式转型

第一，开启电子银行业务的数字化升级之路。一是不断提升电子银行业务技术，使个人网银、手机银行、企业网银业务实现从无到有、从有到优。其中，个人手机银行上线软 UKey 数字证书认证方式；企业网银跨行转账交易上线自动路由系统；电子银行各渠道全面使用人脸识别技术，优化电子银行产品操作流程，以达到高效、简洁、安全、方便的目的。二是打造简单、方便的用户体验。探索建设全渠道电子银行，提高操作的透明性和流畅性，用互联网金融的新理念拓宽转型思路，加快新技术、新功能的应用。三是创新助力网金业务全面开花。在电子渠道方面，日照银行的企业网银客户数总量、微信银行绑卡客户、直销银行绑卡客户、第三方支付客户均居省内前列。在互联网平台建设方面，直销银行打造互联网获客平台；网联接入改造和统一支付平台打造综合支付能力；生活金融服务平台拓展本地商圈，建设地方特色平台；智慧银行平台推动创新智能服务模式。四是创新专属、智慧的金融产品，针对细分客群做产品创新，定制互联网金融产品。日照银行以"稳定现有优质客户，丰富电子渠道互联网金融产品"为思路，研发定制化专享存款、理财等负债产品，创新专属网络贷款等资产业务，打造"智慧"银行，持续开展临柜业务功能向智能柜台迁移的工作，实现最优智能化转型。

第二，搭建特色场景数字化发展之路。注重场景搭建，通过场景化形式来实现批量获客。一是推进"日鑫悦 e"生活金融服务平台的场景建设，创新消费扶贫新模式。与青岛、临沂、日照等政府平台沟通合作方式，引入临沂好青年、日照"乡村好青年"以及黔江优质扶贫企业，深入开展消费扶贫、青春扶贫，通过建立线上专区和线下网点体验区、助力线上直播、发放 e 鑫惠民消费券等多种方式为扶贫帮上忙、扶到位。二是助力实体经济发展，提升日照"三同"联盟品牌的知名度。在新冠肺炎疫情的冲击下，外贸企业存在内销转型难、品牌知名度低等问题。2020 年上半年，日照银行积极对接联盟理事长单位——山东美佳有限公

司并达成战略协议，拟在网点体验区建设"三同"优选专区，为企业讲好品牌故事，助力提升全市出口企业的整体竞争力与品牌影响力。三是建设旅游金融新场景。以金融积分为抓手，以"金融产品＋旅游活动"为原则，与日照市文化和旅游局、海洋文旅等进行资源对接，在"日鑫悦 e"商城中引入旅游板块，发挥银行的线下网点辐射圈作用与线上办理简单便捷的优势，以旅游金融助力胶东经济圈文化旅游一体化的高质量发展。

第三，铺就金融服务数字化开放之路。 探索开放银行发展模式，聚力打造开放银行的基础服务能力。跨界打造智慧校园、智慧社区、社区智慧警务＋等平台，开展巴龙、明联、浣洗、车主邦、金智社区、安泰物业等创新项目，以用户需求为导向，以服务碎片化、数据商业化为特征，以生态场景为触点，推进Ⅱ类电子账户、支付通道及特色产品输出，拓宽银行服务渠道和入口，借助互联网流量优势扩大银行的服务边界，提升获客能力，增强用户黏性和金融资产的贡献度。

第四，布局智慧网点的数字化转型之路。 建设智慧银行旗舰店——枣庄路支行，通过业务流程的优化重组、软件系统的升级建设、智能设备的科学投放、客户动线的合理规划、物理空间的视觉冲击，智慧银行旗舰店将客户业务办理的平均时长缩减至传统柜面服务的30%，提升了客户业务的办理效率，减轻了柜面业务压力，节省了柜台占用的物理空间，减少了网点员工的配置数量，优化了网点的人员结构，降低了网点的运营成本，提升了客户体验，提升了日照银行的品牌形象。

第4节 数字驱动智慧管理，推进数据治理转型

第一，聚焦数据治理，稳步提升数据管理水平。 启动数据治理咨询项目，旨在规划数据治理蓝图和搭建完整的数据治理体系，制定符合实际的数据标准、数据质量等各数据治理领域的工作方案，通过健全制度体系、丰富数据质量稽核规则、开展客户信息专项治理、数据标准对标落标等数据全生命周期管理体系工作，全面系统地提升数据治理水平。同时开展理念宣导，形成良好的数据文化。开展监管报送数据治理和专项数据质量提升工作，配合实施新监管统计报送平台项目，统筹监管分支机构在数据录入、业务流程、统计报送等环节的数据质量问题。开展源系统数据的分类治理，制定20余种整改方案，推进七大信息系统的升级改造和存量数据的整改维护。仅2020年，日照银行就完成11万余笔问题数

据的整治，有效提升了数据质量。

第二，聚焦数据应用，不断拓宽数字化转型理念。一是上线互联网信贷平台项目。通过建立数据信用评价体系、风险评估和预警模型，搭建风险决策引擎，提高审批效率，提升信用风险评估水平，降低坏账率，建立数据驱动发展的新模式。二是利用机器学习和大数据分析及挖掘技术开展场景分析，保持标准化、常态化运行。从精准营销、风险控制等多维度进行场景应用分析，以支持行内业务的经营管理需要，完成客户资产流失预警、直销银行潜在用户、手机银行潜在用户名单预测等大数据场景分析，为分支行防范客户流失、挖掘潜在用户提供了系统支撑。同时，对存在不良风险的客户预警，完成小企业不良风险预测场景分析。三是运用区块链技术创新推出"e仓通"，发放日照市首笔跨境金融区块链服务平台融资，创新推出"链易融"产品，推动供应链金融系统的升级换代。四是运用物联网技术创新推出动产质押融资业务解决方案。日照银行在青岛市落地了首个感知仓库，探索出一条化解贸易融资风险的新路径。五是在全行推行 RPA（流程机器人自动化）应用，利用人工智能技术替代人工重复劳动，将操作时间由人工操作的 90 分钟缩短至 5 分钟，真正实现了科技解放生产力。

第 5 节　搭建信息系统架构，推进 IT 转型升级

日照银行在推进数字化转型的过程中，始终坚持数量与质量并重、基础建设与科技创新并行的理念，推进包括大数据数据仓库系统、智慧银行项目群、数据中台在内的 IT 系统建设，现有各类信息系统 130 多套，构建出一套完善的业务信息系统和管理信息系统体系。

第一，建设大数据数据仓库系统。基于大数据基础平台建设数据仓库，充分利用大数据的优势，在传统数据仓库八大主题模型的基础之上，建立高效率、低成本、大容量、易扩展的 x86 Hadoop 集群。完成管理会计和数据应用类系统由传统数据仓库向大数据数据仓库的迁移工作，提高了系统运行效率，缓解了传统数据仓库的运行压力。数据仓库的前瞻性建设加快了大数据能力的建设进程，驱动了新形势下的数字化转型。

第二，建设 CBUS 5.0 智慧银行项目群。启动 CBUS 5.0 新一代智慧银行项目群工作部署，项目群"以客户为中心"，以提供多渠道、全方位服务为导向，以网点轻量化、业务自助化、移动化、集中化、线上化为目标，重塑电子银行内

管、网点自助、大堂精准营销及非现金类业务办理等28个系统流程，涉及923个交易，提出1300余个业务需求。CBUS 5.0智慧银行系统和集中作业平台上线后，日照银行在97家支行投放了166台智能设备，实现了辖区内网点的智能设备全覆盖。

第三，建设数据中台。 推进数据中台建设，致力于打造覆盖多用户层级、灵活自由、可扩展、支撑全行各领域，集数据挖掘、数据分析、数据共享为一体的一站式数据工作平台。基于客户粒度建设全行级数据基础平台（数据中台）项目，建立数据联邦中心、标签中心、客群中心、零售客户中心，对外向各个业务系统输出客户各类业务数据和行为信息，实现客群动态管理，辅助业务精准营销。基于大数据实时流处理技术建设实时流数据处理平台，现已布局40余项零售及对公需求指标，通过前端大屏实现关键业务指标的可视化实时展现和数据的全方位监控，有效满足数据的实时处理需求。建设智慧报表平台、数据交换平台、外部数据管理平台等系统，努力实现前中后台的系统数据交互和统一规范管理。

总　　结

目前日照银行正处在高质量发展的窗口期，公司治理体系日渐完善，内控管理水平显著提升，在今后推进数字化转型中，将继续把握既不冒进，也不落后的原则，以战略眼光布局数字化转型，以落地思路推动目标的实现，让数字化转型成为引领事业高质量发展的重要动力，通过内部整合与对外开放，将科技成果转化为现实生产力，打造开放银行平台，使银行服务更聚焦、更敏捷、更智能、更开放。

28 阜新银行：涅槃，数字化转型一念间

邹积萌　杨雪峰　谢振东　阜新银行

数字技术已经深入生活的每一个角落，潜移默化地影响着人们的行为与习惯。新技术的应用和信息技术的高速发展极大地推动了互联网经济以及整个社会的发展。数字化浪潮席卷各行各业，并不断驱动全社会加快创新和数字化转型，为人们带来了全新的产品及服务体验，也为传统金融行业提供了新的发展机遇与变革挑战。

如今，商业银行已迈入数字时代，银行、机构、客户作为金融生态中的一个个原点，既是数据的使用端，也是数据的生产端。体系中无数的端点彼此交互，构建出复杂的网络。调整资产结构、搭建智能风控等举措表明，数字化转型已成为商业银行最重要的发展方向。

第 1 节　转型，生死一念

当前，城商行经营发展正面临着前所未有的困难与变革。多数城商行分布在经济不发达地区，受当地经济增速放缓的影响，经营发展陷入困境，不良贷款率和不良贷款余额双升，资本未能得到有效补充，净利润增速下降。同时，金融监管趋严，资管新规、流动性风险管理办法等制度对多层嵌套和通道业务加以规范，对资金来源和资金投向实施双向堵截，防止资金脱实向虚。同业业务、表外业务占比较大的城商行势必将经历一场阵痛不断的发展变革。

另外，在新冠肺炎疫情中，智能科技和互联网等新兴行业异军突起，凭借线上办公和移动技术保持稳健产出，同时为社会提供了必要的数字化信息服务。其背后蕴含的新兴产业发展规律值得银行从业者深刻思考。

每一次新技术的更迭，都是一次物竞天择的过程。数字化的机遇就在眼前，窗口期不会太久，城商行无论如何都要赶上数字化转型发展这趟列车。

第2节 互联网金融携挑战而来

1. 互联网科技进军金融领域四大业务板块

如今，传统银行的金融功能和服务技术已无法满足数字时代客户的工作节奏和生活需求。商业银行的客群已先银行一步跟随互联网科技行业接受了全渠道、全天候、个性化、移动化、场景化的互联网智能服务，其行为模式和服务需求已发生根本改变。新兴行业的巨头们布局自身业务的同时，一直在伺机进入金融服务领域。在日常生活服务及平台服务中融入金融及相关功能，已经成为新兴行业做大做强的典型手段，这使得整个金融行业特别是商业银行增加了众多实力强劲的跨界对手。更严峻的是，其目标客群与中小银行客群几近重叠。以替代交易支付渠道、截留沉淀零散资金、无门槛理财、灵活便捷放贷为典型代表的四大业务板块，一直是其争夺客群的不二法门。这四大业务板块表面上看精准抓住和解决了客群痛点和需求，实则依靠的是数字化，这意味着要不断地对新技术进行研发迭代，投入大量人力、财力进行内外部应用的创新研发与实践。

1）替代交易支付渠道。通过智能手机和二维码等交互技术，实现线上、线下全场景的支付功能，避免了客群携带现金、支付找零的麻烦，消除了柜面转账时间成本消耗的弊端，免除了手机转账输入汇款信息的烦琐，解决了与陌生人交易等问题。除公司业务以外，此板块业务完全覆盖了银行柜面汇款、POS刷卡、网上银行、手机银行等结算类业务。

2）截留沉淀零散资金。通过使客群向平台转入备付金、类保证金、预授权资金等，形成沉淀资金。此板块与银行的活期闲散资金业务形成竞争，且更具利息优势。

3）无门槛理财。基于平台用户规模优势推广理财类产品，募集标的资金，给予用户部分收益，并支持灵活的存取方式，解决了用户闲散资金理财的需求。此板块与银行负债业务形成竞争。

4）灵活便捷放贷。基于用户的交易数据和资金情况等测算贷款额度，解决了小微客群融资难、融资贵、融资慢、融资少的痛点。此板块与银行贷款业务的客群有部分重叠，但大部分是传统银行服务未覆盖的长尾群体。

2. 传统银行数字化带来的三大改变

新兴行业四大业务板块的数字化变革迫使传统银行做出了三大改变。

第一个改变，银行的目标客群由头部客群拓展到中部、尾部客群。以往传统银行更多把精力放到"二八定律"的头部客群，随着数字技术对行业效能的提升，技术能效足以打破以往的客群边际效应，金融服务通过数字渠道可以触达每一位客户。

第二个改变，渠道形式由线下网点扩展到线上虚拟端。线下网点存在物理距离、营业时间、窗口配置、人员配额、高峰排队等诸多局限，造成客户在时间、精力、费用等方面高费低效。而移动化线上渠道则可以提供无距离、全天候、无等待的良好体验。

第三个改变，交易场景由特定、低频场景转为广泛、高频场景。通常传统银行的交易支付只能在银行网点、POS机等特定场景中实现。数字支付条件下，交易双方只需一部手机即可完成支付。随着线上、线下各种场景中支付越来越便捷，数字支付得以普及，国家推行数字货币的基础条件和时机也日趋成熟。

综上，数字技术已让银行客群的金融行为和业务形态产生实质改变，特别是在零售和中小微企业金融服务方面更为明显，效果更为突出。银行固有客群一旦"尝鲜"新兴行业数字服务，便可能流失。长此以往，传统银行将变为廉价的"资金安保员和库管员"，丧失原有绝大部分的盈利和服务途径。

第3节 以何攻玉？他山之石！

中小商业银行数字化转型势在必行，数字化对传统金融业务的流程改造、模式创新、服务升级给城市商业银行的发展带来了前所未有的挑战，也带来了无限可能的机遇。

新技术、新理念催生了更多的新需求。数字时代，商业银行原有的经营模式、信息系统都面临着巨大的挑战。面对变革的最好办法，就是主动出击。作为一家来自山海关外的城商行，面对地区发展滞后、经济总量不足的局面，阜新银行始终坚持以战略性眼光和创新性思维审视未来，打造阜银品牌，从金融科技入手，积极寻求新时代生存发展的道路。

开源合作，转型发展不能只靠自己。阜新银行始终坚持以支持地方经济发展为己任，目前服务已经覆盖多半个辽宁省，在为当地百姓和企业提供金融服务的同时，利用城商行属地优势，建立起部分数字化基础服务，丰富自身数据量，搭建基础数字化体系。阜新银行与税务、民政、社保、医保、房产等政府机构深度合作，建立互信关系，搭建互通平台，实现数据共享；与燃气、水电、供暖、公交等民生服务平台深度合作，在服务和保证民生的相关业务中积极开展数字化业务，使本地客群足不出户即可完成各类缴费业务，为客户提供便利服务。与供应链金融企业不断达成合作，建立特色金融服务场景。加速构建互联网金融体系，丰富零售业务应用场景。推进互联网开放平台建设，以互联网核心为依托，构建互联网客户体系、电子账户体系、产品工厂体系、营销体系。通过支付、资管、融资、交易产品线，覆盖旅游出行、社区金融、医疗健康等服务场景。

为有效解决业务痛点，阜新银行对基础平台收集的数据进行深化处理与利用，不断提升自身智能化运营能力，具体举措如下：积极与金融科技公司在技术研发与应用领域联合创新，建立战略合作关系；与华为和腾讯金融云等签署战略合作协议，在互联网开放平台、大数据分析、人工智能、线上渠道导流、线上营业厅和消费金融等领域开展深度合作；通过大数据、人工智能等技术，建立客户的精准画像、智能营销、智能风控体系，实现千人千面的功能、个性化的服务、精准的营销推荐、智能化精细化运营、实时防范线上业务风险；核心业务系统持续升级改造，与各方合作伙伴合力推动阜新银行数字转型进程。

自力更生，实现真正的转型发展只能靠自己。随着金融服务不断向智能化、移动化和深度场景化迈进，阜新银行从"以重点客户为中心"向"以全量客户为中心"转变，确立"用户即客户"的服务意识。他们基于现有基础数字架构，主动探索云计算、区块链等新技术的发展趋势和应用实践，持续优化支撑自身应用系统运行的 IT 基础设施架构及业务连续性体系，并计划完成新的"两地三中心"云化建设。另外，围绕业务特色及数字化转型重点，结合业界领先实践，阜新银行着手打造符合自身的开放前台、数据中台、服务后台，不断规划未来应用系统的整体构成及布局，持续向互联开放方向积极迈进。阜新银行还实现了科技管理集中化、IT 建设专业化，并积极优化调整组织架构及重点岗位管理职能。他们从信息科技战略管理、研发管理、运营管理以及度量和改进管理方面考量敏捷开发模式，充分满足数字化转型和金融科技应用的需要与发展，建立阜新银行自有数字化模式，并不断促进金融产品、服务模式与市场需求结合，以期改变金融服务供给模式，重塑当地银行业生态和竞争格局。

第4节 以点带面，全方位转型

阜新银行应对未来金融科技高速发展形势的策略聚焦于三个方面：有效融合现有互联网金融平台和产品，加速金融科技向纵深发展；强化银行内部对金融科技的跟踪和研究；加强与金融科技公司的交流与合作，提升金融服务黏性、拓展新客群。

从商业银行的发展与演变过程看，传统的存、贷、汇及中间业务的原理没有本质改变，改变的是数据信息的获取处理和授权加权模式。信用转换、支付结算的功能也没有本质改变，改变的是数据交互和传输以及呈现和使用方式。客群底层业务的实际金融需求也没有本质改变，改变的是对移动终端和应用的服务体验需求。因此，阜新银行的金融科技应用旨在以用户为本、以数据为依据、以技术加持。在此基础上，阜新银行注重金融服务与信息技术的深度融合，注重金融科技与用户场景的深度融合，致力于建立新的金融生态环境，实现自身的健康发展。

打造统一支付平台。通过手机银行 App 将大量业务转移到线上，是客群数字化业务体验的第一步。阜新银行在跨行支付、城商行支付、银联支付、超级网银和网联支付（第三方支付）等领域，实现了全渠道接入、智慧路由汇出和统一对账及差错处理等，提高了服务效率，为客群节省了时间。其中，"溜溜支付"通过二维码方式进行线下收单，为小微企业和个体工商户提供专业、安全、便捷的资金收付与交易管理。目前，平台已为超过 8100 家小微商户提供金融服务，帮助客户提高跨行资金周转效率，提高资金收益，全面提升企业客户资金管理信息化、规范化、体系化和精细化水平，增强企业客户黏性。

打造实时模式的企业级客户信息管理平台和渠道整合平台。此举旨在消除客户信息孤岛、描绘客户画像全貌，通过手机银行、微信银行、网上银行、自助银行和柜面为客户提供全渠道服务。由于多渠道信息可协同与延续，客户体验得到了全面提升。

打造基于大数据分析技术的营销与风控平台——鹰眼。在向大零售转型过程中，客户营销与风控能力是一切发展的根基。通过"鹰眼"分析内外部数据，可以描绘客户画像，实现贷前自动调查、贷中智能决策和贷后全面分析，监测零售客户评价，建立客户产品推介和风险评级机制。零售客户经理可根据"鹰眼"提供的客户资产、负债等数据，及时了解客户偏好，有针对性地提供理财、资产管理等建议、推介符合客户预期的存贷款产品。对公客户经理可根据"鹰眼"提供的贷前贷中贷后数据，提前识别逾期或违约风险并定义风险级别等。客户经理可根据历史交易数据对客户进行精准分类、分组、分群。

打造柜面交易无纸化平台、全行级影像平台和历史数据查询平台。按照信息科技发展规划路径，阜新银行先后建设了三大运营管理服务平台，有效地降低了网点日常运营成本，提高了一线柜面服务人员工作效率，提升了全行运营管理数字化水平。以无纸化及影像平台为例，一线柜面146个高频操作可免打个人账户开户及综合签约申请表、挂失申请表、电子银行申请表、手机银行申请表。按照日均约5万笔交易量计算，每年可节省凭证纸张、打印耗材等费用约120万元。后督中心亦可减少约40%的人工勾选中间业务等非重点监督类业务流水工作量。工作效率显著提升，经济效益非常可观。

打造智慧银行平台。通过建设智慧银行平台，阜新银行实现了业务交易操作智能化、网点业务引导智慧化、全流程填单无纸化、凭证管理电子化以及事后监督无人化，迈出了传统实体网点转型的第一步。之后，传统实体网点将陆续在各机构配置智能化设备，缓解柜面办理业务的压力。

打造实时交易风险监控平台。通过交易规则的配置、自主学习和实时监测，阜新银行实现了业务交易事前可信环境的建立、事中风险交易及操作的阻断以及事后案件的还原与分析。截至2020年年末，平台在银联支付、跨行支付、城商行支付、网联支付、超级网银等应用支付处理过程中，在手机银行、微信银行、网上银行、自助存取款机等渠道交易过程中，发挥了重要的风险预判、风险阻断和风险核查作用。平台共提示风险预警信息210.7万次，最大限度地保护了客户的资金安全。

打造互联网开放平台。随着生态融合、共享经济、跨界合作等新商业模式的出现和金融科技事业的蓬勃发展，阜新银行及时洞察业态变革，不断寻求金融科技创新。2019年10月，互联网开放平台正式上线，发布了多个SDK包，与多家国内互联网头部公司进行对接，实现了零售业务的新增长、新突破。2020年全年，零售客户净增长113.67万户，活跃客户占比85%以上。

持续推进手机银行和微信银行系统升级再造。目前，移动银行是个人金融服务对外输出的重要途径。近年来，阜新银行以"用户即客户"的经营理念，不断拓展移动端银行服务范围，跨界整合服务资源，使线上获客比例显著提高。同时，阜新银行还构建了丰富的金融级安全和智能化服务体系，通过人脸识别、指纹识别等技术解决了线上业务办理时客户验证的问题，提供了金融级别的安全保障，提高了客户数字化交互体验。为提升对客户的服务黏性，阜新银行打造"生活＋金融"的场景金融服务，引入场景化应用服务，并建立全行通用的产品工厂、资产管理等平台，实现快速产品创新、业务创新。

提高系统投产质量，保证平稳运行。 通过创新与实践不断降低应用软件开发成本，亦是金融科技应用领域的重要手段。阜新银行自主研发的自动化测试工具提高了测试效率和覆盖度，在降低人力成本的同时提高了系统投产质量。微服务技术的引入也降低了零售业务潜在的风险，解决了资源浪费问题，在应用开发和运维之间建立了简单化、标准化的"交流"机制，最大限度地提高了资源利用率和系统可用性，降低了生产运维成本，确保了生产稳定运行。

分布式核心系统成功上线。 阜新银行是东北地区优先使用分布式核心系统技术的城商行。其通过模块化设计、高度参数化设计，引入金融产品工厂理念和业务创新机制，真正具备了"以客户为中心"的快速、灵活的产品创新能力，提高了业务的及时性、便捷性、灵活性，使科技运维效率得到提高，为银行数字化转型打下了良好根基，也为业务创新提供了必备条件。阜新银行为实现"科技兴行"战略迈出了坚实一步。

阜新银行通过主要业务和管理节点的优先数字化升级，带动相应业务线和板块数字化改进。随着数据信息治理水平的提升，阜新银行将打通和链接各板块数据通道，并统一加载到数据库平台，由平台数据中心处理各业务及终端服务。

变则通，通则达。传统银行的数字化转型是新时代、新环境下必然的趋势。越来越多的传统银行利用人工智能、区块链、云计算和大数据等技术，加快了数字化银行的建设步伐。数字化转型，注定会给传统商业银行带来深远影响。

29 济宁银行：打造区域领先的数字化精品银行

刘正君　济宁银行

近年来，在我国经济强监管、严监管基本形成、利率市场化深入推进、金融科技快速发展及金融脱媒愈发明显的背景下，商业银行竞争格局发生了明显变化。面对错综复杂的内外部环境和艰巨繁重的发展任务，银行业将数字化转型作为当前发展的重要引擎和创新载体。新冠肺炎疫情倒逼数字化转型进程加快，迫使银行更重视对金融科技的应用。数字化转型逐渐成为各家银行发力的重点。

在经济下行压力持续加大、金融发展面临诸多挑战的严峻形势下，济宁银行深刻认识到数字化转型已成为推动银行业高质量发展的重要引擎。特别是随着我国金融市场的不断完善、利率市场化的深入推进和移动互联网等技术的快速进步，同业竞争将进一步加剧，金融脱媒将进一步加深，互联网金融等新业态冲击将进一步加强。数字化转型能够充分地满足客户和实体经济多样化的金融需求，提升金融服务质量和效率，在激烈的市场竞争中形成独特的优势。传统银行数字化转型已成为转变发展方式、培育增长新动能的必然选择，也将是未来金融生态变革的大趋势。

济宁银行的数字化转型是对城商行发展战略、业务模式、运营体制、风险管理等诸多领域的重塑，是一次凤凰涅槃。数字化转型主要是基于大数据、云计算、人工智能、物联网等新技术的广泛应用。2017 年以来，济宁银行顺应传统银行科技化、智慧化发展趋势，大力实施以运营数字化、管理数字化为主要内容的数字化发展战略，不断完善金融科技治理体系，加快数字化项目建设，使金融科技水平持续提升，服务保障能力不断增强，在数字化转型之路上迈出了坚实的一步。

第 1 节　有序推进"七个围绕"

济宁银行的数字化转型大体经历了三个发展阶段：与互联网金融公司开展合作的初始阶段，由互联网金融业务和电子渠道等层面向战略层面拓展；自营平台建设阶段，主要体现在七大平台集中上线运营，自主创新取得初步成果；大数据基础平台建设和运营阶段，引进了外部数据，提升了数据的归集、分析和应用能力，进入依靠大数据运营、管理的 3.0 模式。

济宁银行数字化转型的探索与实践主要体现在"七个围绕"，涉及战略规划、组织架构、业务模式、产品设计、运营机制以及 IT 系统等诸多方面。

1. 围绕转变发展方式，全面提升数字化转型的战略地位

以战略思维引领数字化转型。在综合分析银行业发展新生态和数字化转型的大背景下，济宁银行结合人民银行《金融科技（FinTech）发展规划（2019—2021年）》，研究制定了《济宁银行三年发展战略规划》和《信息科技专项规划》，明确提出把"数字化转型"作为全行发展的第一战略，把"打造区域领先的数字化精品银行"作为全行发展的美好愿景，坚持"质量、效益、规模"协调发展，摒弃速度、规模情结，更加注重科技引领、内涵式发展，更加注重发展的稳定性、协调性和可持续性。在总体战略指引下，济宁银行坚持以业务需求为导向，科学配置科技资源，有效对接科技公司，全面推进科技项目，保证了全行数字化转型目标明确、推进有序、规范高效，形成了"金融＋科技＋应用"的新型金融生态体系。

以开放心态推进数字化转型。济宁银行坚持"开门搞科技"，准确把握金融科技发展方向，邀请行外专家、先进互联网公司、金融科技公司召开务虚会，到南京银行、苏州银行、中原银行等先进行座谈交流，学习其他银行在金融科技、场景金融、开放银行、大数据等方面的经验，并注重加强与山东城商行联盟等机构的战略合作，以最领先的技术提升银行科技创新能力。在加强与外部公司合作的同时，济宁银行更加注重加强信息科技外包管理，有效防范外包风险，建立了信息科技外包三道防线，让行内人员全程参与所有外包项目，既学技术又保安全。

以务实举措加速数字化转型，持续加大科技资源投入。近三年，济宁银行为信息科技投入 3 亿多元，每年科技投入约占营业收入的 3% 左右，完成各类信息系统建设 200 余项，覆盖客户体验、场景金融、基础平台、智能化中台、个性化

场景等领域。2019年科技项目主要涉及大数据平台建设、大数据智能风控平台建设、公司金融和零售金融系统建设等。为破解数字化转型人才制约，近年来，银行的新进员工重点向科技条线倾斜。济宁银行也很注重科技人员职业生涯规划，对科技人员实行管理条线和技术条线双轨运行模式。在科技项目建设上，银行打破业务、开发、运营、架构和测试团队之间的孤岛关系，构建小规模的跨职能团队，形成项目制的"部落"管理模式，通过不同职能人员的联合办公制定端到端交付解决方案，实现科技研发、产品创新的快速响应。这些措施使得济宁银行的数字化转型逐步实现由点到面，由产品到体系，由业务到组织，由借力赋能到自力更生，由模仿跟进到自主创新，成为引领银行高质量发展的新引擎。

2. 围绕夯实数字化转型基础，全面推进大数据平台建设

济宁银行坚持把大数据平台建设作为统领全行数字化转型的重大基础性工程。总行成立一级部门——数据管理部，与信息科技部门及业务部门协同，实施联合建设、共同开发、一体推进，探索出具有城商行特色的中小银行数字化转型路径。

基本建成统筹全行数据归集、整理、分析、应用的大数据平台。济宁银行大力推动以数据基础层、分析层、应用层为重点的大数据平台建设，通过平台建设实现行内数据、外部数据的集中化存储、标准化处理、高效化利用、资产化开发，形成完备的数据服务体系。银行的大数据基础平台、大数据历史库平台已上线运行，完成了传统架构向分布式架构转型，实现了结构化、非结构化、行内数据、行外数据统一存储和管理。调度平台、管控平台和领导驾驶舱也于2020年建成运行，数据治理平台正加快建设，数据治理工作全面落地。

全面提升大数据接入和应用治理能力。济宁银行将各种内外部数据分批次统一落地到大数据平台。行内数据接入了信贷、票据、资金等16个业务系统，外部数据接入了济宁市发改委、公积金、社保、税务等政务数据，基本能够满足银行数字化产品开发和信贷业务开展，夯实了银行大数据开发应用基础。银行还成立了数据治理工作领导小组，制定《数据治理管理暂行办法》，规范数据架构、数据标准、数据质量、数据安全、数据应用以及数据需求与规划管理等各方面规章制度，梳理完成包含客户、产品、机构、财务、渠道、资产等共计450余项基础数据，提升了银行监管数据质量。

系统构建大数据智能风控平台。在外部，济宁银行通过与科技公司合作引入

企业工商信息、司法信用信息、企业关注名单、企业信用报告、财务数据等外部数据，构建大数据智能风控模型，并充分发挥与市发改委、市大数据中心合作建设的金融信用服务平台、移动政务服务平台的作用，依据企业生产经营数据，建立大数据风控体系，提高授信管理的科学性，构筑风险"防火墙"。在内部，济宁银行启动建设零售内评、非零售内评、操作风险、市场风险、员工行为管理等多个项目，通过科技手段，打造信贷系统"信息视图"模块，提高对业务风险数据的筛选、拦截，实现风险前瞻、风险跟踪，有效降低了信用风险，提升了大数据对业务发展的支撑和创新能力。

3. 围绕增强网点运营服务能力，大力推进网点智慧化转型

近年来，济宁银行坚持以网点智慧系统建设和智能机具应用为抓手，大力推进传统网点转型升级；通过数字化转型提升效能、解放柜员，逐步推进网点业务向产品销售中心、客户服务中心和利润创造中心转变，推动网点柜员向客户顾问、业务经理、个人金融顾问等专业营销人员转变，从而有效降低服务成本，提高客户维护效率。

在全省城商行首建 CBUS5.0 智慧银行系统。2017 年，济宁银行的新一代智慧银行系统上线。该系统包括业务流程优化梳理、核心系统升级改造、柜面系统更新换代以及线上线下协同整合等功能，由此开启了网点前台业务的数字化升级，实现了客户服务"一次验密、一次身份核查、一次凭证打印、一次客户签字"，使业务办理效率和客户体验大幅提升。在新一代系统的基础上，济宁银行先后建设了智能柜员机、移动展业平台、集中授权、凭证无纸化、影像平台等业务系统，基本实现个人业务自助化服务，前台负责扫描上传，后台集中高效办理，完成了对客运营系统的弯道超车，达到了同业领先水平，使网点运营由"产品驱动"转向"客户驱动"，产能和服务大幅提升。

全面提升移动金融服务能力。在推进线下业务数字化的同时，济宁银行大力实施"零接触"式电子银行渠道能力建设。截至 2020 年年末，微信银行客户突破 81 万，居全省城商行首位；手机银行客户突破 87 万，居全省城商行第二位；网上银行客户突破 39 万，居全省城商行第三位；电子渠道交易替代率保持在 90% 以上。电子银行系统的快速发展提升了客户办理业务的便捷性和体验，塑造了智慧化品牌形象。

强化网点线下互动能力建设。2018 年，济宁银行按照三个统一、四个布设、

五种业态、六分理念的网点建设思路,在全行营业网点打造 6S 标准服务。截至 2019 年末,营业网点服务功能已全部完成,进一步优化了客户服务环境,提升了客户服务体验。受益于智能网点建设,全行网点的服务能力和产能实现了较快增长。

4. 围绕推进零售金融转型升级,加快智能化自有平台建设

优化小微企业信贷系统。2019 年 3 月,济宁银行完成原有小微 IPC 技术改造,建设科技化"智能微贷平台",实现线上进件、线上审批、线上风控;依托"智能微贷平台"自主研发了"小微融·税 e 贷"和"房产儒 E 贷"特色产品。"小微融·税 e 贷"以客户纳税信用等级以及工商、征信等多维度数据为依据,实现线上进件、即时审批、自助放还款,最高额度 300 万元,小微企业主通过手机 7×24 小时在线申请。2020 年推出的"房产儒 E 贷",以借款人名下自有房产为抵押,与市不动产登记中心、市公证处进行一站式综合服务,采取线上线下相结合的方式,实现业务在线一键申请、一秒审批、一次来行、一天放款。

加快建设线上贷款自营平台。济宁银行利用自身拥有的数据,引进人工智能、交叉验证和大数据技术,合作建设星云智能信贷平台,构建具有特色的风控模型,提升网贷业务核心竞争力,持续优化线上贷款结构。

在全省首建"薪动"代发平台。通过对代发业务数据进行全方位分析,济宁银行实现了营销数据、商户数据、绩效数据的线上衔接和精准化服务,大幅提升了代发客户资金留存率。"薪动"平台 II 期运用数据模型深入分析客户交易,打通行内与行外账户体系,为客户全方位账户管理提供一揽子服务,实现资金流在行内闭环。

5. 围绕提升服务实体经济的能力,建设综合信用服务平台

济宁银行着眼提升对公客户线上服务能力,与济宁市发改委合作开发了综合金融服务平台。该平台在精准获客、信贷审批、风险防控、贷后管理等方面发挥了重要作用。

线上服务能力不断增强。该平台打通行政许可、行政处罚、红黑名单等政务数据传输渠道,融合行内引入的第三方数据,与 CRM 系统、信贷系统连接,把线上对接、风险识别、分类推送等环节打造成标准化作业流程,为客户提供线上与线下一体化综合金融服务。同时,对市发改委金融信用服务平台纳入的企业

客户实行线上直连，即企业通过平台随时查看银行的金融产品，一键提交融资需求，足不出户对接金融服务。平台上线以来，先后对接市发改委提供的省重大项目、省优选项目、省新旧动能转换项目和融资需求企业四类客户，共计 14 289 户，纳入重点营销客户储备库 1200 户，完成线上进件客户贷款投放 48 笔、金额 11.07 亿元。

<u>精准营销能力不断提高</u>。2019 年，济宁银行充分利用省市两级政府大数据平台和合作伙伴数据，形成大型客户"可投库"白名单、重点大型客户名单，提高了营销效率。2020 年，济宁银行对全省 16 个地市、137 个区县的相关行业进行分析研判，结合区域经济数据、人口数据、地方债务压力、地方金融环境，形成行业分析报告和行业客户排名。这对于有针对性地开展金融服务、辅助资产定价决策起到了支持作用。2020 年初，济宁银行根据山东省工信厅下发的双向联系服务企业名单，通过大数据平台风控模型，从 1268 家企业中筛选出 135 家目标客户，提高了精准营销能力。

<u>对公业务质量不断提升</u>。济宁银行坚持回归本源、深耕当地，落实有扶有控的差异化信贷政策，持续加大对实体经济的支持力度，防止金融资本脱实向虚。2020 年在疫情严重影响的情况下，济宁银行充分发挥线上信贷优势，全面助力企业复工复产。银行实现贷款余额较年初增长、较去年同期增长，不良贷款余额较年初减少、不良率较年初下降的"两增两减"态势，取得持续发展与风险防控双丰收。

6. 围绕打造区域金融生态圈，建设慧济生活服务平台

针对当前金融业发展多元化趋势，济宁银行坚持跳出金融做金融，深耕本地居民衣食住行生活服务，建设慧济生活服务平台，全面构建场景化新型金融生态圈。平台采用"金融+生活"服务模式，致力于为小微商家提供全生命周期管理服务，建立与客户共享、与合作伙伴共生的服务生态，把金融服务嵌入行业服务，实现无感金融和开放金融。平台建设以客户需求为引领，以金融科技为核心，实现 C 端（个人客户）突围，全面融入用户生活消费场景，探索基于此类场景的获客、理财、分期等金融服务；实现 B 端（商家）赋能，利用科技手段为商家提供全方位解决方案；实现 G 端（政府机构）互联，通过金融科技服务政府部门，促进金融业务发展。截至 2020 年 6 月末，慧济生活服务平台已集成 100 余项生活场景服务，包括乡村振兴、餐饮美食、智慧物业、教育培训等，入驻商户

2000余户，累计上架商品7600余款，注册用户17.59万，月度活跃用户突破4万。慧济生活服务平台进一步拓展了银行服务边界，拓宽了金融产品销售渠道，提升了线上获客和营销能力。

7. 围绕提升风险防控能力，全面加强大数据风控体系建设

在公司金融风控方面，搭建了外部数据与征信一体化平台。通过建立统一的外部数据接入和行内发布渠道，构建与外部数据互联互通机制，在贷前、贷中和贷后环节，联动嵌入客户准入核验和风险排查等功能，实现对高风险客户的自动拦截，对低风险客户的预警提示，有效提高了信贷风险识别和防控能力。

在零售业务风控方面，加强了智能微贷平台、星云智能信贷平台的风控能力建设。智能微贷平台采用音视频技术等构建风控体系，涵盖客户分析、客户画像、交叉检验、信用评级、违约损失率等全生命周期，提高贷前分析、贷中决策、贷后管理能力。星云智能信贷平台依托大数据技术构建反欺诈规则及风控模型，实现线上进件、线上风控、线上审批、贷后监控等全流程智能化，有效识别客户风险，防范欺诈、骗贷行为发生。

在债券投资风险防控方面，建成德勤智慧债券、联合咨询服务系统。德勤智慧债券服务系统主要是在完成客户基本面分析的基础上，通过大数据等技术全面获取市场负面舆情、债券价格波动等实时信息，形成冲击面分析指标，以此构建信用压力指数模型，以便更准确地反映债券及其发行人的信用风险承压状况，提高对债券风险管理的及时性和有效性。联合咨询服务系统主要提供风险管理、投资咨询等服务，涵盖固定收益产品投前、投中、投后全流程管理，能够对债券市场信用风险进行有效把控，提高对债券市场信用风险把控能力。

第2节 总结经验，鉴往知来

济宁银行的数字化转型取得了一些成绩，在探索和实践中积累了如下几点经验。

1）坚持依法合规。数字化转型方向、平台建设、系统开发、产品推广都要符合监管政策要求，确保数字化转型路径与监管政策保持高度一致，实现科技创新与合规建设相互融合、互为支撑。

2）抓好顶层设计。围绕数字化转型，济宁银行成立创新工作领导小组，制

定了三年信息科技发展规划,明确了数字化转型的指导思想、重点任务、实施路径,从战略层面保障数字化转型科学有序、扎实推进。

3)坚持以业务需求为导向。坚持有所为、有所不为,以业务需求倒推科技布局,用有效的资源产生最大效应,做到业务发展与科技创新有机融合,解决科技与业务"两条线""两张皮"的问题。

4)用好外部资源。数字化转型不能"关起门"来搞,要善于向先进同业学习,善于借助金融科技公司力量。

5)强化科技人才支撑。数字化转型道路上,人才是关键。特别是对位于三线城市的地方银行来讲,最稀缺的资源不是资产而是专业化人才,引才难、留才难是城商行转型发展面临的普遍问题。

凭借先进的数字化管理、运营和风控体系,济宁银行呈现出发展速度稳步提升、资产质量持续向好、风控能力不断增强的良好态势。2019年年末,济宁银行资产总额突破千亿元,继2018年资产、存款、贷款、经营利润四项指标增幅居山东城商行第一位,2019年资产增幅、存款增幅再列山东省城商行首位。2020年年末,全行资产总额1144.06亿元,较年初增长19.69%;存款余额857.46亿元,较年初增长22.15%;贷款余额641.14亿元,较年初增长25.70%;实现营业总收入62.68亿元,同比增长14.09%;实现入库税金6.73亿元,同比增长26.03%。与2016年数字化转型之初相比,资产总额增长114.5%,存款余额增长119.4%,贷款余额增长142.6%,营业总收入增长141.9%,入库税金增长177.4%。

第五篇
农村金融机构转型实践案例

30 浙江农信：零售数字化转型助推全方位普惠金融发展
31 广东农信：云生态驱动"四横八纵"金融科技服务新体系
32 江南农商银行：以网点和科技双赋能推动数字化转型
33 苏州农商银行：揽八面来风，助数字化转型
34 亳州药都农商行：政务大数据金融应用的"亳州经验"

30 浙江农信：零售数字化转型助推全方位普惠金融发展

杨明　吴晨凯　浙江农信

随着云计算、大数据、移动互联网、人工智能等新一代互联网技术日益成熟，社会发展已全面融入网络化、数字化浪潮。许多银行同业已启动数字化转型工作，通过金融科技推动业务创新发展，在低成本获客和营销、客户洞察和挖掘、信用和操作风险防范等不同领域做了有益尝试和有效突破。以平安银行、招商银行为代表的金融科技先行者则依靠体制机制创新和技术优势自建生态。部分银行积极尝试与互联网金融公司在强化风控、获客、助贷等方面的业务合作，形成能力互补、利益共享、共建生态的新型市场格局。尽管各家银行转型方式各不相同，但可以预见的是，数字化转型的顺利推进与高效运转势必将推动金融业运行机制、管理方式、经营模式、业务流程不断变革。

第 1 节　数字化转型初衷

当前金融行业局势并不乐观，外临国际政治和经济环境的持续降温以及 2020 年新冠肺炎疫情"大考"引发的影响，内有国有银行业务下沉、互联网金融机构创新突破带来的冲击。这一阶段是浙江省农村信用社联合社（简称"浙江农信"）审慎抉择的关键期，也是开展数字化转型发展的重要时间窗口。作为区域型银行，站在省级视角，我们依然乐观坚守，从百年未有的大变局中把握机会，迎接挑战。

从经济发展看，浙江是经济大省，近年来城镇化进程持续加快，投融资需求稳步增长，居民收入不断攀升，营造了良好的经济环境与日益增长的金融需求。

浙江省民营经济市场主体占比96%，GDP占比66%，是典型的民营经济大省，其"小而散"的经济特点导致银行业不能仅通过"垒大户"坐享收益。地方经济特色为全省银行业依托数字化转型拓展零售和小微客户奠定了坚实的结构基础。

从人力资源看， 浙江省互联网经济活跃，省会杭州具有浓厚的拼搏文化和强烈的人才集聚效应，为金融业和科技公司提供了优质的发展土壤，为银行提供了大量优质的金融科技服务输出。同时，先期互联网机构大量的业务投入已经为市场做好了客户和人才培育工作，客观上降低了数字客户培育和数字人才获取难度，为全省银行业数字化转型发展带来有效助力。

从监管政策看， 自2013年互联网金融元年到2015年、2016年野蛮生长，监管政策正逐步规范。随着资管新规、互联网贷款管理办法等一系列政策法规的出台，金融科技发展日趋完善，有效避免了短期高收益但长期有损金融环境的短视创新。数字普惠支持精准扶贫等典型案例逐渐显现，更为浙江农信数字化转型指明了方向。

浙江农信是浙江省规模最大、网点覆盖最广、服务人员最多的金融机构，是普惠金融排头兵，在省内有着坚实的客户服务基础。区别于传统商业银行更愿意发展公司和同业业务，浙江农信多年来坚持"做小做散"，坚定服务"三农"、小微，零售业务占比超过65%。但随着业务发展，以下三大矛盾日益凸显。

1）**迅速增长的客户金融需求和稳步发展的银行科技支撑能力间的矛盾。** 以移动支付为例，2013年以来，中国银行业移动支付呈几何倍数增长，根据国家信息中心数据（参考《2019中国移动支付发展报告》），到2018年全国移动支付交易笔数已增长35倍、交易额增长近28倍。浙江是互联网经济大省，移动支付发展迅猛，金融服务和产品已深度融入人们的日常生活，乘车、买菜、购物等高流量场景支付服务需求凸显。然而，传统银行金融服务更迭追求安全性与稳定性，在面向实时、小额、高频等互联网时代核心金融需求时难以迅速迭代，短期内不能完全满足人们日益增长的需求。

2）**主营优势客群市场和新兴客群市场间的矛盾。** 浙江农信网点覆盖广，具备良好的人缘、地缘和基础金融服务优势。其零售渠道、线下渠道一度占据绝对主要的地位。2019年，浙江农信拥有5000多万客户，其中50%以上为本地中老年客群。金融科技打破了传统金融服务的垄断地位，实现了7×24小时移动渠道无缝服务，这深刻改变了客户的金融意识和行为。在理财选购、电商消费等新兴市场，客户，尤其是年轻客户，更愿意自主选择接受服务的时间和接受服务的渠道，如线上渠道。在服务新兴客群方面，浙江农信尚未建立起有效的竞争优势。

同时，随着农村城市化进程加快以及国有银行业务下沉，服务主营优势客群的竞争压力也持续增大。

3）普惠金融核心定位和日益收窄的收益空间之间的矛盾。浙江农信多年来深耕本土，始终坚持"把服务挺在最前面"，坚定发展"足额、便捷、便宜"的全方位普惠金融。近年来，银行业整体面临金融脱媒带来的竞争加剧、利率市场化带来的息差收窄、经济增长滞缓带来的风险以及互联网金融带来的冲击和挑战。普惠金融的可持续性面临挑战，将引发普惠、利润与风险三者新一轮的平衡。

随着零售逐渐成为银行业发展的风口，银行同业纷纷向零售转型。浙江农信审时度势、因势利导，同步规划零售转型和数字化转型"双转型"战略，以零售业务发展为目标，全面推进数字化转型工作，围绕降本增效、精细管理，把握金融科技发展的主动权，创新探索数字普惠金融服务，提升全零售客群服务能力，在科技创新浪潮中筑实、筑牢高质量发展的根基。

第 2 节　数字化转型方案与实践

通过移动互联网、大数据、云计算、5G 通信等数字技术应用，浙江农信持续推进数字化转型建设，全面构建移动化、平台化、智能化、线上线下融合的新一代数字银行服务体系，面向全省客户全面构建更低运营成本、更高经营效率、更优服务品质的数字普惠金融模式。

1. 分布式架构——夯实数字金融服务基础

2015 年，浙江农信启动论证建设新一代数字银行体系，全方位采用数字化技术，以移动互联网、大数据、人工智能、云计算等金融科技为支撑，遵循"以客户为中心"理念，实现集约化、线上化、自动化、智能化综合金融服务的新型银行运营模式，这标志着浙江农信数字化转型探索的初步启动。新一代数字银行涵盖前台、中台、后台三部分框架，项目一期主体工程是构建网络金融核心系统。该工程于 2016 年正式启动建设，2017 年全面上线推广。

新一代网络金融核心系统采用了分布式系统架构，实现系统物理部署分布式、系统处理过程分布式和数据存储分布式，具备横向易扩展、松耦合、高可靠、硬件成本低的特点。与传统单一主机系统架构相比，分布式系统架构具备横向扩展能力强、系统处理效率高、系统运行整体可靠性高、系统成本低的优势。

当然，浙江农信网络核心系统也面临着流程和数据一致性保障难度大、技术实现流程异常复杂等问题，需全面提升科技架构设计、研发、运维能力，探索构建强有力的架构管控能力，建立运维监控、应急处理和故障恢复机制，提升节点间通信和节点故障的容错处理和故障隔离能力，实现开发运维一体化。

2. 移动在线——打造全功能银行

2016年，浙江农信确立了"移动优先"战略，从传统大量依赖线下网点和人力进行客户服务的模式，加快向以新兴客群为目标，依托金融科技开展移动化、场景化、开放化的金融服务模式发展。2017年，浙江农信基于数字银行服务体系，以网络金融核心系统为支撑上线了"金融+生活"一体化的移动互联网综合服务平台——丰收互联手机银行App，结合人脸识别、指纹识别等生物特征技术，为客户带来7×24小时跨时空、跨地域、更便捷、体验更优的互联网银行服务模式，满足客户日益增长的金融需求和日渐提升的体验需要。

近年来，浙江农信持续丰富丰收互联场景，加快完善丰收互联手机银行App功能与体验，历经3版持续迭代优化，构建了5大服务板块，10000+服务版面和1500+生活服务场景，推出支付缴费、财富管理、信用融资等9大类100多项线上金融功能和生活服务，加快线下业务线上化步伐，实现动账推送、扫码免登录、产品签约、电子卡包等80%的金融服务通过丰收互联手机银行App"一网通办"，全面推动传统手机银行渠道服务模式向"手机即银行"和"场景即生活"的互联网平台服务模式转型。

3. 以人为核心——开展客户深度运营

深耕本土、扎实做好普惠金融是区域型银行的核心竞争力。2017年，浙江农信提出"以客户为中心，打造客户体验银行"的服务理念；2019年，进一步提出发展"以人为核心"的全方位普惠金融，推动凭经验服务客户的模式向以数据为支撑的服务模式转型。

浙江农信依托金融科技，启动建设"全客群"运营模式，围绕引流获客、精准营销、客户体验以及客户价值提升构建了全方位、全生命周期的客户管理体系，全面覆盖数据采集、客户信息、客户认证、客户标签等方面的数据信息处理、建模与应用。他们通过大数据模型算法对客户数据进行画像分群、聚类分析、需求洞察，根据客户层级构建客户体系，实现全行级客户信息管理和渠道信息整合，开展精细化管理和深度运营。

在客户信息认证方面，浙江农信打造了完整的客户信息系统 ICIF，构建分层分级的统一客户认证体系，将传统银行客户定义外延，为涵盖非实名的、未面签、三方合作等"非客户"用户提供服务。在客户数据采集方面，浙江农信线上在移动 App 前端设置埋点，通过数据旁路技术和大数据流式技术，实时监测客户服务体验；线下通过移动走访精准获取或批量引入客户标准化与非标准化信息，开展客户旅程分析，推动交易流程的改进与完善，促进客户体验优化，同步开展客户信用建模，引导基础支付客户向核心金融客户转化。在客户画像标签方面，浙江农信根据积累的客户数据进行建模挖掘、多维分析；根据金融特征、社会特征等多维度标签，建立客户交易偏好、使用习惯、支付信息、行为特点等客户多维画像，制定 360 度客户视图，辅助开展千人千面的功能展示、精准营销和交叉营销；分析交易真实性，开展基于交易数据的风险侦测，提升风险防控能力。

4. 数据驱动——探索构建智能银行

近年来，浙江农信加快提升数字化服务能力，于 2017 年开始打造大数据服务平台，重点建设数据采集、数据清洗、数据加工、数据存储和数据治理整体框架，制订数据标准，夯实数据服务基础。2018 年以来，基于企业级数据仓库，他们先后建设大数据分析处理平台和大数据建模平台，落实数据特征工程，持续提升数据处理、分析、建模能力，支撑海量数据（EB 级行内非结构化数据及行外数据）离线处理和实时/准实时流计算处理，有效发挥数据价值，实现数据在智能化服务领域的深度应用，以数字化手段探索普惠、利润、风险的再平衡。

在智能营销方面，浙江农信面向基础客群构建了"普适销售、适配销售、精准销售、事件销售"四大类精准营销模式，围绕客户分层、客户分类、客户生命周期、客户价值等级、客户旅程、客户风险等维度构建上千个客户标签和 100 多个客户模型，开展差异化客户定价和营销，实现"产品 - 定价 - 客群"的精准匹配和智能推荐。

在智能授信方面，浙江农信全面融合了行内外客户资产数据、交易数据、行为数据和支付缴费等数据，构建了近百个多维大数据信用模型和 300 多个评分卡指标，重点围绕浙江农信系统广大的"三农"与小微企业主客群，建立面向普惠金融需求的特色化、差异化智能授信模型、额度与决策体系；以"人工预授信"和"实时数字授信"双模式，实现数字贷款产品秒级额度测算，包括 3 步简约申请，1分钟快速审批签约，有效支持将金融产品无缝嵌入生活、消费等应用场景，为客户提供无感的智能金融服务，切实解决全方位小额授信痛点、难点，做实做深全方位普惠金融。

在智能风控方面，浙江农信打造信用风险预警系统，针对贷中客户账户异常、信贷逾期、担保逾期、还款异常、用信异常、授信异常等信用劣化趋势开展周期性、多维度、大体量的数据交叉验证，预见性地对借款人的稳定性、还款能力及意愿变化进行量化识别，预警客户潜在风险信息，及时调额收贷。

5. 业务中台——推动经营模式转型

2017年，浙江农信提出中台理念，规划逐步形成"大中台—小前台"组织架构和决策机制。2019年，浙江农信提出中台战略，基于全省农信系统省县二级法人的组织架构，启动建设数据、管理、风控三大中台，通过标准化机制建设，明确业务规范和流程，形成统一、集约的管理服务模式，全面降低沟通成本，提升协同效率，提升数字化管理和服务能力。

数据中台基于省级数据仓库和大数据平台，针对省县两级服务架构，客户、产品、渠道、运营、营销、风险等多主题数据集市，支持各级机构数据分析和建模专业人员对业务数据进行多维自助分析、挖掘和建模，最终形成可视化数据视图，为管理和经营提供数据支撑。

管理中台在数据中台的基础上，集成涵盖客户中台、产品中台、运营中台、营销中台、风险中台等资源和功能，以数据实时挖掘和分析为基础，对前台的运营和营销活动进行实时、持续、精准的指挥、分析、评估、考核和督导，快速、敏捷地适应市场变化，成为客户经理、大堂经理、财富经理、商户服务团队等前台部门的强力支撑和决策枢纽。

风控中台基于客户交易风险、操作风险、信用风险组建扁平化、集约化、专业化的远程风控团队，采用远程呼叫、远程视频、智能语音、生物识别等技术，以"人工+AI"双轮驱动开展7×24小时证件识别、客户核身、交易授权、信贷审批、风险预警等，建立省县协同的风险联防联控机制，全面提升风控能力。

6. 空地一体——推动线上线下服务融合

近年来，浙江农信线上渠道业务量迅速增长，2019年已经超过柜面渠道和机具渠道，成为全系统服务的主渠道。尽管如此，基于现有的客户结构，在未来较长一段时间内，线下服务渠道将依然是全系统服务客户的重要渠道。从引流获客、培育客户习惯、加强深度交流、提升客户体验等角度看，浙江农信必须"空地一体"，做好线上线下服务的深度融合。2018年，浙江农信创新O2O体验银行；2019年，打造移动终端服务平台和客户经理展业平台协同的OMO协作模式，推动建设线上线下融合的服务模式，进一步发挥浙江农信的基础金融服务优势。

移动终端服务平台基于移动PAD为网点服务人员提供线上线下协同服务，实现线上叫号排队（远程叫号或近场叫号）、线上填单线下办理、线下面签线上开户等，并基于网点Wi-Fi和自助叫号机提供全套线下网点智能营销服务，将客户从线下引流至线上来开立账户、购买智能存款或理财产品等。

客户经理展业平台支持客户经理以移动PAD展业平台、以数字银行App为工具，围绕中后台预设营销任务和目标客群，开展"边走访、边标签、边推荐、边办理"的外拓营销，提供一对一、面对面精准服务，为后台提供实时数据分析和远程服务支持。

O2O体验银行是丰收互联App向营业厅堂、丰收驿站以及医院、学校等线下高流量场景的延伸。O2O体验银行建设遵循"一触即走"的轻量级服务设计理念，以线下生态大屏为服务入口，通过人脸识别或扫码，实现金融产品和服务的精准共享和线下向线上的高效导流，构建交互式、体验式的新零售金融服务模式。

7. 云上金融——构筑开放融合服务生态

2018年以来，浙江农信启动建设互联开放平台，持续推动开放银行体系建设，全面推行场景金融，通过OPEN-API构建"客户+账户+支付+融资"一体化、线上线下融合的综合金融服务模式。基于开放银行理念，2019年，浙江农信提出建设"生态型社区银行"，围绕社保、医疗、市政、校园、园区、社区、商户等服务场景，共享第三方机构数据、产品、资源，加快推动金融服务全面融入百姓的"衣、食、住、行、医、保、教、娱"，突破传统银行服务空间、时间和资源的限制，构建"数字+场景+服务"的开放银行服务生态。

浙江农信下辖81家二级法人机构，同时也为数百家村镇银行提供系统服务支撑。2018年以来，为了更充分地满足各生态场景下多种类、多变化的特色业务需求，同时提供更稳定、安全的服务，浙江农信积极布局搭建金融云服务平台，建设私有云和公有云的"混合云"架构体系，建立动态扩展机制，构建安全保障体系。

混合云服务架构以私有云搭载核心金融服务，公有云搭载便民生活服务，能在隔离金融核心业务系统的同时，引入合作机构共同推动敏捷开发、快速迭代，使得业务应用部署更灵活、系统发布更快捷、服务成本更低廉，有效支撑各法人行社专业化、特色化运营服务。

动态扩展机制通过智能化调度调流分流，实现弹性伸缩，为小金额、大流量、高并发的电商抢购、买菜、缴学费、公共出行等服务场景提供动态化资源配置解决方案，有效提升查询、支付等交易的承载能力，保障金融与非金融交易服务的稳定性。

安全保障体系通过开放互联平台将金融服务标准化封装后对外输出，实现公有云、私有云、三方机构的数据隔离，谨防客户信息泄露。同时，数据采用两地多中心互为主备的方式，最大程度保障交易服务稳定、安全。

第 3 节　数字化转型的挑战、成效与总结

1. 主要挑战

在银行业中，农信联社通常以省为单位，经营范围与国有银行、股份制商业银行截然不同，目标定位也与其他区域型银行多有区别，同时其特殊的二级法人体制也与银行业总分行结构大相径庭，这种种差异也注定农信系统必须走出适合自身的数字化转型路径。浙江农信是全国农信系统中最早一批启动转型建设的机构，自 2015 年启动论证建设新一代数字银行体系以来，经历了不少挑战。

要保持战略定力与执行力。转型长路漫漫，往往在投入期间工程浩大但成果寥寥，须时刻保有坚定的战略定力，久久为功。浙江农信作为区域型银行，转型路径与国有银行、传统商业银行乃至互联网金融企业大有不同，可谓是摸着石头过河，转型期间不乏阵痛、谬误，会面临自我怀疑，只有不断打消疑虑，持续调整方向，强化执行落地，小步快跑，才能找到最适合自身发展的方向。

要提高认识、统一思想。浙江农信是省级机构，始终坚持法人机构"自主经营、自我约束、自我发展、自担风险"（简称"四自"）市场主体地位，尊重辖内法人农合机构充分的经营自主权，不干预其具体业务和经营活动，仅代表省委省

政府对其提供管理、指导、协调和服务。由于各地区竞争程度不同、发展情况不平衡，不同机构行社存在认知偏差，因此在转型工作中应将提高认识、统一思想作为首要任务。各层级机构要把转型作为"一把手工程"，让总行领导牵头进行资源配置乃至组织架构调整，凝聚力量，强化落实，方能取得成效。

要坚守自主创新、安全可控的重要原则。 监管部门最早提出"自主可控"的概念，本意是降低不可控的冲突与风险，在农信机构也同理。金融科技的发展本身需要强大的技术积淀。浙江农信在数字化转型的初期，通过购买现成的系统走捷径，短期内能快速见效，解决一些眼下的问题，但长久来看往往伴有隐患。因此，首先要始终坚持自主创新的道路，尤其是在核心信息系统上要坚决自主研发和维护，建立自主可控的完整技术和管理体系，保障金融系统的安全稳定运行。

2. 数字化转型成效

经过近 5 年的数字化转型建设，浙江农信内建平台，强化产品、服务、渠道建设与创新，全面提升数字银行运营和拓展能力；外拓场景，围绕民生、社区、商业服务体系，持续构建金融服务全生态；深化管理，以数据驱动打造精细管理、智能决策、精准营销"三位一体"的经营管理体系，不断提升服务能力和竞争力。浙江农信取得的主要成果如下。

经营发展情况持续向好。 浙江农信发展了全省约六分之一的存款和约七分之一的贷款，近 5 年存贷款市场份额稳居全省银行业第一，营业收入、净利润、缴纳税款逐年稳步增长，不良率稳定维持在较低水平。

场景生态建设渐见成效。 浙江农信持续推动对接省级部门，强化合作服务，陆续建设政务、社保、医保、健康、交通、校园、园区、社区、商户等云服务平台（9 朵云），为 5000 余万零售客户提供"用户、支付、账户、融资"全方位综合金融服务，截至 2020 年，累计拓展电子社保卡数量居全国银行业第三，拓展接入医疗服务、生活社区、校园园区、缴费支付合作单位 2 万余家，移动支付交易量 3 年增长超 10 倍，发行 ETC 数量、服务商户数均居全省银行业第一。

数字客户经营成果显著。 浙江农信发展个人客户数、发卡量、电子账户开户量逐年增长，管理客户资产和负债持续增长，互联网客户数实现 3 年翻 4 倍，月活跃客户在全国银行业 App 中居第 14 位。自 2018 年创新数字贷款以来，浙江农信不到 3 年时间贷款余额近 2 千亿元，服务客户近 200 万。

数字业务覆盖全面增长。 互联网交易量呈几何倍数增长，互联网客户覆盖率、电子替代率、自助业务渗透率等系列指标显著提升，产品线上化占比有效提升，丰收互联手机银行 App 每天为 4 万余名客户提供融资服务。2019 年，线上渠道成为全省农信系统服务主渠道，其业务量占比首次超过线下渠道。

金融科技能力不断提升。浙江农信建立 2000 余人的研发团队，开发系统 200 多个，投入数十亿元，受理业务需求 3 年翻三番，零售产品与服务不断创新，模型与规则稳步建设，数据分析与应用能力有效提升，零售风控管理水平全面提高。

3. 数字化转型总结

2015 年，在外部和内部驱动力共同作用下，浙江农信在时代变化的关键节点启动数字化转型建设，做出了最有利于发展的重要决策。5 年以来，浙江农信积攒了大量经验，收获巨大，面对转型方向有了更明确的目标和更坚定的信心。下一步，浙江农信将启动"十四五"战略规划，切实推进数字化转型工作，把转型深深烙在全系统的下一个五年工作计划中。

找准目标定位。浙江农信的差异化定位指明了转型的核心路径，农信系统仍需发挥自身体制机制的固有优势，通过数字化手段，重点瞄准"三农"、小微等核心零售客群强化业务拓展，深耕本土，进一步推动服务下沉。

加快产品与服务创新。农信传统渠道的优势逐渐被打破，产品与服务的优势在新时代银行业竞争体系中的地位日益凸显。农信系统需持续探索更敏捷高效的运营机制和体系，有效把握敏捷迭代与稳定服务间的平衡，进一步提升管理服务效能，以数字化为核心推动零售业务转型。

夯实数字服务基础建设。智能化数据驱动是数字化转型的重要方向。由于历史定位，农信系统在本项工作上的重视和投入程度较大型国有银行和全国性股份制商业银行有所欠缺，未来需重点布局，做好大数据应用与数据人才培育，以数据驱动解决农村金融机构面临的高速增长和可持续发展的矛盾，推动业务高质量增长。

31 广东农信：云生态驱动"四横八纵"金融科技服务新体系

张艳　广东农信

在金融科技浪潮中，新技术飞速发展，互联网巨头通过金融、科技与互联网的结合，改变了传统金融服务的路径依赖，压缩了银行的生存空间。互联网金融等新业态冲击加剧，银行同业竞争日趋激烈，各大银行纷纷利用新技术研发新产品，通过将服务向线上转移，逐步打破地域限制，将触角延伸至下沉市场。对于农村金融机构而言，原本的网点多、覆盖广等优势不断被削弱，加快数字化转型已成为解决生存问题的战略选择。近年来，面对数字化转型的挑战，广东省农村信用社联合社（以下简称"广东农信"）坚持走金融科技发展道路，加强顶层设计，通过"十三五"规划成果的全面落地，积极主动利用新技术推动IT架构转型，全力打造共建、共创、共享的金融科技服务体系，为二级法人体系下的金融科技建设和数字化转型打开了新天地。

第1节　农村金融机构数字化转型面临的挑战

随着金融科技广泛应用、生态场景爆炸式增长以及客户需求多样性剧增，银行科技建设面临诸多挑战。农信在二级法人架构下面临的问题尤为突出。就广东农信而言，大集中系统服务的法人银行达到80多家，不同法人日益增长且复杂多样的业务需求为科技建设带来了巨大挑战。

金融科技基础薄弱的挑战。 广东农信数据大集中起步较晚，2008年启动，2013年完成全省上线，上线后重心主要放在前期系统的优化提升，对云计算、大数据等先进金融科技缺乏体系化的规划沉淀，导致金融科技基础较薄弱。

快速响应多样化需求的挑战。 广东区域经济发展不均衡，各农商行发展水平差异明显，业务需求存在巨大落差。需求的差异性极大地增加了系统的复杂性。随着数字社会发展，客户需求日益增加，各农商行尤其是珠三角地区农商行对科技响应的要求不断提高。而传统竖井式IT建设模式下，省联社难以快速满足全省农商行差异化的多样需求。

信息科技风险的挑战。 为实现错位发展，各农商行自主研发特色应用的需求不断增加。但农商行在自研系统时通常将重心放在业务实现上，对信息安全的重视度不高，且缺乏足够的人才和能力进行管控，导致部分农商行自研系统存在安全隐患。随着安全监管日渐趋严，该模式难以为继。

金融科技投入不足的挑战。 数字化转型的竞争本质是资本、规模、人才、科技等因素下的综合实力竞争。与大型国有银行及股份制银行相比，农村金融机构的科技投入和科技人员占比偏低。在客观条件制约下，农信须充分借助外力集约高效地组织资源，探索适合自身的金融科技路径。

第2节　全面实施云战略，弹性应对挑战

为破解转型难题，找准转型方向，广东农信于2016年启动"十三五"IT规划，从顶层设计数字化转型路线，提出"业务应用平台化、数据资产化、基础设施弹性化、信息安全体系化、IT治理精细化"五大发展目标。近年来，在IT规划整体框架指引下，广东农信重点推进专有云、大数据两大基础体系建设，以平台化思路推动应用架构转型，并逐步向中台化演进，初步构建了"厚中台、薄前台、稳后台"的IT架构，探索出以开放、共享、安全的云生态为核心的新金融科技服务体系，为进一步推动业务与科技融合、深化实施"数字农信"战略奠定了坚实基础。

1. 专有云基本实施框架

广东农信引入互联网成熟的云技术，结合二级法人机制特有的系统架构，打造了"金融云"和"行业云"两个专有云平台，实现完善的IaaS、PaaS基础架构，满足基础架构统一纳管和应用架构灵活使用的核心诉求。

其中，IaaS层实现设施资源池化和服务化，PaaS层侧重为微服务架构和DevOps提供支持，并着力构建云管理系统进行多云纳管。通过一体化的云资源

统筹规划、采购、调度和运维，实现基础设施的按需分配、快速交付和统一运维，既满足了大集中系统的使用需求，又能够以云租户方式为各农商行开展系统自研快速提供资源支持，大幅提升资源利用率和运维效率，并有效支持应用弹性扩容，满足持续迸发的互联网场景的高负载要求，为数字化发展提供强有力的基础支撑。

SaaS 层结合微服务架构打造分布式云应用，通过将各类金融产品的后台服务解构为服务组件并发布到云平台，使各农商行可以快速便捷地使用不同层次的云服务，自主组装特色应用，灵活满足差异化需求；同时，通过构建云服务运营平台，实现统一的服务目录管理，支持服务快速开通受理、合作伙伴管理、服务管控和计量，在灵活开放地满足业务需求的同时，满足安全可控的监管要求。

云基础架构的落地为业务应用提供两方面支撑。一是支持内部传统银行系统"云化"升级。通过部署上云并运用分布式、服务化技术，有效提升业务系统的可扩展性和需求响应能力。二是支持外部资源的快速整合。通过发挥云平台统一纳管、安全可控的优势，可快速引入大量优质的第三方应用部署到云上，打造开放弹性的云生态，丰富产品种类及内涵，有效拓展农商行的场景服务能力。

2. 创新中间业务云，推动业务应用"云化"转型

"中间业务云"是广东农信对传统业务实施"云化"升级的首个成功实践案例。中间业务类目繁多且不同地区特色差异明显，因此其建设是长期的痛点和难点。以往的中间业务建设主要采用传统集中式架构，针对不同农商行的差异需求分散开发大量系统和接口，导致系统架构的复杂性随业务发展不断加剧。但事后回顾，不同中间业务本质上存在许多通用组件，却未能有效整合复用，导致大量业务重复建设。

基于上述痛点，我们将中间业务作为推动业务应用"云化"转型的首要突破点，基于微服务理念，从业务视角对全辖中间业务进行全面细致的梳理，将公共功能抽象沉淀，形成大量可复用的标准服务组件，并区分公有、私有组件，由省联社统一提供全系统共享的公有组件，同时允许农商行自主开发具有特色业务逻辑的私有组件并进行快速集成，通过公、私组件联合组装的方式，灵活满足不同农商行的差异化需求，实现"个性"与"共性"融合共生。同时，我们将云、轻量级容器技术与服务治理、服务编排结合，对服务管理体系进行规范，使中间业务具备快速构建、灵活部署的能力。中间业务"上云"之前，各农商行与当地第三方机构洽谈好合作模式后，须由省联社协助与第三方机构进行系统对接，从提

出需求到设计研发、资源准备、系统投产，完整流程至少需要 2 个月。"上云"以后，各农商行通过开通云租户，采用自助式的云服务模式，使中间业务的系统接入时间压缩至 1 周，促使开发部署效率大幅提升。

参照中间业务"上云"成功经验，我们又持续推进 CRM、风险预警、绩效管理等一系列需求差异大的管理类系统实施"云化"升级改造，实现开发响应效率与特色满足度双重提升，有效缓解多法人的多样化需求的挑战。

3. 打造开放式云生态，丰富数字农信服务内涵

除大力推动传统业务"上云"，对于新的互联网应用及行业应用，广东农信积极借鉴互联网技术理念和商业模式，打造安全、开放、跨界的云生态服务体系，通过将金融服务融入生产、生活场景，加快补齐农商行业务产品相对传统、单一的短板。

"悦农生活"平台是广东农信基于云分布式技术和开放式移动开发框架构建的面向金融、电商及生活服务的一站式普惠金融平台。该平台的设计充分融入"金融电商化"理念，支持各农商行作为"商户"进驻并自行装修店铺、自主上架金融、电商、生活服务等各类产品并进行销售；同时采用"大中台、小前台"设计理念，由省联社统一打造用户中心、订单中心、支付中心、权益中心、营销中心等 15 个高可复用的共享能力中心，支持各农商行基于标准能力组件快速构建个性化场景应用，并以小程序集成到前端 App，为各行客户提供差异化的服务内容，营造"省联社搭建舞台，各法人机构唱戏"新格局，进一步解决互联网趋势下不同地域特色场景差异大的难题，为农商行实现自主运营和自主创新创造更大空间，打造全省共创的线上广东农信服务生态。

通过打造开放共享的云生态，一方面可充分激发内部活力，帮助农商行在云上更加简单快捷地构建特色应用，另一方面可高效灵活地整合资源，充分借助外部应用加速拓展服务能力。目前，广东农信通过"农信提供云基础资源＋厂商免费部署应用＋双方共同推广"的联合运营模式，已成功引入智慧餐饮、智慧零售、智慧景区、智慧停车等近 10 项行业应用部署上云，使产品服务版图迅速扩张。

第 3 节 构建多层次大数据体系，驱动业务创新发展

除大力推进云战略落地，大数据体系也是广东农信近年重点发展的方向。根

据 IT 规划设定的"数据资产化"目标，广东农信从多法人特色出发，立足于满足不同农商行的差异化需求，从平台、数据、服务、运营等多维度统筹谋划，构建了多层次的数据服务能力，为业务创新发展提供深度支持。

1. 广东农信大数据体系的实施框架

广东农信大数据体系构建主要分为三阶段，并且各阶段交叉实施、相辅相成，形成持续积累、应用和反馈的数据闭环。

第一阶段，筑基础。引入互联网先进的大数据技术，结合农信二级法人体系特有的数据组织形式和数据需求，在专有云上构建基础数据平台和大数据计算平台，实现多种计算能力融合支撑；在此基础上着力构建数据沙箱、数据目录、数据科学平台，实现数据看得见、找得到、用得好；推动打造统一的智能决策引擎和数据服务门户，实现数据服务的多样性，全面满足农商行不同场景下的用数需求。

第二阶段，理数据。汇聚线上线下内部数据，同时充分融合工商、司法、税务等外部优质数据源，通过持续的数据治理，促进内外部数据有机融合。在此基础上，深入开展标签中心构建，着力打造客户画像和产品画像，为智能决策提供支持。

第三阶段，促应用。基于基础数据平台的能力支撑，一方面着力构建统一的数据科学平台，引入先进的数据分析和机器学习技术，提升"察过去、感当下、晓未来"的数据挖掘和预测能力；另一方面，秉持"人工＋智能"协同发展理念，大力培养内部独立的数据分析团队，深入挖掘数据应用价值，促进数据资产变现。

2. 构建多层次数据服务体系，满足多元化用数需求

随着大数据体系逐步构建和完善，广东农信为辖内农商行输出 DaaS、PaaS、SaaS、AaaS 等多层次的数据服务，满足不同农商行在不同场景、不同粒度的数据需求。

DaaS 层提供数据订阅式服务，通过返还原始业务数据，最大化满足农商行的用数需求。

PaaS 层以云租户形式开放存储和计算能力，支持各农商行在统一的数据标准和技术框架下，快速便捷地开展自助式的数据开发和数据分析工作。

SaaS 层提供 CRM、绩效管理、风险预警等基于数据驱动的系统产品，结合

"云化"技术，支持农商行自主构建特色组件，灵活满足差异化的功能需求。

AaaS 层打造智能风控、智能营销和智能客服等 AI 能力，以数据产品形态为各业务场景输出标准的数据服务和智能决策能力，支持各业务向智能化方向发展。

3. 积极挖掘数据应用价值，推动业务创新发展

随着大数据技术体系不断完善，广东农信围绕业务需求，加强大数据在授信、风控、营销和管理等领域的应用，为农商行优化客户服务和业务创新提供新动能。

依托多渠道数据的融合挖掘，构建欺诈深度识别能力。目前，广东农信已实现柜面、支付、手机银行、互联网金融平台等主要渠道全覆盖，在注册、登录、开户、交易等环节开展实时的风险态势感知和有效拦截，保障客户资金交易安全。

依托内外部多维数据的综合分析，构建全流程信贷决策支持能力。大数据技术为信贷生命周期不同阶段提供风险审批、授信定价和预警处置等智能决策支持。在此基础上，广东农信推出了"悦农 e 贷""悦农小微贷"系列线上贷产品，实现手机银行自助申请、系统自动审批、最快 1 分钟放款的信贷新模式。

基于"数据知识化"理念，构建全方位穿透式的风险监测识别能力。通过引入知识图谱及自然语言处理等人工智能技术，广东农信建立了全行企业客户关系网络，并与信贷、审计等业务集成，提供客户洞察、决策支持等服务，加强数据在股权监管、信贷风控、交叉营销等领域的价值发挥。同时，广东农信充分运用数字化手段推进"阳光信贷"工程落地，通过信贷审批自动化，全流程实时监控信贷审批流程，提升信贷业务的透明度；通过对大额信贷实施贷后监测，将关联关系、抵押率、用途等关键数据纳入监测指标体系，严密监控辖内农商行的信贷风险变化情况，进一步提升省联社的履职服务和风险管理能力。

第 4 节 推进"平台化"与"双模 IT"，完善 IT 治理体系

以云和大数据体系为重点，广东农信构建了较完善的技术体系，打造了金融科技创新的基础能力，同时高度重视 IT 治理工作，通过实施"平台化"战略与"双模 IT"机制，有效提升 IT 自主性和响应效率，确保金融科技建设在自主可控的范围内安全、高效地开展。

1. 实施"平台化"战略，促进 IT 自主可控

在银行数字化转型中，新建系统大幅增长，银行后期需投入大量人力和资金进行更新维护。在传统建设模式下，银行开展系统建设往往采用"拿来主义"，直接采购系统供应商已开发的系统，稍加改造即推出上线。因不同厂商采用不同的开发语言、技术平台和系统架构，后期银行跟进需投入大量科技人员，让他们学习不同的语言和技术平台，这大幅增加了运维难度和成本。广东农信通过实施"平台化"战略解决了该问题，在实践中逐步摸索出符合自身实际的平台化建设模式。在平台化模式下，广东农信摒弃单纯的"拿来主义"，统一筛选若干技术先进、成熟度高、适用范围广的技术平台，要求新建的重要系统均采用指定的技术平台或在既定的架构框架内开发，从而对新建系统的技术路线进行有力管控，降低技术应用的复杂度，提高系统可维护性。行方人员对系统架构的掌控力度得到大幅提升，能够投入更多精力关注高阶的系统设计和质量管控，在不增加行方人员的情况下有效提高自主可控水平，达到高效组织人力资源、降本增效的目标。

2. 实施"双模 IT"新机制，推动科技管理敏捷转型

数字化转型不仅是技术的转型，更是思维、组织、文化的转型。广东农信通过建设"双模 IT"项目管理体系、组建平衡矩阵式项目管理组织、建立组织级项目经理资源池、编制《高效工作宝典之项目管理篇》手册等卓有成效的措施，对项目管理体系进行优化，有效提升了科技组织的敏捷度和响应能力。

第一，在全面审视原有信息科技制度的基础上，以"质量与效率兼优"为指导原则，积极引入敏捷项目管理模式，充分融合传统开发与敏捷开发两种模式，合理裁剪 CMMI、TMMI 等专业模型，构建"双模 IT"项目管理体系。通过对项目进行分类管控，在保障关键系统安全稳定的基础上，对决策链进行优化、简化，并从方法、细则、模板等层面为不同类型项目的各环节提供明确清晰的指引，有效提升项目运作效率。

第二，建立组织级项目经理资源池，由 PMO 统筹选拔、培养和储备项目经理人才，形成项目经理人才梯队，为信息科技项目建设灵活调配具有胜任能力的项目经理，提升项目管理体系的执行水平。

第三，编制《高效工作宝典之项目管理篇》，通过图文并茂、通俗易懂的招式口诀，加大"双模 IT"文化宣传，使敏捷与安全并重的思维深入人心，通过提

高每位员工的认知度和行动力,提升 IT 建设的效率和质量。

第 5 节　推动科技与业务融合发展,完善产品服务体系

在金融科技能力及 IT 治理水平不断完善的基础上,广东农信加速推进科技与业务融合,分别从投资、融资、支付、行业应用、线上、线下、数据 7 大产品线加强产品服务能力建设。

投资。构建集传统存款产品、新型存款产品和投资产品在内的"三位一体"产品格局,为农商行开办传统类存款和创新型业务提供支持,并逐步实现投资类产品购买渠道线上化、客户画像定位精准化。

融资。完成信贷"3+2 系统群组"建设,并配套大数据风控平台、押品管理系统和征信系统群,支持传统信贷、小微信贷、消费信贷业务开展,推出"悦农 e 贷""悦农小微贷"系列线上信用贷产品,有效提升个人及小微信贷的办理效率和风控能力。

支付。推进"悦农 e 付"统一支付品牌建设,打造覆盖线上与线下的支付收单产品,同时顺应移动支付发展趋势,按照"支付+开放银行+行业应用"模式打造场景丰富的支付云生态。

行业应用。在传统中间业务层面,实现中间业务"云化"升级,为 C 端客户提供水、电、煤等生活缴费类服务,为 B 端客户提供账户管理、资金清算、核算对账等便捷服务,为 G 端客户提供公积金、资金清算、核算对账等综合金融解决方案;在新型行业应用层面,推出智慧校园、零售、餐饮、景区、社区、医疗、电子发票等十大类行业应用解决方案,为小微商户提供丰富的数字化赋能,大幅提升行业服务能力。

线下。完成新柜面暨集中作业项目建设,实现柜面业务由"网点全流程办理"向"前台分散受理,后台集中处理"模式转变;推出超级柜台、移动营销等移动智能工具,实现柜面业务自助化、离柜化,有效推动网点转型。

线上。与阿里云共建"云计算联合实验室",融合互联网新技术、新架构和新理念,构建"悦农生活"互联网金融平台及线上能力中台,并与手机银行融合打造超级 App,以"金融电商化"模式支持农商行自主开立线上店铺销售金融、电商及生活服务等产品,实现线上服务"百行百面";并与开放平台结合,通过支付、账户等能力输出,将农商行服务不断延伸至外部开放场景。

数据。在大数据计算平台、数据资产平台等基础之上，建立面向风险、财务、监管等不同领域的数据集市，实现精细化数据分析应用；打造数据应用服务平台，实现标准数据服务的统一发布及数据指标的自助拼装，让数据看得见、找得到、用得好；构建大数据风控体系和数字化运营体系，与各业务产品有机融合，驱动全产品线的风控、营销和精细化管理水平持续提升。

第 6 节 打造金融科技服务新体系，上下联动共创数字新农信

为更好地满足各农商行的差异化需求，广东农信在总结提炼云、大数据及各类业务产品建设经验的基础上，进一步体系化地提出"四横八纵"的金融科技服务新体系。依托于该体系，广东农信接下来将更加全面、深度地面向全省农商行开放金融科技服务能力，实现省联社与农商行共建、共创、共享数字农村金融新生态。

1. 打造开放共享的"四横八纵"金融科技服务体系

与省联社单向地为农商行提供科技产品的传统服务体系相比，广东农信全新的金融科技服务体系以打造安全、开放、共享的云化金融科技服务生态为核心，致力于构建省联社与农商行上下联动的一体化科技协同工作机制。依托于渠道层、产品层、共享能力层和技术平台层四个层级建立的金融科技全景能力，省联社将为各农商行提供八种维度的科技赋能，分别为：金融科技规划与咨询服务、云平台服务、解决方案服务、数据创新服务、基础应用平台支持服务、安全保障服务、API 接口服务、基础技术平台支持服务。通过多维度、多层次赋能，全方位满足不同发展水平的农商行的差异化需求（见图 31-1）。

通过"四横八纵"科技服务体系的全面布局与深入贯彻，广东农信在数字化转型中面临的统一与个性、创新与安全、成本与投入等矛盾将得到有效化解。

有效化解科技建设的统一性与个性化矛盾。"四横八纵"的"四横"在明确四个不同层面的金融科技服务能力的基础上，兼顾解决统一性和个性化问题。在渠道层，省联社统一建设手机银行、网银、移动营销等共性渠道，各农商行选择自建特色小程序、宣传 H5 等个性化展现。在产品层，省联社通过对传统金融产品进行解构，构造新的产品工厂模式，实现产品服务的灵活组装。各农商行既可以直接使用省联社提供的统一化产品，又可通过产品工厂自由配置个性化产品。在

共享能力层，省联社通过打造业务中台和数据中台，建立企业级能力组件库，快速响应业务需求。在技术平台层，省联社通过发挥人才、技术和规模优势，对IT基础设施进行统一建设，各农商行按需申请使用，实现基础设施的统筹管理和集约利用。

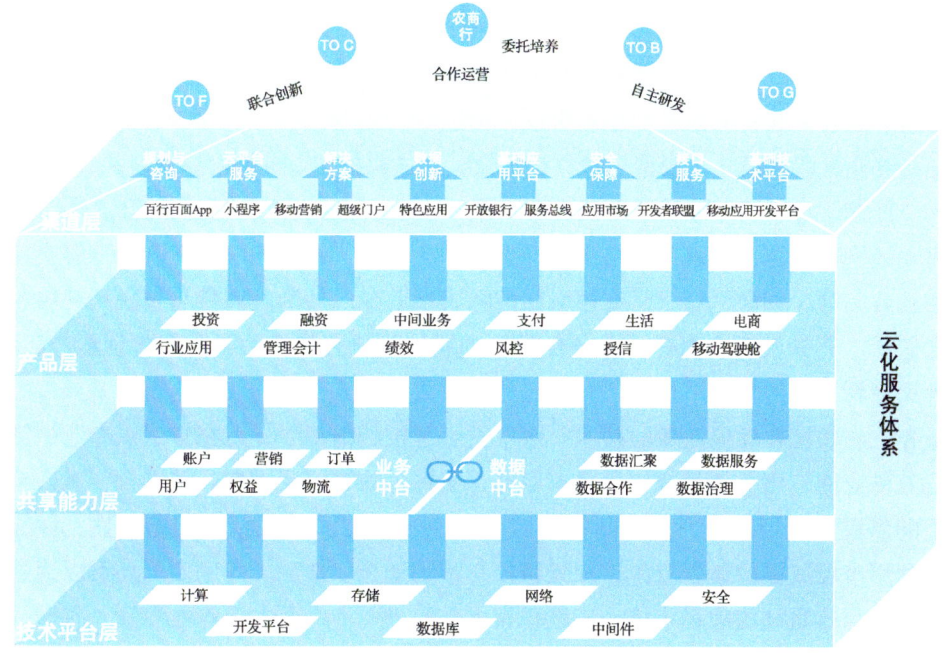

图31-1 "四横八纵"金融科技服务体系

基本解决机构自主建设受限的科技发展困境。 通过省联社建设的金融云、行业云两个云平台，将各类金融产品的后台服务解构并以云化服务方式全面开放。各农商行可以根据自身实际需求，通过云租户方式完全自主地开展特色应用开发，像使用水、电一样便捷地使用不同层面的云服务，大大提升了农商行的自主性和个性需求的响应度。并且各农商行在省联社统一构建的云架构体系和安全框架内开展自主研发，整体信息安全能力得到有效管控和大幅提升。

彻底摆脱"想做做不了、做了做不好、做了不实惠"的窘境。 省联社在"四横八纵"科技服务体系中，进一步发挥平台优势，通过输出八种科技赋能方式，全面覆盖业务水平和科技现状不同的机构，真正打通面向不同农商行的服务通道。在八种不同类型的科技赋能方式中，既有宏观层面的规划与咨询能力服务，也有微观层面的应用 API 接口服务；既有基础技术平台服务，也有基础应用平台服务；既有整体的解决方案服务，也有局部领域的数据创新服务；既有专业化的云平台服务，也有体系化的安全保障服务。这种差异化的金融科技服务，不仅可以让各机构"想做就能做"，而且支持各机构"要做就能做好"的愿景实现。

2. 构建深度融合的"上下联动"科技协同工作机制

基于"四横八纵"金融科技服务体系，广东农信将着力打造省联社与农商行全面联动的科技协同及产品创新机制，依托自主研发、合作运营、联合创新和委托培养四种联动模式，凝聚全省科技力量，促进科技与业务深度融合发展。

首先，对于具有地域特色的业务场景，农商行依托省联社提供的开放共享能力和云平台资源，可以完全自主地开展个性化研发，敏捷响应市场需求，解决特色经营问题。其次，对于具有创新性的探索型业务，鼓励农商行与省联社开展联合创新，充分发挥农商行的业务优势和省联社的科技优势，共同孵化创新产品，解决创新不足的问题。然后，对于行业拥有成熟方案而不同农商行需求差异大的业务，省联社在确保业务、技术、数据安全可控的前提下，可充分引入专业的第三方供应商，建立外部合作运营资源池，支持各农商行根据实际需求自行挑选合适的供应商进行合作，从而既保持 IT 架构的可控性，又灵活支持差异性，并充分利用市场成熟的运营资源，加强科技与市场融合。最后，各农商行还可以通过积极参与省联社的项目实施，不断积累项目管理、产品研发等科技经验，省联社秉承"授人以鱼不如授人以渔"原则，为各农商行赋能，助力农商行弥补科技短板，打造"懂业务、懂科技"的一体化金融科技人才队伍。

32 江南农商银行：以网点和科技双赋能推动数字化转型

陆向阳[一]　江南农商银行

近年来，数字技术的快速发展激发了银行业对网点转型的迫切需求，而江南农村商业银行（以下简称"江南农商银行"）正站在网点转型大潮的风口浪尖之上，并以网点赋能和科技赋能为中心，围绕"打造中国农村商业银行一流品牌"的战略愿景，以建设"科技引领型、资本约束型、服务领先型"和"综合化、信息化、集中化"（简称"三型三化"）的特色型银行为发展目标，全面构建"以客户为中心、以市场为导向、以战略为抓手、以风控为主体"的商业模式，强化落实"服务三农、服务中小企业"的客户定位，在转型发展的道路上迈出坚实的步伐。

第1节　数字化转型思路及目的

江南农商银行是江苏省常州市区域内基层网点数量最多、服务层面最广、支农力度最大的地方金融机构，近几年在业务转型方面进行了积极探索，转型思路为"一引领，两原则，三目标"。

一引领：坚持战略引领。围绕战略发展规划，紧盯"三型三化"的发展方向，做好网点转型的顶层设计，更合理地实施符合实际的转型路径。

两原则：硬转与软转并举、线上和线下协同。"硬转与软转并举"是指从物理优化和软实力提升两方面入手，使网点模式从交易结算型向客户服务型转变，全面提升网点效能。"线上和线下协同"是指统筹规划线上与线下渠道体系，保持

[一] 作者系江南农村商业银行党委书记、董事长。

渠道建设的整体推进，既要弥补在网络化、智能化、多元化方面的不足，又要营造网点的比较优势，最大化发挥线上与线下的协同效应。

三目标：降成本、提效能、强体验。"降成本"是通过整合网点渠道资源，降低网点运营成本，实现轻资产运营。"提效能"是通过分清岗位职责、优化业务流程、强化绩效考核，提高网点服务效率，提升网点营销能力。"强体验"是通过加强客户关系管理，提升服务能力，改善客户服务体验，提高客户满意度。

江南农商银行的转型目的可归纳为以下三条。

1）顺应当前发展的需要。一是战略转型的需要。江南农商银行成立之初就确定了"三型三化"的战略方向，坚持分层经营、分类营销的策略，倒逼物理网点围绕全行战略部署，积极转型创新，着力提升客户体验、服务效能与价值贡献。二是电子银行的普及。自助银行、电子渠道的不断创新，使得柜面业务尤其是现金业务、转账业务不断缩减。特别是集中作业平台上线后，大量授权类业务通过平台来完成，电子银行替代率持续上升。三是经营发展的需要。一方面，网点成本持续上升。在撤乡并镇的大潮中，江南农商银行许多网点业务量萎缩，创收更加艰难，建设成本、日常运营成本和人工成本上升情况尤为突出。另一方面，网点布局亟待完善。江南农商银行由江苏省常州地区原五家法人机构合并，服务区域有所重叠，网点设置过密或过疏，功能设置没有实行差异化分类，造成资源浪费。

2）顺应外部环境的变化。利率市场化进程加快，推进利率"两轨并一轨"（即存贷款基准利率和货币市场利率逐渐统一），在一定程度上推动了银行负债短期化、同业化，使资金稳定性下降、成本上升。世界正从 IT 走向 DT（Data Technology）。DT 以服务大众、激发生产力为主，能提供更快速、更便捷、更人性化的契合生活场景的服务。未来属于 DT 时代。在互联网金融冲击之下，客户消费行为发生改变，更倾向于从互联网获得金融服务，对简单有趣、高性价比、快速响应、用户体验等有着更高的期望值。

3）逐步建立"大零售"模式。网点转型不只涉及诸如网点选址、形象改造、服务标准和流程优化、销售语言及岗位规范等问题，也不只是提升电子渠道对人工的替代率，或者发展互联网金融，还应包括将网点战略、营销体制、渠道策略与运营优化相结合，进行综合化、体系化的网点转型与管理。而这就要通过建立"大零售"的模式来实现。"大零售"模式不仅仅是将各类理财、资产管理、私人银行等新兴业务引入储蓄产品、银行卡、消费信贷、代缴费业务、外汇买卖等传统个人业务，而是通过致力于流程银行的建设，对客户信息、服务界面、业务系统等要素进行深层整合，为客户提供全方位、多功能的一站式金融服务。

第2节 转型路径及方式

第一阶段，一代网点硬转型。从 2009 年成立开始，江南农商银行着手统一网点形象标识、调整网点物理布局、划分网点功能区域。

第二阶段，二代网点全面商务转型。从 2014 年开始，江南农商银行重新配置服务设施与电子机具，将使用率较低的低柜区改为电子机具服务区，从业务规模、网点密集度、电子银行替代率、交易量、盈利情况进行综合考量，将一些低效能、服务区域高度重叠的网点改造为轻型特色网点。

第三阶段，软实力提升转型。从 2015 年开始，江南农商银行加快操作人员分流，充实关键零售条线队伍，优化绩效考核，配套岗责精细化梳理。同时通过驻点辅导，导入标准化服务销售流程。

第四阶段，三代网点转型。从 2018 年 9 月开始，江南农商银行着眼于未来银行，注重营销场景打造，最大限度利用网点线下优势，以服务体验挖掘用户需求、提升销售转化。同时，通过场景、设备、体验内容的综合运用，创造不同的营销氛围和机会，实现人与手机、终端、网络、空间的互动互联。

第五阶段，未来网点转型。网点转型是一个持续深化的过程，未来的网点转型应该紧跟金融资源的流动方向，积极顺应客户行为的变化趋势，在渠道、产品、模式方面驰而不息、创新求变，全力塑造银行的核心竞争力。

1. 围绕"统一化、特色化"，优化网点功能布局

注重求同，网点形象优化。 江南农商银行成立之前，原五家法人机构在银行标识、门头标识、内部装修等视觉形象方面各有侧重、各有所长。江南农商银行成立之后，着手打造统一的网点 VI（视觉形象），在设计中融入了独具江南韵味的桥元素，寓意在银行和客户、员工、社会之间架起沟通桥梁。

注重存异，网点分层优化。 对网点布局进行诊断和优化，合理选址和配置资源，使网点功能定位与区域的客户结构和经济禀赋相适应。对效能不高的网点，该撤则撤；对地理距离靠近的网点，采用合并、迁址的方式。同时，江南农商银行于 2014 年启动了微银行改造，经过近几年的迭代更新，网点设置形成了"综合型、高柜型微银行、标准型微银行"三个级次的架构格局。全行有综合型网点

63 家，高柜型微银行 76 家，标准型微银行 70 家。

注重营销，网点分区优化。江南农商银行坚持"网点分类、客户分层、功能分区、业务分流"的理念，按照"为营销倾斜、强化营销氛围、动线最优、分区互通"的原则，打造智能厅堂，设置六大功能区（取号缓冲区、智能营销区、等候缓冲区、高柜服务区、财富中心、办公区）；同时在客户动线停留的重要节点，摆放宣传物料，捕捉销售先机。

2. 围绕"轻型化、智能化"，打造渠道交互中心

"自助+协同"开创新模式。江南农商银行以自助、移动、多渠道协同为主要特征，基本实现了"远程互动+自助设备+移动办公"的服务模式。其中，线下在每个网点配置 VTM（远程柜员机）、ATM、CRS、高速存款机、自助终端、自助回单机、移动 PAD 等；线上推广网上银行、手机银行、微信银行、商务通、便民通等。目前，全行各类机具共计 1776 台，其中自动柜员机 791 台，自助终端 245 台，高速存款机 4 台，VTM（远程柜员机）504 台，智能超级柜台 232 台。

"线上+线下"打造新优势。转型后，大部分业务可通过智能设备完成。目前，核心智能设备主要包括三大类。一类是 VTM（远程柜员机），功能覆盖 19 大类 208 个柜面交易，以往诸如开卡、客户信息修改、电子银行签约等常规性业务在柜面办理通常需 20 分钟，而在 VTM 端已缩短至 3 分钟。2020 年，远程柜员（坐席）单人月均业务受理量 175 笔，最高峰时达到 220 笔，为柜面人员的 2.7 倍，全年 VTM 办理交易 563 余万笔，服务效率大幅度提升。此外，通过不断完善随机交叉复核、人脸识别、远程授权等功能，业务操作风控能力进一步提升。一类是移动机具，包括移动平板、便携式发卡机、便民通等业务设备。这类设备支持营销人员走出网点厅堂，主动上门提供信息维护、卡激活、手机银行签约等一站式服务，改"坐商"为"行商"，变"愿者上钩"为"主动出击"。一类是线上渠道，持续提升手机银行使用，截至 2020 年年末，手机银行客户数达 182.14 万户，较年初新增 43.4 万户；大力拓展"收银通"收单业务，"收银通"商户达 27.78 万户（含同业），日均交易量突破 40 万笔；积极推广智慧城市项目，形成了智慧医保、智慧商超、智慧停车、智慧餐饮等多个行业解决方案。以"智慧医保"为例，接入常州市，与溧阳卫健局、新北卫健局、武进卫健局等开展医疗方面的战略合作，累计合作各类医院 110 家，药店 970 余家，绑定存款 8 亿元。

"集中＋高效"实现新提升。 为实施集中化,江南农商银行以建设"大运营、大后台"为方向,2012 年 5 月上线运营集中作业平台,包括资产类、支付类、负债类等多个模块的近 300 个业务交易实现了后台集中化处理。江南农商银行还着手推进无纸化受理,实现了客户资料、业务凭证、业务印章、客户回单的电子化,大大减轻了柜面工作量。目前,江南农商银行已对接手机银行、小微贷、信贷核算、VTM、会计运营监管、统一回单、远程客服等系统,可支持客户信息维护、存款、转账、挂失、信贷、结算业务等 180 多个交易。

3. 围绕"专业化、差异化",提升客户管理水平

实施专业化的客户分层。 参考业内标准、二八法则,江南农商银行将客户按照金融资产等级分为普通客户、潜力客户、VIP 客户三大类,并针对 414 万个人客户群,结合资产贡献度、产品覆盖率、风险偏好、行为属性等因素多维度考量,将客户细分为 12 个星级,从而更准确地提供特色化、精准化服务。

实行差异化的维护策略。 在细化客户分层基础上,江南农商银行按照做强高端、做大中端、做简低端的差异化策略做好客户维护。针对 VIP 高端客户,积极推出私人银行和财富管理业务,通过专人维护、配套专属产品、提供尊享服务等满足客户需求;针对中端客户,从产品、服务、渠道等方面更加关注客户差异化需求,充分挖掘中端客源潜力;针对低端长尾客户,借助大数据、移动金融技术,采取批量维护、产品覆盖、智能营销、做大资产的营销策略,在不断提升客户体验的同时尽可能降低服务成本。

构建全功能的产品体系。 在对客户深刻洞察的基础上,江南农商银行建立以客户细分为导向的产品体系,并借助决策链短的优势,快速推进产品升级,满足客户全方位的金融需求。**负债业务方面,** 顺应资金线上支付、移动支付大趋势,通过建平台、抓入口、场景化、强合作来聚集客户和资金。以理财产品聚集客户闲置资金,以收单业务归集商户结算资金,以按揭业务锁定客户房贷资金,以"三资三化"统筹村级财务资金,以代发工资绑定日常资金,以现金管理串联客群资金。以收单业务"收银通"为例,截至 2020 年年末,沉淀活期资金 175.47 亿元。同时,创新推出大额存单、江南专属等利率市场化拳头储蓄产品。**资产业务方面,** 以"批发"做零售业务,以"专业"做公司业务,积极调整贷款结构,回归本源,坚持支农支小,通过提质增效、效益补偿、考核激励、产品配套四个方面促进全行小微贷款业务发展,建设"敢贷、愿贷、能贷"长效机制。另外,

江南农商银行充分运用自有风控模型和大数据分析判断，优化线上标准化贷款产品，提高融资便利性。2019年5月，江南农商银行推出"一起富–小额信用贷"产品，采用"线上审批、线下核实"模式，快速为小微客户融资纾困，至2020年6月末，有贷户数达3579户，贷款余额达3.16亿元。中间业务方面，逐渐形成理财、基金、保险、贵金属等产品全面发展的局面，同时创新推出理财转让、家族信托、智能投顾等前端产品，满足客户各类投资理财需求。

4. 围绕"标准化、规范化"，提升团队营销能力

为弥补人员结构短板，在转型过程中，江南农商银行注重人员结构的优化，加快操作型岗位人员向大堂经理、理财经理、客户经理、产品经理等营销人员释放，并通过获得相关业务资质、实行准入退出机制、开展等级评定等方式，不断提升营销队伍的综合素质。为克服职责不清弊端，江南农商银行根据网点实际情况优化、分清员工岗位职责，制定《网点转型标准化执行手册》，指导和督促员工从思想、行动上加速适应，主动投入到转型浪潮之中。为解决激励不足难题，江南农商银行重点打造"零售客户经理、理财经理、大堂经理"三支专业化零售队伍，量身定制绩效考核办法，突出员工能力提升，形成网点转型标准化服务流程，提升营销人员客户维护、产品销售的专业度。

第3节 江南农商银行转型成效

1. 渠道转型成效：线上线下一体化

通过推进网点运营模式和客户服务模式革新，江南农商银行全力将网点打造成满足客户多元化需求的社交化平台，努力实现"任意一点接入、线上线下互联互通、多方协同"的一体化渠道体系。线下在位于常州市金坛区的"三大中心"建设新旗舰店，将银行的尖端技术融合到物理网点中，致力于为客户提供强烈视觉冲击和极致服务体验的环境，将其打造为产品展示与销售平台、客户体验与互动平台、客户交流与咨询平台，并按照"轻型化、智能化、特色化"的理念探索网点新的合作模式，积极进行跨业合作，打造诸如"便利店+银行""社区银行"等特色网点，为客户带来不一样的体验。线上以手机银行生活化为宗旨，以"远程化、智能化、主题化、差异化"为特色，打造与百姓生活

息息相关的服务生态场景,实现全方位、全触点把握客户入口、获取客户流量。同时,通过入口、场景和系统平台的线上线下融合互通,构建基于网点的O2O价值链和生态圈,使网点服务融入客户线上线下场景,激发网点客户价值创造能力和经营活力。

2. 产品转型成效:提升客户体验

网点转型依托数字科技的发展,数字科技助推网点转型的深入。只有顺势而为、主动求变,以新技术为驱动,打造全渠道、全品类、全时段、全体验的新型零售银行模式,才能重塑农村中小银行的核心竞争力。江南农商银行的产品转型成效具体体现在以下几方面。

1)丰富网点产品线。坚持以客户为中心,所有产品的设计和开发均从客户的需求出发,并在运行过程中根据客户的反馈进行迭代优化,切实打造"不一样"的智能化产品体系。江南农商银行将资产配置作为网点转型的落脚点,加快推进资产业务线上化,并在VTM上推出标准化资产业务,逐步将其打造成全资产的受理平台,推动零售转型供给侧改革,夯实零售资产客户群;探索"场景化+线上化+大数据"的业务模式,打造Anytime(极速到账)、Anywhere(多渠道申请)、Anywish(多场景嵌入)和Anyway(一键借款/还款)的4A级金融服务,向零售客户提供综合资产管理方案;做大供应链金融,完善系统功能,围绕产业链、生态圈、场景化三个维度,集技术应用、银行业务、企业需求于一体,扩展平台外延和应用场景,增强行业解决方案和个性化定制能力,批量式开展核心客户上下游中小企业的供应链金融服务。

2)推进获客智能化。加快推行主动授信模式,实施策略营销,充分发挥大数据作用,以"智能+"的思维,从"经验依赖"向"数据依赖"转变,构建客户统一视图,实现积极的客户获取和精细的客户管理。同时,充分挖掘数据价值,通过各类风控模型,实现对客户业务的自动审批、实时监测预警。

3)深化科技与业务融合。充分发挥产品管理部门和产品创新实验室职能,强化自主创新,也不排斥与金融科技公司的技术合作,提升科技转化率;增设产品经理,提升其业务嗅觉和科技感知,深化科技与业务的融合;持续推进金融科技创新项目建设,特别是线上信贷产品风控模型的开发。目前,江南农商银行正在着手组建风控建模团队。

3. 模式转型成效：打造敏捷化组织

江南农商银行坚持"凡是机器能做的绝不要柜面做，凡是系统能做的绝不要人工做，凡是集中能做的绝不要分散做，凡是后台能做的绝不要前台做，凡是线上能做的绝不要线下做"的理念，树立平台思维，打造敏捷组织，创新服务方式和流程，从而更先进、更灵活、更高效地响应客户需求。目前，江南农商银行正在建设的远程大客服服务支撑平台，将实现远程客服中心、交易中心、信息中心、营销中心四位一体集中发展。建立统一的在线客户服务平台，整合现有在线服务渠道，突破电话客服、视频客服一对一的局面，实现在线咨询、在线交易、在线认证等多项业务，与视频客服、电话客服实现平台互转功能，分流柜面业务压力，在手机银行、网上银行、直销银行等线上渠道嵌入，有效提升客户的7×24小时体验。其中，正在打造的信贷集中作业平台，有利于员工在"前台专注营销、中后台集中处理"模式下各司其职，各尽其能，有效实现了业务的"线上化受理、集中化处理、自动化审批、智能化风控"。未来，客户经理将从繁重的资料整理、系统操作、权证办理等事务性工作中解脱出来，最大化回归其营销客户的本职工作。

转型成效从经营数据亦可体现。截至2019年末，江南农商银行资产总额达3886.11亿元，是2009年年末成立时的5.3倍；各项存款余额达2624.7亿元，各项贷款余额达1965.44亿元；存贷款余额持续稳居常州市银行业金融机构、江苏省农商行系统第一，存、贷款规模分别占全市同业的20%左右、全省农商行系统的10%以上。2019年，江南农商银行实现营业收入191.37亿元，税后净利润24.56亿元，金融增加值87.89亿元，人均金融增加值233.41万元，位居全省农商行系统第一名。

33 苏州农商银行：揽八面来风，助数字化转型

徐永乐　苏艳　钱青　苏州农商银行

对于金融业来说，数字化转型并不是狭义的信息数字化和技术转型，而是技术与商业模式的深度融合，其最终结果是经营模式的变革。近年来，随着信息技术的飞速发展和广泛应用，特别是大数据、云计算、人工智能、5G、物联网等新技术的植入，传统金融与互联网科技的融合不断深化，引发金融服务变革。以线下分销渠道为主的传统增长模式渐渐不再适用，规模增长和网点密度的关联不断弱化，银行业比以往任何时候都更需要数字化支撑。

新冠肺炎疫情让实体经济在短期内受到了严重冲击，银行业的线上金融服务能力也受到了严峻考验，但同时加速了银行业数字化转型进度，加快了全客群开放、全线上流程、全智能风控进程，推进了零接触存款、零接触贷款、零接触理财等品类的"零接触"金融服务能力的提升。

第1节　驱动数字化转型的关键点

苏州农商银行早在2014年就提出了"API银行"概念，并率先通过微信缴学费、微信银行等场景进行积极探索并积累了一定经验。时至今日，融入生态、融入场景、开放、共享、链接已成为数字化转型的核心要素。数字银行部作为全行数字化转型承载平台及各业务条线的合作伙伴，为全行提供应用工具、新流程、新产品试验田，也积极探索单独对外输出产品和策略。

苏州农商银行数字化转型痛点如下：全行数据文化尚不到位，未树立数据是重

要资产以及数据应真实客观的理念与准则，相对更关注数据应用功能建设，面对复杂的数据治理问题缺乏主动应对的动力；业务部门参与不够深入；数据管理的深度和广度不够；数据管理团队建设尚显不足，规范、专业、快速响应的团队建设仍在培养过程中；数据治理的后评价机制以及投入与贡献的量化评价有待完善。

科技和业务的深度融合仍然是一个难题。相对而言，业务场景和市场需求更新快速，科技人员对业务场景的理解和把握有一个过程，而业务人员可以通过短期高强度灌输来学习技术。创新研发和运营这一偏前台的职能需要更多业务专家参加的混合型跨职能团队来履行。由此，我们归纳出数字化转型的六个关键点。

1）**卓有成效的数据治理工作**。数据治理包括数据标准管理、数据质量管理、元数据管理、数据资产管理等工作，是数字化转型的重要基础。随着信息化、智能化的快速发展，数据产生的价值越来越受到重视。数据资源必将逐步成为重要的战略资产，最大限度挖掘数据价值、实现有效的数据治理将成为银行最重要的基础工作之一。

2）**业务的线上化和数字化**。主要是指各业务资源要素和业务流程的数字化，包括产品、渠道、营销等。

3）**有成效的创新协作**。除优化决策流程外，打通整个产品流程，让数字化运营团队成为一个跨职能机构和敏捷组织，让运维人员拥有开发能力，以便实现产品的即刻落地与高效连续迭代更新。

4）**客户经营数字化**。人流不等于客流，银行的商圈类支行如何将如潮的人流转化为客群？通过营销活动、送礼物换回客户开单，但后续仍然缺乏客户运营、缺乏场景，缺乏有效的客户触达、转换和提升能力。第一代零售业务转型银行依靠网点、客户经理获客，但在不久的将来这可能会遇到天花板，获客越来越困难。银行需要依靠数字运营的客户营销、场景化支撑的第二代零售业务转型。

5）**经营的平台化和生态化**。实现对前后台资源及内外部资源的整合创新，通过构建生态化场景形成相互贯通、相互支持的触客服务平台网络，使银行服务无处不在。

6）**敏捷化组织**。从组织架构来说，转型后的银行需要更快地响应客户需求，改变划地自限的思维模式，改变拖沓的作风。

第 2 节　数字化转型实践

1. 高度重视、战略设计

自 2018 年以来，苏州农商银行全面实施以"四轮驱动"为核心的战略规划，关注零售，立足"三农"，聚焦普惠，在以加大金融服务力度、提升金融竞争优势、丰富金融产品体系、畅通金融服务渠道建设为工作目标的战略规划之下，总行层面高度重视，积极响应国家建设数字中国的号召，契合监管层面加强数据治理的要求，从自身发展需要出发实施数字化转型工作并建立适合自身的体系规划。

2. 设立数据治理和数据价值挖掘的职能部门

苏州农商银行在总行设立数字银行部，与相关业务条线分工协作，使数字化转型工作职责涵盖数据架构规划、数据模型管理、数据平台和数据集市体系架构、数据质量管理、外部数据采集、业务分析建模、数据产品推广、应用系统建设、创新场景探索等，同时将行内数据和外部数据统一接入、存储、整合，提供报表、查询、数据交换服务，跟踪及研究人工智能及大数据相关领域的前沿技术在银行的应用场景，做好数据建模工作，挖掘数据应用价值。

苏州农商银行自2011年即开始搭建独立的数据仓库，对行内的数据进行充分整合和应用，近年来随着外部数据的广泛使用，又搭建了一套独立的外部数据交换平台，实现行内、行外数据在大数据平台上进行交汇融合并服务于行内的多个业务场景。在技术层面，苏州农商银行依托大数据分析和人工智能等技术对数据进行充分的整合和分析，并应用到包括全行的业务流程再造、营销、风控和管理等各个方面。

目前，行里已经搭建了大数据平台，正在合作搭建金融云平台，并积极筹备人工智能平台的搭建。这些新技术、新平台将为银行数字化转型奠定基石。

3. 建立敏捷组织和敏捷机制

组织转型难以一蹴而就，一个行之有效的方法就是在保留原有组织架构的前提下搭建跨职能敏捷团队、组建创新实验室，推动自上而下建立"敏捷"意识，使组织能高效、快速地响应需求变化并基于反馈调整方向。同时要灵活布局组织模式，集结来自前中后台各部门的人员，包括咨询等外部力量，组成敏捷小组，通过敏捷柔性组织调动资源，推动实施。在实际工作中，我行经过论证成立了"苏易贷"等第一批三个敏捷团队，抽调跨职能部门人员全职参与"以客户体验为核心"的旅程再造工作，加速推进阶段性重点产品数字化实施。

4. 产品体系数字化建设

当前，中国网民的互联网使用时长快速上升，流量下沉成为趋势，为金融业发展"零接触"银行提供了客户支撑。这对苏州农商银行的产品线上化建设进程提出了迫切要求，无论是线下网点的客户到访，还是 PC 端、手机端的流量，都要尽可能引到线上完成金融服务流程，从而控制产品交易成本、统一多渠道客户体验。

（1）公司金融产品体系

传统产业的数字化、"互联网+"转型迅速，企业对一站式金融服务和综合金融服务需求强烈。自数字化转型以来，苏州农商银行积极推动产品创新和业务模式迭代，已初步形成具有区域特色的公司金融产品群，包括现金管理、供应链金融、企业网银、国际结算、电子票据等具有特色的对公业务系统。在未来，苏州农商银行将积极推动交易银行中台和数据中台建设，包装整合碎片化的后台资源，实现后台业务资源到前台易用能力的转化。

例如普惠贷，为加强小微企业金融服务，切实降低小微企业融资成本，苏州农商银行特别推出针对新增授信普惠小微客户的个性化服务信贷产品，产品的申请、内部流转等环节都通过线上化实现了效率和客户体验的提升。薪金云贷支持现金流紧张、生存存在一定困难的小微企业和个体工商户。信贷资金专项用于企业支付员工基本工资，全力支持苏州市小企业和个体工商户"保就业"工作。

（2）零售金融产品体系

近年来，零售金融业务同样面临着利率市场化改革持续深化、存贷利差逐年收窄、客户开发渠道单一、获客能力不足、产品整合能力差、缺乏场景嵌入和融合营销等诸多问题。苏州农商银行在零售产品体系的数字化转型方面，注重服务流程的数字化重构，注重产品前端流量入口的数字化迭代，注重开放平台和借助私域流量的裂变分销，借助政务数据、互联网数据、行内数据的融合和价值挖掘开发更广阔的农村客群和小微企业客群。例如"聚富 e 号"线上存款产品试点，2020 年上半年仅在一家异地支行存款余额即接近亿元；"苏易贷"线上纯信用贷款产品通过线上进件、全流程线上服务、大数据风控、线上营销、红包裂变等措施的综合应用，在安徽宣城地区两家异地支行上线试运营近四个月，即获得授信余额 5.84 亿元、贷款余额 2.44 亿元的良好业绩。

例如政务大数据应用，苏州农商银行在与苏州市吴江区政府智慧城市合作共建的基础上，建设"政务+金融+互联网"信用金融服务体系，依靠政务大数据将信贷群体扩展到下沉及长尾客群，如小微企业主、城镇居民、乡村居民等，缓解小微企业融资难、融资贵问题，改善营商环境，增加经济活力；缓解年轻人等消费需求旺盛群体的资金压力；满足农民生产和生活资料的购买需求，帮助加速农业产业发展，实现普惠金融。

苏州农商银行还和第三方金融科技公司合作，建立安全防护体系和安全管理体系，保障政务数据开放共享平台的整体安全，包括保障数据使用的合法性、明确数据主体各方责权、建立数据共享安全管理制度、做好数据全生命周期的安全管理等。

（3）乡村振兴金融产品及服务体系

农村"三资"管理历来是农村工作的重点和难点，加强农村"三资"管理既是搞好整个农村民主管理工作的基础，也是解决当前农村矛盾和建立农村市场经济体系的需要。为此，苏州农商银行和政府合作共建了"江村通"线上三资管理平台，对各村银行账户进行集中管理：按照"统一票据管理，统一资金管理，统一财务核算，统一审核登记，统一财务公开，统一建档管理"的原则实现村账托管，通过"台账式"管理对农村资产、资源进行清查登记，通过"合同管理""招标管理"实现对资源的动态监管，通过网络信息互联建立区、乡镇、村组"三资"监管体系，通过信息发布平台实现政务公开、党务公开、村务公开，提高"三资"管理工作效率和质量。

为健全农村金融体系、推动整村授信工作，苏州农商银行在镇、村干部协助下进村入户采集归档村民信息，开展"背对背"评级授信工作，为农户、小微企业、村级集体经济提供定制融资产品，支持农村实体经济发展，支持农村居民安居乐业。

苏州农商银行还着手打造"江村驿站"，为村民提供小额取现、支付转账、贷款申请、生活缴费、养老金查询、社保查询、医保查询、就医挂号、金融知识宣传等惠民服务，通过政务自助机具和系统接入实现村民公共服务需求的无缝链接，丰富了金融服务的场景内容。

苏州农商银行还与社保部门合作推动社保卡制卡迁移工作，协助开展电子社保卡建设工作，将社保卡金融功能和社会保障业务功能线上化、移动化，在线下主要网点布设社保卡自助发卡机，为广大乡村居民就近办理社保卡提供便利，让乡村居民不出村就能办理个人参保证明、社保转出凭证、参保基本信息查询等社保业务。

苏州农商银行构建了乡村电子商务体系，通过和吴江区供销总社合作，大力发展农产品电子商务，推进物联网技术在农业生产领域的推广和应用，为农户提供更多的销售渠道，并在新冠肺炎疫情期间通过农产品线上销售、线下配送、网点自提等形式支持农户复工复产。

为了让农贸市场实现专业化、智慧化的市场管理，苏州农商银行建立了农副产品溯源体系，提供溯源功能，让客户扫描溯源码了解商户名称、商品名称、供应商、进货时间、产地信息，为提升农贸市场交易产品的安全性、保证农产品品质提供了系统保障。

5. 风险管理数字化体系

苏州农商银行以先进银行为标杆，从对公信贷客户风险画像切入，打造客户风险画像系统。该系统以客户为核心，整合行内跨条线、跨系统的业务及流程数据，引入多机构、多维度的外部数据，将传统的风控经验和量化模型相结合，全景展示客户的风险特征，形成客户风险画像报告及风险评分。同时，对风险画像报告中的负面信号进行解析和提炼，在信贷全流程中将严重负面的信号推送给客户经理与审批人。

相较于以往的预警体系，客户风险画像系统在数据的获取上更多元化，信息挖掘更深入，功能设计更全面，预警监测指向更精准。系统与行内业务系统的数据信息交互，有效协助业务人员全面深入地了解客户，多层级风险预警信号也可以为授信审批全流程提供决策辅助和管理抓手。智能风控平台作为客户风险画像的生成系统，具有以下功能。一是数据集结，全面接入客户基础数据、客户财务数据、授信业务数据、核心账户数据、押品缓释数据、反洗钱名单、人行征信数据、银保监会数据、线下手工台账等行内数据资产，重点接入工商、司法、税务、舆情等关键的外部数据。二是数据处理，对行内外各个渠道采集的数据进行标准化和规范化处理，完成数据的归集、融合与重铸，打造大数据平台和风险数据集市，实现行内及行外数据的全方位整合、多维度分析、穿透式挖掘处理，立体展示企业风险特征。三是规则输出，智能风控平台能够实现与业务系统的信息交互，即通过智能风控平台，业务端与风控端可面对全面客观的风险信息、预警信号及具体内容进行对话，促使风险偏好更加客观地传导。

6. 用户运营 / 营销数字化体系

一个优秀的用户运营平台，除实现基本的积分消耗功能外，还可以引导客户提高使用银行金融产品的频率，从而形成良性循环。在金融业竞争日益加剧、经营同质化现象严重的今天，包含银行卡、存贷、结算、财务管理业务的积分/用户运营体系可以成为提高客户价值、增强市场竞争力的重要依托。对于如何采用新的互动形式，强化线下渠道引流能力，解决线上渠道打开率偏低、用户活跃度不够等问题，苏州农商银行在实际工作中做了以下积极探索。

1）打星球游戏。苏州农商银行在 2020 年初推出了打星球在线排名休闲小游戏，融合手机银行开通、手机号转账开通、微信银行动账提醒开通等金融任务，通过众多奖项的灵活配置，引导用户在玩游戏的同时去完成线上任务。在为期两周的活动中，访问人数达 16 981 人，分享转发 4460 人次，开通手机号转账人数 399 人，开通手机银行大众版用户 62 人，绑定微信动账通知 368 人，取得了不错的营销效果。

2）战疫助农。支农支小、服务"三农"是农商银行的一项重要职责。在 2020 年新冠肺炎疫情期间，苏州农商银行与北联农场、润汇农业、惠健农业、东山果农等本地优质农企合作，在微信银行网上商城推出在线购买蔬菜、河虾、面点小吃、东山枇杷等服务，把蔬菜和美食送进居民家中，既帮助农场在疫情期间稳住了销售，又解决了居民疫情期间的"买菜难"问题。

3）助力开学防疫。2020 年 4 月上旬，针对开学后儿童口罩等防疫用品购买难的市场痛点，苏州农商银行组织防疫物资，策划"线上导流、线下触达"专项营销活动。在为期 16 天的活动中，共 422 人到访网点领取防疫物资，其中微信关注 213 人，理财意向客户 73 人，购买理财 16 人，存款意向客户 12 人，个贷意向客户 2 人，信用卡意向客户 1 人，借记卡开卡 30 张，派生理财 478.5 万元，累计为苏州城区支行以及部分异地支行获客 2000 余人。

7. 数字员工团队建设

数字员工即 RPA（机器人流程自动化），具有对现有系统影响小、基本不编码、实施周期短等特性，不仅可以模拟人类，还可以利用现有技术如规则引擎、光学字符识别、语音识别、虚拟助手、高级分析、机器学习等实现流程自动化的目标。

数字员工团队建设项目自 2019 年一季度总行创新委员会审议通过后，已完成平台部署及全行各业务条线部分数字员工岗位配置，设置了外管查询岗、报表查询岗、外汇牌价监控岗、日终票据清算检查岗、零售条线邮件批量处理岗、企业数据申报辅助岗、营销月报及班后练兵报表统计岗、学生缴费数据报送岗、监管条线公函邮件处理岗、公文管理岗等。

RPA项目团队除推动数字员工在行内应用外，也在大力拓展外部的场景挖掘。目前，苏州市民卡公司的网上商城订单处理及对账、港华燃气的企业用户自动充值等项目都正在排期开发。RPA除有利于使用方节省人力资源、提高工作效率外，也有利于增强银行企业客户维护能力，提升客户忠诚度和黏度。

8. 构造数字生活，建设场景金融数字化体系

移动互联时代，场景化金融将生活服务融入金融需求之中，通过"金融+生活"的融合，将成体系的金融服务嵌入非金融场景，可实现用户需求的无缝触达，并显著扩展金融领域的服务边界。农商银行有着区域人缘、地缘优势，可以通过布局社区互联网金融和区域化生活服务平台，打造以农商行为主导，辖内政府、企业、商家、消费者共同参与的区域生态系统，抵御外部竞争压力。

区域化生活服务平台主要是依托于微信公众号、小程序、微信商城、权益平台、手机银行等多渠道线上金融服务体系打造，并且更多的是借助于社交平台和用户级入口，而不是基于存量客户、以银行账户和手机银行App为核心的传统线上平台，从而更有利于流量引入、裂变传播和今后通过内容运营来提升客户黏度。例如e缴费、e金融、e生活。

e生活是苏州农商银行推出的区域化生活服务平台，包括智慧医疗和智慧专业化市场。智慧专业化市场系统是以集中经营的专业化市场为载体，如农贸市场、批发市场等，以一码通收单业务为基础，可实现交易数据的可视化分析，实现食品安全管理、购物体验和智慧化管理提升，也可搭配电子屏、电子秤、扫码枪等外部设备来实现市场的数字化运营。整套系统由三部分构成：电子屏，可根据市场管理方要求进行模板化订制，支持一对一展示各摊位的商品名与价格，也可以统一显示市场指导价；商户App鱼米e家，商户可修改产品价格，修改后的菜名、菜价可实时投放至电子屏；智慧专业化市场后管系统，支持交易数据统计与通知功能（上传视频、图片、文字）等。

第3节　数字化转型未来预期

数字化转型给银行的风控和获客带来了深远影响，然而剑有双锋，机遇也往

往与风险并存。移动互联、数字货币、5G技术和数字化转型带给银行的不单是金融赋能，随之而来的还有深层次的痛点和"数字化陷阱"。

中小银行线上存在感削弱。未来的银行，尤其是没有流量运营支撑的中小银行，将可能成为模糊了自身标识、在金融垂直门户里突出场景化标签的存在。在零售金融领域，国有大行挟流量和资源优势以令天下，区域性中小银行在失去顶层优质客群后，将不得不依托数字化经营下沉客群，经营风险和风险管理能力将面临严峻挑战。

金融服务归属感弱化。没有了网速、流量和支付账户的制约，金融服务将成为一个完全开放的生态。C端客户关注的只是金融需求的满足和极致的客户体验，而无须在意服务由哪一家银行提供。同时，线上平台价值弱化，App、直销银行、公众号、小程序等工具类平台和线上账户体系（尤其是二三类账户）将日趋式微，基于粉丝运营的"鱼塘理论"也失去了依托。银行将极有可能失去平台这一"流量圈养"屏障而沦为底层金融服务提供商，产品竞争力缺失将成为明显的痛点。

银行体制的束缚。完成产品和服务的数字化后，银行数字化转型将受传统体制的约束，在生产要素配置、资源投入、决策流程、考核管理等方面将面临数字化迭代和优化调整需求的挑战。

网格化与深度外拓营销。鉴于上述因素以及在体制和资源上的劣势，大部分中小银行在金融创新和数字化转型领域难以成为领跑者。但区域性中小银行在总部所属区域往往具有实体渠道、本地政务、社区资源优势。只是长期以来在"自然销售"和粗放外拓、运动式外拓模式下，这些优势未能得到有效运用。

金融服务网格化就是按照行政区、社区、商圈、产业集聚等字段将网点金融服务覆盖范围划分为若干网格，通过网格责任网点和服务人员的落实，实现金融服务的精准营销、批量营销、深度营销。在网格化推进工作中，银行必须有自身的"四个坚持"才不会流于表面的热闹。

一是坚持产品为本，面对数字化生活的一代，重视线上产品体系建设，尤其是微信银行金融产品体系建设。二是坚持"走出去"和"引进来"相结合，充分发挥线下网点作为流量节点的价值。三是坚持线上和线下相结合，用好线下网点的同时也用好手机银行、微信银行，构建线上和线下一体化的金融服务网格。四是坚持场景挖掘，场景金融的价值已有提及，在网格化工作中场景建设更是一个核心环节。

场景本身就是网格，网格不单是社区、商圈、产业群，也可以是医疗、教育、养老、住房等场景化客群。在数字生活时代，如何触达客户是网格化工作落地的关键。假设在城市一个管理规范的小区，连小区的大门都进不去，好不容易进去了，楼宇防盗门又进不去，就算进去了，千家万户的大门还是难进。此情此景，员工的营销意识再强，营销技能再好，产品再好，又奈之若何？员工唯有借助有效的工具才能叩开层层关卡，网点沙龙、社区摆摊作为运动式、偶发式活动并不能解决问题，只有部署在社区端和网点端、线上和线下、深度融入百姓生活的非金融场景，才能让客户感受到金融服务的情感和温度，才能建立起银行和客户的有效连接，才能让我们的网点员工真正走出去、迎进来。场景建设可以说是网格化工作的重要一环。

34 亳州药都农商行：政务大数据金融应用的"亳州经验"

张利　杨帆　董世杰　亳州药都农商行

随着社会经济的快速发展，"三农"群体、小微企业等对金融资源的需求逐年增加，传统的金融服务模式已无法适应其需求。在政策层面上，为纾解"三农"、小微企业的融资难题，国家多次出台相关政策，倡导"普惠金融"。国家推出深化政府"放管服"改革方案以来，在技术层面上，移动互联网迅速普及，互联网金融快速崛起，满足了新形势下消费者要求的快捷和便利，给银行业的传统业务造成了巨大的冲击。互联网金融成为深入推进"普惠金融"的主要抓手，也是银行业寻求新的增长点的重要方向。

亳州药都农商行坐落于安徽省亳州市谯城区，从农信社沿革而来，历经两次改制，成为今天的农商行。多年来，药都农商行变的是名称，不变的是"服务'三农'、服务小微、服务地方经济"的初心。破解融资难、融资贵、融资慢等难题，是药都农商行改制、创新、变革的动力。通过多次尝试、不断探索，药都农商行最终锁定"大数据"与互联网运用，取得了丰硕成果。

第1节　内外承压，数字化转型育新机

除了外部环境的推动，内在发展需求也是催生药都农商行"数字银行"战略的重要因素。2014年，药都农商行提出"二次转型"，制定转型发展方案，并确立了科技支撑的核心地位。恰逢天时，2015年亳州市加快数据融合、数据共享，深挖数据潜能，启动"智慧城市"建设。在压力、挑战、机遇的共同碰撞下，药

都农商行选择进行金融服务变革，从"大数据整合与运用"入手，结合互联网、O2O、区块链等技术，打造金融服务"快银行"，成为中国金融业整合政府大数据实现县域普惠式、智能化移动信贷服务的先行者，也成为农信社系统"构建数据资产第一家"。

在数字化转型前，2015 年药都农商行贷款余额 141.5 亿元，贷款户数 17.23 万户，126 名客户经理，人均管户超过 1300 户，面对庞大的客户群体，在进一步深入推进普惠金融的征程中可谓捉襟见肘。

庞大的客户量带来的是巨大的工作量和无法保证的流程质量与效率。当时，药都农商行主要面临人力成本高、风险防控难、办理速度慢、业务拓展慢、服务质效低、客户体验差六大痛点。

药都农商行从客户角度出发，深入市场调研，发现"三农"及小微企业客户在信贷融资中主要面临财务报表难以满足银行放贷标准、缺少有效抵质押物、放贷速度慢、一次性本利清还款压力大、用款手续烦琐、借款渠道单一六大问题。

数字化转型战略启动之初，药都农商行从痛点出发，研究问题的解决方案，以亳州市"智慧城市"建设为契机，从"大数据"应用入手，引入云计算技术，搭建一系列系统模型，着力解决贷款发放管理工作量大、调查和风控难度大等问题。

如何实现数字化转型的理想模式，实现线下和线上的无缝对接？药都农商行从数据仓库、系统模型、人才队伍三点入手，最终织就"数字金融"这张网。

第 2 节　大数据应用开新局

1. 培育数据资源

整合政务大数据。借助亳州"智慧城市"建设，药都农商行对 78 家政府单位、2271 类、52.65 亿条数据进行分析，确定了公安、人社、民政、工商、卫生、司法、税务等部门的数据接口，涵盖客户身份信息、家庭信息、社保信息、健康信息、纳税信息等社会化信息，使整合的数据具有质量高、关联性强、整合度高、实时更新的特点，打下了社会化数据的基础。

抓取存量信贷数据。自 2000 年开办农户小额信用贷款以来，药都农商行积累了 20 万余户的农户经济档案、5 万余户小微企业经济档案。自 2013 年下半年上线无纸化信贷管理系统以来，所有的纸质档案扫描入档，形成了宝贵的存量信贷数据。

关联核心系统金融数据。药都农商行对综合业务系统内的开户、存款、贷款、还款、账户、汇兑等信息进行搜集整合，提高对客户全面评估的科学性与准确性。除此之外，系统数据来源还包括互联网数据、权威公开数据、资源整合数据等。

对体量巨大、类型多样的数据进行挖掘、筛选、分析，依托核心系统及模型进行批量运算，构成了大数据系统的整体流程。

2.培养人才队伍

2013 年，药都农商行成立科技信息部，自行研发和参与开发系统 70 余项，在科技研发方面投入 2 亿余元。在金农易贷、信贷工厂、金农企 e 贷等"掌上金融"项目搭建的过程中，项目团队以银行人员为主，外聘科技公司人员为辅，培养了一大批既懂金融又懂科技的复合型人才，打造了融合度更高、协同性更强的业务场景。

在模型搭建方面，药都农商行一直坚持"依靠科技公司，但不依赖科技公司"。在产品及项目研发中，药都农商行始终坚持所有系统开发均在行内进行，且系统所有权及使用权归银行所有，确保了系统运维的稳健及数据的保密。药都农商行运用"互联网+"金融思维，结合云计算、区块链等技术，搭建了"四大模型"，有效结合了"三大系统"。

"四大模型"整体支撑。"准入模型"对客户申请条件进行自动筛选。"信用评级模型"依靠 FICO 打分卡，综合利用政府大数据、存量数据、核心系统数据以及权威互联网大数据，进行客户群体化划分，并采取不同授信评级模型、按照不同模型指标进行打分。"实时风险控制模型"通过系统整合构建的数据仓库，对客户进行实时、全面风险评估，从而控制信用风险。"贷后风险预警模型"利用严密的、系统的数据搜集，实现科学贷后管理，提前发现风险并及时处理。

"三大系统"互相交融。"三大系统"是指安徽省联社渠道端手机银行及网银系统、安徽省联社信贷管理系统、药都农商银行本地化审批管理系统。"三大系统"的有机结合有效解决了线上贷款申请及实名认证、客户线上合同签订及授信、贷款"三查"制度落实不到位三大问题，实现了客户从贷款申请、借款至还款整个信贷流程的线上化、自动化、便捷化，为科学性、安全性、高效性提供了强有力的保障。

这些听起来简单的逻辑与技术，落实起来困难重重，是我行一点点积累出来的。

在数字化转型中，药都农商行主要面临五大挑战：没有成功经验可以借鉴；转型过程中内部意见不统一；数据获取难度大；缺乏专业的技术人才；如何平衡快捷与风控。为有效应对这五大挑战，化挑战为机遇，药都农商行坚守"四心"，精准发力。

不破不立，下定决心。打破经营惯性和固有思维，是创新转型的关键。在时代浪潮的冲击下守住城墙，还是主动拥抱未来开拓创新，是值得每个决策者思考的命题。由于没有成功的经验可以借鉴，药都农商行从犹豫不定到下定决心经历了"上下求索"的坎坷过程——"上"到清华大学、中央财经大学寻求专家指导，"下"至基层充分征求业务人员想法，进行充分论证后下定了转型的决心。

屡错屡试，坚定信心。转型初期难免经历迷茫、无奈甚至是惨痛的失败。失败本身并不可怕，可怕的是经历失败后被挫败感击倒，丧失重新尝试的信心。药都农商行给予研发人员充分的信任与支持，鼓励他们在失败中成长，在成长中成熟。不断试错、纠错的过程有助于积累宝贵的经验，在后续的研发中避免重复"踩雷"。回望当初，每一个项目的亲身参与者都能讲出一个个细节满满的失败故事，这些都是成长的经历和成功的阶梯。

不断学习，保持虚心。药都农商行作为数字化转型较早的农商行，取得良好成绩的同时，在行内长期开展"反对骄傲自满，寻找可持续发展动力"的讨论，保持虚心学习的态度，向行业先进做法学习、向金融科技公司学习、向政府相关部门学习……多维度的学习对象决定了学习过程是可持续的。

持续创新，拥有恒心。逆水行舟，不进则退。在信息化时代，像"金农易贷"这样单个的创新产品或许可以保证在细分领域的先发优势，但想长期保持产品的独创性几乎不可能。药都农商行立足打造"百年老店"，锲而不舍，久久为功，以源源不断的创新思想为传统的农金事业插上腾飞的翅膀。

第3节 从慢到快，全面打造金融服务快银行

从 2014 年至今，历经 6 年的探索，药都农商行创新推出的信贷产品、信贷平台得到了社会、市场的高度认可，有效促进了当地区域经济发展。

"金农易贷"普惠化信贷产品。产品针对辖内 18～70 周岁的居民提供信贷服务，最高授信达 50 万元，完全打破线下客户上门、提供资料等信贷模式，实现"极简金融"，是政务大数据在金融领域开放共享的首个成功案例。七个"自动

化"（自助授信申请、自动准入检查、自动授信评级、自动风险预警、自动利率定价、自助签订合同、自助借款还款）有效将贷款申请审批时限由 3~5 天缩短至 2 分钟，变客户"跑腿"为数据"跑路"，提高客户体验度。同时，"金农易贷"以手机银行或个人网银为载体，实现 100% 的线下实名认证，力争完全做到反欺诈。自 2016 年 7 月 13 日上线以来，"金农易贷"共接到线上申请 46.07 万户，合计授信 21.01 万户、323.78 亿元，户均 15.41 万元，累计发放贷款 326.54 万笔、1222.57 亿元，累计收回 360.27 万笔、1032.81 亿元，贷款余额 189.65 亿元；不良率仅为 0.35%。2019 年，"金农易贷"在安徽省 83 家农商行实现复制推广。此模式在疫情期间更是作用凸显。2020 年一季度全省 83 家农商行中该产品的新增授信为 17.04 万户、197.53 亿元，进一步推广了"零接触"式金融服务。

"信贷工厂"集约化信贷产品平台。该平台针对 50 万元以上抵押、担保类信贷产品服务，目前已收纳了商家乐、税融通、小微乐等 12 类信贷产品，逐步完成线下产品向线上迁移。平台采取"一次核定，循环使用"的放款模式，减轻客户用款压力，实现了在评级、授信、利率定价、风险预警、贷后管理五个方面的自动化。在申贷材料上，"信贷工厂"通过大数据实现了 360 度全方位展示客户信息，不需客户重复提供各种证照类、表格类、财务类等资料。在客户体验上，客户通过金融超市（药都农商行自有 App）、客服电话 5296669 进行贷款申请。系统准入后，由客户经理上门服务，贷款申请审批时限由 10 天缩短至 1~2 天。自 2017 年 9 月份上线以来，平台完成授信 2.54 万户、166.79 亿元，主要解决小微企业、个体工商户"短、快、频、急"的融资需求，落实大数据风控理念。

"金农信 e 链"特色化信贷产品平台。作为神医华佗故里、中华药都，亳州有着 2000 多年中药材种植、加工、经营历史，素有"千家药企、十万药商、百万药农"之称，其中医药交易遍布全国。药都农商行瞄准亳州市中药材产业这一巨大优势，以市政府打造"世界中医药之都"为契机，搭建供应链全流程管理平台，改变传统的线下申请模式，搭建平台 PC 端和 App 端，实现线上申贷。客户从申请到最终获得贷款只需三步，即线上发起申请、线上签订合同、线上用款还款。平台于 2019 年 6 月 10 日在"金融超市"成功上线运行，推出中药材存货质押、应收账款质押、订单融资和保理等业务。截至 2020 年年末，该平台已合作核心企业 42 家、仓储公司 6 家，累计授信 634 户、25.93 亿元，为中医药产业链上的企业提供金融支撑，促进中医药产业的稳健发展。

以应收账款质押为例，安徽信和中药饮片有限公司（以下简称"信和公司"）

是一家中小型饮片厂,生产经营状况良好,主要客户是武汉某制药公司。在新冠肺炎疫情暴发的特殊时期,信和公司的订单量大增,但原材料价格上涨给企业带来了不小的资金压力。该公司通过"金融超市"供应链贷款模块提交近期贸易发票,发出贷款申请。系统接到提交的申请后,自动对其贸易关系、相关资产、资质等进行了核查、评估,并迅速将客户需求与银行信贷产品相匹配,为其推荐了"金农信e链"下的应收账款质押,当天就为企业提供了180万元的贷款授信。

"信用卡快申"便捷化服务平台。2019年6月10日,"信用卡快申"在"金融超市"正式运行,实现了自助申请、自动身份验证、系统自动准入、自动评级授信、自动实时生成卡号、自助分期、惠借钱实时调额等功能,将传统的线下办卡转移到线上,省去繁杂的资料填写、申请等环节,实现3分钟内结束申请,5天内寄卡到家,具有全流程无人工干预、客户经理无须进行任何操作的特点。截至2020年年末,通过"金融超市"累计发信用卡6.22万张,授信15.27亿元,实现收入6341.35万元。而该产品上线前,存量信用卡客户不足5000人。

"金农企e贷"纯信用信贷产品。2020年1月份,新冠肺炎疫情暴发,影响了经济发展。为有效满足小微企业、个体工商户、新型经营主体等群体500万元以内的信贷资金需求,药都农商行于4月29日成功推出信用类企业贷款产品——金农企e贷。该产品具有零接触、额度高、循环用、更便捷等特点,采用无抵押、纯信用的模式,最快2小时、最慢不超过48小时办结,利率定价优惠,以"一次核定、随用随贷、余额控制、循环使用"的还款方式,破解了中小微企业融资难、融资贵、融资慢等难题,有效助力企业复工复产。截至2020年年末,"金农企e贷"已为8240户中小微企业、个体工商户、新型经营主体等提供46.1亿元的资金支持。

"药都农商行今天的成就是从农信社一点点积累而来的,'农'字是根,也是本,如何更好地服务'三农'、小微等群体,是我们发展的方向,也是创新的根源。"亳州药都农商行党委书记、董事长许绍普道出了药都农商行对"三农"和小微的情怀。

第4节 "快银行"效应凸显

线上快贷产品作为数字化转型的产物,在发展推广中具有很强的模范作用。

社会效应。响应政策，契合农村地区和小微客户对金融服务的需求，在操作层面上有效化解"三农"和小微客户融资难题，促进金融服务模式的多样化发展。借助"大数据"，为就业、创业群体提供专业化金融服务，在准入门槛、授信额度、利率优惠等方面给予强有力的支撑，充分发挥"普惠金融"的杠杆作用，以创业带动就业，积极落实"稳就业"工作，努力实现"保民生"目标。

发展效应。亳州市共有小微企业、个体工商户、新型经营主体等22.6万家，谯城区辖内人口约168万。数字化转型后，药都农商行在最短时间内获得了最多的客户资源，有力占据了"三农"、小微企业市场。

示范效应。借助安徽农金手机银行实现可追溯的身份认证，将传统的银行柜面服务拓展到手机渠道，通过移动支付技术使手机成为可随身携带、随时随地提供信贷服务的"手机信贷银行"，对于解决金融服务不足的问题具有很好的示范效应。

品牌效应。随着数字化、网络化的全面推进，传统银行业的品牌建设面临新的挑战，金融服务逐渐从实体化向虚拟化发展。药都农商行推出一系列的"快贷"产品，着力打造"快银行"，不断扩大农商行的品牌影响力，提升客户对农商银行认知度。

数字化转型是大势所趋。在信息化时代，掌握了数据资源就是掌握了发展先机，通过主动变革，向科技靠拢，让根植地方的农商银行更好地服务于"三农"、小微市场，以便在可持续发展中育新机、开新局。

第六篇
民营银行数字银行实践案例

35 网商银行：数智驱动的云上银行
36 微众银行：开放银行让银行服务无处不在
37 新网银行："技术立行"补位普惠金融服务
38 亿联银行：科技赋能智慧生活
39 辽宁振兴银行：打造专而美的科技型银行

35 网商银行：数智驱动的云上银行

刘恭亮　网商银行

数字化银行的终局：银行正在从一个"物理的地方"，变成一种"永远在线"的服务。

数字金融时代已经全面到来！

随着智能手机、IoT 设备的普及，电商、社交网络、网络游戏、移动支付、本地生活、短视频等互联网服务的蓬勃发展，用户的心智和行为已经发生根本性变化，传统的高门槛、低效率、同质化的银行产品和服务已不能满足用户需求，线上化、个性化、场景化的新金融服务已成为用户的基本诉求。

数字技术的发展已经改变了商业模式。移动互联、IoT 使得金融可以更便捷有效地触达客户，并提供更好的用户体验。生物识别解决了远程风险甄别难题，为边远地区提供便捷的金融触达。数据技术缓解了信息不对称难题，有效识别金融风险，让"普惠金融"成为可能，并可持续发展。人工智能极大地提升了数据处理效率、业务流程效率、商业决策效率和准确度。云计算大大降低了创新和服务成本。区块链让金融服务透明、可信、可审计、可追溯，解决了信任难题，构建了新的生产关系。数字技术对效率与成本的变革，使得用规模化、商业可持续化的供给满足海量化、碎片化、多元化的金融服务需求成为可能。对于银行业来说，技术带来了更大的机会。

银行数字化转型已成为不可逆转的趋势。银行业正在主动拥抱数字金融时代，将数字化转型定为全行级的战略，从组织阵型、业务、科技、数据、运营等各条线制定具体战略和实施方案，充分利用移动互联网、IoT、云计算、大数据、生物识别、人工智能、区块链等技术，提供移动化的客户触达和服务能力，敏捷化的产品创新、研发交付和系统支撑能力，智能化、数据化的风控和运营能力，高效链接和协同商业生态、金融同业、政府等机构的开放银行能力，为客户提供随时随地、永远在线的金融服务，满足海量化、碎片化、多元化的金融服务需求，实现银行整体的数字化转型升级（见图35-1）。

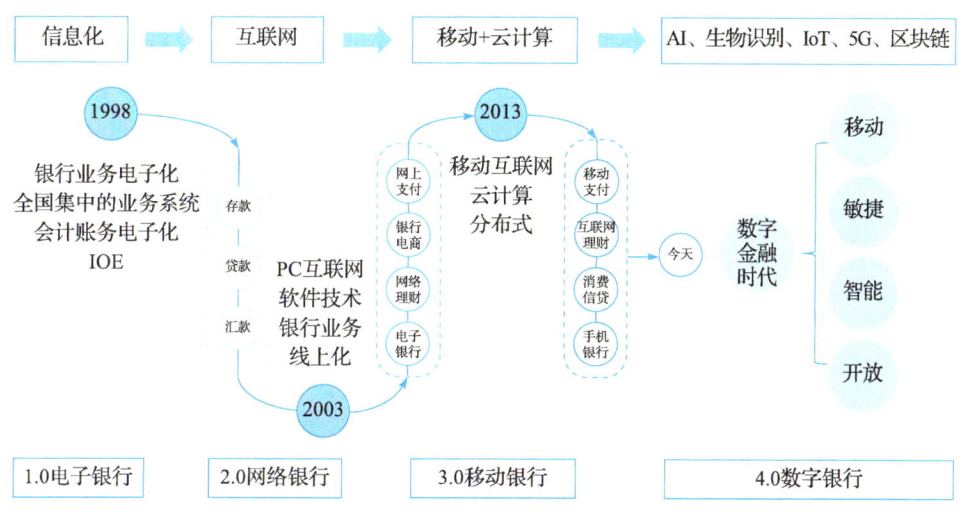

图 35-1　银行数字化转型趋势

第1节　开放银行生态

开放银行是一种创新的商业理念、平台化的商业模式。银行应联合致力于"普惠金融"事业的金融同业、各地政府，通过与商业生态系统共享信息、算法、交易、流程和其他业务功能，建立聚合客群、渠道、资金、风控等要素的金融平台，为商业生态系统的客户、供应商、员工、第三方开发者、金融科技公司和其他合作伙伴提供服务，使银行构建起服务全社会小微商家和消费者的核心能力并创造新的价值，让小微商家和消费者在各种场景中都能得到满意的金融服务（见图35-2）。

网商银行理解的"开放"本质，一方面是银行应主动贴近商业场景，采用云计算、大数据、AI、生物识别等科技手段，主动将金融服务融入客户的生产经营、生活消费等经济活动中，深入了解客户及其业务特点，为客户提供贴身、定制化的产品和服务，提高客户黏性，同时控制好风险。单纯从技术上将银行的标准产品和服务包装成标准接口提供给合作伙伴,还不足以实现真正的"融入",也难以达到了解客户和为客户提供贴身服务的效果。银行必须贴近场景,深入理解平台、客户、交易的特点,理解平台数据,从客户识别和认证、反欺诈、信用风控模型、产品形态等方面进行定制,与商业平台一起共建核心能力,提供最合适的解决方案。例如,同样是服务小微,网商银行为淘宝、天猫、1688、支付宝等平台提供的产品和服务就是有差异的,是贴合平台、客户、交易特点定制化的。

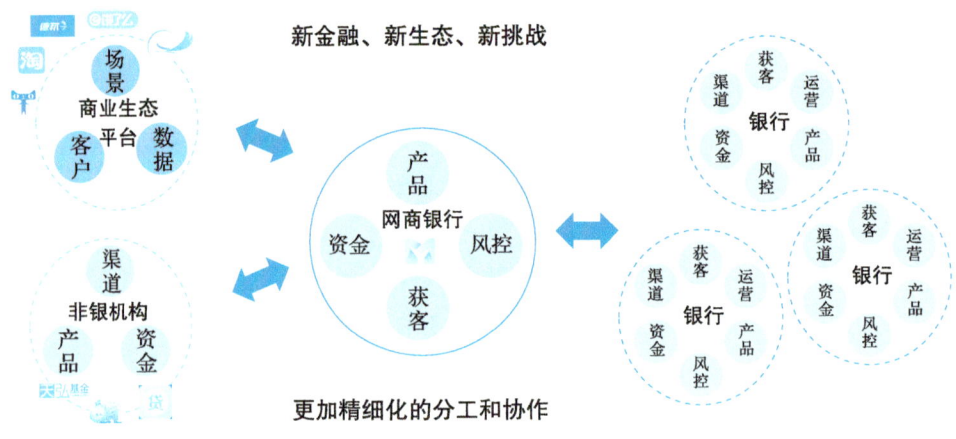

图 35-2　开放银行本质与发展趋势

另一方面,银行也应该对金融机构合作伙伴开放,整合各方优势资源,共建一个开放、共赢的开放银行金融生态系统,共同服务好客户。

在整个开放银行金融生态系统中,不同特色的银行可以采用不同的"开放"策略,扮演不同的角色。

例如,部分中小银行天然具备资金成本低、熟悉本地情况、掌握本地数据等优势,因此其可以先采取向互联网银行等机构开放的策略,通过联营等方式扩展资产规模、优化资产结构,服务好本地客户,相对风险也较小。同时可在过程中逐步掌握、积累自主风控等相关技术,增强自身的金融科技能力,再逐步提高开放程度。

总结一下,开放银行首先是银行自身深层次的开放,利用金融科技手段,向商业生态平台等第三方机构开放,贴近商业场景,将金融产品和服务主动融入客户的经济活动中。其次,开放银行应该是全行业的共同开放,各行发挥自身特色和优势，紧密协同，共建开放共赢的开放银行金融生态，分工协作，共同服务好客户，服务好国计民生。

第2节　数字化银行初衷

浙江网商银行是中国首批试点的民营银行之一，于2015年6月25日正式开业。网商银行将"普惠金融"作为自身的使命，希望利用互联网的技术、数据和渠道创新，来帮助解决小微企业融资难融资贵、农村金融服务匮乏等问题，促进实体经济发展。

普惠金融，本身就是世界性的难题。好的"普惠金融"服务，需要做到如下几点。第一，要"普"，即可得性，能够让更多的人更及时、更便捷地获得服务。第二，要"惠"，对于获得服务和提供服务的双方，成本都是可承担的、相对比较低的。第三，服务要全面、优质，不仅是信贷服务，还应包括便利的支付结算、理财等。第四，要可持续，"普惠金融"不能是一种慈善金融或者公益，而应当是一种可持续的商业模式。

"普惠金融"领域最早成功的案例之一是孟加拉国的格莱珉银行，其创立者尤努斯博士因此获得了诺贝尔和平奖。格莱珉银行从创办至今，累计放贷规模近1000亿元人民币，服务人群约900万人。中国市场和客群庞大、区域广袤，很难复制格莱珉银行的模式。但数字技术让低成本、规模化、商业可持续化的"普惠金融"成为可能，正是破解这一难题的钥匙。

充分利用数字技术，践行"普惠金融"使命，是网商银行探索和建设数字化银行的初衷。"无微不至，无处不在"，数智驱动的云上银行是网商银行正在逐步实现的目标。

第3节　网商银行规划方案

为了服务更多小微企业、个人消费者和农村用户，践行"普惠金融"，网商银行从开业之初即自我定位为平台化、服务小微的科技银行。

网商银行不依赖资本金、物理网点、人员扩张的发展模式，而是用互联网的方式进行数据化运营。平台化思路则是指网商银行将风险管理能力、技术支撑能力、场景化的客户服务能力，开放共享给商业生态和同业金融机构，进而更高效地实现金融服务需求与供给的高效匹配，形成开放式、生态化的平台（见图 35-3）。

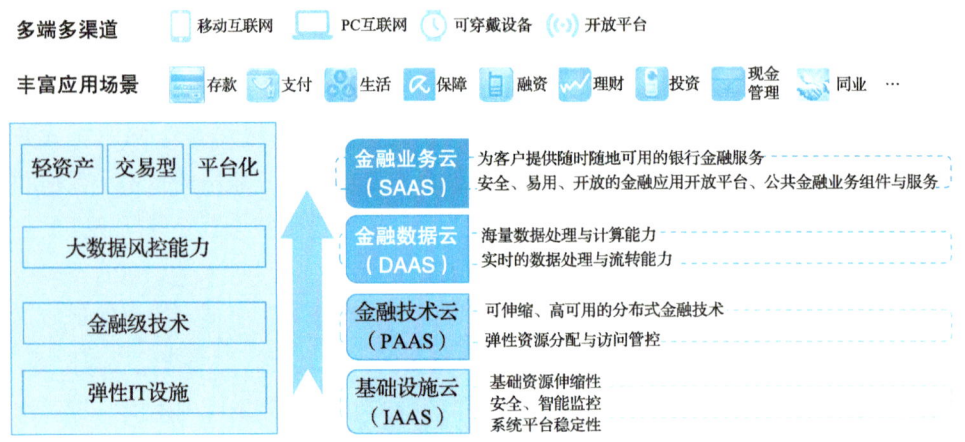

图 35-3　网商银行数字化银行总体规划

根据定位，网商银行数字化银行的总体建设规划要点如下。

云计算基础设施。基于蚂蚁金融云计算平台，建立基础设施、金融技术、金融数据、金融业务云，将核心系统架构在云上，具备处理高并发金融交易、海量大数据和弹性扩容的能力。建立"异地多活"跨地域金融级容灾体系，保障业务连续性。建设金融级云原生分布式架构和安全可信架构，为业务发展提供安全、稳定、高效和敏捷的基础设施能力。利用云计算综合成本优势，性能、稳定性和扩展性优势，实现为更多小微企业提供金融服务的目标。

数据技术风控体系。应用数据风控技术实现"310"的信贷放款模式，即3分钟申贷、1秒钟放款、全程0人工介入，大幅降低信贷成本，控制信用风险，提高服务效率。依托阿里体系内客户授权数据和外部可获得数据，设计指标体系，创建预测模型和风控策略，形成多层次、完整的风险评估、准入授信、定价策略、风险预警和监控体系。

多端多渠道服务体系。建立以阿里经济体各端的场景嵌入或小程序为主，以App、企业网银为辅的多端多渠道服务体系，实现客户的全渠道、全场景触达，金融服务的全方位渗透，实现无微不至、无所不在的金融服务。

智能运营营销体系。通过引入大数据分析，全面解读用户的行为、关系网络，对用户进行画像，再根据产品特性、服务内容、用户习惯等进行深度挖掘，在不同的商业场景下，向不同的用户推荐不同的产品和服务内容，实现千人千面的个性化智能服务和精准触达。

智能资管&同业。应用大数据、人工智能技术，预测和防控流动性风险，优化金融市场、资产证券化等业务的交易成本和效率，优化总体资金成本，保障融资、支付、理财等业务健康、可持续运营。

开放银行。应用开放平台、区块链、共享智能技术，联合商业生态、金融同业、政府等机构，实现金融能力开放、金融业务开放、数据安全融合共同利用，建立开放、共赢的"普惠金融"合作生态，服务更多小微客户。

此外，总体规划还包含信息安全管理体系、信息科技治理体系、敏捷研发体系等，这里暂不赘述。

第4节　数字化银行实践中的挑战及建议

网商银行的发展史是一部不断应用数字技术、持续创新、践行"普惠金融"的科技发展史（见图35-4）。2020年，网商银行正在向"首家可信云原生架构的银行"的年度目标迈进。

成立5年以来，网商银行秉承初心，不断运用互联网、大数据、云计算、人工智能、区块链等技术，进行产品和服务创新，服务小微和"三农"，践行"普惠金融"，取得了积极的成效。在金融政策持续推出、支持小微企业复工复产的大背景下，我们认为应用金融科技服务小微所面临的主要困难和挑战有以下几方面。

1. 行业壁垒不利于扩大普惠金融覆盖面

金融科技信息共享在"普惠金融"推广中起着至关重要的作用。但目前机构之间、政务部门之间数据打通的程度尚不充分，部分领域存在行业壁垒，整体不具备"普惠金融"为社会经济毛细血管的输血能力。例如，对于工商、税务、社保、海关、司法等数据，企业要自行收集汇拢，以便作为自己的信用凭证，成本偏高，获取效率和用户体验仍不理想；小微企业的银行流水等金融行业数据也存在类似难题，流程烦琐；线上开户的账户验证渠道较少、费率较高等。这些都制约了小微企业自证信用、建设自身信用的效率，继而影响"普惠金融"的服务效率和效果。

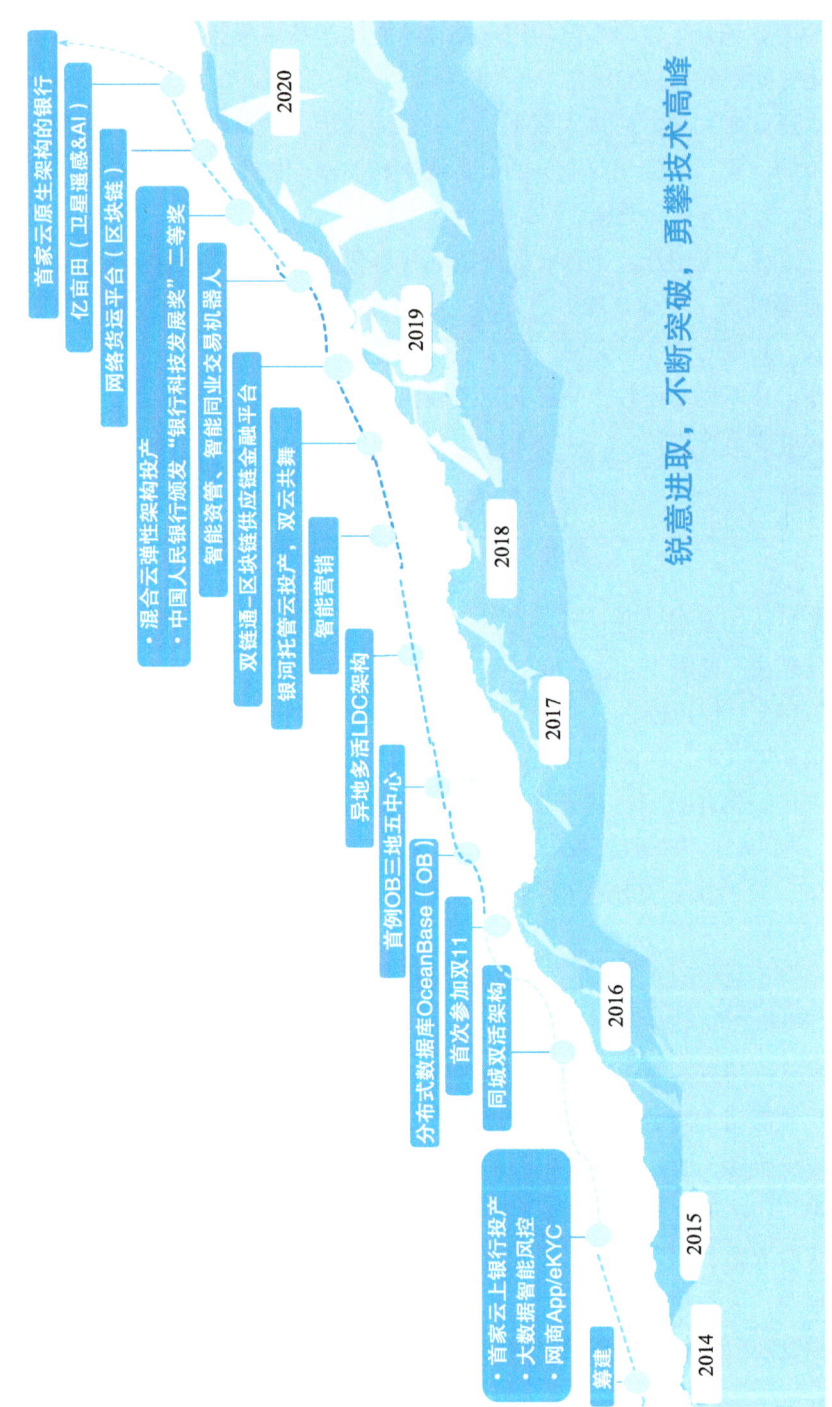

图35-4 网商银行数字化银行建设历程

2. 宜鼓励行业开放，完善数据模型共创机制，消除行业壁垒

消除数据行业壁垒，一是让小微企业在工商、税务、社保、海关、司法等领域的信息可以更好地为自己所用，建立用户便捷查询并上传给金融机构的机制；二是鼓励金融机构通过线上和线下合作等方式，加强内外部数据的模型共创，通过可用不可见的方式，在保护用户隐私的前提下，让信用数据发挥价值。

实践中，为了充分发挥不同机构的数据优势，形成良好互补，并能准确评估客户资质和风险水平，行业形成了联合建模这一新型合作模式。两个或多个机构共同将自身特色数据进行梳理，在具备统计学意义的前提下，针对既定目标（如风险预测等）共同开发模型，最终将决策结果用于信贷风控（或其他场景）服务。其中，合作双方（或多方）的建模合作需要以客户授权为前提，做好客户数据的隐私保护，避免数据乱用、泄露，杜绝其他可能的数据风险。建模方法、评价体系的规范化也有利于行业健康发展。而合作模式的规范则更利于监管部门对金融服务的统一管理，为中小微企业提供更为平等的金融服务机会。

第 5 节　数字化银行实践效果与总结

网商银行利用数字技术服务小微企业和个体户，通过线上触达、大数据风控、人工智能、区块链，实现大规模、低成本、高效率的金融服务，开创了国内独有的创新模式。依靠服务线上"网商"和线下"码商"两大群体，网商银行实现了用户量指数级增长，开业 5 年来累计服务 2900 万小微经营者，户均贷款 3.6 万元，不良率仅为 1.5%，平均运营成本仅为 2.3 元，远低于行业平均水平。这些小微经营者包括网店、路边店、经营性农户，其中 80% 此前从未获得银行经营性贷款。这一成绩是开业之初设下的"五年服务 1000 万小微、成为全球服务小微最多的银行"的目标的 3 倍。

2019 年 10 月，网商银行获得了世界银行和 G20 颁发的 2019 年度"全球中小微企业银行奖"。该奖项被认为是"普惠金融"领域的全球最高奖项。获奖的原因，主要是网商银行在小微企业贷款难问题解决上做出了突破，累计服务的小微企业与个人创业者数量超过了全球各大银行，包括格莱珉银行。

2020年3月，网商银行联合全国工商联、中国银行业协会和100家银行共同推出"无接触贷款计划"，半年内向全国1000万家小店提供资金支持，帮助其更快复工复产，并在3个月内完成该目标，为众多小微企业和个体工商户解燃眉之急。

上述成绩中的较大一部分，其实也是网商银行携手金融机构合作伙伴共同完成的。2018年6月，网商银行宣布启动"凡星计划"，向行业开放所有能力和技术，与金融机构共享"310"模式，同时定下未来三年目标："未来三年，网商银行将与1000家各类金融机构携手，共同为3000万小微经营者提供金融服务。"当时网商银行开业三年，累计服务了1000万小微经营者客户。在启动"凡星计划"之后，网商银行已经与超过400家金融机构合作，充分证明了银行、金融机构开放的必要性，金融机构间合作的价值和潜力。

在实践数字化银行转型的过程中，网商银行总结出如下关键要素和建议。

数字化转型上升为全行级的战略是转型成功的基础前提。业务一把手应亲自挂帅，制定战略、目标和具体考核指标，成立全行级项目，建立领导小组，任命具有数字化专业能力的人才负责具体运作，并充分授权。各部门必须全力配合并纳入考核指标，组织和锁定资源，强力推进。科技部门作为数字技术领域的专业部门，在具体方案上应有充分的发言权和决策权，避免成为被动执行者。

数字化人才团队建设是转型成功的关键保障。银行应大力引入和培养具有数字化视野、专业能力和经验的专业人才，及早建立产品、运营、风控、工程、数据、算法等专业团队，主导各专业领域的方案制定和实施工作；同时充分利用有实际成功案例的金融科技公司、咨询公司的外脑资源和人力服务资源，形成补充，加速落地进程。

开放是数字化转型成果发挥价值的必由之路。数字化时代，线上化、场景化、多元化的金融服务需求是主流，数据驱动的风控、营销等是核心能力。没有任何一家机构能够只靠自身的渠道、数据、资金等资源便获得持续的成功。机构间、金融机构与政府、商业机构间的跨界数据融合和协作将成为主流，金融机构必须发挥自身特色和优势，建立或融入生态，联合商业、同业、政府等合作机构，共同利用渠道、数据、资金等资源，以便获得更大的生存发展空间。银行在数字化转型过程中应根据自身特色，选择合适的开放合作场景、机构和业务，尽快切入，快速验证模式，获得效益，沉淀能力，坚定信心，加速数字化转型进程。

核心业务环节的核心技术应自主可控。针对标准化、通用的数字化能力，银行可以采用"拿来主义"，选择合适的产品或服务，以加快转型进程，如云计算、大数据、数据库、区块链等基础设施，生物识别、活体检测、证件识别等基础服务，中间件、业务中台、数据中台等基础软件，渠道、核心系统等应用软件等。但对于核心业务环节的核心技术，如风控、营销等环节的模型、算法和策略等，银行应具备自主可控能力。

36 微众银行：开放银行让银行服务无处不在

李斌　微众银行

自 2015 年以来，新一代的数字化和智能化信息技术加速在应用上的突破，数字经济与数字社会呈现快速发展态势。以人工智能、区块链、云计算、大数据为代表的信息技术逐渐与金融业务深度融合形成金融科技，为金融业的发展提供了源源不断的创新动力，也让银行机构的产品形式、经营服务模式和业务流程等发生了翻天覆地的变化，从而推动银行服务走向数字化、智能化与开放化。在这个时代背景下，银行机构迫切需要进行数字化转型及拥抱"开放银行"战略。

第 1 节　数字化时代变革之道：数字银行与开放银行

关于数字银行，当前已有很多关于新型银行的定义与案例，如数字银行、虚拟银行、网络银行、互联网银行和直销银行等，这些概念本质上都与数字银行紧密相关。数字银行区别于主流银行的关键在于，无论是否设立分行，其不再依赖于实体分行网络，而是以数字网络作为银行的核心，借助前沿技术为客户提供在线金融服务，使服务趋向定制化和互动化，银行结构趋向扁平化。纵观全球，欧美的数字银行发展虽然起步较早，但更偏向于渠道从线下到线上的革新，对新型科技的运用较为缺乏。中国境内自 2014 年以来，涌现出数家依托互联网开展业务的民营银行。这些银行运用各类前沿金融科技，实现了用户和业务规模的快速增长，在全球的影响力与日俱增。从 2019 年开始，亚太其他地区如中国香港地区、中国台湾地区、新加坡等开始奋起直追，以政策先行，设置专门的虚拟银行或纯网络银行牌照资质，积极布局数字银行。

银行机构迫切需要进行数字化转型及走向开放，一方面原因是受金融与产业融合发展的外在趋势推动。随着数字中国建设的推进，其他产业亦逐渐加快了数字化发展的进程，从而为银行业带来更多跨界融合的创新机遇。况且，用户更高频接触到的已不是银行网点，而是各类 App，海量的大数据在衣食住行等场景中诞生。因此，银行只有顺着产业数字化的方向去做场景的延伸，才能连接更广泛的客群。

银行机构迫切需要走向开放的另一方面原因是内生动力的要求。具有领先信息技术能力的银行积极选择开放、开源的路线，助力其他产业的合作伙伴创新发展和转型，既可以提高其他产业的数字化和智能化水平，反过来也会激发新的金融服务需求，带来更多的创新与合作机会。

在上述外因与内因的推动下，开放银行应运而生。从概念定义上看，国内外业界普遍将开放银行定义为一种平台化、生态化的商业模式，旨在鼓励银行与其生态伙伴深度合作，为商业生态系统中的企业或客户提供服务。最近几年来，主流银行纷纷考虑通过开放银行战略实现转型，将场景与金融服务相结合，使其真正成为传统商业银行为用户提供差异化服务的线上渠道。

第 2 节　数字银行初衷：破解普惠金融发展难题

自联合国发布《普惠金融体系蓝皮书》以来，"普惠金融"被全球政府高度重视，这也是一个世界性的难题。2015 年 12 月 31 日，国务院印发《推进普惠金融发展规划（2016—2020 年）》（以下简称《规划》），明确"普惠金融"是指"立足机会平等要求和商业可持续原则，以可负担的成本为有金融服务需求的社会各阶层和群体提供适当、有效的金融服务"；同时指出当前的发展"仍面临诸多问题与挑战：普惠金融服务不均衡，普惠金融体系不健全，法律法规体系不完善，金融基础设施建设有待加强，商业可持续性有待提升"。

具体来看，我国仍有大量主流银行触达不易、服务不充分的中低收入人群，主要包括从事生产、物流、服务行业的城市蓝领、进城务工人员、小微企业经营者、自雇人士等，以及偏远、欠发达地区民众等长尾客户。这些人群由于日常金融消费和生产经营需求长期得不到充分满足，并没有获得多少现代金融服务。因此，在顶层设计层面，《规划》强调发挥互联网促进"普惠金融"发展的有益作用。2016 年 9 月，中国在作为 G20 主席国期间提出制定《 G20 数字普惠金融高级原则》，这是国际社会首次在该领域推出的高级别指引性文件。2018年10月，中国银保监会发布《中国普惠金融发展情况报告》，明确指出数字普惠金融是普惠金融可持续发展的重要出路。

以上的顶层设计文件为银行业的转型与创新指明了方向，数字普惠金融亦因此成为数字银行发展初心所系。自此，以普惠金融为初心、以开放连接为路径、以金融科技为引擎就成为许多新型数字银行的核心战略。

第3节　微众银行开放银行战略："3O"体系

微众银行作为国内首家开业的民营银行和互联网银行，以"科技、普惠、连接"为愿景，自立行伊始就坚持科技驱动和自主可控原则，没有转型的历史包袱，而是直接步入了数字银行的发展阶段。目前，微众银行已在人工智能、区块链、云计算和大数据四大领域积极探索，实现了前沿技术的积累和国际领先的应用，并高度重视科技人员和研发的投入。科技人员数量始终保持在全行员工总数一半以上。2019年度，科技研发投入占全行营收的比例高达15.2%，远超国内外行业平均水平。与此同时，截至2019年年末，微众银行累计递交发明专利申请近1100件。其中，当年公开的发明专利申请量632件，位居全球银行业前列。目前，微众银行已拥有自身所有重要业务系统的知识产权，并成为国内首家获评"国家高新技术企业"的商业银行。

基于银行业的综合发展趋势判断，已完全是数字银行形态的微众银行，进一步加强了开放银行的战略步伐。2019年7月，在此前已构建的"金融科技ABCD"能力基础上，微众银行正式宣布"金融科技全面开源"，将包括人工智能、区块链、云计算与分布式架构、大数据等多个领域的技术主动开源；同时，正式对外提出"开放银行'3O'体系"（见图36-1），即开放平台、开放创新、开放协作。该体系与业界所提的开放银行有同有异。相同的是二者都体现了自身能力的开放与场景的合作与连接，不同的是，微众银行更进一步地加大开放的力度，将开源作为开放银行的核心，更深层次地开放自主研发的核心技术，助力合作伙伴快速提升数字化能力。

具体来看，开放平台指银行可通过API、SDK、小程序、H5等方式对外提供银行服务或输出自身能力，旨在支持自身业务创新。一方面，合作伙伴能够通过开放平台接入金融服务，另一方面银行可借助合作伙伴的力量，将银行服务搭载到在生活场景中，丰富业务形式，更直接地触达用户。由此，银行得以自建生态，在场景中提供金融服务，实现自身业务的创新。

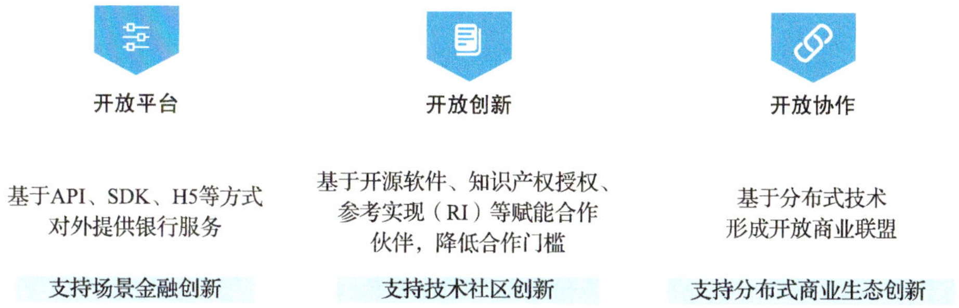

开放平台　　　　　　开放创新　　　　　　开放协作

基于API、SDK、H5等方式　　基于开源软件、知识产权授权、　　基于分布式技术
对外提供银行服务　　　　　参考实现（RI）等赋能合作　　　形成开放商业联盟
　　　　　　　　　　　　　　伙伴，降低合作门槛

支持场景金融创新　　　　支持技术社区创新　　　　支持分布式商业生态创新

图 36-1　微众银行开放银行"3O"体系

开放创新即银行可通过开源软件、授权知识产权、参考实现（RI）等方式开放自身能力，构建技术社区，旨在赋能合作伙伴，降低合作门槛。在这个过程中，银行作为开放者，可获得来自其他社区参与者的知识贡献，使其技术得到创新与升级；社区参与者则可节约底层技术研发成本，专注于业务探索与应用落地。由此，社区成员互相成就，银行得以助力合作伙伴创新和建设生态。

如果将开放平台与开放创新总结为银行以不同程度向合作伙伴开放金融能力与科技能力，在银行业务场景化创新的同时赋能合作伙伴，那开放协作则是指银行在开放业务或技术能力的基础上，进一步链接不同的生态，形成开放的分布式商业联盟，与合作伙伴一起实现跨机构、跨产业的协同创新。银行机构通过自身的专业化能力，形成完整的产业链条，与其他伙伴共同建设生态，共同分担成本与收益，这将助力银行在未来的竞争格局中占据一席之地。

总体而言，微众银行的开放银行战略，积极鼓励开源和开放，甚至超越国际社会对开放银行的定位范畴，更强调通过能力开放和技术开源，与合作伙伴共同建立起一个共赢、更有生命力、更蓬勃的生态体系。

第4节　开放银行实践

1. 开放平台实践

微众银行自成立以来，一直是开放平台的践行者，先后推出多款基于场景的线上金融产品，如基于二手车买卖场景的微车贷服务、基于线下商超购物场景的金融服务等。其中，前者通过 API 将贷款及支付能力嵌入二手车交易流程，后者则采用小程序的形式将银行支付服务与实体商超购买场景相融合，用户无须前往银行网点或打开银行 App，即可享受便捷的银行服务。此外，微众银行还推出"微动力"理财超市，将自己的理财产品通过 SDK 集成于合作银行 App，为当地用户提供更丰富的产品选择。

在 2020 年新冠肺炎疫情影响下，客户基于网点的交易频率大幅降低，线上化、场景化银行金融服务逐渐成为新常态。在疫情发生之后，微众银行一方面结合自身业务特色，充分发挥互联网银行纯线上运营的业务和科技优势，确保了在疫情期间不间断运行，持续为疫情地区小微企业及个人客户提供 7×24 小时的金融服务；另一方面则基于分布式架构及模块化设计的银行核心系统，以及敏捷化的组织架构，迅速调整信贷策略和产品功能，进而快速地在降率、减费、扩面、提质和保障渠道畅通、开辟绿色通道等方面推出一系列行之有效的支持举措，并以此联合更多开放银行生态伙伴，帮助小微企业与个人客户渡过难关。这些举措也充分体现了开放平台模式的优势。

以小微贷款场景为例，为了帮助小微商家纾困，微众银行联合万达广场在 10 天内推出了全线上、无抵押的租金贷产品，打破了自身最快产品上线纪录。微众银行通过敏捷开发，迅速完成与万达商管集团、第三方科技服务公司之间的数据对接，有效简化了贷款办理流程，从而能在最短的时间内提供 100 亿元授信驰援中小微商家，解决了万达广场中小微商家的资金困难。

又例如，针对餐饮企业受到疫情冲击严重、现金流和资金状况面临较大挑战的困境，微众银行与蜀海（北京）供应链管理公司（该公司为海底捞提供整体供应链全托管运营服务）开展合作，为蜀海下游近 1000 家餐饮门店提供信用贷款专项支持，实现全流程线上完成，且门店前 3 个月无须偿还本金并可享受利率优惠。

此外，微众银行还充分发挥自身技术优势，为疫情相关企业提供专项服务。例如，微众银行为承担武汉市疫情应急医疗物资采购及配送任务的医药流通民营企业"九州通"成立专项服务团队，提供 7×24 小时服务，协助"九州通"加强线上收款能力，并为其下游广大店主、药店主提供全天候在线贷款申请服务，实现疫情特殊时期的精准帮扶。

2. 开放创新实践

微众银行成立以来已陆续将自主研发的区块链、人工智能、云计算、大数据四大领域的核心技术完全开源。

在区块链领域，微众银行于 2016 年 5 月联合国内 20 余家金融机构和科技企业共同发起成立"深圳市金融区块链发展促进会"（简称"金链盟"），并在 2017 年分别联合上海万向区块链等机构开源了区块链开源底层技术平台 BCOS，联合金链盟内的成员机构开源了深度定制的金融版区块链底层平台 FISCO BCOS。在 2019 年 11 月工信部信通院可信区块链产品评测中，FISCO BCOS 高分通过所有测试项，单链性能超过 2 万+TPS，获得"可信区块链功能测试""可信区块链性能测试"两项证明。微众银行还作为首批合作伙伴，加入由国家信息中心、中国移动、中国银联等发起的区块链服务网络（BSN）发展联盟。FISCO BCOS 也成为国家级区块链服务网络中首个国产联盟链底层平台。

除了区块链底层平台之外，微众银行还一并将一系列商业化组件也完全开源，例如有益于保护数据隐私的 WeIdentity（身份管理框架），有利于驱动 5G、IoT 应用落地的 WeEvent（分布式事件驱动框架），有利于区块链开发更容易、更可视和更可管理的 WeBASE（区块链中间件平台），使业务链可以简便进行可信交互并增强业务扩展能力的 WeCross（通用跨链解决方案）。基于以上的研发成果，微众银行积极申请各类区块链技术与应用专利，在国外知识产权产业媒体 IPRdaily 与 incoPat 创新指数研究中心联合发布的"2019 年全球区块链企业发明专利排行榜"中排名第五。目前，FISCO BCOS 开源生态已初步成型，已汇聚 2000 多家企业、40 000 多名社区开发者，支撑数百个应用项目的研发（其中超过 120 个应用已投入使用），成为国内最大、最活跃的开源联盟链生态圈。

区块链技术在各领域的创新应用层出不穷，不仅在金融机构间对账、旅游金融、供应链金融、场外股权市场等金融领域有所突破，在司法存证、文化版权、娱乐游戏、社会管理、政务服务、绿色出行等非金融领域也涌现出多个商业级应用。由此可见，开放创新所创造的价值远大于单个机构的闭门造车。通过机构个体智慧的开放授权，激发集体智慧的碰撞融合，势必获得"1+1>N"的成效。

在人工智能领域，微众银行在 2019 年 2 月发布了自主研发的全球首个工业级联邦学习开源框架 FATE（Federated AI Technology Enabler），提供基于数据隐私保护的分布式安全计算框架，为机器学习、深度学习、迁移学习算法提供高性能的安全计算支持。此外，微众银行还提供友好的跨域交互信息管理方案，能够解决联邦学习信息安全审计难问题。目前，微众银行已将联邦学习技术成功应用于反洗钱、反欺诈、信贷等领域，同时还联合多家合作伙伴举办联邦学习研讨会，比如国际顶会 IJCAI 和 NeruIPS、国内计算机学会 CCFTF 等，吸引了更多研究者加入。目前，FATE 开源社群渐渐吸纳上百家机构应用和共建，使相关应用在金融领域的落地更加深入。

在云计算领域，微众银行在立行之初就构建了国内首个基于安全可控技术的全分布式银行系统架构，并成功建立了同城多中心多活架构，不仅可支撑亿量级客户和高并发的金融交易，还有效解决了主流银行大量依赖国外小型机、数据库、存储设备等成熟商业化软硬件产品的问题。目前，微众银行已将很多能力产品化并面向全社会开源共享。例如，WeCMDB 是微众银行科技体系中最核心的配置管理服务系统，WeCube 是分布式架构框架管理体系，上述体系均已开源并以解决方案的形式贡献给社区。

在大数据领域，微众银行构建了以大数据为核心的风控模型，为银行金融类业务开展提供了良好的技术支撑，还自主建设了金融级一站式大数据平台，满足可用性、安全性、合规性和可管理性等需求。在自主创新的基础上，微众银行开源了完整的大数据套件，有助于金融机构快速掌握相关技术。

为了确保创新能力的可持续性，微众银行还积极加强产学研合作，现已与清华大学、中科院计算所、西安电子科技大学、香港科技大学、新加坡南洋理工大学等国内外 20 余所重点高校院所建立了合作关系，并携手深圳大学成功组建了全国首个金融科技学院，联合香港科技大学、南洋理工大学等国际知名院校成立了联合实验室或研究中心。

3. 开放协作实践

开放协作意味着与合作伙伴共建商业生态，实现跨机构、跨行业、跨地区的商业模式协同创新。

为了更好地践行 ESG（环境、社会和治理）理念，推动企业高质量发展，微众银行在 2019 年 9 月提出了一套针对善行，实现度量、激励、跟踪、监督机制的社会治理框架——善度（MERITS）。善度框架有助于发挥金融科技的优势，鼓励公众与企业积极践行环保、健康、公益、慈善等文明行为，确保善行得到及时激励。2020 年 6 月，微众银行基于这套善度框架，联合北京绿色交易所、北京绿普惠科技公司，聚焦于解决绿色低碳出行场景的痛点，共同搭建了绿色碳交易积分区块链，建立了"绿色出行普惠平台"（以下简称：绿普惠平台）。该平台使用减排量来量化个人的绿色减排行为，并通过分发绿能量和碳积分对减排用户进行奖励，奖励可用于兑换商品和服务。借此，可以为降低小汽车使用强度、提高全民生态文明意识、培育绿色生活方式贡献一份力量。

在这个开放协作的案例中，各参与方各司其职，互惠共赢，达到生态圈利益的最大化，充分印证了开放银行理念的可行性和价值。

第 5 节　开放银行面临的风险、挑战与其应对

银行业走向开放的过程中会面临很多新挑战。在传统模式中，银行系统是个闭环，只需保障自身的信息安全及风险防控能力。然而，开放银行促使银行与诸多合作伙伴建立连接，而面对复杂多样的外部合作环境，安全挑战随之而来。特别地，开放银行的业务中各方协作大概率会涉及数据共享和使用，其业务特点包括参与角色多、数据敏感性强、安全要求高等。因此，信息安全和隐私保护这两大挑战不容忽视。

1. 开放银行面临的信息安全挑战及其应对

由于开放银行的合作伙伴之间建立了深度连接，整体的信息安全便具有木桶效应，只有当银行的所有合作伙伴都具备相当水平的信息安全技术与风险防控能力，风险才不会很高。对此，银行应对合作伙伴进行严格的端到端检测，并帮助防控能力薄弱的企业提升风险防控能力，由此确保合作联盟能够抵御网络攻击，保障数据安全，同时使联盟中的各机构免受资产资金、商业机密、声誉口碑、信息安全等方面的损失。

在开放银行信息安全方面，微众银行秉持两大风险管控基本原则。

建立在"安全沙箱"机制下的开放银行合作模式，保证银行业务的安全性和完整性。所谓"安全沙箱"是指将银行为合作中所提供的 API/SDK/H5 等开放接口和代码包，建立银行自身独立的安全保护机制，使得银行提供的接口组件与合作方的应用程序之间建立相对清晰的安全边界，确保银行的敏感数据不落入客户端环境，避免受到客户端恶意软件或合作方安全漏洞的影响。同时，客户端代码包与服务端之间的通信是通过微众银行的独立加密隧道进行的，避免了受到来自网络的劫持等攻击，从而实现了对外开放的同时保证业务的安全性。

银行自身建立相对明确的对外合作数据管控原则，从数据治理方面防范敏感用户数据泄露。基于现阶段外围环境的不确定性，微众银行定义了自身对外合作数据"只进不出"的管控原则，对所有落入微众银行内部的生产业务数据执行内

部数据治理规范,为每项数据确定责任人和授权管控流程,严格控制数据对外泄漏风险。

2. 开放银行面临的数据交互和隐私保护挑战及其应对

开放银行模式涉及多方数据的交互,但合作机构普遍存在数据孤岛、数据滥用的问题。首先,数据来源多而零散、类型复杂、标准不一,数据交换缺乏信任源、安全难保障等诸多原因造成数据交换难、共享难。其次,个人作为数据主体的角色缺失,用户授权机制不完善,隐私保护的法律法规、事后追责机制等相关体系仍不完善,导致数据滥用的情况仍然普遍存在。政策法规对于数据交互的监管已经趋严,如欧盟《通用数据保护法案》(GDPR)以及国内近期出台的《数据安全法》草案,明确了企业在收集、使用、保存非公开隐私数据时所需要达到的技术效果及建议使用的标准化技术手段。这些政策法规的陆续生效,使隐私保护能力成为基于数据发展业务企业的准入条件。不过,当前开放银行相关的隐私保护技术尚不完善,市场上也缺乏较为成熟可靠的解决方案,现有的通用方案实用性不高,架构局限较大,其有效性和用户体验均存在较大问题。

为了克服上述困难,微众银行自主研发了"即时可用"场景式的隐私保护解决方案 WeDPR,依托区块链和分布式账本技术,融合密码算法、隐私保护算法、安全多方计算等专业领域的前沿成果,兼顾用户体验和监管治理,针对隐私保护核心应用场景提供极致优化的技术方案,同时实现了公开可验证的隐私保护效果。目前,WeDPR 已经将隐匿支付、匿名投票、匿名竞拍和选择性披露作为首批应用落地场景,提供了针对性的解决方案。在未来,WeDPR 将会容纳更加多元的开放银行场景、扩展更丰富的隐私保护金融业务需求,形成价值传递的正向反馈,构建数据生态系统的多方平衡,助力开放银行可持续发展。

同时,针对跨主体的数据交互,微众银行自主研发并开源了实体身份标识与可信数据交换解决方案 WeIdentity。该方案是一套基于区块链的分布式多中心的技术解决方案,提供分布式实体身份标识及管理、可信数据交换协议等一系列的基础层与应用接口,在确保金融机构数据及用户隐私安全的前提下,为开户、征信、贷款等业务场景提供安全可信的用户身份验证与数据交换服务,从而促进开放银行中泛行业、跨机构、跨地域间的身份认证和数据合作。

总体而言,这些机制与工具上的创新,不仅为开放银行业务中隐私数据属主的合法权益提供了保障，也为挖掘高价值金融数据提供了前所未有的机遇，有利于开放银行业务的长期健康发展。

第 6 节 微众银行开放银行效果及总结

通过全面提升数字化与金融科技能力，以及推行开放银行战略合作，微众银行三大业务板块（大众银行、场景银行和直通银行）的规模和盈利均实现了稳健增长。2019 年，小微企业贷款余额同比增长超过 200%，全行业务结构也更为均衡；营业收入达到 148.7 亿元，同比增长 48.26%；净利润 39.5 亿元，同比增长 59.64%；管理贷款和管理资产余额双双突破 4400 亿元。当前，微众银行服务的个人客户突破 2.7 亿人，法人客户达 170 万家。

微众银行经过多年的开放银行实践，发现对于资源和品牌有限的商业银行机构而言，只有跳出行业边界，找准定位，明确优势，将自身的资源和能力嵌入合适的生态系统中，才能更好地与其他产业和企业实现共赢。

在具体的方法上，建议寻求开放银行发展的同业机构。一是深入研发核心技术，或是与具备金融应用经验的科技公司和业内领先机构合作，采用前沿技术，帮助自己加快整体系统或局部业务应用的升级迭代，推进创新。二是通过开放 API 和 SDK、参与开源框架等形式输出有价值的数据和技术能力，加入其他机构搭建的生态系统，并成为其特色伙伴、特色平台。三是积极与外界机构联合构建适用于探索性业务、专门性业务的新机构，如创新实验室等。四是积极与专业机构联合设立金融科技孵化器或加速器，从而高强度地孵化创业公司，以便服务于自身的银行需求。综上四点，既可提升金融机构的敏捷度和试错能力，降低创新风险，避免陷入创新者窘境，又能结合自身情况，有针对性、定制化地扶持适合于自身的创新创业项目，避免同质化竞争。

37 新网银行："技术立行"补位普惠金融服务

罗熙　李秀生　毛航　周勇　新网银行

4G 的商用、移动互联网的普及、人工智能的爆发等，让在线作业成为可能，让"零接触"服务成为常态。2020 年的新冠肺炎疫情检验了银行业金融科技实力，加快了银行数字化转型速度，也明确了未来银行业数字化转型的方向和策略。

新网银行作为全国第七家民营银行，也是全国第三家互联网银行，依靠技术驱动，摸索出了一条与主流金融机构差异竞争、优势互补、共赢发展的道路。新网银行的探索实践，为民营银行发挥后发优势，实现与传统银行错位竞争，以及为传统银行和新兴民营银行真正以科技推动业务转型，提供了一些借鉴和参考。

第 1 节　数字银行初衷

民营银行作为银行体系的新军，成立于普惠金融深入推进、金融科技逐步成熟、市场环境复杂多变、金融去杠杆、严监管的大环境下。民营银行兼具了民营经济和金融机构的双重背景，背负着补位普惠金融，促进民营经济发展，优化银行业竞争发展结构，改善对中小微企业、"三农"金融服务的使命。

普惠金融业务长期以来受制于传统的作业模式，缺乏技术可行性、经济可行性。民营银行又由于"一城一店"监管政策，经营范围受限制，获客成本高，加之自身资金实力弱，缺乏场景，负债端产品单一，吸储能力也有限。同时，民营银行还面临主流银行和互联网机构的竞争。主流银行资产规模大，资产结构良好，经营覆盖范围广，存量客户多，人才储备充分，发展潜力大。互联网机构客户存量大、黏性高，科技能力强，技术投入大。民营银行想要突围，困难重重。

新网银行作为一家没有自有场景、没有技术储备的新银行，定位于互联网银行，在开业之初面临着重重问题。例如：没有自有场景如何快速获客？存款少资本少如何快速拓展业务？没有数据储备如何实现数字化风控？没有技术储备如何建设金融科技能力？如何打造数字化银行的运营体系？

经过探索和实践，新网银行选择坚持"移动互联、普惠补位"的差异化定位，坚持"数字普惠，开放连接"特色化经营，坚持走普惠金融之路、开放合作之路、平台化之路、金融科技之路，采取数字化风控、数字化获客、数字化运营，着力打造成为一家数字科技普惠银行，努力为"二八定律"中那 80% 没有享受到完善金融服务的小微群体提供更安全、更便捷和更高效的金融服务，用技术的力量做好普惠金融的补位者和探索者。

同时，新网银行坚持"开放"策略，建设开放银行，向合作伙伴提供服务，让更大范围内的用户和需求、产品和服务进行连接并适配，做资金和场景的"万能连接器"。

第 2 节　如何搭建数字银行

数字银行离不开金融科技的支撑以及大数据风控的保障。在科技层面，新网银行在信息科技建设及科技风险防范方面做了很多探索。

1. 全员参与，科技引领，建设高效、有序、全员协同的信息科技治理体系

民营银行处于发展初期，业务发展模式处于摸索阶段，信息科技基础尚不够稳固。新网银行在业务模式、风险管理、日常运营等领域都带有浓厚的科技色彩。信息科技实质上已上升到全行核心战略地位，新网银行由董事会制定并审议信息科技战略，首席信息官作为高级管理层参与并做出与信息科技运用有关的重大决策，以便保障科技战略与业务战略的高度一致。新网银行建立了涵盖高管和主要部门负责人的信息科技委员会，审议重大科技决策，并在全行各个层面推进信息科技建设，高度协同，使全员参与到信息科技建设中；建立了产品委员会，

由委员会牵头设计业务产品、梳理业务流程、统筹系统需求，确保信息系统开发与业务发展的一致性；建立了新技术委员会，保障新技术使用的审慎，逐步完善技术架构、技术标准；还建立了以客户为中心、以业务为导向的绩效考核制度，科技考核与业务指标强相关，其中业务指标最高占比可达50%，鼓励科技人员参与业务发展。在科技作为核心战略的背景下，新网银行的科技人员占比超过50%且持续提升，包括技术工程师、数据科学家、产品经理、人工智能专家、反欺诈专家等。

2. 谨慎选择技术路线，实行积极稳健的信息科技建设策略

金融科技应用没有好坏之分，建立符合银行业务战略、组织架构、资源投入、人员水平、科技能力、风险偏好等实际情况的金融科技应用规划即是恰当的规划。新网银行将大数据、人工智能、移动开放银行作为核心能力建设；同时为平衡技术风险、合理应用成熟和新兴的技术，选择了从合作到自主再到创新的共赢科技建设策略。

全面应用大数据和人工智能技术。新网银行构建了层次化的数据架构体系，支持非结构化、半结构化、流式数据等差异化数据的处理，提供包括实时、准实时、T+1和历史交易的全方位数据服务，充分运用机器学习技术，深度挖掘数据价值，实现数据资源的深度应用。新网银行在客户、风险、财务、运营、监管等应用上搭建了涵盖数据采集、处理和消费的大数据赋能闭环，通过数据赋能管理决策层、职能管控层、业务人员、技术人员，让数据感知银行运行、驱动银行业务创新。新网银行依托大数据和机器学习技术，实现了全流程数字化运营。

聚焦开放能力建设。新网银行基于开放平台打造了面向移动互联网的生态圈，向场景方和合作金融机构开放金融服务能力和科技能力，以平台连接各方，让来自各个渠道的信息流、资金流、用户、产品进行连接和适配，实现合作共赢。开放平台涵盖了核心账户、支付、授信服务、信贷、理财等场景，为合作伙伴提供多种接入方式，在满足合作伙伴简单便捷直连接入的同时，满足其独特的开发需求。

合作到自主再到创新的共赢科技建设策略。民营银行信息系统建设没有传统银行的历史包袱，但科技力量相对比较薄弱，同时要兼顾资源投入，且为了保证金融科技的快速应用，适宜采用传统技术与互联网开源技术相结合，自主可控与

共享合作相结合的信息科技建设路线。

对于业务逻辑复杂、技术难度高、开发周期长、变动不频繁的核心系统、支付和中间件等平台，新网银行选择与合作伙伴共建，采购商用产品，借助合作伙伴力量迅速建设基础业务和技术能力。对于业务变化快、开发周期短、生命周期短的系统，新网银行则与合作伙伴共同研发，自主掌握核心技术，打造自主可控的技术架构和业务架构。在自研过程中，新网银行为适应互联网业务技术需求，在充分评估社区成熟度、厂商支持力度、安全程度、自主把控能力的基础上，积极跟踪开源技术，定位合适应用场景，在风险可控的前提下，积极探索和实践新技术新应用，待条件成熟时，采用稳健的风险策略逐步应用技术创新或者前沿科技，逐步审慎推广。

3. DevOps 工具链，打造敏捷开发模式

传统金融行业的研发过程遵循系统开发生命周期，对每个系统执行严格的需求分析、设计、开发、测试、部署，从设计到上线都使用延续性创新策略，制定严密的计划、可靠的战略，以及进行深入的市场分析。研发过程较为漫长，但系统质量也较高。但这种模式并不适合互联网金融这种高度不确定性行业。为了适应业务导向、产品驱动的运营管理方式，适应互联网应用场景以及互联网金融合作伙伴的工作节奏，信息系统研发采用敏捷开发模式，实现"快速迭代、小步快跑"，通过快速收集用户反馈，及时调整系统功能，最大限度地满足用户需求。

针对快速迭代版本对业务连续性的冲击，新网银行打造持续集成、持续交付流水线，实现自动化构建、自动化测试、自动化部署；践行开发运维一体化（DevOps）理念，实现从代码评审、静态扫描、单元测试到应用部署全流程自动化，极大地提高了研发和测试效率，保障了版本交付质量。新网银行对于从测试环境流转到生产环境的投产发布包实施严格管控，在生产环境实施自动化发布，最小化投产过程中的人工干预，提高了投产发布质量和效率，同时实现了产品的快速迭代。敏捷开发模式遵循"小步快跑"的原则，因此系统投产变更频率相比传统研发模式下的变更频率显著提高，导致与业务连续性之间的冲突也日益明显。

为适应敏捷研发模式下的投产变更频率，新网银行借鉴互联网灰度发布的理念，对应用系统实施灰度发布，实现了不停机发布、生产环境流量验证、快速回

滚版本三大目标，进一步降低了投产变更风险。

4. 智能运维，有效管理分布式并行环境下的生产运行

伴随互联网金融的发展，商业银行正在步入移动互联时代。银行业内外部环境发生深刻变化，生产交易特征明显改变，客户、市场和监管要求愈加严格，信息科技运行服务面临前所未有的压力和挑战。新网银行采取了以下方法，助力智能运维。

应用系统状态分析：配合统一日志中心，通过分布式监控技术和大数据技术，采集业务调用日志和实时数据，提供海量数据存储能力；通过数据可视化平台实现业务全链路监控和预警。

全链路统一监控：通过全链路统一监控系统，采用人工智能算法实现资源预警处理和智能纠错、智能定位等，并实现 IT 资源智能告警。

运行安全隐患分析：和安全设备相结合，对检测的结果进行多维度统计分析，通过时间周期、漏洞类型、重要资产漏洞以及整体综合漏洞情况输出漏洞视图，并采集外部情报等数据，形成安全隐患分析视图。

5. 聚集重点、有序推进，严守信息科技风险和安全管理红线

由于新网银行业务线上化、场景开放化，同时拥有海量的数据，系统迭代迅速等，这给信息科技风险与安全管理带来了极大的挑战。

新网银行基于互联网大数据技术和现代金融机构自身积累的数据共同构建大数据体系，建立了完善的安全反欺诈体系，确保用户、设备、意图真实。并依托大数据和人工智能技术，对科技风险进行及时有效的识别、预警和防识。银行还建立和完善了云化防护体系，同时从预测、防御、检测、响应四个维度建立自适应安全框架（ASA），强调安全防护是一个持续处理的、循环的过程，细粒度、多角度、持续对安全威胁进行实时动态分析，自动适应不断变化的网络环境，并不断优化自身的安全防御机制，建设信息科技的智能监控感知能力，构建了先进的科技智能监控体系，能够及时感知信息科技运行风险，提升信息科技管理能力，保障业务连续性。

在大数据风控层面，新网银行全力实施在线风险管理，有效提升了风控效率及精准度。

自主研发反欺诈系统。 在非柜面交易中银行不直接与客户接触，因此对人、

设备的识别和对欺诈行为模式的识别变得非常困难。互联网场景下欺诈试错成本更低，欺诈模式的更新速度甚至超出了"专家知识库"等传统的反欺诈手段的应对能力。新网银行在客户交易、互联行为等庞大的数据体系基础上选择了采取机器学习来构建复杂的反欺诈模型，应对欺诈方式的进化。自主研发的反欺诈系统通过多重验证技术手段，如人脸识别、设备指纹、生物探针、星网关联等，确保申请人身份真实、申请设备真实、借款意愿真实。通过构建有监督学习模型，银行已经可以对历史案例中已知的欺诈手段进行有效防范；通过无监督学习进行异常点检测，还能从在线交易中实时发现新的欺诈手段。截至目前，新网银行有效阻断黑产攻击、冒用申请等超过 800 万次风险欺诈攻击，为业务开展筑起了坚实的防火墙。

自主搭建信用决策系统。在互联网的业务场景下，传统的风控流程被数据重塑，算法和模型的引入极大地提升了银行风控的效率。以授信为例，新网银行采用决策引擎开展实时、自动化的线上信贷审批。每次授信所使用的画像标签体系基于大数据平台采集的数百兆客户数据进行构建，全面覆盖了互联网用户的资产情况、消费水平、浏览行为、生物特征和黑名单信息。新网银行引入大数据技术来支持银行消费信贷业务全天候、全场景、全实时和全线上的授信决策，使每笔信贷审批平均时长达到 40 秒，最长不超过 15 分钟，日客户交易峰值达 40 万笔。银行依靠自建的信用决策模型系统，确定了千人千面的贷款额度及贷款利率，并通过游戏沉迷指数、恶意透支指数、网购倾向指数、社交活跃性指数等模型精准描绘客户画像，借助人工智能等技术高效计算并输出决策结果。系统通过在线对比多组授信策略，快速调整、迭代、优化授信策略，在保证资金安全的情况下，持续精准匹配客户需求。

除了信息科技系统及大数据风控系统的建设，新网银行也运用科技手段在营销、监管科技等多个方面做了探索与努力。

智能营销领域。营销是银行分销端的重要任务，工具的效率不但影响着各类金融产品的价值实现，还对组织管理和人力资源政策的制定产生潜在作用。新网银行基于 AI 平台构建了智能营销类应用 IseeU，有效减少了电销骚扰，实现了精准挖掘客户需求，探索出了一条差异化的银行产品营销之路。

大数据营销的首要目标是从海量的数据中发掘客户对银行产品的实际需求。在内外部的整合数据上，新网银行首先构建了完整的客户特征，并通过模型精炼提取出特征标签集。基于这些标签，银行能够组合出目标客户的画像筛选条件，在营销活动开始前精准定位到产品的细分市场。在营销活动中,银行还能够通过工具执行差异化的营销策略,并高效地追踪营销效果。在营销活动结束后,借助图形化的报告工具能够快速了解营销的效果。借助智慧营销工具,新网银行的平均外呼转化率达 32.76%,远高于一般银行呼叫中心的平均水平;流失客户 2 分钟内将被推荐到客服,以便对流失客户进行更加主动的管理。

监管科技领域。 互联网银行作为新兴的金融业态,在业务开展模式上存在很大的创新性。保证业务满足合规要求、防范系统性风险,是银行的经营底线。在银行业务报送、反洗钱等领域,新网银行在成立初就自建了专职团队,并在人工智能体系建设中不断摸索大数据场景下的监管科技实践。目前,新网银行的数据采集平台对监管新规进行了密切的关注和整理,并借助 OCR(光学图像识别)技术开展处罚信息的解读;借助知识图谱技术,按照监管法规、企业和热点区域等维度迅速分析处罚情况,并发现关联企业、可疑洗钱客群等情况,实现对监管热点和各类风险实现早知道、早预防和早处置。

第 3 节 数字银行成效

新网银行成立以来,打破了传统银行"存款立行"的既有模式,依靠技术创新、模式创新、流程创新走出了一条"与众不同"的互联网银行发展之路。2019年,新网银行实现营收 26.81 亿元,同期净利润 11.33 亿元,同比增长 207.61%。截至 2019 年年末,新网银行累计服务客户 3100 万,放款金额超过 3900 亿元,放款笔数超过 1.1 亿笔,业务规模、盈利能力等综合实力稳居民营银行第一方阵。

截至 2020 年 3 月末,新网银行共计提交了 144 项专利申请。2020 年 4 月 23 日,知识产权产业媒体 IPRdaily 与 incoPat 创新指数研究中心联合发布的"2019 年全球银行发明专利排行榜"中,新网银行在全球排名第 11 位。2018 年 12 月,新网银行报送的课题"民营银行信息科技建设及科技风险管理实践"荣获银保监会"2018 年度银行业信息科技风险管理课题"一类成果奖。新网银行作为四川省金融科技典范企业,被纳入了地方的"独角兽企业培育计划",牵头的"智能金融风险管控"项目 2018 年成功入选"四川省新一代人工智能重大科技专项"。

新网银行依托金融科技,以在线信贷业务为突破口,重塑了信贷申请、审批、放款等流程，利用大数据、云计算、人工智能等技术手段进行大数据智能风控，为客户提供 7×24 小时的全在线、全实时、全客群的金融服务。技术加速之下的新网银行，除各项业务指标持续向好之外，大数据风控也表现不俗。2019 年，其不良率仅 0.61%，远低于银保监会公布的 2019 年末商业银行不良贷款率 1.86%，也低于民营银行的 1% 左右的平均不良率。

新网银行将坚持发挥好以互联网模式运行的民营银行灵活便捷的特点，配合主流金融机构做好小微贷款"补位者"，未来还将进一步依托金融科技力量，扩大小微群体的服务半径，提升服务小微群体的质效，降低融资成本，提供优惠利率和优质金融服务，支持小微群体，服务实体经济，践行数字普惠。

38 亿联银行：科技赋能智慧生活

张亦辰　黄琳　王凯鸽　亿联银行

行业内关于数字银行的概念与内涵的探讨非常多。根据克里斯·斯金纳《数字银行》一书中的观点，数字银行区别于传统银行的关键是不再依赖实体网点，而是以数字网络作为银行的核心，借助前沿技术为客户提供在线金融服务，服务趋于定制化和互动化，银行结构趋于扁平化。

第 1 节　亿联银行对数字银行的理解

通过近几年业务层面的探索与实践，亿联银行对于数字银行相关的理念与趋势也有了初步的理解和判断。

1. 数字银行的特征是以客户为中心

数字银行强调以客户为中心，这是由数字银行所服务的客群决定的。数字银行所服务的客群以长尾用户为主。这些用户受限于数据、成本和产品因素，往往无法得到传统银行的金融服务。数字银行要想为此类客群提供服务，就必须设计出符合他们需求的产品。产品和服务的选择决定了获客、风控、运营等业务模式，进而决定了配套的组织架构和管理模式。因此，数字银行整个产品设计和组织架构均是从服务客户的角度出发，按照以客户为中心的思路进行设计。长尾用户的需求普遍具有以下特点：简单、直接，对金融专业知识了解不深入，对利率、期限等关键产品因素较为敏感，注重反馈，等等。所以，数字银行的产品往往要做到用户体验良好、门槛低、易理解、反馈及时，这就要求数字银行有互联网产品思维和较强的敏捷开发能力。此外，客户在不同时期、不同场景对金融服务的需求愈发多元化，也促使越来越多的数字银行不断丰富自己的场景和金融服务手段，让客户的生活场景与数字银行的服务一体化。总之，数字银行的产品迭代与管理思路都围绕着客户的需求，因此数字银行具有鲜明的以客户为中心的特点。

2. 开放银行是数字银行的必经之路

在数字银行发展的过程中，开放银行几乎是必经之路。这是由于数字银行在发展过程中不可避免地会与多家金融机构或非金融机构合作，合作的内容复杂多样。以数字信贷为例，合作流程包括获客引流、支付结算、风险控制、信息科技、逾期清收等方面，进而带来机构间大量的数据传输与交互。数字银行往往会搭建自己的开放平台，以达到节约成本、统一接口标准的目的。各家数字银行在股东背景、金融科技实力、流量获客、产品风控等层面均各有特点和相对优势，选择与不同的机构合作，本质上是机构之间优势互补的过程，也是市场资源优化配置的结果。因此，选择开放银行策略、与其他机构进行合作，是数字银行的必经之路。

3. 数字银行的概念逐渐泛化

目前，与数字银行相关的概念层出不穷，包括直销银行、开放银行、互联网银行、虚拟银行等。随着金融科技与银行业的不断结合，数字银行的概念越来越泛化，即数字银行的边界在不断扩大与完善，实现途径也变得多样化。例如，传统银行可以通过直销银行、开放银行的路径实现银行数字化转型；新型的互联网银行可以通过股东强大的互联网基因和技术背景，结合开放平台策略拓展数字银行业务；传统银行也可以与互联网企业合作，成立独立的直销银行，进而发展成为数字银行。随着金融科技的不断创新、数据的积累、基础设施的完善以及和银行业的深度融合，相信未来仍会有新的服务模式和业态在数字银行领域出现，进而让数字银行的概念逐渐清晰与完善，越来越受到市场的重视与认可。

第2节 数字化银行初衷

亿联银行作为东北首家获批开业的民营银行，在成立之初就具备了发展数字银行的环境。2017年，亿联银行成立之初就开始摸索与研究适合自身特色的发展之路，当时受到资本金、物理网点、人才储备和品牌影响力等方面限制，较传统银行在客户数量、资源储备、业务多样化等诸多方面都处于劣势。因此，如何在行业中进行差异化、特色化经营，提供针对性强的产品，是亿联银行一直在思考与探索的问题。为此，亿联银行2018年制订了三年战略规划，确立了"数字银行，智慧生活"的战略定位，以及"打造普惠大众，赋能生活的智慧银行"的发展愿景。这是在分析了股东背景优势、服务客群规划、科技战略布局等基础上制定出的数字化银行发展战略。

1. 服务客群决定了业务模式选择

亿联银行的股东包括中发金控、吉林三快科技（美团点评）等7家民营企业。其中，美团拥有年度交易用户4.5亿，年度活跃商家610万；中发集团旗下的合众人寿拥有10万余员工、2000万累积保险客户。在发展初期，亿联银行需要充分利用股东的资源，而股东的背景决定了服务客群的主基调，即聚焦消费人群和小微企业，为其提供更高效、智能的金融服务和解决方案。美团打造的全生活场景服务具有刚需的消费特点，是亿联银行开展各项业务的有力支撑。随着业务规模和业务覆盖面的不断扩大，亿联银行不再只聚焦于股东的金融场景，而是拓宽到了多种金融平台和服务商，但是所服务的客群始终未变。服务的客群决定了业务模式的选择。由于利用大数据、人工智能等科技手段可以很好地解决传统信贷模式信息不对称、人力成本高等问题，服务传统金融机构无法触达的客群，因此亿联银行顺理成章地选择了数字银行之路。

2. 金融科技的发展让数字银行成为可能

从2017年开始，互联网贷款尤其是消费端的线上贷款技术日益成熟，其中最重要的就是数据的累积和金融科技的发展。作为具有互联网基因的民营银行，亿联银行也在不断积累自己的科技实力，深挖自身优势与客群特点，不断放大自身互联网基因的优势，进而让数字银行成为可能。在技术层面，亿联银行基于所服务客户以及服务内容的差异对系统架构进行类别划分，并按照从终端客户到底层支撑的业务连接关系，对各类服务进行层级划分。目前，亿联银行已经基于SMART架构构建了信息科技服务体系，将银行的产品和服务化流程组装并输出存、贷、支付等多种类型的产品与服务，已初步满足金融服务场景化、个性化的需求，而这也正是数字银行发展的最终目标。

第3节 数字化发展规划及实践

亿联银行在成立初期就制定了三年战略规划方案及配套的科技规划方案，两个方案从业务和金融科技两条路径对银行整体发展做出了规划。

三年战略规划方案。此方案对亿联银行所处的行业环境、竞争力等方面进行了分析，对于客户的定位以及产品定位进行了描述。客户定位明确了未来将聚焦零售、小微、平台和同业四个客群，产品定位主要明确了微存、易贷、智能理财、智能账户、智能链融和智能连接等层面的产品划分。最重要的战略实施部分制定了阶梯式多阶段的战略规划，主要分为做股东金融服务供应商、做金融服务智能连接器、做全面金融场景赋能者，并且针对每一个阶段需要打造怎样的核心产品和战略支撑进行了系统性分析。战略规划的最后对人才、考核、企业文化和股东支持等层面进行了战略布局和设计。可以说，该战略规划为第一个三年的快速发展奠定了基础，指明了方向，具有很强的现实指导意义。

信息科技战略规划。对信息科技治理、数据中心架构、信息系统框架规划、科技外包策略等方面均进行了战略布局，结合先进的金融科技技术，对框架、目标、方向、平台建设等内容进行了详尽的部署，以进一步提升敏捷开发、快速迭代、安全运维的能力，使信息科技成为开展数字银行业务的有力支持，为未来构建一流的数字银行打下坚实的基础。

做好战略布局与相应的基础能力建设。在战略规划方案实施的过程中，亿联银行并没有急于求成，盲目追求业务量的快速增长，而是先从底层科技架构、组织架构、产品定位和人员专业化培养等基础能力建设出发，在业务发展的同时花费了大约一年的时间来构建这些业务的基础能力。事实证明，只有在前期铺垫工作足够充分的前提下，后续业务的开展才会更加顺畅。

金融科技能力是业务开展的基础。亿联银行非常重视金融科技能力的建设，在数据中心和信息系统架构方面投入了大量的人力、物力与财力。数据中心整体架构按照"两地六中心""跨地域分布式多活"设计，实现了 IaaS 自主化、PaaS 自动化和 SaaS 智能化三个 IT 架构层面的搭建，为在新型互联网业务中使用人工智能、区块链、大数据技术提供海量计算、海量数据处理的 IT 资源支撑。在信息系统架构设计方面，前期主要以支撑业务拓展和平台对接相关的应用系统为主，后续加大一体化贷款业务平台、全行统一的数据标准体系工作力度，通过人工智能技术将数据价值体现在业务发展和市场拓展的各个环节。在风控与征信、金融安全与反欺诈、智能客服、投资决策、精准营销等方面，亿联银行通过深度学习算法、机器学习算法和专用算法不断创新与实践。

风险控制是业务开展的关键。 在风险控制方面，亿联银行主要通过风险治理体系、风险数据基础建设、风险系统建设、风险策略开发迭代、内控合规管理等进行不断的优化与改造，实践成果颇丰：实现了风险关口前移；推进风险数据集市、AI算法平台、统一额度管理平台建设；云端反欺诈系统、本地化反欺诈系统建设工作持续优化推进；风险策略快速开发、敏捷迭代，有效完成各项业务以及风险指标；建立个人线上贷款逾期催收全景式的系统化管控；形成多方位、立体化内控制度体系。亿联银行非常重视风险控制能力建设，逐年加大对风控数据、人才、策略和系统等方面的投入，多次在半年度和年度工作计划中强调对于风险控制的重视与布局。

第 4 节 数字化银行建设中的主要挑战

亿联银行在发展数字银行过程中面临了诸多挑战，既包括经济环境、行业竞争、消费金融行业等外部宏观层面的挑战，也包括风控能力、自营客户和运营能力等企业自身能力方面的挑战。

宏观经济环境变化难以预测。 2016 年开始我国经济增速进入 L 型增长的通道，近年来全球多个经济体之间的摩擦不断加剧，我国经济仍处于"新常态"阶段，新旧动能转换，结构性、体制性、周期性问题交织，高质量的创新驱动型经济仍需要时间和空间，经济下行压力不可避免。2020 年突发的新冠肺炎疫情更是让我国乃至世界经济受到了重创，严重打乱了经济发展的步伐。银行业作为典型的周期性行业，其发展也自然受到了制约。大幅缩减的消费和中小企业经营困境严重影响了银行业的资产质量。虽然我国经济从二季度开始已经进入恢复期，但预计复苏到正常状态仍需要一定的时间。

民营银行行业竞争加剧。 银行业作为强监管行业，监管政策对于行业的影响不言而喻。2020 年公布施行的《商业银行互联网贷款管理暂行办法》（以下简称《办法》）对整个线上贷款业务流程做了详细的规范与梳理，使得以互联网贷款业务为主的亿联银行有了发展业务的依据与底气。但是，《办法》可能会使原先受线下地域限制的银行和互联网银行的界限变得模糊，进而导致互联网贷款的供给方更加多样化。随着民营银行数量不断增多，更多互联网巨头进入这一市场，民营银行行业竞争将更加激烈。微众银行、网商银行等机构凭借着自身数据优势、科技实力和流量优势，已奠定行业头部的地位。强者恒强的逻辑仍未改变，行业内的小型企业也普遍更加渴望寻找差异化的发展路径。

获客流量不足，自营客户需深入挖掘。 亿联银行目前面临着获客流量不足的问题，需要进一步挖掘自营客户。其实除了几家头部民营银行和大型银行外，目前多数转型中的数字化银行均面临同样的难题。几个头部平台借助消费金融线上化浪潮所形成的竞争壁垒短时间内不会被打破，这也迫使转型中的各家银行必须通过不断与场景方合作的模式，获得流量的接入。在行业产品同质化和成本攀升的压力下，发展自营客户成为突破口之一。这需要数字银行有成体系的互联网营销思维，有合适的增强客户黏性的方式，能充分识别客户的需求，进而为其提供更加全面的金融服务，但这也对银行自身的风控和运营能力提出了更高的要求。目前，亿联银行一方面在提升场景与平台化获客能力，另一方面已开始加大互联网运营的投入，重视自营客户的服务能力，形成互联网运营和业务目标闭环，全面赋能高质量的客户群体，打造以客户为中心的数字银行。

风控能力仍需更长时间的检验。 由于成立时间较短，风控模式并没有经过一个完整的经济周期的检验，因此在遇到一些突发或者极端事件的情况下，目前基于自身数据和大量第三方数据作为风控策略主要依据的模式仍存在一定的被动性。这次疫情的爆发，对整个银行业的风控体系都是一次巨大的考验。风控体系能否动态、平稳地适应各种经济环境，对于银行的平稳发展来说非常重要。亿联银行更加重视压力测试、系统稳定性测试、安全评估，落实网络安全等级保护 2.0 版升级备案，以构建主动防御、全面监测的安全运营平台，实现安全资产与安全能力的融合。

第 5 节　亿联银行数字银行实践效果

1. 业务领域

经过三年数字化发展道路，亿联银行取得了不错的成绩。截至 2020 年 9 月末，针对消费群体的线上贷款产品"亿联易贷"累计放款 1500 亿元，授信客户数超过 2000 万户。为解决广大农户融资难、融资贵的问题，亿联银行推出了针对农户的贷款产品"亿农贷"，该产品已累计放款超过 3.3 亿元，不良率为零并且获得英国 *Retail Banker International* 杂志评选的"2020 年度最佳创新产品奖"。

银行与美团合作推出的针对美团小微商户的"个人经营贷"产品已累计放款超过85亿元,授信客户数近21万。同时,亿联银行还在继续探索、开发更多的互联网小微贷款产品,用科技赋能金融服务创新,践行普惠金融。截至2019年年底,亿联银行总资产规模达313亿元,同比增长133.12%,其中发放贷款余额197亿元,占总资产的63%,贷款余额增速高达290%。在负债层面,2019年吸收存款250亿元,增幅超过189%;营业收入为9.55亿元,增幅超过400%,实现了扭亏为盈;不良率为1.21%。总体来看,亿联银行近年各项财务指标增幅明显,整体经营持续向着更优质的方向发展。

2. 科技领域

目前,亿联银行已经建立起了"合规、易用、高效"的科技流程,不断完善科技项目研发、测试、生产、运维等全流程管理制度,以"项目迭代"的研发方式、差异化的快速响应机制,支持业务的发展要求,缩短研发周期,提高产品创新效率。科技项目以"自动化测试"为手段,通过引入测试工具提升项目自动化测试水平,提高版本质量。银行通过构建应用系统建设全生命周期管理框架,通过运维智能监控及运维自动化工具,并建立全方位支持体系,确保生产事件的及时响应和快速解决。

以亿联易贷美团项目为例,一个产品后台对接的IT系统累计达21个,除了线上贷款平台外,还包括渠道输出的共享平台、金融超市,与账务处理相关的统一支付、核心系统,与风险策略相关的策略引擎、催收、反欺诈,与监管报送相关的大数据平台等。在整个业务链条上,亿联信贷产品的授信环节有十几个,初始的线上授信时长需要200多秒。为了在符合风控要求的前提下给客户最优的体验,科技团队一次次优化流程,将线性处理改成异步处理,使授信时长已优化到10秒以内。

近期,亿联银行成功加入了央行旗下中钞区块链技术研究院牵头成立的分布式数字身份产业联盟。

3. 风控领域

亿联银行目前已建立起"数据+技术"的风险控制系统。风险防控手段贯穿信贷业务贷前、贷中、贷后全流程,主要表现为反欺诈防控体系、信用风险评估模型、风控策略体系和贷后催收体系。

反欺诈防控体系包括核身关键流程与反欺诈策略体系两方面。其中,核心关键流程主要包括活体识别、生物信息比对、身份联网核查、银行卡核心要素验证。反欺诈策略体系通过构建反欺诈模型、运用复杂网络关联关系等方式，对身份冒用、账户盗用、恶意中介、电信诈骗及熟人借贷等欺诈类型进行了重点防范与侦测，包含全流程的欺诈风险管控。

信用风险评估模型与风险策略方面，主要体现在依托具体项目资源和风险计量结果、风险人员经验、三方数据与合作方推送的场景数据，综合考虑模型端与策略端的专家建议，根据项目实际风险情况、最终模型的分数分布及亿联银行风险偏好确定客户授信准入分值，并将模型和策略一起经策略评审后，部署至决策引擎中。业务上线后，业务人员再根据客户的实际风险表现，对模型与风险策略进行持续监测和回顾，对客户全流程的风险指标情况进行持续关注与分析，有针对性地对模型与策略进行优化和迭代。

第 6 节　发展数字银行经验总结

亿联银行已经在数字银行的道路上实践了三年，取得了一些成绩，也积累了一些经验。由于不同银行在产品策略、服务的市场与客群、对数字银行的理解、实现数字化的方式、股东背景等诸多方面存在差异，因此亿联银行在业务层面的经验和方法论不具有代表性。我们通过总结自身的发展历程，归纳出以下理论与思路层面的经验，供同业参考。

1. 数字化银行需要在战略规划层面进行布局

银行的数字化转型，并不是单独列出一定的预算、在某部门开展几个线上业务就可以完成的，而是需要在战略规划层面进行统筹规划，充分分析自身优势、全面考虑何种业务适合做线上转型、目前已有哪些数据基础、如何调整相应的风控策略、如何培养金融科技专业能力等。同时，除了产品业务层面的数字化转型外，银行的整个组织架构、营销策略、运营模式等方面均需要重新规划，以适应数字银行敏捷开发、快速迭代、以客户为中心的产品服务体系。

此外，数字化转型往往需要付出巨大的成本，包括人员成本、开发成本、硬件成本和时间成本，且均无法在短期快速变现，边际成本递减的效果只有在规模达到一定程度的情况下才会初步显现。那么银行就更需要结合自身现有业务的特点、特色产品和客群分布来判断是否需要进行数字化转型，而不是看到同行大多开始进行金融科技的投入而盲目布局。

并不是所有业务都适合数字化转型，银行业未来发展的大趋势是形成多层次、广覆盖、有差异的银行体系。不同类型的银行未来定位会更加清晰，业务回归本源，分工协作，共同满足实体经济不同层次的金融需求。在此大趋势下，银行数字化转型更是需要深思熟虑的策略之计，而不是盲目冲动的跟风之举。

2. 数字银行在发展过程中需要试错精神

数字银行在发展的过程中不会一帆风顺，因此需要有不断试错的精神。无论是产品架构、营销模式还是风控手段等，都会遇到包括市场、监管和自身层面的各种挑战，也会有产品效果不理想、项目收益不及预期等情况的出现，这就需要银行拥有勇于试错的精神，积极复盘分析失败的原因：是产品没有满足客户的需求，还是产品营销力度不够，抑或产品的体验不好，又或者是自身的风控能力无法适用目标客群等。总之，由于没有成熟的经验和惯用做法，数字银行对于产品的探索和用户的了解需要一个过程，需要付出相当大的沉没成本。

数字化成果评价应考虑产品是否符合自身机构的定位，对自身产品体系是否产生有效补充，是否做到了以客户为中心，是否解决了客户的需求或者痛点，而不是一味地紧盯是否快速产生利润。只重视短期效益会束缚自身的发展与灵活性，最终可能对自身的战略选择产生怀疑。

3. 数字化银行要勇于创新

数字化银行作为普惠金融的实践者，必须要有勇于创新的精神。数字银行服务的客群和产品特点决定了其无法依靠传统银行的产品流程和管理模式，而是需要不断创新，找到符合自身定位和特点的发展之路。在产品层面，无论是资产端还是负债端，都需要在产品要素、运营模式等层面进行创新。例如，亿联银行正在推行的定制化的信贷产品、亿账通账户体系、与生活服务权益结合的存款产品等。在组织架构、客户运营能力等层面，数字银行也与传统银行有非常大的区别，如果单纯以传统银行的思路去运营与管理，一定会遇到各种瓶颈与问题。

如何在互联网公司与传统银行的管理模式之间找到一个平衡点，如何动态调整自身的管理架构以适应行业和产品的发展，是每个数字银行需要思考的问题，也需要管理层具有创新的精神和改革的魄力。创新不一定会立刻成功见效，却是数字银行不断前进的根基与重要推动力。

39 辽宁振兴银行：打造专而美的科技型银行

谈天宇　辽宁振兴银行[一]

商业银行的数字化转型是通过重塑组织与人的关系、构建金融科技应用和数据驱动能力，推动经营模式实现由内而外的变革，将内部管理运营向外部客户服务延伸，以提升客户体验、拓展营销渠道、实现业务增长。

从金融实践看，国内各类商业银行或正在战略层面布局数字化转型，或正在实操层面推进数字化转型。极少数民营银行凭借强大的互联网头部企业股东的支持并叠加自身禀赋特点，从设立之初就按照数字化银行的标准建设基础设施，推动业务发展，取得了良好成效。少部分大型股份制商业银行推行全面数字化转型，由于其数字化目标清晰、数字化应用维度广、推进力度大，赢得了较强的社会影响力。其他大部分中型股份制商业银行和城商行的数字化转型主要集中在零售业务的营销数字化、风控数字化、运营数字化。大多数中小型城商行和农商行受限于科技能力，主要围绕单一业务环节或单品类产品开展局部数字化转型。

第1节　数字化转型初衷

1. 数字化转型是民营银行生存发展的需要

作为辽宁省首家民营银行，辽宁振兴银行于2017年9月28日注册成立。在经营上，其受"一行一店"政策限制，且资本实力弱、品牌知名度低、人才匮

[一]　辽宁振兴银行课题组：谈天宇、刘钊、赵欣、袁志磊、李曰平、刘天成、郭威。

乏，难以依靠传统银行的业务模式生存发展。民营银行的市场定位是服务中小微企业、"三农"和社区，助力"大众创业、万众创新"。面对数量众多、高度分散的普惠金融客群，民营银行难以复制传统银行靠网点和业务人员触达客户的方式为其提供金融服务。而利用现代金融科技手段，一方面可以打破物理空间的阻隔，使普惠类客户能够便捷地获得金融服务，另一方面借助大数据风控能力，银行能够突破原有信息不对称的困境，有效防范风险。

2. 数字化转型是适应客户习惯变化的选择

互联网深刻地改变了人们的行为模式。体验更好、成本更低、智能更优、风险更小已成为新的商业标准。要满足这些标准，做到"想客户所想"，就要实现营销获客、业务运营、风险控制等各环节的智能化，降低客户思考和选择的成本，建立便捷的交易场景，实现"无感化"的金融服务。而要实现智能化，就要通过大数据的方式，从客户纷繁复杂的日常行为中，洞察客户的兴趣、偏好等信息，形成信用画像，进而更有针对性且更加精准地提供服务。

3. 数字化转型是顺应金融业发展的需要

近年来，国内外经济金融形势越发复杂，新旧经济模式转换，经济持续下行，导致商业银行信用风险不断加大。与此同时，利率市场化压缩利差水平，金融监管趋于严格，商业银行靠信贷扩张与网点规模扩张等模式难以为继。通过数字化转型，建立基于互联网的金融生态系统，是未来商业银行发展的必由之路，也更符合整个社会经济模式变革的要求。

随着金融市场化进程加速，互联网金融公司等新型机构抢占了银行长期遗漏的长尾客群，第三方支付模式切断了传统银行与客户之间的联系，使银行的金融中介功能逐步边缘化。银行要适应未来的金融行业竞争，提升客户认可度和黏性，就必须进行数字化转型。

第 2 节 "专而美科技型银行"规划

2018 年，辽宁振兴银行制定了科技型银行战略发展规划，明确要专注于以科技手段为个人消费者和小微企业提供极致体验的金融解决方案，致力于成为国内领先、专而美的科技型银行。

为了完成数字化转型，辽宁振兴银行确定了"四位一体"总体方针，即"一个战略、两条曲线、三个阶段、四轮驱动"。

1. 贯彻"四位一体"总体方针

"一个战略"是全行级战略，即以建设国内领先、专而美的科技型银行为愿景，以科技手段为小微企业和个人消费者提供极致体验的金融解决方案为使命。该战略从宏观层面保障了数字化转型总体方向上的一致性。

"两条曲线"指第一曲线和第二曲线。《辽宁振兴银行五年发展规划（2019—2023）》确定了"三步走"的战略发展路径，即从广泛寻求平台合作并提升自身科技与风控能力的"战略1.0"开始，再到发现、培育适合自身的场景，探索自营业务，深化平台合作的"战略2.0"阶段，最后实现自营为主、合作为辅、量力输出的"战略3.0"。第一曲线是从"战略1.0"到"战略2.0"中期，第二曲线是从"战略2.0"中期到"战略3.0"。

"三个阶段"指数字化转型的三个实施阶段，第一阶段主要解决业务基础设施建设的问题，第二阶段主要解决业务敏捷能力的问题，第三阶段主要解决业务可持续发展及创新的问题。

"四轮驱动"指在数字化转型过程中，必须遵循的核心原则和实现落地的重要工作，分别是数字化战略、数字化治理体系、数字化运营体系、数字化场景及生态。

2. 践行"四轮驱动"核心原则

数字化战略。连接业务场景，开放银行能力，让银行"走出去"，实现基于存贷汇的一体化场景服务生态，使金融服务无所不联、无所不在。从上至下进行战略共识的传递，将数字化战略贯穿于全行的管理制度及流程当中，并持续进行阶段性的更新。

数字化治理体系。构建业务中台、数据中台双轮驱动的良好生态，落地业务中台"四中心"（用户中心、利率中心、营销中心、支付中心）和数据中台"四引擎"（查询引擎、标签引擎、指标引擎、推荐引擎），实现业务数据化和数据业务化的有效循环，形成中台对客户服务、决策分析、业务创新、内控合规的有力支撑。

数字化运营体系。打造统一的管理、制度、流程、组织、敏捷与共享能力内核，提升用户响应速度，满足用户个性化需求，通过搭建用户标签体系进行用户的精准智能触达、营销及运营，并贯穿用户的全生命周期，同时运用拉新、促活、留存、转化、召回等各种手段形成以用户为中心的业务作业模式。与前台业务部门更多地以金融属性为考核指标不同，数字运营团队更多地从用户出发，以用户的日活、月活、留存率、活跃度等指标进行评价。

数字化场景及生态。 与各行业的企业与机构等进行合作，将金融服务嵌入丰富的业务场景当中，最大限度地触达用户。通过共享能力的沉淀，拥有业务的组件化能力与丰富的业务数据；以数字化的方式连接用户与场景，建设开放银行；采用开放 API、SDK 或 H5 的方式把沉淀的金融服务能力提供给外部合作伙伴；推动无缝感知并触达业务场景，有效地降低获客成本；建立与合作伙伴的共享共赢生态，促进客户服务能力提升，从而为银行带来新的业务增长。

3. 筑牢"1+N+1"系统的关键支撑

引进行业专有人才，包括大数据人才、风控模型人才和分布式架构人才等，重点抓住 IT 架构规划、业务需求管理、信息系统安全、系统建设质量，提升系统决策能力、产品设计能力以及技术创新能力。着力建成"1"个互联网核心，通过迭代方式持续优化现有互联网核心及相关基础平台，包括渠道管理中心、账户中心、支付中心、产品中心、营销中心、消贷中心等；打造"N"个平台，即大数据风控平台、一体化运营平台、企业融资平台等；自建"1"个核心系统，实施自建核心系统工程，实现核心系统自主可控。

引进、合作、创新融合人工智能、区块链、云计算、大数据先进技术。利用人工智能技术，逐步实现智能营销、智能风控、智能客服、智能监控、智能审计。利用云计算技术，采用分布式架构建设相关系统，逐步面向场景进行技术输出服务。借助大数据技术建立大数据平台，利用 Spark/Hadoop 等开源技术，不断收集整理数据，同时关注区块链在银行数字化转型中的发展与应用。

第 3 节　数字化转型实践

1. 实施步骤

完成数字化转型基本布局。 2018 年 11 月，辽宁振兴银行召开第一届董事会第七次会议，正式通过《辽宁振兴银行五年发展规划（2019—2023）》，确定了科技型银行发展战略，开始从组织形态、管理制度、流程规范、人才储备四个方面发力推动数字化转型。

会上确立了"定战略、搭班子、建队伍"的总体方针，将其用于指导数字化转型的第一阶段。"定战略"指根据全行的战略目标，细化并体现数字化转型思路，将数字化战略的实施措施融入管理制度与流程规范当中，实现各条线的密切配合与协同。"搭班子"指成立数字化转型领导小组与攻坚小组，通过有形的组织牵头数字化转型的落地实施。"建队伍"指在领导小组的带领下，通过外部吸收和内部培养的方式组建符合数字化转型及第二曲线专业化要求的数字化团队，主要由熟悉传统金融和互联网的复合型人才组成。

推动业务数字化。在此阶段着力构建敏捷能力、共享能力和业务数据治理能力，使银行能够快速、低成本地连接与融入场景。打造业务数据治理体系，基于业务角度严格把控数据质量，实现数据采集、清洗、加工等全流程标准化治理。利用大数据技术建立业务数据集市，包含监管集市、营销集市、风险集市等，实现数据标签化，形成数据指标的快速、准确加工与 BI 可视化展示能力，以深度挖掘数据价值，让业务人员真正实现基于数据的敏捷响应与决策驱动。通过完成业务中台建设，形成业务组件共享、业务数据共享、用户数据互通、业务敏捷迭代的能力。通过建设基于数字驱动的营销与运营体系、基于人工智能驱动的集成应用等外部能力，全面推动自营业务发展。

开放互联与场景金融。着力建设开放银行，从独立提供产品与服务，转变为在更多合作伙伴场景中输出产品与服务，实现与外部合作伙伴的共赢生态。在符合监管要求的前提下，进行服务输出，构建能力输出的护城河，使金融服务能够真正融入场景当中，通过触达全网用户，扩大服务边界，提升业务可持续发展能力。

2. 关键举措

营造与数字化转型相适应的内部文化。为实现数字化转型的高效率、协同化、包容性、创新性目标，辽宁振兴银行打造了"开放、执行、连接、探索"的内部文化，即开放对待先进技术和不同声音、坚定执行范围和进度要求、合作连接内外部伙伴、鼓励探索与创新。以线上业务项目为例，立项后，项目组人员与合作方人员均可对方案充分阐述观点和指出问题，并开展深入讨论，最终形成全体认可的具体方案。在方案执行中，严格按照确定的时间点和分工保质保量推进项目，遇到需要解决的事项，通过项目组内部、其他支持条线及合作方的多维度、充分的沟通与协同，提出有效方案。加大对项目的创新支持力度，对于在项目中形成的重要成果及时申请专利或著作权。

建设敏捷型组织和复合型人才队伍。以服务客户、符合业务需要为导向，改变传统银行组织建设思路，即按照扁平化、高效化、敏捷的原则，搭建更趋于互联网银行的管理架构，以及与发展战略有机结合的适变型组织。在形式上打破部门藩篱，通过引进金融、科技、管理等复合型人才，建立围绕业务项目的立体协同作战体系。例如根据不同板块的数字化转型要求，在业务板块设置业务发展规划部和财富管理、消费金融、交易金融、小微金融等事业部，在科技板块设置科技规划及管理、科技基础架构、科技开发、科技运维、大数据和数据治理五大中心，在风控板块设置风险管理部、授信审批部、大数据风控部和反欺诈部等部门，同时在涉及全行的重要项目推动过程中，选取项目涉及部门的骨干，构建行长授权下的 PMO 管理办公室和项目经理负责制下的敏捷组织，以项目促进条块整合，以敏捷组织结构激发生产力。

推动风控数字化转型。首先，构建先进、完备的大数据风控配套系统，搭建风险数据 ODS 平台，建设风险数据集市，实现风险数据的有效整合沉淀，为互联网贷款项目的资产质量监测分析、风险特征变量分析、模型迭代优化奠定基础。引入业界先进的风控决策引擎，建设机器学习自动建模平台，支持快捷数据处理、部署复杂机器学习模型，实现更加高效的模型训练和迭代。构建线上贷款风险监控报表体系，创设监测驾驶舱，实现贷前、贷中类风险指标的多维度实时监控。打造企业级中央智能风控系统和综合催收系统，为线上业务反欺诈和催收提供系统保障。

其次，创建先进的风控模型并持续推动迭代，其中涉及授信审批、收入评级、多头风险评级、额度定价、用信审批、收益评分、行为评级等信贷风控重要环节，为线上个人消费贷款及小微企业主经营贷款提供有效的风控保障。构建线上贷款联合贷、助贷业务反欺诈准入模型、聚类模型、黑名单模型、身份欺诈模型、异常行为模型以及信用交易欺诈模型，有效防范线上业务欺诈风险。

最后，拓展风控数据源维度：一方面，加强数据供应商合作，完成多家上线接入，并定期开展合规性排查；另一方面，提升人行征信数据解析能力，获批开通人行征信的"数字解读"分数查询权限，成为东北首家完成此接入工作的金融机构，为线上业务提供高质量的数据保障。此外，与地方政府征信数据平台开展深度合作，为服务本地小微企业提供可靠的数据支持。

不断提升支撑数字化转型的自主科技能力。第一，从伸缩式架构、研发效能、数据驱动、多维监控、安全防护五个方面出发，打造五大多维的、支撑数字化转型的一体化科技平台：麒麟（Unicorn）分布式平台，领先、高可靠、高性能和弹性伸缩的分布式架构体系，实现自建系统的分布式技术架构转型，解决系统弹性扩展瓶颈，支撑线上业务快速发展，实现系统可控、自主、创新；云雀（Lark）开发运维一体化平台，实现需求、开发、测试、发布、运维的工具集串联，打通从需求到上线的研发全过程，实现各环节的统一调度与管理；猎鹰（Falcon）分布式应用监控平台，建立分布式服务监控、跟踪和预警系统，支持多维度监控，对监控目标高度抽象，提供海量并发秒级实时图表监控、告警和预警，快速定位故障，拓扑全链路分析和精准耗时分析；八爪鱼（Octopus）大数据平台，采用开源技术，构建数据服务中心（DSC）以及数据采集中心（DAC），沉淀全行数据资产，为分析和预测各类业务发展情况提供有效工具；磐石（Rock）信息安全管理平台，让信息安全贯穿整个产品生命周期，做到安全前置化、运营场景化、流程精细化。

第二，构建服务数字化转型的新核心。将原有的"传统核心"与"互联网核心"整合，打造出新核心系统。新系统采用"微服务＋分布式＋单元化"架构，应用"无核化"概念，不再建设 ESB 等重量级前置，各个系统之间完全采用"微服务"方式交互，彻底打破系统之间的壁垒。全行系统保持一致的技术架构、灵活的调用关系、稳定的开发平台和高效的扩展方式。新核心系统围绕"以客户为中心""以产品为主线"和"以数据为驱动"进行业务功能设计，采用面向服务的架构（SOA）设计理念和分层设计架构，实现业务参数化、交易与核算相分离，具有良好的软硬件平台无关性、极高的系统可靠性、业务功能的纵向高可扩展性及处理能力的横向高可扩展性，全面支持全年不停机的对外营业服务。

第三，建设满足数字化转型需求的云平台。搭建包括生产双活和测试的私有云平台，采用全栈混合云架构，可与公有云同步迭代升级，接入和管理公有云资源，对分散且独立的计算、存储、网络资源进行统一管理、快速扩容、按量计价和按需使用，解决传统信息化资源管理模式容量小、弹性差、流动性低等问题，满足数字化转型对云资源的需求。

第 4 节　数字化转型效果

通过数字化转型，辽宁振兴银行资产规模从 2018 年年中的 43 亿元增长至 2020 年年底的 271 亿元，累计服务客户数量也由不足 1 万人增长至 665 万人，并在平台建设、科技自主风控、科技创新、数据赋能等方面取得了显著成效。

1. 平台建设

在数字化转型过程中，打造科技五大平台，起到了稳固的基础支撑作用。大数据平台满足了业务数据统计、数据分析、数据核对等基本数据的需求，使行内和外部第三方数据得到整合，并构建了全面风险数据集市，为提升自主风控能力和实现数据驱动打下了坚实的数据基础，每年节约存储空间成本约 70%。

建设开发运维一体化平台后，实现了需求、开发、测试、发布、运维的工具集串联与自动化，提升了研发效率，降低了投入成本，实现了业务需求和差异化用户需求的快速交付。负债端科技系统开发测试周期从 35 天缩短至 10 天，资产端科技系统开发测试周期标准接口从 45 天缩短至 20 天，非标准接口从 60 天缩短至 30 天，分别提升了 71%、56%、50%。

2. 科技自主可控

在科技自主可控方面，辽宁振兴银行取得了如下成果。

版本和环境管理：建立了全行统一的版本代码库，进行规范化和标准化管理，支持多项目多环境并行开发，实现了工程代码自主可控，有效提高了资产和负债平台项目的并行开发效率。

自主可控：渠道整合、用户中心、产品中心、移动支付、开放 API、微信银行、手机银行、互金平台、互联网核心、网贷 1.0、风控平台等所有自建系统实现了自主可控，使互联网核心实现了完全自主可控。

批量优化：互联网核心日终批量经过自主优化后，非结息日耗时从 3 个多小时缩短至 16 分钟，结息日耗时从 8 个多小时缩短至 26 分钟；网贷 1.0 上的重要业务批量经过优化后，耗时从 7 个多小时缩短至 30 分钟。

负债产品互通：完成了负债产品体系在所有渠道互通、产品参数化配置、客服系统对接；完成了账户体系优化，形成了客户统一账户视图，自有渠道可以操作其他渠道平台账户。

自动化测试：自主完成了 UI 自动化框架搭建和手机银行安卓版的自动化脚本编写；全部自建系统实现了接口自动化测试，自动化案例平均占比达到 30% 以上。

自建系统回迁：完成了自主混合云建设和自建系统回迁上云，开立电子账户时效提升了 42%，理财赎回和购买时效缩短超三分之二，查询账户明细时效缩短超二分之一。

3. 数据赋能

辽宁振兴银行打造的强大数据中台，为风控和业务部门提供了广泛且有效的底层衍生变量指标分析能力。智能实时二代征信衍生变量系统是数据中台的核心，秒级精确反馈了近 10 000 个变量计算结果，从上百个角度和维度全方位反馈客户行为征信信息，秒级甄别客户征信行为表现，提升了有效衍生变量分析、开发和验证效率，使风控模型决策精度得到大幅提升，系统稳定性得到有效保障，开发管理及工作成本节省 1000 人天以上。

打造的先进业务中台，将前端的轻量化应用场景和后端的独立业务系统进行了有效连接、整合和重组，为前台输出了包括用户运营、产品创新、渠道接入、活动支持、数据驱动等在内的协同服务，使市场需求响应效率大幅提升，较好地适配了数字化的管理模式。

第七篇
科技赋能银行数字化转型

40　阿里云：云＋金融科技助力银行数字化转型
41　大数金融：数字技术破解"小微信贷不可能三角"
42　同盾科技：金融科技赋能智能风控决策中心构建
43　云扩科技：RPA 赋能银行"数智"升级
44　派盟科技：构建移动支付生态圈，助力银行数字化转型

40 阿里云：云＋金融科技助力银行数字化转型

刘伟光[⊖] 阿里云

两年前笔者曾提出，数字化转型是企业级的顶层战略，需要科技驱动。目前这已经成为金融行业普遍认知，尤其是 2020 年新冠肺炎疫情之后，绝大多数银行等金融机构都意识到了发展数字化金融的必要性和迫切性。

与两年前相比，今天金融机构关注的焦点开始围绕数字化转型落地实践的具体问题。线上化、移动化、数据驱动、客户体验驱动、架构驱动等仍然有用，但是市场出现了几个特别突出的趋势和变化。

第 1 节 银行数字化转型趋势分析

1. 几乎所有金融机构都在谈"科技赋能"

相比两年前，这是一个很大的变化。科技赋能的核心思想是，科技要改变业务，主动有力地支持业务，对业务起到加速作用，从而带来改变。以前与科技相关的工作由银行科技部门主导，但是现在出现了一波银行成立科技子公司的浪潮，且完全采用市场化的机制，倒逼银行内部技术团队改变思维，主动提供服务，而不是被动式地响应业务，真正把科技赋能落到实处。很多金融行业的头部公司每年都在进行超大规模的科技投入，业务规模排名靠后的公司如何才能追赶上头部公司？只能通过科技推动业务创新。

⊖ 作者系阿里巴巴集团副总裁、阿里云智能新金融事业部总经理。

2. 交互式的数字渠道体验将会大量出现

几年前，金融业务线上化主要是指把线下业务搬到手机银行、网上银行等数字渠道。在手机银行等数字渠道提供服务的过程中，客户要点各种菜单进行自助服务，跟银行的客服人员几乎没有互动。未来，交互式的数字渠道可能会大量出现，用户可一键视频连线银行的员工直接咨询和办理业务，而这意味着未来金融机构的人员要实现 24 小时在线。现在是人的交互，未来就是机器人通过不断学习，然后了解客户，进而跟客户进行互动。今天提供交互式金融服务体验在技术上已经不存在障碍，头部股份制银行也在尝试使用机器人替代大部分人工流程。金融领域的头部效应非常强，整个金融行业都将在头部银行的带动下朝这个方向发展。

3. 网点将会成为高科技的舞台

过去几年，随着数字化加速，银行网点在日渐萎缩，但数字柜员机的客户体验不佳。笔者以前认为网点在未来可能没有前途，但是最近在接触几个数字化网点转型的案例之后，想法出现了变化：未来的网点将会是高科技的舞台。某国有银行与阿里云合作，对银行网点内部的视频流进行各种维度的数据分析，从而指导网点的日常运营，包括应开放几个柜台、什么时候提供服务、柜台办理哪类业务，并尝试推广乐高式的银行柜台；这些都属于用技术推动变革，可以让网点发生巨大的变化。

4. 开放银行既要引进来，也要走出去

过去两年，开放银行的概念比较流行。将银行的能力嵌入到外部场景中是正确的，但是要实现这样的开放银行也很困难，要求金融机构的系统进行中台化改造，并且要解决交互过程中的数据隐私保护等问题。中国的移动互联网异常发达，场景丰富且层出不穷，银行可以通过小程序等技术将这些外部场景引入自己的渠道。另外，银行其实也可以走出去，主动嵌入一些场景，诸如互联网存款理财业务与支付宝、头条等大型流量平台合作。

第 2 节　阿里云赋能银行数字化转型

早在 2013 年，阿里云便入局金融云市场，利用成熟的云计算和金融科技技

术帮助合作伙伴实现了诸多"第一",比如,网商银行是国内第一家核心系统架构在云上的银行,众安保险是国内第一家核心业务系统搭建在云上的保险公司,天弘基金是国内第一家核心系统搭建在云上的基金公司。目前阿里云已经成为支撑金融行业创新的关键数字新基建,服务金融行业客户数量已逾万家,在银行领域的客户覆盖6大国有银行、12家全国性股份制银行、全国一半以上的城商行、近一半的省级农信(农商行)联社。

在帮助银行数字化转型方面,阿里云可以向银行客户提供覆盖底层架构到上层应用的全栈式技术平台方案,其中包括金融级云基础设施平台、金融级分布式架构整体技术平台、数据中台方案、移动端开发平台、移动协同平台等一系列技术。本节主要从前台、中台、后台的维度,重点介绍银行数字化解决方案以及与之密切相关的数字化转型案例。

1. "双在线"移动金融解决方案

目前,金融移动智能化已经成为金融机构业务增长的新驱动力,相比传统的线下网点,线上渠道大大拓展了银行的空间和服务。但是在落实"移动为先"的过程中,金融机构的手机银行等移动端业务通常面临获客难、App打开率低、金融场景缺乏、App体验不佳等问题。

银行投入最先进的IT技术服务外部客户,但是在内部协同沟通、管理上则存在协同移动化渗透率低、组织不够敏捷、协同效率低等问题。直到现在,很多银行的组织管理还是通过OA、ERP等管理软件在PC上完成的,跨部门、跨地区的沟通多通过固定电话、邮件、纸制文件等形式进行。

在移动互联时代,为了高效处理内部审批及管理流程,进而支持快速部署开展新业务,银行需要摆脱冗长的架构链条,引入具备可视化组织架构的移动办公软件,推动组织架构加速实现在线化、敏捷化。

为了破解这些难题,帮助金融机构加速数字化转型,阿里云联合钉钉、达摩院、蚂蚁金服发布"双在线"移动金融解决方案,以金融钉钉、mPaaS移动开发平台以及支付宝小程序等为基础,并融合阿里自有资源、第三方ISV资源以及定制服务,根据每家银行的需求,打造专属在线化的解决方案,推动外部金融服务与内部协同管理的内外"双在线",加速向数字化和敏捷化组织演进。

(1)实现对外业务在线化、智能化

mPaaS是一个源自支付宝App的移动开发平台,融合了支付宝、蚂蚁财富、

网商银行等移动端技术沉淀的能力，提供自动构建打包、测试、发布等管控工具，能够帮助银行开发高质量的移动App，提升研发效能，减少线上故障。借助mPaaS丰富的数字化运营闭环能力，业务方可以深入洞察用户行为，驱动移动端业务增长；同时应对监管要求，mPaaS已无缝兼容IPv6，并支持性能优越的同城主备容灾及异地主备容灾方案，在安全性及合规性方面与行业最新标准一致。此外，mPaaS还可以统一开发小程序，接入淘宝、钉钉、高德等App，实现与客户的连接。

作为西部地区的大型城市商业银行之一，西安银行通过mPaaS移动开发平台开发了新一代手机银行，新手机银行发布之后，用户数、活跃度增长率均超过40%，手机银行超过线下网点，一跃成为最主要的交易渠道。通过引入阿里的生态场景，如天猫优选、拼团等，进一步提升手机银行App的用户黏性。

广发银行信用卡"发现精彩"App和手机银行两大App启动速度达到秒级，故障闪退率在万分之三以内，消息推送到达率99%以上，其中，"发现精彩"App启动时间降低近70%，日活增长90%。在App运营及运维阶段，借助mPaaS提供的数据采集分析模块，广发银行可以对客户App使用过程中遇到的闪退、白屏等问题了如指掌，通过持续跟踪和捕捉错误日志，对系统进行改进和优化，通过强大的实时稳定监控能力，保证线上金融服务稳定流畅。

（2）实现对内管理在线化，提升协同效率

传统银行往往下辖大量的分支机构，且部门繁杂，跨部门、跨地区的沟通多通过PC、固定电话、邮件等形式进行，寻找对应的联系方式、回复间隔周期及回复质量均存在问题，不能达到实时响应的效果，影响整体的协作效率。

过去银行IT预算和人员配置主要投入在核心业务系统，业务部门话语权较大，数字化程度较高，而话语权较弱的安保、后勤等部门信息化程度较低。金融钉钉可以快速低成本地实现这些部门的数字化，通过即时通信工具以及会议协作的方式，实现远程快速沟通，减少运营成本，提高沟通效率。

通过专属部署，金融钉钉还能帮助银行实现组织的在线化，以及OA、ERP、HR等系统的统一接入，实现整个协同办公工作流在钉钉上统一汇集，加快审批效率，提升协同效率。

2019年，阿里巴巴员工总量达到12万，一年产生了近1亿条电子流审批，其中约90%以上都是基于钉钉完成的。如果1亿条审批都要在原来的PC上完成，时效性得不到保证，工作效率也无法保证。

2. 数据中台解决方案

数据中台是当下一个比较流行的理念，由阿里巴巴在 2015 年启动中台战略时提出。早在 2014 年，阿里巴巴创始人马云就表示，如果说 IT 时代"信息是一种权利"，那么 DT 时代的竞争就是"数据的竞争"，谁掌握更多数据，谁能更高效地变现数据价值，谁就领先 DT 时代。对于金融行业而言，数据的重要性更是不言而喻。

阿里巴巴通过实施中台战略，打破了不同业务部门之间烟囱式的 IT 架构，打通了数据孤岛，通过数据技术统一标准和口径，对"全域"数据进行采集、加工、存储，形成口径统一的数据服务中间层，进而为业务层和决策层提供高效的数据支撑，并创新性地孵化出了聚划算、盒马、飞猪等新业务。阿里认为，数据中台集方法论、工具、组织于一体，并不是简单的数据仓库服务，只有经过实践检验、能够给业务带来真正赋能的中台，才是真正的中台。

（1）打破数据孤岛，实现数据资产大一统

长期以来，商业银行多采用 IOE 架构支持核心业务系统，并且每一项业务都有一套独立的基础设施，日积月累，银行内部便形成了烟囱林立的情况，每项业务产生和沉淀的数据都相互隔离，发挥的作用有限，很难为管理层和业务团队的决策提供全维度支撑。随着数据变成资产，数据的重要性越来越高，银行急需最大化数字资产价值。阿里的数据中台通过将数据沉淀到一个统一的平台，实现了数据资产的大统一，为银行基于数据决策和业务创新奠定了基础。

（2）形成强大的业务支持中台

近年来银行经营压力持续增大，很多业务部门希望通过个性化的数据分析寻找新的业务增长点。在没有数据中台时，各业务线想要进行数据分析，都需要工程师在数据仓库上进行 T+1 的数据加工，有时候数据分析需要进行排期，效率较低。搭建数据中台，沉淀类似用户画像、标签等通用场景数据，可以省去很多重复工作，在降低成本的同时，高效支撑前方业务团队进行智能营销、智能风控、智能客服等。

2019 年，河北省某城市商业银行携手阿里云建设了数据中台，极大提升数据服务的时效性、准确性。通过数据中台对全行的数据进行集中、处理、分析，该行可以实时统计 200 多个数据指标和业务系统的运行情况，实现了数据的可视化，进一步为银行的经营决策提供及时的数据依据。而在没有数据中台之前，

该城商行很多经营指标的统计都依赖手动完成，效率较低，数据统计结果也不直观。

（3）全分布式架构

2010年以来，各金融机构为应对利率市场化、互联网金融新业态的冲击、传统IOE架构升级扩容成本过高等内外部挑战，积极布局互联网，着力建设能够支持海量客户、具有弹性扩展能力、高效灵活的核心系统IT架构，向"分布式平台+微服务化"演进，技术路线逐步从闭源向开源和自主可控转型。随着业务与管理实现全流程数字化运营，IT架构也将持续完善，核心系统的技术架构也将向云化、智能化的方向发展。

（4）支撑银行弹性扩展，灵活应对海量并发交易

在银行领域，电子银行用户规模不断扩大，客户在电子银行上产生的小额高频需求，常常是多点同时触发，很难事先预料，若完全依靠传统IOE架构，不仅成本高，而且易造成闲置资源的浪费。云计算和分布式技术架构以及智能风控技术能够按需向金融机构提供服务，有效降低成本，改善运营效果，在支撑海量并发交易的同时能够严格控制风险。

（5）快速响应业务变化，支持应用敏捷迭代

通过标准化业务建模、标准化能力和服务设计，把金融服务的核心要素数字化并沉淀在中台，构建全行级中台能力地图和业务全图，形成敏捷、共享、开放、高效的企业级业务中台。以"厚平台"的全面服务提高研发效率，支持前台业务快速接入，降低创新成本。将业务按单元分散在多个数据中心、多个地域，使得故障隔离域粒度非常小。

广东顺德农商银行案例

2019年1月，拥有68年历史的广东顺德农商银行与阿里云达成战略合作。通过引入阿里飞天云计算操作系统、分布式中间件体系SOFAStack、分布式关系数据库OceanBase、金融数据智能平台、金融核心套件bPaaS、移动开发平台mPaaS等，顺德农商银行逐渐打造了覆盖底层IDC到上层移动应用在内的金融级全分布式技术架构。

2020年4月，顺德农商银行实现IDC数据中心的"云上双活"系统架构，为满足金融级的两地三中心、多地多中心架构奠定了基础。"云上双活"保证两

个机房可同时提供服务，即使其中一个机房出现故障，也不会影响用户端的使用，保证业务连续性；同时大大提高了应用研发的效率，降低了容灾切换的复杂度以及金融数据丢失的风险。

2020年7月，顺德农商银行正式启动互联网金融服务，Ⅱ、Ⅲ类银行结算账户和在线信贷等核心业务系统从传统IOE架构迁移至专属金融云，整体金融业务全面上云迈出了坚实的第一步。短时间内，顺德农商银行的核心业务系统将会实现彻底的全分布式架构，从容应对开放金融时代随时可能出现的高并发交易和爆发性交易场景。

3. 科技开放平台

变身为业务+科技的开放平台，是数字化转型的重要组成部分。经过持续多年的投资，以及大力引入云计算、大数据、数据智能、区块链等前沿数字技术，银行即可拥有强大的基础设施能力，具备金融级别的高可用、高可靠性、高安全性，具备异地多活与近乎无限的横向扩展能力。

银行完全可以面向合作伙伴、上下游企业、同业机构提供金融科技技术平台，包括基础设施服务、平台服务、应用服务等多种开放形式。科技平台开放可以推动科技创新和增加收益，更主要的是，通过科技合作形成业务纽带，形成附加的生态领域合作，例如场景化金融、供应链金融、安全互信合作等。

（1）通过开放平台聚拢场景

面对个人客户群体，银行金融服务缺乏场景化。银行可以通过小程序、线下扫码、商家生活号、商户在线服务等方式聚拢能够提供生活场景的合作伙伴，提升银行App供应非金融类服务场景的能力，增强客户体验，提升客户黏性，并在其中打包金融服务。

（2）拓展银行的服务边界

现在银行业都在提开放银行的概念，很多银行可以通过开放API等方式开放金融业务能力，帮助企业、医院等各类机构使用银行业务能力，如支持客户在其业务上下游方便地进行聚合支付、交易见证、收款付款、交易支付结算清算、对账等。今天的银行具备"人、货、场"的平台结合能力，完全可以做一个连接者，以数字银行的平台金融能力为核心，构建一个类似App Store的生态平台，连接丰富的生态合作伙伴，不断拓展银行的服务边界。同时，随着金融互联网时代的到来，银行也可以把类似二类户等轻监管的业务主动嵌入到大型流量平台上，主动走出去，获取更多用户。

新冠肺炎疫情期间，山东省潍坊银行以互联网思维推出了"爱心平价菜"的便民服务小程序，让银行 App 变身为市民生活入口，并借此积累了大量用户消费习惯数据和来自供应商、物流商的数据，为衍生更多产品和服务提供了可能。

广东农信联社在服务某棉纱行业客户时，在相对同质化的金融服务之外，对外输出云、App、中台能力，帮助客户构建了 B2B 电商交易平台，不仅获得了这一大业务规模、大资金流量重点客户的金融服务业务，更与该棉纱客户的业务流程实现了紧密相连，为下一步供应链金融业务的开展奠定了很好的基础。

第 3 节　银行数字化面临的挑战

2019 年，中国互联网金融协会围绕数字化转型对 51 家银行机构进行了调研。银行反馈的主要挑战包括：战略执行方面缺乏配套制度流程，欠缺跨部门、跨条线的协同机制，创新技术人才不足，数据质量和数据治理存在问题，等等。阿里云在帮助银行客户进行数字化转型的过程中，也有一些切身的感受，我们发现的这些问题会严重影响银行数字化转型的成效。

1. 传统观念改变难

银行对于数字化转型已经达成共识，但是在转型落地过程中，团队的观念还没有转变过来。很多人动不动会说这个事情应该由科技部来做，很多团队不敢进行彻底的数字化重构，认为不应该动旧架构，而应该重新起一套新系统、构建双系统。此类观念只能用新系统的数字化效果去扭转。

2. 部门权责不清晰，协调难度大

IDC 一项调研显示，组织内部沟通协同困难是银行业转型中面临的首要挑战，其中部门之间协调困难、配合不够、权责不清、分工不明，部门内部等级森严、决策链长等问题，都被多次提及。因此，在数字化转型中，需要"一号位"来主导，设立数字化推进委员会，推进企业各部门之间达成共识，通力合作。

3. 内部沟通协同效率低

银行业多年来一直在 IT 方面进行投资，积极采用最先进的技术。但是绝大多数银行在数字化转型进程中，把最好的技术、最新的体验给了客户，自身内部的 IT 架构、信息化程度却不尽人意。业务系统多，接口不一，且各自为政、互不集成；开会效率低、邮件沟通低效、审批流程冗长、线上线下业务割裂等痛点常年存在。因此，重构内部协同系统、打造高效的内部协同平台，也是银行数字化转型的重要部分，必须予以重视。

4. 系统割裂，数据孤岛现象严重

多年来，银行习惯了为不同的业务系统部署一套单独的 IT 基础设施。长年累月之后，银行的内部数据就分散在各个独立的系统之中，数据孤岛现象严重，数据采集、筛选、整合、挖掘、分析、治理等一系列操作困难重重，难以为业务、管理及决策提供价值。因此，重构基础设施，打造统一的数据中台，才能帮助银行全面整合内部资源，实现数据资产化。

5. 缺乏精通业务和技术的复合型人才

银行数字化转型要求科技部门与业务部门合作，科技人员需要懂业务，业务人员需要懂技术。但是实际上，银行一直缺少这样的复合型人才。为了加速数字化转型，银行需要尽快充实科技队伍，调整组织结构，将科技人员和业务人员组成跨职能小组，让他们在协作中相互理解、相互学习，加大复合型人才培养的力度。

新兴技术发展迅速，新的概念与模式层出不穷，金融机构盲目跟风或者被动接受新兴技术都是风险极大的，存在投入大量人力物力而得不到回报的可能性。大型银行本身拥有较好的客户基础与较大的市场规模，信息系统规模大、科技实力雄厚、技术储备充足、应用场景丰富，在数字化转型过程中可以跟科技公司形成良好的互补关系，在底层技术的研发、开源技术的使用以及对外联合输出应用方案等方面都可以与科技公司合作。中小型银行在数字化转型过程中应该逐渐改变过去外包管理的方式，改变与多家公司合作的模式，确定一家公司作为长期合作的伙伴，从而解决管理成本过高、效率较低、技术栈多等问题。

在实践中，各银行因业务规模、战略目标及科技实力不同，数字化转型的路径也各有特色。只有结合自身特点、选择适当的数字化转型路线，银行才能赢在开放金融时代。

41 大数金融：数字技术破解"小微信贷不可能三角"

柳博[一]　大数金融

2020年的新冠疫情给金融行业带来了两个直接而深远的影响：一是将金融数字化转型猛然推向快车道、深水区，金融机构的数字化转型成为一场生存之战已是行业共识；二是国家持续推动金融机构加大对小微企业的信贷支持力度，大力开展小微信贷将成为金融行业未来一段时间内的重要任务。以数字技术破局多年来小微融资难的困境，成为金融行业要着力解决的问题。

"小微信贷不可能三角"是指采用传统信贷技术的银行在开展小微信贷业务时，无法同时实现风险可控、成本可持续、规模有发展3个目标。小微企业融资难、融资贵的问题长久以来难以得到解决，根源正在于大多数小微信贷技术都没能突破这个"小微信贷不可能三角"。银行等传统金融机构大多采用抵押或信贷方式开展小微业务，本质上无法针对"小微信贷不可能三角"提供有效的解决方案。随着大数据、人工智能、云计算等技术的发展，以"数字风控"为核心的第三代小微贷款技术诞生并展现出明显的优势，为金融机构实践数字化转型、破解小微业务困局提供了一条可选路径。

第1节　中国小微贷款技术沿革

普惠金融致力于让金融渗透到包括小微企业及企业主、个体工商户等在内的以往难以被纳入金融服务范围的群体。这部分客户虽有一定经营经验，但管理规

[一] 作者系大数金融董事长兼CEO。

范性较差，缺少有效抵押物，也无法提供规范报表。面对这类客群，在控制好风险的同时，兼顾成本、规模和利润，成为银行等传统金融机构切入小微信贷市场的关键。

1. 第一代小微贷款技术

第一代小微贷款技术注重抵押物，要求有相对规范的财务报表和流水，而小微企业普遍缺少符合条件的抵押物、缺少规范报表，因此大批小微企业被拒之门外。目前，国内绝大部分小微贷款仍依赖这种技术。中国人民银行行长易纲2019年在十三届全国人大二次会议的记者会上答记者问时提到，普惠金融口径单户授信在一千万元以下的小微企业贷款，不良率高达6.2%。一言以蔽之，风险堪忧，且惠而不普。

从疫情以来的这波小微贷款放量来看，人行发布的2020年上半年金融统计数据显示，2020年5月末，信用贷款余额占比较2019年年末提高了2.8个百分点，但普惠小微企业贷款中的信用贷款比重仍仅占16.3%。可见抵押类贷款仍占绝对大头，而从政策方面，国家在引导提升信用贷款比重。

2. 第二代小微贷款技术

第二代小微贷款技术包含两种尝试。小银行通常采用IPC技术或者"熟人熟地、三品三表"的方式，本质上都属于信贷技术，对信贷员的个人能力和技术要求较高。由于只能单笔操作，因此贷款金额下沉后贷款收益很难覆盖高额的人力成本。如果要快速上量，就会面临管理难度大、技术变形的问题。信贷员参与了贷款管理全流程，又会引出道德风险难以控制的困境。过去十几年，全国有上百家银行采用了这类技术，成功者屈指可数，且没有能够走出本地的成功案例。

中型银行普遍采用圈链会、联保互保、共同基金模式，解决了规模和运营成本的问题，但未能经受住经济下行周期的考验。这种方式实际上将小微企业分散化的风险再次集中，在经济下行周期随行业风险爆发，形成批量风险，且部分风控环节依赖人的技能和操守，在业务压力下极易变形，进一步加大了风险。

3. 第三代小微贷款技术

第三代小微贷款技术构建了完全不同于传统技术的小微业务模式。该技术以数字风控技术为核心，依靠客观数据进行风险控制，在信贷理念和风控理念两个方面大范围突破传统小微业务的思维误区，实现了控风险、降成本、上规模的三重效应，由此打破了"小微信贷不可能三角"魔咒。

第 2 节　第三代小微贷款技术内核

第三代小微贷款技术本身是一次从信贷理念到方法论的颠覆式创新。数据驱动的风险管理方法论常见于较小金额的信用卡消费信贷业务，应用于小微贷款业务尚属国内首次。该应用打破了若干传统小微贷款的基本理念，着力解决以下问题：风控政策和可执行性的矛盾、授信金额与企业还款能力的关系、小微贷款期限、间接获客、多头授信的共债、小微客户利率可负担性等。

同时，第三代小微贷款技术结合小微贷的特点，在具体业务细节、模型设计、策略运用上进行了全面的改造和革新，在技术门槛更高的自动化、智能化上实现了突破和迭代。

第三代小微贷款技术的底层内核是"数据驱动的风控策略"，包含以下 7 个方面。

1. 风险政策、策略、模型的分工与应用

第三代小微贷款技术的重要特征之一，是以风险政策为基础、以模型为工具、以风险策略为核心来管理风险，即以量化策略为风控聚焦点，运用"政策规则 + 评分模型 + 量化策略"的组合方案进行风险管理。政策规则负责辨别黑色高风险客户和白色优质客群，"评分模型 + 量化策略"负责对灰色人群进行区分。该技术中评分模型和策略的开发，运用了逻辑回归、散度、决策树、最优化算法等诸多数据驱动的算法，实现了风险的量化管理。传统小微贷风控方法对于大量灰色人群区分精细度不足，是多年来小微贷款在面向下沉客群的风险管理上屡遇挫折的根本原因。第三代小微贷款技术有效改进了上述问题。

从政策到模型再到策略，从模型的简单使用到高级应用，都体现了小微贷风控技术的迭代。

2. 以定制化评分卡为工具的数据驱动风控策略

运用数据驱动的方法论，是第三代小微贷款风控技术的重大突破，也代表了

当前全球小微贷款行业的最高水平。数据驱动的方法论，脱离了早期的风险画像、风险聚类等精准度较差的无监督模型体系，从第一代单维度评分卡、第二代多维度评分卡，进化到了运用决策树和最优化等算法的第三代策略，代表了决策科学已知成熟部分的最高技术层级。

"运用了数据的风控就是数据驱动的风控"是多年来国内小微贷行业在风控技术认知上的一个误区。实质上运用数据与数据驱动是完全不同的两个概念，前者停留在风险画像和聚类算法的层级，属于无监督模型；后者则是一种有监督的模型和有监督的策略方法论的运用。有监督模型在风险预测的精准度上，与无监督模型相比，有天壤之别。

3. 对信用风险、欺诈风险、系统风险分类管理

第三代小微贷款技术的精细化分工，还体现在对信用风险、欺诈风险、系统风险等不同风险种类的针对性管理上。在底层数据层面，须对不同风险种类的坏样本进行分类、标签和收集；在风控方法论层面，开发出了相对应的不同模型和策略，改变了传统欺诈风险、信用风险和系统风险混同管理的做法。

4. 苛求数据质量，合理应用传统数据和大数据

第三代小微贷款技术在数据应用上强调数据质量而非数据广度，创造出了一整套完善的方法体系，包括历史仿真模拟、变量 IV 值监测、稳定性验证等，进行数据验证、清洗和筛选的同时，对数据质量持严苛态度，保证其在应用上的有效性和稳定性。同时，第三代小微贷款技术对如何合理应用传统数据和大数据，特别是如何进行两者之间的有效结合，也进行了深入耕耘，在数据应用上强调适用性，认为第三方大数据的有效性取决于应用场景。实践表明，以央行的征信数据为主，辅以历史数据、第三方数据，特别是近年来纳税、开票、订单、物流、司法等数据的开发应用，通过评分卡和策略等量化信用风险模型，已经可以很好地区分客户的信用风险度，结果令人满意。

5. 结合 IPC 技术，取其精华

第三代小微贷款技术一方面运用数据驱动的方法论，依托模糊匹配与链接分析等技术，建立起智能化、自动化的策略引擎，实现对欺诈人群的自动化预警和拦截，另一方面积极引入和消化 IPC 技术中的交叉验证等人工技术，将其运用于

对部分相对高风险和欺诈嫌疑人群开展的必要的电核与现场调查中，实现了对上一代可用技术的传承，更好地兼顾了效率与风险。

6. AI 与数据驱动的智能运营体系

针对小微信贷业务特点，第三代小微贷款技术从专业化分工理念出发，将信贷流程切分为数十道工序，分工协作。具体流程由规则引擎决定，不同的客户、风险度、产品可能会走不同的流程，实现线上线下结合或全线上自动化作业。流程已经高度切割，消除了串通作弊的内部道德风险。多线程模块化的作业体系搭载成熟的信贷系统，全流程布置风险预警与规则引擎，有效保障了资产风险可控、运营降本增效，自动化的审批可实现大额信用贷款分钟级放款，大大提升了客户体验。

7. 搭建全面、完整的信贷生命周期风控模式

风控是一个系统工程，这是由其疏一漏万的特点决定的，风控体系是否覆盖全面至关重要。传统的小微技术，往往重两头、轻中间：有审批与催收体系，而没有预警体系，贷后等同于催收。第三代小微贷款技术下的智能化运营体系，在获客、审批、贷中、贷后的整个流程中，都配置有相应的策略，实现了上中下游风险管控的无缝对接。

以贷后管理为例，第三代小微贷款技术下的风控体系在贷款发放后，会逐月利用历史违约模型、账龄图、滚动率、数据切片、欺诈分析、客户抽样跟踪等方法，对贷后质量进行数据化整体监控，结合客户行内行外的还款行为、负债比例等多维度变量，不断调整政策和策略组合，建立风险预测体系和风险预警体系。两大体系承上启下，既帮助指导上游的审批，也实现了下游催收的预见性管理。在客户逾期阶段，通过覆盖不同逾期时段的评分卡预测客户的还款概率，从而指导催收，并通过建立多层级的贷后管理队伍，形成完整的贷后资产运营体系。

第 3 节　助贷是数字小微信贷技术商业化的土壤

第三代小微贷款技术具有较高的技术门槛，对于传统金融机构，特别是中小型银行来说，自行开发难度较大，成本较高。

需要海量数据积累，准入要求高。 数字化的信贷技术建立在海量有效数据的基础上，需要基于数据建立评分模型并进行策略运用，要求数据量要大、数据时间足够长、数据维度足够多、数据足够干净，这对于前期并没有在小微信贷业务投入更多精力的传统金融机构而言是一大挑战。

需要有足够多的坏样本，试错成本高。 评分模型要精准区分好客户、坏客户，就要求建立评分模型的数据有足够多的坏样本，这意味着相当大的试错成本，对于银行而言风险难以承受。

需要有专业化的数据分析队伍。 专业的数据分析人才千金难求，组建专业化的数据分析队伍，需要有相当大的人力投入。

需要有规模效应。 要充分发挥数字小微信贷技术优势，就要有业务上的规模效应。对于大型商业银行而言，虽然后期可以实现规模效应，但需要前期2～3年的数据积累和足够多的试错样本，时间与经济成本都很高。对于小型商业银行而言，除面临大型银行同样的问题，还存在不符合规模经济的情况。

新技术需要通过一个商业模式形成商业化应用，才能充分施展技术的价值并持续迭代，"助贷"正是数字小微信贷技术商业化的土壤。"助贷"解决了普惠金融需求和银行供给不足的矛盾，同时也是行业的专业化分工适应竞争加剧的自然选择。在信贷产业链上，专业化分工促使资金、数据、流量、技术等要素分工协作，大大推动了普惠金融增量扩面。《商业银行互联网贷款管理暂行办法》的落地从监管层面对助贷模式给予了肯定并提供了发展空间。

大数金融是国内最早一批以"助贷"模式助力银行发展小微金融、推动银行数字信贷能力升级的金融科技企业之一。基于第三代小微贷款技术，大数金融与60余家银行业金融机构合作，提供各类定制化的解决方案，实现数字化小微信贷技术在合作机构业务中的应用，累计帮助银行发放大额（平均每笔25万元）纯信用小微贷款400多亿元。在此过程中，第三代小微贷款技术不断迭代精进，有效性被充分验证，银行对新一代技术从观察变为信任，银行信贷业务的数字化需求也日渐迫切。

第 4 节　数字信贷科技解决方案

伴随技术的演进和应用，市场对技术的认知、对技术应用的诉求也在变化。对于数字化小微信贷技术，不同金融机构因各自的发展路径和所处的发展阶段不同而有着不同的需求，大数金融与它们的合作模式也因此日趋多样化、定制化。

1. 数字信贷技术一站式赋能解决方案

早期和金融机构的合作，更多的是大数金融在做，银行在观察。大数金融为金融机构提供从获客到贷前、贷中、贷后全信贷生命周期的风险支持与资产运营服务，银行主要是把握核心风控环节。这种全流程、全节点一站式赋能模式的好处在于，合作机构可快速上手、收缩自如、无前期投入成本且风险可控，同时合作机构得以迅速引入前沿的数字化小微信贷技术，打破重抵押、重担保等传统技术的门槛，在合作中逐步接受技术的改造升级。

2. 数字信贷联合运营解决方案

随着早期合作机构对大数金融技术实力从观察转为信任，以及越来越多银行认识到了金融科技在解决普惠金融问题上的作用，联合运营模式应运而生。大数金融把技术开放给银行，通过差异化合作，共建产品、联合风控、联合运营，共同服务更多的客户，在合作过程中将数字信贷技术逐步转移给银行，帮助银行实现业务规模上量，同时建立起以数字风控为核心的全流程小微和个人无担保贷款业务单元。大数金融通过参与长期产品运营的陪伴式服务，支持风控模型、系统、产品的持续迭代，确保合作机构掌握包括风险和产品能力、全流程运营能力在内的完整信贷业务自主能力。

联合运营在具体实施中会应银行的个性化需求而有所侧重。

联合运营案例一：某股份制银行打造全线上经营贷项目

该股份制银行希望基于自营经营贷产品，进一步触达普惠客群，并提升产品市场竞争力、扩大业务规模。双方针对其小微企业客户纳税数据共同开发了一款全线上税务类经营贷产品，大数金融提供全流程风控解决方案及模型部署、产品销售与运营和产品贷后管理的服务，重点模块如下。

（1）风控技术输出

根据银行经营贷产品的不同定价客群定制风险逻辑和内核，开发差异化的模型和策略，从而抓住不同客户的风险特征，提高风险识别精准度。

- **数据治理**：面对多渠道获取、字段差异大的税务数据，协助银行通过梳理和标准化形成优化建议，满足银行多部门业务管理及日后发展的需要。

- **模型开发**：从个人征信和企业税务两方面分别开发模型，对客户进行立体评估。针对该产品上线时间较短、数据较少的情况，大数金融运用自身已有的税务评分结合专家经验定制化调优。
- **贷前策略开发**：包括准入规则的优化、客群分层、决策树或者多元矩阵的准入策略开发、模型评分 cut-off 的优化、额度和限额的设定、人工调查的触发优化等。确保实现预设的风险目标，提高产品的自动化效率，优化客户体验。
- **外部数据应用建议**：在综合评估银行征信数据、纳税数据、自有数据的基础上，针对该产品提供三方数据策略应用方案。
- **模型和策略落地及后续迭代优化**：协助银行落地产品的所有模型和策略，提供监控方案，并持续追踪效果与迭代优化。

（2）系统平台建设

大数金融为该行搭建了产品的综合作业平台，为营销进件、数字化风控有关的系统开发和数据对接出具详细的业务需求方案，并推进方案实施。

- **数字化风控体系的本地化系统部署**：主体包括客户准入模型、审批决策模型、贷后预警模型等，提供数字化风控体系本地化部署的技术实施方案，实现银行数字风控能力的落地。
- **小微信贷线上营销系统建设**：根据银行现有系统架构，制定微信公众号、二维码、手机银行 App、微信小程序、H5 等数字化营销平台的优化方案和开发需求，以提升对小微客户的服务能力。
- **系统维护**：配合银行按时完成产品系统建设中的优化、升级、改造以及模型参数调整等工作。

项目上线半年多来，对小微客户授信超 6 亿元。2020 年初新冠肺炎疫情暴发期间，近千位小微企业主通过该项目实现融资，数字信贷技术在非常时期充分展示出普惠价值的先进性。

联合运营案例二：某农商行建立零售信贷业务，实现业务模式多样化发展

相较全国性银行，联合运营项目对于金融科技基础相对薄弱的区域性中小型银行来说，某种程度上是一次战略性的选择，一场成功的能力升级或将改变全行

的零售业务面貌。

2017年，某中西部农商行面临零售业务增长乏力的困境，大数金融以咨询＋联合运营形式，输出大额信用贷款产品的数字风控能力及全流程业务体系，协助该行从无到有建立全套小微贷款业务。

（1）搭建小微贷款业务全流程系统平台

包含贷前、贷中、贷后各子系统，支持全业务自动化处理、全流程自动管理。

- **全流程运营平台**：建立起自动化、数据驱动、高效决策的运营平台。从客户营销、客户申请、信息收集、智能审批、合同签订、贷款发放、贷后管理到催收管理，梳理和优化整套标准化操作流程。
- **获客平台**：搭建银行本地化部署的获客平台，支持小微贷款产品多渠道获客、客户申请提交、订单状态查询等功能。
- **风控决策系统**：定制风控决策系统，满足信贷业务贷前调查、贷中审批、贷后管理各环节的风险评分模型部署的要求。

（2）帮助银行组建队伍，进行技能输出

以咨询形式为银行制定信贷全流程的组织架构、人员管理与考核办法、工作流程机制等；帮助银行组建涵盖前台获客及业务助理、中台面签与调查、后台审批和出账、贷后管理和逾期催收在内的各条线专业队伍；面向各板块人员开展技能和工具培训，通过联合运营打磨团队成熟度、提高队伍产能。

（3）提供后台数字化风险管理支持

包括对银行每笔贷款给予评分建议，利用规则引擎对银行运营团队进行平台指导，协助银行对贷款进行审查、审批并反馈结果等。

通过联合运营，该行小微信贷业务实现了从无到有的跨越。合作一年后，该行即占领当地同类信贷产品45%的份额。随着合作的深入，双方逐步展开多类型产品的联合运营，并持续创新运营模式，最大程度深耕本地小微客户。截至2020年7月末，该行新增零售贷款客户超2万户，零售信贷规模占全行总贷款规模比重从合作前的不足10%提升至70%左右，零售信贷月放款额约4亿元，其中70%为小微经营信贷。项目还推动该行组建了一支上百人的零售信贷业务团队，并逐步掌握了小微贷数字风控技术，信贷服务能力得到切实提升，自主开发的多款小微信贷产品实现高效运营、迅速上量。该行还开始联合大数金融向同业输出标准化运营流程，帮助其他合作银行优化迭代零售信贷业务体系，实现业务模式的创新。

3. 更多模块化、定制化解决方案满足银行个性化需求

银行的数字化转型以新兴科技为基础，信贷业务层面体现在数字化营销、智能运营、数字化风险管理等领域的能力建设与进阶。因掌握数字化小微信贷从底层科技到业务运营的整体技术，大数金融既为金融机构提供小微信贷全生命周期服务，也会灵活配置模块化的解决方案，以满足银行数字化转型进程中某方面能力建设的需求。

大数金融对数字风控技术耕耘多年，形成了一套独特的模型与策略运用方法，在小微信贷业务实践中取得了令人满意的风险质量表现，在此基础上形成的智能风控解决方案可以有效补足银行数字风控技术应用能力。

智能风控解决方案案例：大型银行的咨询、建模合作

某大型银行持有小微企业用电数据，希望基于该类数据开展线上小微客户信贷业务。大数金融以咨询、建模的形式，为该行特定场景的无担保信用贷款服务定制全流程的风险管理技术，包括数据预处理、筛选风险特征因子、数据硬排规则及漏斗率评估、数据评分模型、专家评分卡、额度策略矩阵、贷中预警规则、全流程分析 SAS 代码等。

整套风控技术可直接部署上线，开发过程也一并交付，行内可将这一开发流程应用于其他区域或其他项目的分析。高效的数字风控技术输出丰富了银行数字化小微信贷产品，提升了小微服务质效。

基于数字风险管理和线上运营体系的全线上场景信贷解决方案，大数金融作为流量中枢，链接起金融机构与各类小微聚合场景平台，打造面向平台客户的智能信贷服务，目前已与银联、顺丰、金蝶等十余家头部平台合作，覆盖财税、支付、物流等场景。该方案充分调用第三方场景平台数据，将其应用于风险管理与产品定制，一方面场景平台实现流量变现，另一方面银行快速嵌入场景平台的业务体系，开展全线上数字化小微信贷业务，这也是开放银行与数字化战略的一种实践。

场景信贷解决方案案例：某城商行基于场景流量的联合运营项目

基于该行零售业务线上化的战略，大数金融为其定制了针对线上场景流量的

联合运营方案。

（1）对接与筛选头部场景流量

基于与多家头部场景平台的合作，助力银行快速接入场景流量，触达各类优质资产端，实现规模化效益。同时，协助银行对场景流量进行初步筛选与判断，匹配银行对客群质量的要求。

（2）打造数字化风控体系

双方搭建起以个人信用为核心、叠加场景数据的"个人＋企业"信用评估体系；采用"基于大数历史数据的数据驱动模型＋银行业务定制化调整"的开发方法，补足银行历史数据并将模型部署在银行端；辅助银行开发出全套贷前策略，并提供大数分辅助提升银行的反欺诈风控能力；项目上线后，从数据和专家资源两方面支持银行不断优化和迭代整套体系，确保项目的稳定和风控体系的有效性。

（3）构建线上场景产品体系

针对线上场景流量特点，在银行自身的产品形态下，大数金融提供多款子产品的内核设计，主流为1～3年期中大金额无担保贷款，全线上进件与审批，对不同等级的场景流量客群进行风险定价，确保资产质量的同时提升转化率，打造产品竞争力。

目前双方继续推进项目上线，预计上线初期全线上的场景小微信贷产品月放款约1.5亿元，后续稳步上量。

回到最初的问题，银行数字化转型与小微业务承压的当下，金融机构数字化小微信贷发展的路径在哪里？从行业现状以及笔者经历来看，开放合作是大方向，转型进化是银行的必然选择，转型路径最终取决于银行根据自身属性、禀赋进行的战略性选择和规划。

大型银行自身有大量的客户数据，有实力自建完整的金融科技能力，与金融科技公司的合作更多在于场景营销、风控建模等局部业务，以补充资源或完善能力。股份制银行多侧重在某类业务上开展更全面的合作，如通过联合运营去建立某类场景下的小微信贷业务能力，以支持其数字化转型整体战略的落实。面临更多困境的是区域性中小银行，它们在技术、人才、资金、管理等基础能力和资源方面都面临挑战，有限的规模也决定了其客户数据的体量难以支撑数字决策模型的精准性与持续迭代。

在行业专业分工趋势下,"大而全""小而全"大可不必成为银行的选择,中小银行基于区域资源与自身优势,战略性地在金融服务生态系统中为自己设定角色,并基于战略选择进行业务规划,集中资源投入,引进必要的数据公司、金融科技公司力量,通过打造独特优势、开展错位竞争来拓展生存空间。

银行数字化转型通过数字技术赋能业务,为银行创造出新的业务价值。第三代小微贷款技术及助贷模式的创新正是技术赋能业务的典型实践,为银行可持续地开展小微业务、行业性地解决小微融资难题提供了解决方案。对于大型银行来说,拥有数字化小微信贷能力更多是发挥普惠价值、落实数字化转型的局部成果;对于作为小微金融服务主力军的中小银行来说,战略性引进数字化小微信贷技术则可能是数字化转型的一个突破口,是银行走出特色化发展道路的新机遇。

42 同盾科技：金融科技赋能智能风控决策中心构建

李伟东[一] 同盾科技

2017年，国务院印发《新一代人工智能发展规划》，金融科技作为各行各业发展新引擎的愿景就此全面铺开。在金融服务领域，远程开户、智能审核、秒批秒贷、全流程智能客服、无人银行等概念纷纷落地，金融服务行业一时间"忽如一夜春风来，千树万树梨花开"。

2020年的新冠肺炎疫情催生了各行各业"零接触"服务模式的快速发展，银行业也不例外。为解决线下服务带来的影响，多家机构推出了7×24小时不间断的金融服务，大规模投入网银、手机银行、呼叫中心与远程银行的建设，使得线上、线下业务能够互相联动。"零接触式金融服务"作为数字经济的重要一环也引起了银行业前所未有的关注。

在监管领域，为规范消费金融市场，银保监会、网贷整治办近年来频繁出台各类通知和指导意见，进一步明确了互联网时代下银行的风险管理要求：银行必须独立审批贷款，风控不得外包；不得接受无资质担保机构的变相增信；应遵守"了解你的客户"原则，保护消费者权益；应全面考虑信用记录缺失等对贷款造成的影响；不得通过暴力等方式催收贷款；等等。此外，2019年某些银行的风险事件、P2P出清、互金转型等情况的发生，也迫使商业银行必须做到在满足监管合规要求的前提下提升客户体验、做大客群规模。综合当前形势，商业银行不可避免地要走上数字化和智能化转型之路。

[一] 作者系同盾科技副总裁。

第1节　互联网金融风险与同盾科技应对之道

随着互联网金融的蓬勃发展，来自网络的欺诈风险也变得越来越大。银行正面临着多种多样的欺诈手段与欺诈场景。例如，在渠道推广阶段，银行面临着虚假刷量、伪造激活等欺诈风险；在注册登录阶段，面临着垃圾注册、拖库撞库等欺诈风险；在营销阶段，面临着薅羊毛、黄牛占座等欺诈风险。此外在信用申请阶段、交易支付阶段、社交互动阶段等，银行均面临不同类型的欺诈风险。这些风险轻则影响用户体验，重则会使银行遭遇资金损失、商业信息泄漏、失去用户信任等。为了有效识别欺诈行为，银行需要有针对性地进行布控，构建完整的反欺诈体系，从事前、事中、事后三大环节开展全生命周期的反欺诈工作，这就需要反欺诈技术和工具来发挥作用了。

国内外金融机构在传统反欺诈管理中主要依赖专家经验，通过人工方式制定检测规则，当申请或交易信息与反欺诈规则匹配后即执行相应业务策略。这种传统的管理模式得出的反欺诈规则存在一定的局限性，不能列举所有业务场景，更无法对各类欺诈行为进行全面覆盖。

同盾科技作为智能决策分析领域的服务商，以数据为核心，通过基于技术和算法的平台，协助客户将数据价值挖掘出来，赋能各个金融业务场景之中，横向拓展行业应用，纵向挖掘服务深度。通过设备指纹、IP 画像、用户行为画像、人机识别、知识图谱等多重技术手段，尽可能多地收集交易或与交易相关的数据，对多重数据进行智能分析，从中提炼有价值的信息来定制策略、搭建模型，用于识别包括虚假点击、虚假注册、撞库、设备作弊、羊毛党、人机行为、刷单、盗卡盗刷、交易异常、恶意攻击、涉恐涉暴、鉴黄、反爬等欺诈行为，拦截率可达 85% 以上。

通常提到互联网贷款，大家最先联想到的多是人脸识别、大数据应用、反欺诈准入策略、风控模型、定额定价等。这是因为互联网金融业务更倚重大数据和模型进行风险评估和自动化决策，更需要金融科技的手段来助力银行管理和风险防范。作为银行在智能风控领域的合作伙伴，同盾科技始终致力于从不同场景为金融机构的个性化需求保驾护航。

首先，在"客户＋风控"方面，线上消费的客户相比于银行原有的房贷、信用卡客群更加下沉，潜在客户群体更大，可接受定价更高，这都是银行增加营收的客户来源。但是，更高的收益必然面临更高的风险，线上客群的欺诈风险、信用风险都会更高，若没有强大的风控能力，势必会造成客户的逆向选择。

其次，在"产品+技术"方面，由于客户的需求已变得更多样，产品与场景需要更好地融合才能打造出"无感"的智慧金融。银行在分析客户群体时，应对客户的特征进行更加深入的挖掘，透过千人千面的画像，设计更加贴合客户需求的产品，同时要在不降低客户体验的同时，在数据埋点、行为轨迹分析、欺诈识别、精准营销等方面打好"组合拳"。这就需要银行通过历练实现自我成长，或通过外部金融科技机构合作快速赋能。

最后，在"获客渠道+反欺诈"方面，银行越来越渴望丰富的获客场景并降低获客成本，而客户也希望更加便捷无感地使用金融产品，因此线上渠道，尤其是移动端的流量日益重要。显而易见的是，线上获客渠道必将面临复杂的反欺诈挑战，欺诈手段层出不穷，且具备团伙组织化、专业化等特征。因此银行，特别是客群下沉更深的中小行，亟待在反欺诈工作中投入更多技术手段，以最大可能地将劣势转化为优势。

第2节 金融科技全面赋能实践案例

银行传统客户和线上客户，无论从客群特点还是消费特点看，均存在巨大差异，且随着消费金融的普及，越来越多的人会通过借贷进行消费。银行也会持续引入外部流量，那么面对大量的"陌生"用户，如何做到全站式反欺诈？如何在保证系统自动化审核的同时降低风险，提高效益？如何利用金融科技进行数字化转型和服务创新？以下用同盾科技与银行合作实践来解答这些疑问。

1. 案例一：某股份制银行反欺诈体系

本次合作始于2018年该行的一系列典型反欺诈案件。两年来，同盾科技协助其搭建了分布式架构的风控平台。该平台处理能力强，对业务应用等具有良好的可扩展性，实现了对线上、线下各类零售金融、非金融交易的预警、处置、事后分析的全站式反欺诈及全流程风控管理。

（1）项目背景及需求

随着银行线上业务的不断演进，欺诈手段和技术也不断升级，甚至在部分场景会进行有针对性的欺诈攻击，严重威胁着用户的财产安全。该股份制银行扩大线上业务规模后，发现其行内旧系统架构不仅不能满足业务发展的需要，功能也存在很大局限性，除支持信用卡业务场景外，对其他零售场景的支持匹配性也较差。因此，行方希望与具备丰富智能反欺诈和风控能力的合作方共同实现 4 个目标：构建面向客户的跨渠道、跨产品、全流程的全行级智能风控体系；打造一套集交易监控、风险管理、流程定制等功能于一体的智能风控平台；引入外部专家的经验，根据不同场景设计差异化的风险识别策略、处置策略；做到事前的客户准入控制、事中的交易拦截、事后的批量侦测及风险分析。

（2）赋能方案与实践

2018 年 7 ～ 8 月，该行陆续接到客户反馈，疑似银行账户被盗刷。同盾科技通过对银行及客户所提供的样本信息进行分析，判断被盗刷客户是遭遇了假冒"公检法"的黑产团伙的诈骗。该团伙通过诱骗客户安装木马 App，诱导用户在 App 中输入银行卡号、密码等信息，同时利用木马截取银行的交易短信，完成账户转账操作。经过技术排查，同盾科技利用反钓鱼等手段，逆向侵入欺诈者在英国的服务器，获取了欺诈者留存于服务器中涉及国内多家大行、近千名受害者的信息，将相关客户信息及时反馈给了所属银行，并将相关欺诈团伙信息移交公安机关。同时，同盾科技对该行此类案件的欺诈特征进行了分析，有针对性地设计了相关风控策略，从而避免了更多的用户损失。

有鉴于此，面对层出不穷、形式多样的互联网欺诈，该行与同盾科技展开了深入合作，利用人工智能及大数据技术，构建了多层次的智能化风控安全防御体系，整合行内外和跨行业数据及多维度跨场景行为特征，实现了跨渠道、跨业务的用户行为追踪，综合评估用户行为风险。

1）首创零售条线全渠道接入、全场景覆盖、全闭环管理的智能风控体系。该项目实现了全行级各业务渠道的风险识别与预警，覆盖线上（手机、网银、直销银行等）、线下（POS 机消费、ATM/CRS 取现等）、交易金融（转账、网贷申请等）及非金融交易（注册、登录等）等业务场景。同盾科技利用动态安全策略模块对高风险交易采取实时拦截措施，并采用遗传算法评估特征阈值，避免欺诈交易的漏报和误报。在业务流程设计上，覆盖了规则阈值评估、专家规则设参、训练、灰度发布、上线运行、24 小时风险核查及风险处置等全流程、各环节，实现全闭环管理，真正做到"法网恢恢，疏而不漏"。

2）策略体系智能化管理，建立风险指标与特征体系。由于原供应商无智能风控实战经验，因此行方原有的大部分规则被欺诈分子绕过。针对这一现状，同盾科技通过策略中心建立强大的智能风控规则管理板块，采用可视化、界面化的管理方式，确保风控策略可随时调整并及时生效，缩短调整时长，减少开发成本，提升平台风控的动态调整能力。例如构建"卡—账—客"风险视图，整合内外数据、关联关系，构建以卡—账—客为中心的风险指标与特征体系，同时对各维度进行风险预测能力分析和预警规则设计。在设计风险指标与特征体系时，不仅考虑指标的层级和分类体系，确保指标可扩展，还能体现全面性、预测性、可操作性和系统性等特点。

3）基于正态分布算法预测客户行为习惯，实现对客户行为的深入洞察。大数据平台整合了全行的全量客户数据、交易流水，外部数据等，加工了近2000个客户标签，以海量客户行为数据为基础，通过学习大量的客户交易历史数据，刻画出完整的交易行为画像，实现对客户行为的深入洞察。反欺诈业务经验结合实时流计算技术，引入正态分布、聚合排序及六西格玛误差校验的客户行为习惯自学习算法，能够自主地从多个维度学习客户交易习惯，获得客户多维度习惯特征，作为专家规则库的有效补充。

4）构建多维度反欺诈AI风控模型，实现主动防御和及时拦截。同盾科技以欺诈场景的特点为依托实现风险的等级划分及精细化风控，可以大幅提升风险防御的深度，弥补反欺诈策略滞后、识别精度低、易被攻击等不足。利用机器学习算法组合多维弱特征，确保欺诈识别更精准。多维度风控模型组合不仅可以整合全渠道交易数据和多维特征，建立场景化的丰富风控模型，还能预测风险发生的趋势，实现主动防御和事前拦截。

5）首创基于客户历史行为的智能风险验证模式。根据该行的实际需求，同盾科技首次采用大数据智能分析技术，将客户历史行为设计成智能问答库，建立完善高效的风险事件分配处理流程及问答库联动处理机制，根据交易风险情况及预警等级启动智能问答，实现个性化的客户身份风险识别措施。同时，通过智能选择算法，每次推送新问题，智能回避曾使用过的问题，提升客户安全体验。

（3）实施成效与反馈

自2018年11月智能风控系统上线至2019年底，已阶段性实现了对该行主要线上渠道的接入，覆盖了手机银行、直销银行、个人网银等13个渠道60个交易场景，部署策略规则达1300多条，系统月平均处理交易近3亿笔，单笔交易处理平均用时30毫秒。整体风险交易的侦测率较之前整体提升超过30%，月平均监测事中交易达2亿多笔，单日最高监测事中业务720万笔，高风险直拒交易上万笔，线上拦截风险交易涉及资金近2亿元，账户安全及规则成功预警防范典型欺诈案件近千起。目前平台整体运营平稳，随着交易数据的不断积累，同盾科技将持续对该行的风险规则进行优化和完善，预计未来每年将对超过 5 万笔欺诈交易进行有效识别和阻断。

2. 案例二：某股份制银行全流程智能风控体系

同盾科技通过联合建模为该行提供全程技术咨询以及模型部署，服务全方位覆盖信贷各个风控流程，贯穿了反欺诈、贷前准入、客户授信和贷后管理多个环节。

（1）项目背景与需求

该银行快速进入全新的互联网银行经营模式，其获客渠道不断向线上领域扩展，与某头部科技企业合作引流，开发自有 App。线上获客对其风控流程及技术提出了更高的要求，行方希望能在金融科技的支持下实现四个目标：自动化程度高，系统能够自主学习；审核速度快，实现对客户群的快速放贷；深度挖掘客户需求，将引流客户沉淀并转化为自己的客户；覆盖贷前审核、贷中监控和贷后管理的全流程解决方案。

（2）赋能方案与实践

该行的线上客户高度依赖第三方合作引流，这在帮助银行批量获客的同时，也提高了信贷审核的难度。同时，线上获客引流导致风控流程更加复杂，因为合作机构和银行通常都有自己的审核规则，线上借款客群与银行传统客群差异较大，银行方面的规则和征信数据难以满足审核要求。例如银行与某头部科技企业合作时，银行没有任何引流客户的相关数据，且信审方案须将该企业的风控模型、行方规则以及其他信审规则进行有机结合，操作流程十分复杂。此外，线上客群对审核速度要求高，银行希望打造在线自动化审核方案，并要求自动化审核系统能够快速地调整和自主学习，同时需要覆盖贷前审核、贷中监控和贷后管理的全流程解决方案，原有的风控系统已无法满足该行目前的需求。

同盾科技为该行打造的产品体系全方位覆盖了各个风控流程，根据行方需求，先后为其成功开发三款线上产品的自动化审批方案，贯穿了反欺诈、贷前准入、客户授信和贷后管理四个环节，对企业引流的客户进行自动化信用审核，给出决策建议，对企业的风控模型通过但行方风控拒绝的人群进行深度挖掘，辨识风险和可授信人群，降低整体成本。

在贷前审核环节，为实现精准的信用授信，同盾科技不仅集成了复杂网络分析，以监测群体欺诈风险，还通过制定方案、设计规则、开发与配置模型、配备策略、部署系统对接模型、跟踪和优化模型六步工作为该行打造了自动化信审方案。在贷中监控和贷后管理环节，同盾科技也相应提出了拆解复杂业务场景、设计前期规则、开发反欺诈模型、定制信用评估模型、采用逾期管家等智能工具等解决方案及措施。

（3）实施成效与反馈

同盾科技的模型部署和实时监控保证了自动化审核和贷后风控效果，基本实现了该行的目标。其中，自动化程度高的系统自主学习完成度达到了98%，审核速度快，实现快速放贷完成度100%。同盾科技通过统计分析确定各因素的最佳权重，根据信用直觉和专家经验调整模型的权重，并测试和验证模型。模型具备强大的风险排序能力，能同时兼顾高分段和低分段。其中，开发的信用评分模型KS值达到45%，高出行业平均水平10%。在模型稳定性方面，也明显好于行业PSI 0.1即高稳定性的界定，上线后PSI达到了0.001。完成上线实施后，该行互联网业务的日调用量稳步上升，当前日调用量平均在4万笔~5万笔，最高峰值达10万笔。

3. 案例三：某城商行数字化转型

该头部城商行与同盾科技在这一轮数字化转型浪潮中开展了全方位、深入广泛的合作。同盾科技在咨询服务（业务咨询、风险管理）、系统服务（外部数据管理、风控成果落地）方面为银行深度赋能，在"转型+创新"的双轨战略下，通过大数据、人工智能等技术，助力银行开启全面的金融科技数字化变革。

（1）项目背景与需求

该行已开展了覆盖个人与小微企业、消费与经营等多场景、多领域的互联网贷款业务，合作机构数十家，在全国银行机构中处于前列。其在风险管理过程中虽然建立了较为完整的风控流程，但对互联网大数据、机器学习、知识图谱等数字化技术的使用较为欠缺。行方希望在满足监管合规的前提下，借助金融科技公司的力量大力发展网贷自营业务，完成三项重点工作：梳理行内互联网贷款业务的发展现状，对标监管政策和行业先进经验提出优化建议；搭建互联网贷款反欺诈模型及策略、信用风险评估模型及策略、贷中及贷后管理方案；提供外部数据管理方案，搭建外部数据管理平台，在风控平台上部署数字化风控策略和模型，推动互联网贷款业务风险管理能力升级。

（2）赋能方案与实践

根据该行的发展战略和业务规划，同盾科技从业务咨询、外部数据管理方案、反欺诈策略及模型、信用评估策略及模型、贷中及贷后客户管理方案入手，深度挖掘银行金融科技发展痛点，梳理并评估银行面临的问题，最终提出了定制化、系统化的解决方案。

在业务咨询方面，结合同业实践和监管要求，同盾科技对该行风险管理、业务产品、数据、组织架构、制度体系、系统构建六大维度进行相对应的差距分析，以该行发展战略为目标，制定了适合该行互联网业务规划的整体优化方案。在外部数据管理方面，同盾科技广泛利用外部稳定、合规的数据，全面评估客户信息及相关风险，并结合银行互联网贷款业务场景，为行方梳理开展独立风控所需的数据内容，给出外部数据的使用建议。

在反欺诈方面，由于该城商行合作机构较多，其面临的互联网信贷业务欺诈风险花样繁多，同盾科技将先进的反欺诈手段、机器学习量化模型技术及传统反欺诈策略相结合，为其建立多维度、立体化、灵活可调控的反欺诈模型策略体系，全面防控欺诈风险。在信用风险评估方面，同盾科技为该行开发的信用风险模型不仅建立在模型专家深厚的技术水平和行业理解之上，同时又深植于行方业务发展的复杂环境和实际问题。

在贷中及贷后客户管理方面，同盾科技协助该行搭建贷中预警模型与贷后催收模型，并在大数据平台进行部署运行，实时监控C端用户和资产方风险，同时，客户预警打分卡通过放款后客户还款表现、客户风险（多头借贷风险等）等数据维度，对客户的贷中风险进行综合评估，为不同客户风险等级匹配差异化的管理措施。

在系统建设方面，同盾科技搭建了外部数据管理平台，定位于全行级外部数据接入及管理平台，能够提供全行级的三方数据寻找、数据对接、数据测试、数据采购、解析、指标计算加工的综合功能，同时完成配套策略及模型落地部署服务，为该行未来开展全面独立的大数据智能风控奠定了良好的技术基础。

（3）实施成效与反馈

同盾科技对行方的18个互联网贷款产品进行了整体梳理，建立了贷前反欺诈策略模型及信用风险评估模型，完善了行内原有审批模型，丰富了审批数据维度。风险管理模型、策略及系统上线后，该行互联网贷款业务主动管理风险的能力得到了有效提升，特别是在优化业务流程、提升业务效率、有效控制风险、推动产品创新等方面取得了明显的突破。据该行反馈，目前其网贷业务反欺诈策略通过率超 70%，信用评分模型通过率超 80%，贷款客户新增 30% 左右，逾期率较之合作前下降了 50% 左右。

随着大部分银行对数字化转型工作重要性认知的提升，对金融科技投入的持续加大，类似生物识别、机器学习、知识图谱、智能语音交互等金融科技手段必定会被广泛应用于业务中。同盾科技也会始终保持初心，为不同类型的金融机构从获客、智能化风控、精细化经营、自动化催收等领域赋能，帮助机构有效控制潜在风险，避免不必要的损失。

43 云扩科技：RPA 赋能银行"数智"升级

刘春刚[一]　云扩科技

随着信息化技术变革的推进和互联网技术的飞速发展，信息壁垒被打破，利用数字化渠道获取金融服务已成为主流。信息科技正逐步颠覆银行过往的业务模式，传统银行在产品更新迭代、客户体验优化等方面明显落伍。特别是近几年，大数据、云计算、区块链以及人工智能等新兴技术的推广和应用，极大改变了银行客户的行为模式，对金融服务模式产生了重大影响，也催生了一大批新型竞争者入局。这些竞争者凭借良好的客户体验和低廉的运营成本，开始迅速抢占金融服务市场份额。

客户行为偏好变化、渠道与产品创新、内外部竞争三个方面促使银行数字化转型的紧迫程度不断上升。行业竞争格局的改变、已有利润点被侵蚀、金融服务的需求方和供给方行为模式的改变等，使银行业的数字化转型刻不容缓。

银行欲实行数字化转型，必须改变对外的产品和服务，也必须变更内部运营模式。如何更快更高效地使银行业务流程运转起来，更规范、更高效地提升银行整体运行效率，同时降低运营成本，解放工作人员，释放生产力价值，已经成为银行数字化转型过程中必须要面对的问题。

RPA 应势普及。

第 1 节　RPA 能帮银行解决哪些问题

RPA（Robotic Process Automation，机器人流程自动化），是指用软件自动化

[一] 作者系云扩科技 CEO。

方式模拟人工完成计算机终端的操作任务，让软件机器人自动处理大量重复的、基于规则的工作流程任务。RPA 的优势和价值主要体现在以下几方面：无编码，学习成本低，开发周期短；非侵入式，对现有 IT 架构基本无影响；能提升工作质量、减少重复人工操作，可 7×24 小时不间断工作；安全性高，可减少人为失误；解放人力，可让被释放人员从事更具有创造性的工作，降本增效。

RPA 能够执行大量重复、烦琐的"知识工作"。据统计，81% 和职能业务相关的流程、69% 的数据搜集和数据处理、51% 的跨系统对接、63% 的 IT 运维与实施流程等知识工作都可以用 RPA 完成。目前 RPA 已被国内外金融机构广泛应用到贷款申请、财务流程等众多领域，以提高效率、降低成本，实现数字化转型。

RPA 可以被称为银行的"数字员工"，起到打破"数据孤岛"、联动多个业务系统的作用。商业银行内部往往运行着几百甚至上千套信息系统，例如核心系统、风控系统、监管报送系统等，甚至还需要专线访问银行账户管理系统、机构信用代码系统等外部系统，由于数据安全管控、信息系统数据模型差异等原因，或多或少有"数据孤岛"存在，导致部分数据在多个平台重复录入，效率低，费时费力。RPA 可以通过事先编好的操作流程，实现数据在多个信息系统自动录入和校验，且保证质量。同时，RPA 还可以联动多个业务系统，实现流程再造。RPA 将工作流程模块化，遇到影响效率的阻碍点，利用技术手段将其攻克，能够在一连串的流程中替代人工自动执行，实现流程再造。

RPA 具有非侵入性和灵活可扩展的特点，不需要任何集成和二次开发（量身制定除外），就可以快速完成部署，投入到自动化业务流程中。它不会影响银行现有信息系统的功能与稳定性，只是通过模拟人工敲键盘、点击鼠标实现系统间的交互，不需要开发新的系统接口，从而在帮助银行提升效能的同时，保持已有 IT 系统功能平稳、运行可靠。另外，可以实时根据银行的业务需求配置 RPA 的规则，无缝适应多样化业务需求。

由数字化技术带来的新动能驱动传统行业，数字化转型成为不可逆的趋势，这个趋势被称为"数字化颠覆漩涡"，只有运用新技术发展加速度才能冲破漩涡重新驶入大海。但企业（包括银行）是一个复杂的生态系统，在数字化转型过程中往往会遇到大量历史遗留问题，如老旧的信息化系统、各种系统间的信息孤岛，以及流程和人员技能遗留问题等。这些问题被称为"遗留系统冰山"，露在水面上的只是冰山一角，而那些阻碍敏捷数字化转型的关键挑战都隐藏在深海下面。此时，具有非侵入性和灵活配置特点的 RPA 恰逢其时地成为击破冰山的利器。

互联网经济的上半场，其实质是"连接"，利用数字化和数据能力为企业赋能，为数众多的银行完成了上半场的数字化转型——在线化。随着在线化的普及，互联网经济已进入下半场，实质是"效率"，银行在推进业务创新、实现降本增效、业务优化、精细化业务运营时面临类似线上线下系统割裂、数据孤岛、业务系统烦琐、员工为系统打工等更多挑战。面对在线化红利的衰减以及诸多挑战，银行必须建立新的内驱动能，激活员工、业务和数据，因此，智能生产力平台建设成为互联网经济下半场中银行内在转型的核心能力。

而 RPA+AI 正是打造智能生产力平台的关键所在。

第 2 节 人机协同，塑造银行未来工作方式

回顾历史，每一次生产力的变革都来自革命性技术的工具化，比如石器工具、青铜器工具以及现在的计算工具。工具被规模化应用，带来各行各业的效率提升，从而进一步促进社会的进步。那么，引起生产力变革的下一项技术是什么？是人工智能。未来每个人都会与人工智能协同工作，而 RPA 是把人工智能引入各个行业的工具。

RPA 与 AI 的结合，是未来 RPA 产品不断进化的最重要的方向。我们认为 RPA 智能化将分为三个阶段：第一是基于规则的自动化操作阶段，主要目标是利用 AI 算法让机器人的执行越来越稳定，能够识别更多的软件；第二是感知阶段，基于 OCR、NLP 以及语音识别等能力，让 RPA 具备识别和抽取各种业务文本与数据的能力，拓展应用场景；第三是认知阶段，基于大数据或更多的人工智能算法，赋予 RPA 理解流程、理解环境的认知能力。这三个阶段处理的问题不同，带给银行的价值也不同，发展过程也是逐步递进的。

RPA+AI 可以为银行带来的价值包括内部流程优化、产品和服务提升、助力更精准的决策。人工智能和自动化技术赋能银行的最大价值之一是释放员工的创造力以及提升员工决策力。

云扩科技从成立以来就专注于通过提供"简单·智能，人人可用"的 RPA+AI 工具，让每个人都有机会掌握与人工智能协作的能力，让合作银行能够打造属于自己的智能生产力。

1. 人人可用的自助式流程发现工具

银行内部真正熟悉业务流程的往往是一线业务人员，只有让一线业务人员参与流程发现与效能创新，才能找到真正适合被自动化、被加速的业务流程。云扩 Spark 是专门针对业务人员进行流程发现和挖掘的工具，业务人员可以通过完整的在线工具箱梳理和发现日常工作中重复的业务流程，找到适合被 RPA 自动化的工作任务，使不懂技术的一线业务人员也能够参与创新。

2. 企业流程银行——企业私有自动化流程智库

对于银行而言，能够被 RPA 所自动化的业务流程是非常重要的资产，企业流程银行可以帮助银行沉淀自动化流程资产，在积累和沉淀内部推行 RPA 经验和流程的同时，鼓励内部跨团队自动化流程分享，打造一个私有化的流程自动化智库，从而充分发掘流程自动化为整个公司内部所带来的价值。云扩企业流程银行已经覆盖流程自动化的全生命周期，从流程发现、流程实施、流程自动化管理、流程执行，到 COE 赋能，可以赋予银行全业务自动化的能力。

3. 拖曳可用的人工智能应用中心

云扩 AI Hub 可以让合作银行把全球顶级的 AI 能力低成本、方便地集成到自己的业务流程中，进行测试和使用（见图 43-1）。

4. 灵活定制智能文档理解能力

银行内部存在大量非结构化、非行业化文档，甚至是企业自有格式的文档。要对这些非专业的文档进行识别，很难找到现成的识别模型。云扩 DocReader 集成了 OCR、NLP、机器学习等人工智能技术，能够在只有少量样本的情况下，对各类文档进行智能识别和信息抽取，让业务用户可以快捷地制作一个特定文档的识别模型，从这些文档中拾取信息，交给 RPA 进行后续处理。RPA 与 AI 结合后，RPA 可以做到从微信里获取信息，处理之后再填入其他系统里，把结果返给 RPA 调用者，从而帮助银行打造人工智能应用能力。

5. 千人千面的人机协作平台

在服务客户的过程中，我们发现，无论 RPA 流程多么完美、智能，当部署给业务用户之后，业务用户依然会与 RPA 发生大量交互。例如员工要唤起机器人执

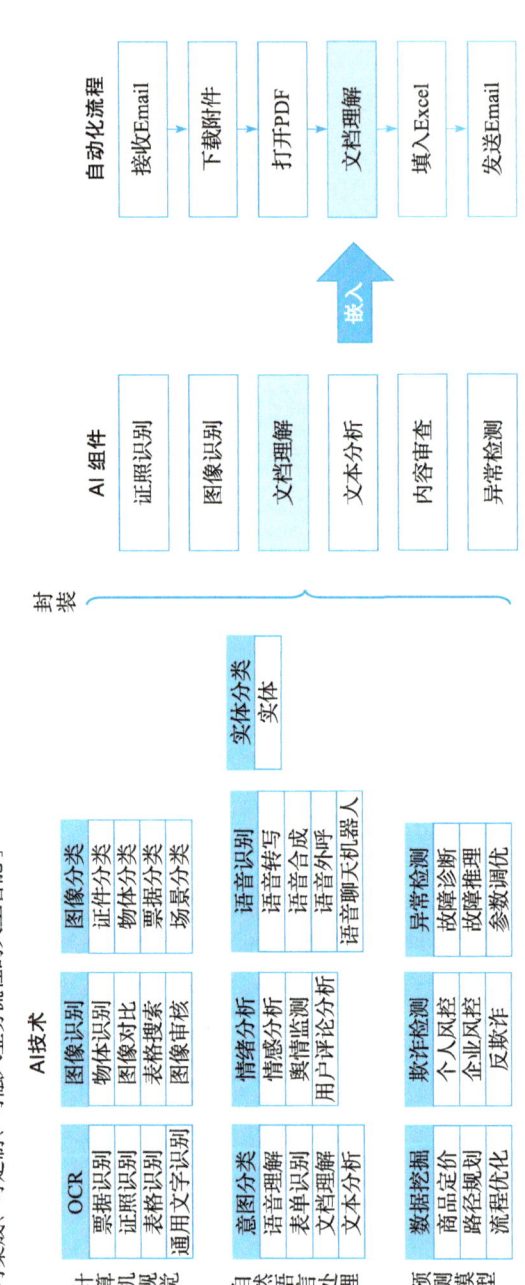

图 43-1 拖曳式智能自动化体验

行任务，有些结果仍需要人工确认。因此我们设计了云扩工作台，员工可通过此工作台与机器人交互，操纵机器人执行重复性任务。无论用户有怎样的机器人流程，都可以非常轻松、容易地在云扩工作台上定制一个适用于流程交互的界面，提高工作效率。

未来人类的工作形态一定是人机协同，人、自动化机器人和人工智能协同工作，各取所长。基于此，我们从最基础的自动化技术开始，到给企业客户提供端到端的自动化产品和工具，帮助企业打通人、业务流程之间的闭环，建造 RPA 和人类以及 AI 之间良好的交互模式，利用 RPA 产生价值，帮助企业打造智能生产力。

近代人类的科技发展史实际上是人机协作演进的历史。从蒸汽时代到电气时代，再到以计算机、互联网为代表的信息时代，每一次工业革命都诠释着机器和人类协作方式的演进。

RPA 的演进其实也是人机协同的演进。1.0 时代由人来设计流程，用机器代替单一、重复的流程性工作；2.0 时代，机器能部分理解流程，自主发现和学习流程，即自主认知引擎、用户行为理解模块，会让一些更复杂的业务实现人力的替代。进入 RPA+AI 时代，随着计算机视觉、语音识别、NLP、机器学习等技术的进一步发展，人和机器会拥有更丰富的交互手段，即人机的融合和创新。在持续的发展当中，RPA 能够具备更多的自主决策的能力。

未来，伴随 5G 新基建的发展，人机协作在各个场景的无缝衔接和升级将会得到更进一步的推动。

第 3 节　云扩 RPA 助力银行数字化转型案例

案例 1：某大型银行分期放款流程案例

合作的商户需要向银行贷款，从而给客户进行各种分期放款的业务，比如家装分期、汽车分期等。原来的操作过程中，银行人员要将每个分期合同上传到内部系统中，接着在银行 R 系统和 H 系统进行处理。首先业务人员要在 R 系统建立该笔贷款，然后再进入 H 系统，经过查找、筛选等操作，最后确认贷款并完成放款。R 系统和 H 系统是银行系统冰山中的两个，系统相对老旧，通过进一步底层开发来提升系统效率的可能性基本为零。

（1）流程痛点

流程运行效率低，业务人员全时段工作，每天完成的单数有限；流程涉及系统老旧，从系统开发角度提升效率难度极大；流程操作过程烦琐，业务人员出错率较高，易造成损失；纯人工操作效率低，每天完成操作数量 70 笔左右。

（2）使用 RPA 后的效果

通过 RPA 解决方案该行实现了全流程自动化，从系统登录、建立档案，到放款操作，全部由 RPA 完成。在工作时间内，每天放款笔数由原来的 70 笔左右增加到了 100 笔左右，整体效率提升 40% 以上。准确率方面，由于脱离人工操作，所有步骤由 RPA 完成，在既定规则下，准确率达到 100%。该流程在部署到生产系统后，大概 3 个月左右能够收回成本。

案例 2：某城商行发票验真流程

发票验真是一项重要的财务审核工作，某城商行采用的主要方式是登录国家税务总局全国增值税发票查验平台进行查验。验真过程需要四项发票信息：发票代码、发票号码、开票日期、校验码（或者开票金额）。在网页中输入以上信息后，再输入正确的验证码，点击"查验"按钮，即可查询发票信息。目前该流程为业务人员手工比对填写信息，操作过程是业务人员逐张手工填写发票。

（1）流程痛点

流程操作单一，业务人员工作积极性低；需要查验发票量大，发票增量大，纯手工操作逐渐变得不太现实；纯人工操作，每日的工作内容存在一定的流程误差，且无法避免。

（2）使用 RPA 后的效果

通过 RPA 解决方案实现了全流程自动化：借助人工智能技术中比较成熟的 OCR（光学字符识别）技术解决方案，识别发票中的相应字符，通过 RPA 自动填写发票信息并自动完成发票验真。流程效率方面，从原来月底每天处理几百、上千张发票验真的速度提升到可以快速完成上万张发票验证。从准确度角度，误差率由原来的 5% 左右降低为零。效率提升明显，该流程运行大概 5 个月即可收回成本。

案例 3：某大型银行资信监控流程

该行需要监控约 7000 家合作商户的风险情况，具体操作方式为银行每天有 2

名业务人员登录国家企业信息公示系统,输入每个合作商户名称,查询后以复制粘贴的手工操作方式将需要关注的信息保存到本地。保存的信息根据重要程度划分成高风险、中风险及低风险,比如企业法人变动或登记状态变动信息都属于高风险信息,业务人员需要甄别该变动信息并通知其他风险管理业务部门对该商户的放款额度进行调整,从而达到风险监控的目的。

(1)流程痛点

流程操作单一,人工处理流程时间久,工作内容重复且枯燥;商户众多,更新周期缓慢,多数时间做不到及时更新;商户信息更新要求条目众多,信息变更内容人工辨识难度大,尤其是涉及大量的文本信息,让业务人员叫苦不迭。

(2)使用RPA后的效果

通过RPA解决方案,从商户信息获取、商户变更信息比对到最后风险信息汇总及通过邮件方式发送到业务部门,整个业务流程实现了自动化,在解放业务人员的同时,提升了效率。以50家商家信息为例,人工复制粘贴方式操作大概需要15分钟才能完成,而且不能保证准确率百分百。RPA在30秒内能够精准完成50条商户信息的整理比对及风险信息发送,提升了流程效率和准确率。该业务流程在使用期间可24小时稳定运行,彻底解放了人力。

案例4:某大型银行日报表整合流程

该行业务部门的员工,每天上班第一件事就是到银行系统中将元数据表格下载到工作系统界面。由于该系统较为老旧,后台数据堆叠数量过多,每次表格数据下载需要等待至少20分钟。表格下载结束后,业务人员要根据要求重新处理表格,将各个区域的数据信息按规则整合,将几万条信息量的元数据按照城市分区处理成几十条方便领导阅读的数据。

(1)流程痛点

下载时间长,业务人员无法准确预估源数据下载成功的时间点;表格数据量大,整合要求条目众多,人工处理步骤多,耗时长;日报告要求时间节点紧张,导致该流程由2名业务人员完成,占用人工多、单流程时间长。

(2)使用RPA后的效果

该流程经过RPA解决方案优化后,系统表格下载部分由软件机器人自动执行,一旦下载成功,自动处理表格直到最终满足要求。整个流程耗时23分钟左右。表格处理时间由原本每人 40 分钟降低到 3 分钟内。流程优化后效率提升 5 倍，人工时长解放效果明显。成本角度，该流程 4 个月左右即可收回成本，解放了业务人员在繁杂重复流程中的劳动力。

综上所述，RPA+AI 是银行实现数字化转型的关键工具。首先，银行业的特性决定了其处于强监管的环境下，业务流程大多具有标准化特征，大量有标准化流程、可重复的工作均可由 RPA 完成；其次，银行经过多年的信息化建设，系统众多且多呈烟囱式存列，数据录入及调取需要大量人工操作，RPA 替代人工操作，可以把宝贵的人力资源从繁重枯燥的工作中解放出来，去创造更大的价值；最后，银行系统对安全性要求高，RPA 非侵入式的特性在帮助银行提高效率、降低成本、提升服务质量、增加客户满意度的同时，不需要对原有系统进行改造，降低了风险。RPA+AI 是银行数字化转型路上实现自动化、智能化的得力助手。

过去 20 年是中国互联网、消费互联网的黄金 20 年，未来 20 年将是中国企业服务的黄金 20 年。数字经济大潮中，银行将是连接个人和企业金融需求的核心枢纽，并将赋予产业互联网更大的价值。数字化转型是银行在互联网时代的必经之路。如何在这条路上走得更稳，如何在数字化转型过程中重构银行业务流程，进一步优化金融服务水平，如何借助科技力量让金融服务能力发挥最大功效，RPA 将会是优选项。随着 RPA 技术的发展，RPA+AI 成熟技术的完美组合将为未来银行"数智化"转型提供巨大的想象空间。

44 派盟科技：构建移动支付生态圈，助力银行数字化转型

王越[一]　派盟科技

2020年9月召开的中央财经委员会第八次会议指出，要强化支付结算等金融基础设施建设，深化金融供给侧结构性改革，提供更多直达各流通环节经营主体的金融产品。同期，国务院常务会议提出，鼓励金融机构通过创新降低移动支付费用成本。我国企业数有3000余万，中小微企业超过2000万，是市场的主体。支付服务在商户企业服务中刚需程度高，凭借支付可以贯穿企业运营的各个环节和场景。对支付和运营过程中产生的数据进行充分分析，可以提高商户日常运营效率，帮助其实现信息化。因受疫情影响而爆发增长的无接触消费模式，更离不开移动支付的支持。

第1节　中小银行数字化转型应与两大社会发展趋势相吻合

1. 中国新型城镇化建设新增巨大金融服务需求

中国社会科学院2020年8月发布的《中国农村发展报告2020》显示，到2025年，中国城镇化率预计达到65.5%，保守估计新增农村转移人口8000万以上。新型城镇化建设的推进，将大量增加公共服务设施和消费场景，以及创业和经营需要的金融服务，如医疗、教育、文化体育、休闲设施的消费和支付等。城镇人口扩大和居民收入提升后，个人消费将迅速增长，消费贷款、贷款分期、信

[一]　作者系派盟科技董事长。

用卡等金融需求也会日益旺盛。农村人口进入城市,在国家支持"大众创业,万众创新"的背景下,大量创业行为带来规模庞大的结算、融资、理财等方面的需求,这些都是中小银行面临的历史性发展机遇。

2. 移动支付,尤其是聚合支付的爆发性增长

移动支付行业是国内一个发展潜力巨大的基础设施级别的新兴行业,且正在爆发式增长。有研究报告显示,2019 年中国移动支付用户规模达到 7.33 亿人,2020 年预计达到 7.9 亿人。2019 年移动支付金额达 347.1 亿元,这个数字是 2013 年的 36 倍。即使在疫情期间线下支付场景几乎冻结的情况下,2020 年第一季度移动支付金额仍达到 90.8 亿元,同比增长 4.8%,新形势加速了移动支付场景的拓展和用户移动支付习惯的强化。

不仅如此,外卖、打车等 O2O 消费快速发展,小额支付场景大大拓宽,在餐饮、小型实体店和便利店、生活缴费、旅行、出行等各个本地生活场景中,移动支付已逐步替代现金支付(见图 44-1)。

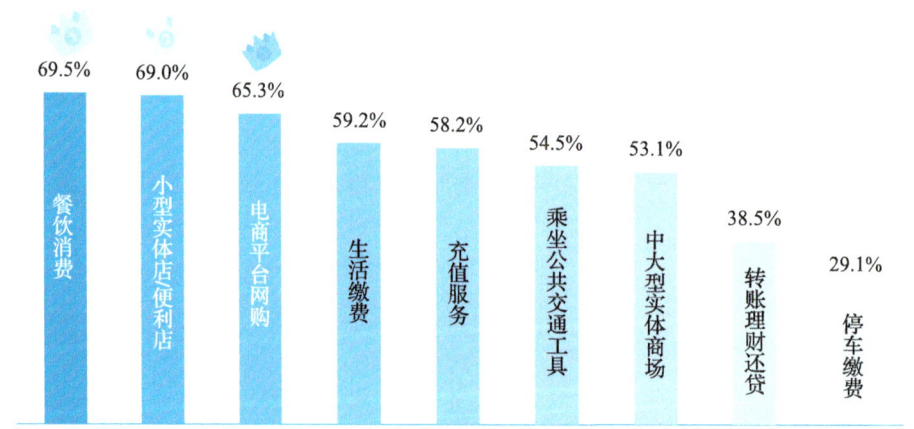

注:餐饮消费包括到店和外卖 样本来源:草莓派数据调查与计算系统(Strawberry Pie)
数据来源:艾媒数据中心(data.iimedia.cn) 样本量:N=2213;调研时间:2020 年 7 月

图 44-1 2020 年上半年中国移动支付平台用户主要支付场景

聚合支付是移动支付的终局,是最重要的金融服务场景和入口。2014～2019 年,我国聚合支付行业交易规模的年均复合增速高达 231%,仅 2019 年一年,国内聚合支付行业的交易规模已近 40 万亿元,同比增长 90.5%。在如此高速发展的趋势下,聚合支付将成为中小银行最重要的服务场景和业务入口。

第 2 节　中小银行面临的痛点和挑战

1. 零售业务领域痛点

（1）获客

中小银行服务网点少，通过传统的地推方式获客成本高、效率低，如何通过数字化运营弥补网点少的不足，低成本的获客？

（2）信贷

中小银行相较大型银行成立时间短、用户数量少，缺少用户信用数据，信贷业务评估难、风险高，如何快速建立用户信用数据评估体系，降低信贷风险，提高信贷效率？

（3）合作商户

中小银行合作商户少，交易佣金免费期之后商户流失严重，黏性不足，能否在交易佣金价格战之外找到与商户的合作点，让商户持续和银行建立合作关系？

（4）用户黏性

因为商户黏性不足、合作商户数量少、优惠活动少，造成了银行对用户吸引力低，又进一步加大了获客难度。中小银行应如何增加商户合作数量、丰富优惠活动，给 C 端用户带来更多的利益和吸引力？

2. 移动支付面临的挑战

（1）技术端需要具备软硬件整合和跨行业系统的开发能力

系统涉及技术对接、设备监控、卡券核销及收银系统开发、数据监控、智能计算、广告展示系统开发、广告业务开发和经营、分润系统开发等，是跨行业、多领域、多功能的复杂且庞大的系统。虽然每一个功能都有各自领域的供应商，但是大多数供应商没有跨行业的开发能力和资源整合能力，发挥不出系统的力量。

（2）实现支付技术和硬件的升级，深挖和开拓支付端口的价值

一方面，移动支付场景众多，医疗健康、文化体育、商超零售均有相应的行业延伸，应考虑如何通过支付数字化更有效地建立消费者和行业品牌的联系；另一方面，在简化消费者的支付流程甚至无感支付的同时，应考虑如何提升消费者

的支付体验和收益，包括卡券核销、领券优惠等。此外，还须考虑如何通过支付环节实现商圈中消费场景和商户之间的联动，带动商圈的活跃度。

（3）银行机构对聚合支付供应商的采购和协同尚有较大改善和磨合空间

一方面，银行通过打通、聚合支付数据，服务于收单、信贷的业务端口，有助于提升业务协同能力；另一方面，银行对聚合支付供应商的采购涉及多个业务部门，单一业务部门推动较难。如果在更高层面开展整合工作，例如整体采购、整体部署，能够更有效地推进数字化落地，更好地发挥数字化效能。

（4）消费者信息获取授权的风险和隐私安全管理

中国支付清算协会的用户问卷调查结果显示，移动支付消费者在支付过程中最常见的安全问题是个人信息被泄露，占比达到了80.3%。不良商户在消费者扫码支付时采取不当手段获取个人信息，银行以不合规的方式获取个人信息用于获客营销，这些都是违法违规行为。这对聚合收单外包服务商降低用户运营成本、提高售后服务支持能力、提升支付终端设备的管理能力等都提出了更具挑战的管理要求。

（5）商户及消费者违规支付的风险管理

收单外包服务商作为收单银行受托方，在拓展收单业务商户、机具安装布放、维护巡检及差错调整、商户对账等外包服务的各个环节都面临较大的商户欺诈风险。

一方面，不法商户和恶意持卡人套现、虚假交易申请、移机交易、费率不合规等行为藏匿在海量的合规交易数据和交易行为中，收单外包服务商如果没有较好的风险管控手段和工具，将难以在当前交易规模持续增长的市场环境下胜任商户拓展业务和管理终端设备方面的要求。另一方面，银行作为收单机构也是收单外包业务的委托人，在风险管理领域也会对收单外包服务商不断提出更高的风险管控要求，这在一定程度上也倒逼收单外包商对商户及终端设备机具的管理持续加强，收单外包服务商将朝着"线上化、远程化""低成本运营"等方向演进，以赢得与银行等收单机构更多的合作机会。

第 3 节 以商户黏性为破局点，全面赋能中小银行

移动支付，尤其是聚合支付，不仅是新型城镇化的市场增长点，更是商户和

中小银行的重要连接纽带。因此，通过聚合支付提升商户黏性是中小银行的破局点。

提高商户黏性，最核心的是为商户提供金融服务，满足商户需求。商户在经营过程中需要短期小额过桥贷和经营贷，以解决资金周转和账期的问题，银行需要通过系统中产生的支付数据自动评估不同商户的信贷能力和风险，为商户开设快速信贷通道。

同时，商户也面临着拉新和复购的问题，能否为商户提供拉新和复购的数字化工具，帮助商户提升经营业绩和运营能力，这对于满足商户需求、提高商户黏性至关重要。

传统银行拓展商户通常会采用免手续费的方式，一旦免费期过后开始收费，商户就转投其他免费或者低手续费的银行或支付方。这本质上是一个零和游戏，双方没有新的利益产生，第三方、第四方同理。因此，需要创造新的利益和价值，共同把"蛋糕"做大，并让链条上的各方实现利益共享。

支付行业赋能中小银行数字化转型，需要将移动支付数字化运营平台与支付硬件设备相结合，为银行、互联网公司、第三方支付公司、服务商、商户等提供移动支付综合解决方案和产品。通过数字化技术增加商户的经营能力，增加支付环境对商户和银行的附加价值，建立银行与商户的紧密联系，构建商户与消费者生态圈，实现移动支付链条上的各个参与方利益共享、形成合力、持续保持黏性。

1. 功能层面

商户支付运营信息化将为商户提供收银功能、卡券核销功能、广告推广功能、商圈引流功能和快速贷款功能，帮助商户提高营业收入、获得多重收益；将海量商户、多场景、多行业接入银行系统，帮助银行拓展用户数量和行业类别，让银行和商户持续保持连接（见图44-2）。

2. 数据层面

提供集设备管理中台、数据分析中台、微服务中台于一体的聚合支付综合解决方案。

（1）终端机具管理中台

通过数据传输协议及终端设备识别技术，实现对支付终端硬件的远程管理，包括软件的远程安装和部署、配置参数下发、机具检测和监测、机具故障预警和保修等主要管理环节的线上管控，实现了终端设备机具的全生命周期维护，是售后和客服团队运维体系的主要技术抓手。

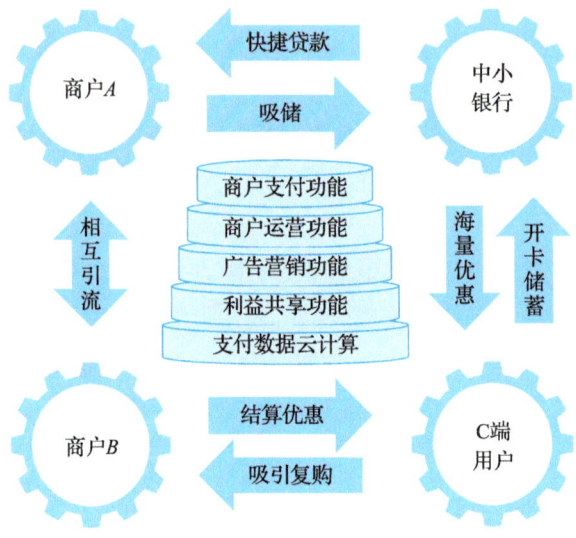

图 44-2　商户支付运营信息化

（2）支付数据中台

通过对商户支付终端获取的海量交易数据、广告投放数据、会员体系积分卡券等数据的挖掘，为商户、收单机构、收单外包机构、支付机构乃至清算及发卡机构实现端到端的运营管理、经营分析、经营决策提供数据支撑，是为包括银行在内的合作机构的数字化转型赋能的关键。

（3）API 微服务中台

实现 API（应用程序接口）敏捷地输出服务的能力。通过拆解和整理更小粒度的微服务，可迅速重组为新的服务能力，以更快速地响应业务需求，满足市场和监管迅速变化产生的业务需求。API 微服务是提升竞争力敏捷性的重要技术实现手段。

3. 运维层面

通过线上化与多维服务，建设更智能的设备部署和服务运维体系，最大程度减少商户使用的困难，第一时间帮助商户解决设备使用问题。

第 4 节　与银行合作构建支付生态圈

1. 项目背景与需求

某沿海地区的城商行在开展支付收单业务时发现，由于该行为客户提供的收单清算服务单一、费率高，因此商户签约意愿较低；或经拓展营销签约后，商户的收单交易活跃度持续低迷。尽管对收单业务团队给予了营销资源倾斜，但是"人跑业务"的逐户上门营销模式受制于团队规模，因此营销拓展的效果事倍功半，且后期的维护管理半径过大，很难按期达到规划的经营指标。

与此同时，该行在推广个人客户借记卡和信用卡活动时，零售业务部门也发现客户营销的针对性不强，缺乏识别客户、对客户进行画像并分层的系统工具。而其技术研发投入受资金、技术、人力等因素制约，短期内难以显著改善。

在与当地国有银行及股份制银行同场竞争的环境下，该行在收单商户拓展服务及零售客户营销上，急需一套完整有效的综合解决方案，作为自己与收单商户、零售客户的黏合剂。

2. 赋能方案与实践

根据该银行的需求，派盟科技通过自研 AIoT 平台，通过"1 屏 1 云 4 大 AI"功能在该银行所在城市进行商户拓展和布点，为商户提供智能支付系统，并将支付数据接入银行系统，协助该行实现了以聚合支付为破局点构建支付生态圈，从而赋能中小银行数字化转型。

（1）小白屏

派盟科技自主研发的新一代移动支付终端，整合扫码、收银、语音播报、广告视频图片展示、无线大数据连接等功能，是现有支付终端的升级换代产品，填补了市场空白。

（2）聚财云

由支付终端收集海量支付数据，通过智能算法、数据挖掘为银行提供精准的数据支持，分析商户经营状况、提供信贷风险评估依据。

（3）慧收银

通过智能收银、支付推荐、智能追单、智能核销等功能帮助商户以多种手段提升销量、增加复购率；帮助银行低成本拓展用户并提升发卡量、有效发放并提升消费券使用率，并通过数据运营轻松实现用户分层，识别优质用户；帮助银行和政府精准发放消费券，并有效引导和促进消费券的使用。

（4）慧广告

以前端"小白屏"和"慧收银"为入口，以后端"聚财云"为大数据支撑，通过支付场景数据、支付结算数据的智能匹配，进行千人千面的广告信息展示，引导消费者发起更多消费行为。"慧广告"的广告收益将与银行和商户进行分成，增加银行和商户收益，建立派盟科技与银行和商户的牢固关系。

（5）慧卡盟

服务商户并实现商圈内相互导流的智能推广和运营系统，根据消费场景和消费信息免费智能推送和展示商圈附近的其他商户，帮助商户有效增加客源，并协助银行从商户获取大量的低成本存款。

（6）慧理财

对商家提供营销分润和便捷贷款通道，为商户提供稳定的额外营收；助力商户在银行端实现轻松借贷，缓解商户经营压力，使商户与银行的连接更紧密；助力银行更深入地了解商户经营状态，有效提升银行小微贷款业务的开拓效率、安全性和办理效率。

3. 搭建银行能力体系架构

（1）银行 MIS 系统升级改造

通过自研的 INSPOS 系统，提供"智能终端＋应用程序＋业务支撑"的管理平台，让传统收银台无须额外改造便可轻松接入移动支付，快速升级成为智能收银台，同时针对超市、药店、零售店、餐饮店、服装店、品牌连锁店、医院、税务等不同的应用场景，安全、快速、准确地与主流收银软件实现一体化整合，传统收银机快速升级支持移动支付，从而解决了银行 MIS 系统改造周期长、成本高、难度大等问题，使银行具备全方位支付数据的获取能力。

订制推广运营策略，点对点营销活动推送、灵活设置营销宣传、管理补贴激励、设备投放精准跟踪，提升银行营销触达效率及转化率；搭建商户拓展、设备安装与部署、设备维护的线下服务体系，以及搭建从远程安装与部署、商户使用培训、服务投诉、问题咨询、设备报修、远程协助故障排查"六位一体"的线上服务体系，线上线下全面提升银行服务商户的能力。商户可在 3 分钟内完成服务请求提交，后援服务中心在 10 分钟内完成任务分派。同时，建立故障分级响应机制，并根据故障的风险程度和对商户经营的影响程度设定响应级别，根据不同的响应级别定义相匹配的响应服务时效。实现分钟级响应及远程支持，小时级分析报告输出（见表 44-1）。

表 44-1 运维响应等级化服务时效

级别响应内容	一级	二级	三级	四级
电话响应	5 分钟内	10 分钟内	10 分钟内	4 小时内（申请当天）
工单分派	5 分钟内	10 分钟内	10 分钟内	4 小时内（申请当天）
远程响应	10 分钟内	15 分钟内	15 分钟内	4 小时内（申请当天）
分析报告提交	服务后 4 小时内	服务后 4 小时内	服务后 4 小时内	服务后 4 小时内

（2）实施成效与反馈

通过接入派盟科技 AIoT 系统，帮助银行对该地区商户进行推广和布点，在合作半年之后，据银行反馈，合作商户使用静态码牌收银时的活跃度为 17%，使用派盟小白屏收银之后的活跃度为 76%，提升了 447%；半年间新增商户 5000 余家，商户扩展增速同比提升 139%；通过派盟系统新增存款留存超过 2 亿元；在通过商户支付数据建立风险预警机制后，商户不良信贷减少 20%，针对商户的短期过桥贷服务也获得显著增长。

目前，派盟科技已经先后与大型银行、城商行、农商行（省农信联社）开展业务合作，系统覆盖线下点位 11.7 万个，屏幕 113.75 万块，日交易笔数 7057 万次。

第 5 节 四大法宝撬动聚合支付产业链

在以聚合支付系统、整合移动支付产业链助推中小银行数字化转型的过程中，派盟科技克服了诸多困难，攻克了技术难题，总结出了以下经验和方法。

（1）洞察需求

真正了解客户的需求和痛点，才能设计出好的服务。派盟 AIoT 的功能是在对商户和银行的需求和痛点进行深刻洞察的基础上研发的，在国家强调和推动"内循环"的新形势下，需要支付行业不断洞察新的趋势和用户需求的变化，审时度势，不断调整产品和服务。

（2）创造价值

通过增加聚合支付机具的功能，可以将广告营销价值、商圈引流价值引入聚合支付环节。通过支付机具上摄像头和屏幕等硬件和后台软件系统的配合，可以挖掘更多用户交互功能和商业价值。聚合支付与无感支付、区块链、云计算等新兴技术的结合，能给商户、银行、消费者创造更多的价值，等待支付行业去挖掘。

（3）利益共享

传统支付公司向商户进行机具推广的策略，一般是先提供一段时间的免费服务，之后开始向商户收费。这种方式没有与商户形成利益共享，缺乏持续链接。聚合支付在创造新价值的同时，将这些利益通过分润系统与银行、商户共享，银行、商户不仅不用支付费用，还能持续获得收益，这便实现了支付链条上的多方共赢，让商户和银行之间的关系更加紧密牢固，让生态持续正向发展。

（4）技术引领

目前大部分的移动支付系统是建立在二维码支付技术基础之上的，需要软件、硬件、云计算等多维度技术的支撑。随着无感支付、刷脸支付、数字货币等技术的发展，用户的支付习惯和支付软硬件将会有巨大的变化，并给支付行业和中小银行带来全新的商业模式和机遇。

第八篇
银行数字化转型策略

45 安永咨询：区域性银行在不确定形势下的战略选择
46 毕马威管理咨询：区域性银行的数字化转型路径选择
47 德勤中国：数致新生，洞察驱动的银行数字化转型
48 波士顿咨询：开放银行的未来之路

45 安永咨询：区域性银行在不确定形势下的战略选择

张挺　杨桦　刘楚　安永咨询

中国银行业正深处变革时代，前所未有的外部环境变化与压力——新常态深化期"危""机"并存的经济形势，后利率市场化时代下行业分化加速到来。数字化创新背景下，银行业务模式的颠覆性重构、前所未有的监管风暴、日新月异的金融科技、快速演变的客户行为、动荡多变的国际环境等因素在同一时期并存和纠缠，形成了20年来对银行而言最为严峻的经营环境。与以往不同，高质量发展、技术创新、消费主导、数字化转型都是关键要素。

纵观国内外银行业历史，变革时代挑战与机遇并存，行业分化与优胜劣汰成为必然。领先银行主动拥抱变革，规模与能力相对落后的区域性银行该如何应对？笔者认为，区域性银行更应认识到危机，但无须过于焦虑。"兴于变，立于恒，成于行"，在行动中拥抱变革，坚持初心，回归本源，勇于创新。向内看，洞见新天地；向远看，赋能谋发展。

第1节　兴于变：压力之下，图存而求新

1. 区域性银行发展现状——业绩下行明显，行业分化凸显

近20多年来区域性银行高速发展，数量已达到1605家，占中国银行总数的48%，总资产规模占整个银行业的1/4，对本地经济发展、社会民生进步做出了巨大贡献。就个体而言，头部区域性银行的资产规模正在赶超全国性股份制商业银行，业务创新、跨区域布局、综合经营也初具规模。中小型区域性银行则主要借

助地方经济快速发展和信贷规模扩张的有利外部环境，获得了资产规模和利润的快速增长。

然而，自2013年以来，宏观经济三期叠加伴随着国际经贸形势巨变、利率市场化、监管趋严和异业竞争，给银行业带来了剧烈冲击，2013—2019年，银行业总资产规模增速从逾20%降到8.14%，ROE从逾20%下降到10.96%，不良率则成倍上涨。

区域性银行亦无法幸免。为了更深入地了解区域性银行的整体经营和其在细分领域的表现与变化趋势，笔者对区域性银行在过去6年的表现进行了多维度分析。

1）业绩下行，分化加剧，路径依赖逐步打破。

数据显示，2013—2019年，区域性银行业绩整体下滑，样本银行的平均ROE仅为10.2%，跌破银行业均值，规模增速降幅近2/3，远超银行业整体水平，不良率几近翻倍且资产质量持续恶化，难以得到有效遏制，区域性银行正面临比银行业整体更加严峻的危机。

同时，银行业业绩表现综合评价指数（CEI）的离散度明显提升，标准差从0.63上升到0.80。银行业业绩表现分化情况逐渐加剧，呈现出强者愈强，差者更差的态势。

为了进一步评估区域性银行的行业结构变化，笔者进一步对不同时点下CEI排名前20%的区域性银行进行分析，发现在2013—2019年，"好银行"的特点出现了明显的变化。

2013—2019年，部分优质大型区域性银行业绩表现较为稳健，CEI长期领先。多年来，这些银行在规模、客户、产品等方面的优势不断积累，业务模式不断创新升级，已实现内涵式发展，找到了具备核心竞争优势的发展模式。

但是，在2013—2019年CEI指数排名最高的银行中，中小区域性银行几乎经历了大换血。2013年CEI排名靠前的中小银行普遍金融深度较低、基建和政府投资占主导地位。然而，2018年以来，受利率市场化的影响，路径依赖被逐步打破，这些银行的业绩全部下行，无一幸免。但是，仍有一批坚持深耕本源、聚焦特色、打造差异化竞争优势的中小银行异军突起，规模和利润增长源动力充足，实现逆势增长。

外部环境变化，特别是利率市场化和严监管之后，资产拉动负债、规模快速扩张、依赖利差收入的传统商业模式难以为继。随着传统路径依赖被逐步打破，区域性银行的业绩表现将持续分化，并愈演愈烈。

2）规模增速下滑剧烈，小型机构更为明显，规模突围模式难以再现。

2013—2019年，样本银行的资产规模增速平均值由23.43%降至9.93%。2013年资产规模增速超过30%的银行有34家，2019年仅有1家。与此同时，2019年资产规模收缩的银行数量大幅增加，接近2013年的4倍。

我们认为，影响规模增速的直接原因是严监管下的规模扩张受限，特别是在最近几年，MPA宏观审慎评估体系的推出、各项监管套利及违法违规专项治理工作的落地、风险防控工作指导意见的出台，均对金融市场业务（包括同业业务）造成巨大冲击。

在"强力度、广覆盖、久持续"的监管新常态下，很多前期依赖同业业务得到规模扩张的区域性银行（主要是大中型区域性银行）面临着资产缩表的压力。

此根本原因在分类数据中体现得更为明显。在大型、中型和小型三类银行中，小型银行的增速下滑最为剧烈，2019年资产规模增速的平均值仅为原来的1/3。虽然小型机构受到缩表的压力较小，但其信贷资产受到经济下行、企业经营困难、政府平台贷款无法投放、房地产投资降速等因素的影响，难以持续快速增长，存贷比普遍下滑至低位。同时，银行又无法采用之前的同业业务和金融市场业务进行规模扩张，因而两头受压，规模增速严重下滑。退潮之下，若区域性银行不能找到新的增长模式，这种低速增长仍将持续。因此，区域性银行被迫从规模优先的发展导向转向效益优先的发展思路。

3）ROE整体下移，分化并不严重，表明绝大部分银行的盈利模式仍未改变；越来越多缺乏内涵式发展动力的银行，其竞争优势逐渐消失殆尽，但优秀银行已显露穿越周期的稳定表现。

过去7年，区域性银行的盈利指标整体下挫，平均ROE从2013年的17.86%降至2019年的10.2%，三类银行均有下移，这表明各类区域性银行均难以摆脱对传统盈利模式的依赖。2019年下行态势依然明显。

相比于2013年，区域性银行2019年的ROE明显更加集中，ROE分布区间整体压缩，越来越多的银行的盈利水平开始向平均数聚集，盈利能力显著优于平均水平的"好银行"数量明显减少，而盈利能力较为落后的银行数量大幅提升。原本很多表面业绩亮眼的银行由于缺乏真正的内涵式发展驱动力，正逐渐变得平庸，而原本业绩表现不佳的银行，则面临严峻的生存压力。

同时，好银行与其他银行之间的ROE水平体现出了明显的分化，优秀银行的盈利能力与平庸者的差距正在明显拉大。数据显示，过去7年盈利能力始终位于行业前列的好银行既不是规模最大的银行，也不是增长最快的银行，而是被行业公认的定位清晰、独具特色的精品银行。这些银行的规模和利润的增长源动力充足，从而能穿越行业周期，长期拥有卓越的业绩表现。

4）不良率持续攀升，分化加剧，小型银行面临严重的风险隐患，部分银行稳健地保持着对资产质量控制能力。

过去几年，区域性银行的不良率水平持续攀升，平均不良率从2013年的1.06%上升至2018年的1.92%，2019年有所下降，但仍达到1.73%，区域性银行是否迎来了资产质量改善的"拐点"，仍未可知。

同时，三类银行的不良率分化趋势加剧，大型区域性银行近两年的不良率水平均维持在1.43%左右，而小型银行的不良率则从1.13%（2013年）激增至1.99%（2019年）。原因是大量小型银行选择了不当的商业模式，以及风险管理能力建设的滞后。随着新金融资产分类方法的推行，银行不良资产的真实暴露要求进一步提高，对于上述银行更是雪上加霜。

但是依然可以看到，部分优秀银行在经营过程中始终保持对业务选择的理性和对"两基"业务（基础客户和基础业务）的专注，这些银行在区域市场风险暴露以及整体银行业不良率大幅上升的环境下，始终保持着稳健的不良率水平和对资产质量的控制能力（见图45-1）。

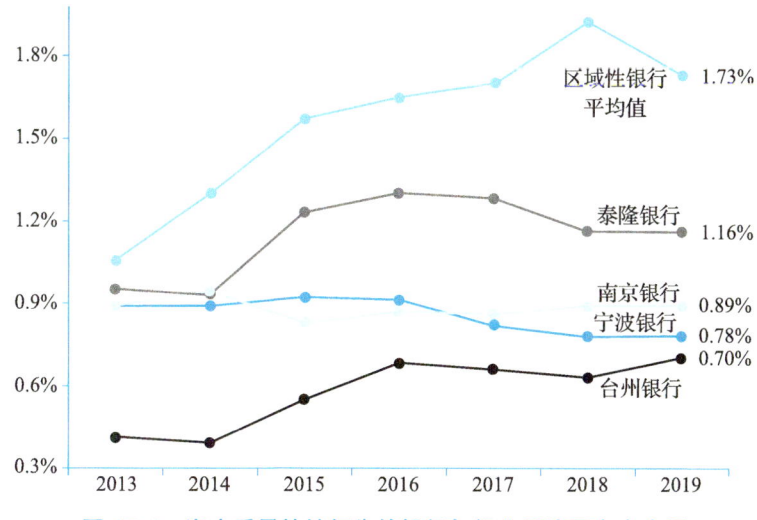

图45-1 资产质量持续领先的银行与行业平均不良率水平

信息来源：美国联邦存款保险公司（FDIC）、安永分析。

如上分析，区域性银行进入前所未有且可能长期持续的下行周期，诸多深层次的长期影响因素迫使区域性银行对战略和商业模式进行重新选择。

2. 美国和日本的历史经验表明，不变则亡

回顾先行者，发达国家的历史经验表明，现实比想象更残酷。从20世纪70年代初到20世纪80年代中后期，发达国家的经济经历了战后的30年快速发展之后进入经济滞胀和转型期，叠加利率市场化的整个过程，随后十年间逾2000家银行倒闭。

美国利率市场化进程中，大量规模较小、区域和行业集中、缺少特色业务的区域性银行难以抵御固有盈利模式被打破后的危机，纷纷倒闭。而中小银行较小的规模加上其在当地市场的客群积累，使得这些银行很容易成为大型银行的收购目标。面对大型银行向区域市场进军，区域性银行的经营环境和业务模式受到进一步挑战，陷入"死亡之谷"（见图45-2）。

日本在20世纪80年代签订《广场协议》之后经历了"失去的20年"，当时的日本和现在的中国一样处在跨越"中等收入陷阱"的阶段，其核心是实现经济结构转型。当时泡沫经济崩溃，经济巨变加速了风险暴露，巨额贷款变成巨额不良债权沉淀至银行，造成银行不堪重负。利率市场化后的利差缩窄，进一步对银行业带来巨大打击，大量中小银行在大行竞相抬高存款利率的挤压下出现了利率倒挂、长期亏损的情形。

为了维护金融体系的稳定，在政府推动下，日本银行业开始推动由强势银行救助性吞并弱势银行的大规模兼并重组，形成了4个超大型金融集团，1968年以后形成的稳固都市银行体系彻底被打破。在此过程中，部分盲目扩张、风险应对能力不足、客户及产品类型单一、过于依赖传统模式的中小区域性银行在破产大潮中首当其冲。截至1999年，日本银行体系中有1家都市银行、7家第二地方银行及78家中小信用机构破产（见图45-3）。

中国银行业也会进入类似的时期，面对生存挑战，区域性银行转型刻不容缓。

45 安永咨询：区域性银行在不确定形势下的战略选择

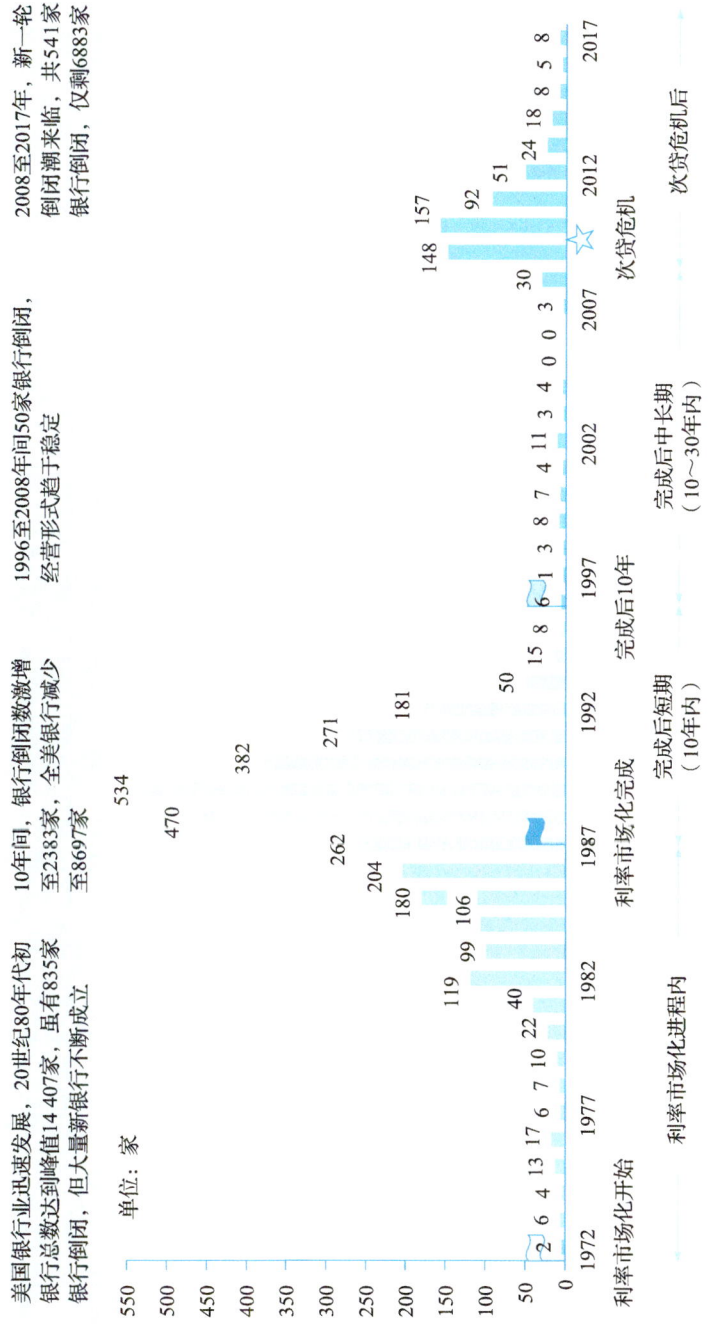

图45-2 美国倒闭商业银行数量（1972—2017）

信息来源：美国联邦存款保险公司（FDIC），安永分析。

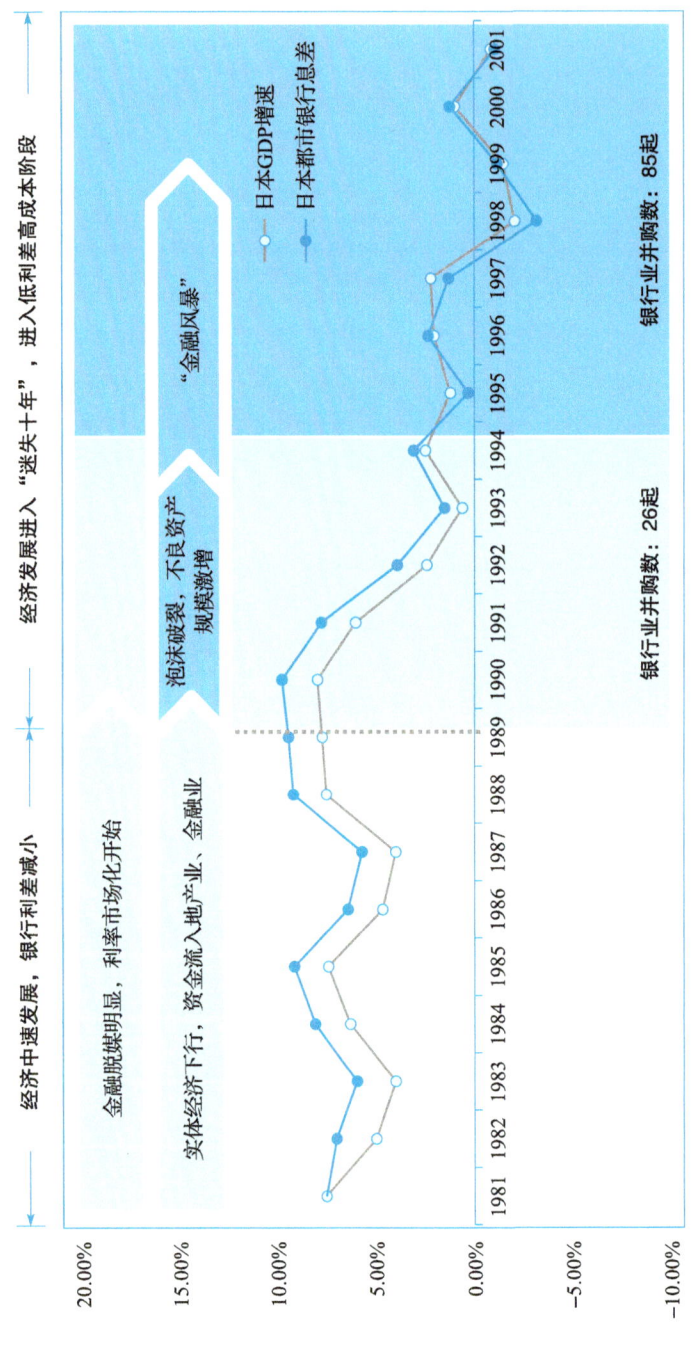

图 45-3 宏观经济下行与利率市场化双重作用下的日本银行破产兼并情况（1981—2001）

信息来源：1980 年以后的 GDP 数据来自 Choice，并购重组数据来自《日本银行业的兼并与经营》P99。

第2节 立于恒：回归本源，勇于创新

大型银行、股份制银行、区域性银行由于所处市场环境、发展阶段和自身资源禀赋的不同，逐渐形成了各自的经营特点。

- 大型银行：大而不倒，全面开花。
- 股份制银行：高举高打，做优做精。
- 区域性银行：深入当地，特色各异。

随着行业竞争日益激烈和分化趋势不断加剧，以及大型银行、股份制银行和其他同业异业竞争者市场范围的延伸、下沉与上移，区域性银行的生存空间日益受到挤压。站在未来发展的十字路口，区域性银行必须尽快做出选择（见图45-4）。

选择二：单点突破，成为产品专家型银行。
区域性银行集中资源，重点提升优势业务，追求极致，成为业务领先者。然而，区域性银行无法进行区域扩张，容易受限于区域市场规模的限制，导致业务增长的空间有限。

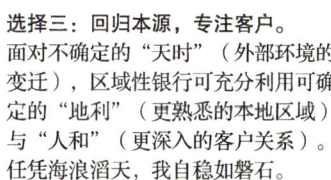

选择一：跟随大型银行延续"大而全"的发展惯性。
随波逐流，很有可能会被浪潮淹没，况且风向已然转变。如若延续过往重规模、轻质量、同质化竞争的发展模式，区域性银行很可能在国有银行、股份制银行和互联网金融的攻势之下，被客户遗忘或成为兼并潮中的牺牲品。

选择三：回归本源，专注客户。
面对不确定的"天时"（外部环境的变迁），区域性银行可充分利用可确定的"地利"（更熟悉的本地区域）与"人和"（更深入的客户关系）。任凭海浪滔天，我自稳如磐石。

图45-4 区域性银行的发展选择

笔者认为，第三个选择才是区域性银行的最佳发展之路，这也与监管机构对于区域性银行的定位相吻合。更为重要的是，区域性银行不应被动求变，而应该主动拥抱变革。

何为本源？

如何变革？

回归本源，即特有的禀赋资源（地利＋人和）和专注"两基"（基础客户和基础业务），区域性银行可遵循"一个目标，三大战略"来制定中长期的发展规划，

这样就能成为一家客户首选、卓越的精品银行（见图45-5）。

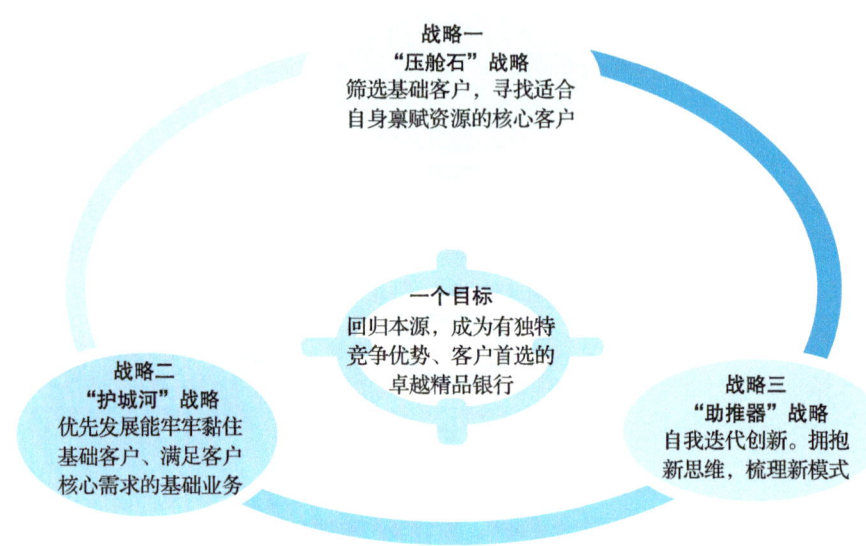

图45-5 区域性银行"本源业务"的目标和战略

1. 压舱石战略——深耕基础客户

大部分长时间专注本地经营的区域性银行基本已做到本地客群全覆盖。但是我们观察到，很多区域性银行连一类客户的深耕也未做到。战略选择的关键在于聚焦和取舍，对于体量尚小、资源不足的区域性银行而言，应找准着力点，将基础客户作为长期专注与深耕的目标客群。基础客户是区域性银行具备"地利"和"人和"的核心客群，通常为区域性银行在所处地域拥有的庞大大众客户群体，或与区域性银行"门当户对"（业务与客户需求之间的匹配）、可持续深耕的本地客群。区域性银行在上述客户群中往往已具备良好的口碑和品牌影响力，可基于不同类别客户的特征，结合自身的资源禀赋，筛选出符合自身经营发展特点的基础客户。

银行客户通常可分为机构民生、企业、个人三大类（见图45-6）。

区域性银行应有所为有所不为，将筛选出的基础客户作为重点关注的客户群体。各个银行可结合自身情况，挑选若干客户群作为自身的基础客户、核心客户，深耕细作，将这些客户培育成为保障业务稳定发展的压舱石。那些未被选中的客户群体，则是当前区域性银行难以获得竞争优势的领域，不建议盲目、大规模进入。

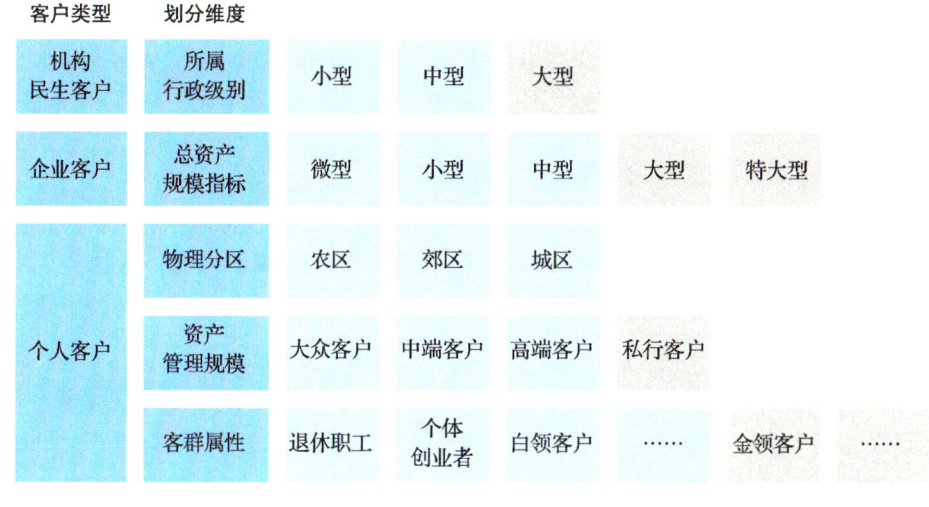

图 45-6 基础客户筛选图

注：对于城商行和农商行，不同物理分区的基础客户各不相同。

2. 护城河战略——专注基础业务

客户需求日趋复杂多样，单一存贷业务无法满足客户的核心诉求，会造成客户快速流失，或迫使银行以高成本暂时留客，无法真正黏住客户。基础客户的核心需求并非只是单一的金融产品，而是"用心的理解和服务"，因此区域性银行需要用"走心"的基础业务牢牢抓住基础客户，择机叠加明星业务，增加交叉销售机会，从而构建自身的护城河。

（1）第一圈层：核心引力圈——基础业务

基础业务不是简单的金融产品叠加，而是为了满足基础客户的核心需求所能提供的增值服务方案。例如，许多机构民生类客户最大的诉求是如何高效便捷地进行资金归集和分配，因此有一些区域性银行专门为客户定制资金对接平台。当客户已经在平台进行资金流转时，需求就会成为习惯，习惯就会变成依赖，进而被深深吸引。

我们认为，零售业务是本轮区域性银行转型的"主战场"之一，也是践行数字化技术和理念、推动商业模式变革的重要阵地。部分领先银行基于分布广泛、金融需求简单的大众基础客群，以支付缴费切入，率先打造生活场景与金融缴费场景融合的线上化服务模式，并向生活场景的其他参与方提供 SDK 等技术输出。

从学费缴费等普惠、低频场景切入，逐渐向水电煤代缴、校园卡使用、医社保缴费支付等高频场景延伸，与客户建立单账户、多触点的密切关联，从而发展为难以替代、更为稳定且长期的关系。

（2）第二圈层：关键价值圈——明星业务

区域性银行在用基础业务牢牢锁定基础客户后，可进一步叠加明星业务。所谓明星业务，是既可满足基础客户的需求，又能发挥区域性银行自身优势的业务。明星业务可用来获取超额收益，也可用于获取新客户，更能用来与国有银行和股份制银行直接竞争。

例如，区域性银行的基础客户中涵盖大量郊区大众客户群体，存在简单、共性极强的基本资产保值增值需求，因此部分区域性银行着力于基础储蓄产品的优化升级，实现快速占领目标市场的目标，再通过消费金融、理财等其他爆款明星产品推动客户关系的持续加深。

又例如，区域性银行拥有的大量本土化、具备长期合作基础的中高端客户，他们往往在当地具备深厚的家庭关系网，部分领先银行针对上述客户的家庭金融需求设计多样化产品，提供专业咨询和定制财富管理服务，以家庭、家族为中心实现客户关系的延伸与巩固。

（3）第三圈层：交叉拓展圈——综合业务

在成功获取基础客户后，伴随客户需求的升级和增加，区域性银行可进一步增加其他业务，提升交叉销售率，成为客户信赖的伙伴。例如，扎根本地、客群广泛的区域性银行往往拥有大量以社保、医保、市民服务等账户为核心的弱关系客户。上述客户存在大量尚未被开发的消费贷款和工资理财需求，以及随着客户生命周期延伸的持续储蓄、生活消费、教育、养老等需求，区域性银行可借助对客户信息的掌握和全生命周期的跟踪，提供按需、及时、超值、定制化的营销方案，从低频、单一交易向高频、综合金融及非金融服务延伸，深度渗透客户生活的各类场景，成为客户生活的主账户。

面对基础客户，基础业务应该是区域性银行价值最高的业务，明星业务次之，最后是交叉销售。然而，很多区域性银行只重视"光鲜亮丽"的明星业务和"追求利益"的交叉销售，忽视了"低调务实"的基础业务，从而错失了与基础客户"相伴终身"的黄金机会。

更为重要的是，区域性银行应将"全面服务"贯穿于满足基础客户需求的全过程中，做深做透，为客户提供更优质的服务。客户需求无小事，当客户核心需求被满足后，终将聚溪成河，形成区域性银行最深最宽的护城河，进而创造更高的价值。

（4）基础层：全面且优质的服务体系

上述三个圈层业务的开展都需要构建全面且优质的服务体系。有别于大型银行"高大上"的服务，区域性银行应紧紧围绕基础客户的需求，提供快速响应、贴近客户需求、实质大于形式的"接地气、有温度"的服务，以优质服务黏住客户，以服务追求效益，以服务推动变革。

以美国社区银行安快银行为例，自成立以来，始终坚持深入社区，提供具有社区特色的，能够以最便捷、最直接的方式满足当地居民金融需求的简单产品。社区内零售客户以家庭为主，安快银行即设立以家庭为单位的联合账户、销售家庭储蓄等。更进一步，与当地小微企业结成利益共同体，开发"社区小微评分卡"，为小微企业提供更加便捷高效、优于其他竞争对手的服务，或帮助企业建立线上线下贩售渠道，并对企业经营提供咨询和帮助，通过金融和非金融增值服务实现对客户的进一步黏着。在此基础上，安快银行推出了客户授权机制、全能雇员计划、服务与质量回报计划等多种软性服务提升措施，使基础服务也能实现超预期体验。

通过基础业务、增值服务和卓越服务的层层叠加，安快银行将自己打造成为社区居民的"贴心人"，地方经济的"守护神"，区域文化的"缔造者"，与客户建立超越金融服务与利益纽带的长久、稳定关系，使其屡次在金融周期性动荡和行业危机中转危为安。

3. 助推器战略——自我迭代创新

消费互联网发展已经渐入佳境，产业互联网探索则方兴未艾。在数字化时代，商业形态的变化使快速迭代的数字化创新成为整个银行业的必然选择。一方面，客户的需求在不断迭代升级；另一方面，银行自身也从传统产品驱动模式转型为"护城河"驱动模式。区域性银行不能只限于守旧，更要求新。目前，一些国有银行和股份制银行已经在积极布局创新转型，行动迅速。然而数字化创新并非大行的专利，其在不同类型的银行均有着极强的生命力。在上述外部和内部因素的驱动下，区域性银行应紧跟潮流，与时俱进，积极推进创新。

区域性银行和基础客户的关系一定是通过不断地接触和互动来加深的，而不断迭代的微创新就是这个过程中的助推器。区域性银行在推进创新时，需要关注3个关键点。

（1）关键一：勇于创新

一些区域性银行担心创新需要投入大量的人力和物力，认为只有大型银行才有能力去尝试。其实，创新不是大行的专利，区域性银行可重点在具体的业务应用上进行创新，同时还可以在组织、流程、管理机制等领域积极探索创新模式，以更好地应对快速变化的市场。例如，华东某领先城商行在总行设置了创新与客户体验部，统筹推动全行的创新变革。

（2）关键二：细微创新

创新并非进行颠覆性的改革，微创新模式亦是快速、高效的选择。颠覆性创新已经无法适应快速变化的市场需求，区域性银行可采取"聚沙成塔"式的微创新，每一个小创新都能对银行的发展产生助推效果。特别是随着数字化技术与创新服务模式的不断更迭，基于对客户需求的快速反应，在应用层面通过持续而深入的微创新，能使中小银行获得独特的核心竞争力。

（3）关键三：迭代创新

创新并非一蹴而就，尤其在数字化时代，创新被赋予了敏捷、迭代式的特征。最重要的是跨出第一步，完成一个小目标后，快速推向市场，及时收集和响应客户的反馈，进而迭代优化、逐步完善，必将事半功倍。

银行创新的本质是更好地服务客户。开放银行、产业互联网等概念的兴起，推动银行在金融生态中的角色逐步向金融服务提供商和产品分销商转变，突破了传统客户服务的内容、方式以及极致客户体验的边界，是值得区域性银行深入研究的转型课题。

第3节 成于行：革故鼎新，科技赋能

1. 不确定性环境下，区域性银行发展、变革、转型的共性痛点

外部环境的不确定性与自身能力禀赋的"先天不足"，使很多区域性银行在经营过程中苦于找寻差异化、特色化的发展道路。然而，随着市场环境的剧变，无论是跟随大型银行延续"大而全"的发展思路，还是集中资源单点突破、在特定优势产品上追求极致的路径均难再复制。回归本源，专注基础客户和基础业务，

"聚焦、坚持、创新"将成为区域性银行转型变革道路上需要时刻谨记的初心。

纵观海内外领先银行的变革历程,我们发现,各家银行在变革过程中的成功经验均有相似的可借鉴之处,而面临的痛点同样极具共性,主要体现在3个方面。

(1) 决策层缺乏勇于突破的变革思维

银行的决策层害怕面对变革给原有格局带来的冲击,无法打破并摆脱固有惯性思维的束缚,迟迟无法下定决心勇敢地迈出第一步,从而错失了宝贵的变革窗口期。决策层的摇摆不定也会导致全行难以达成变革的共识。

(2) 缺少有能力执行变革的行动队

人才是银行转型的核心因素之一。所有银行的思维变革、战略变革、管理变革等最终都需要由人来执行。银行的中层管理团队是变革的中流砥柱,然而很多区域性银行缺少一批专业能力强、执行力强、拥抱变革的中层管理人员,且后备力量匮乏,往往导致变革无法从上至下地有效推进。

(3) 僵化落后的体制

正所谓"变革未动,机制先行",成功顺畅的变革需要一整套体制的配合。而很多区域性银行存在组织混乱、激励考核僵化等问题,无法真正激发全行上下的变革激情和动力,导致变革被不断妥协,直至泯然于世。此外,欠缺与时俱进的战略选择、不法常可的商业模式、丰富多样的盈利手段、极具特色的明星产品、快速响应业务需求与助力业务发展的科技能力等都是不可小觑的制约银行变革的重要因素。

2. 区域性银行发展的新动能:数字化转型

在剧烈的变革驱动下,国内中小银行也再次迎来新一轮弯道超车的契机。凭借勇于突破的变革理念和对变革与创新战略的坚持,以及基于自身能力禀赋构建的有效"两基"业务模式,区域性银行在转型过程中将走出一条独具特色的道路。

此外,数字化时代银行商业模式的变化和数字技术的革新带来的颠覆性变革,给了中小银行重新转换赛道的机会,数字化转型已成为行业发展的必然趋势和转型变革的制胜利器。借助数字化转型,商业银行能以"业务+组织+机制+技术"的多重视角重塑业务价值链,以插件化、灵活柔性的方式为企业和个人提供个性化的高黏性服务。迄今为止，多家区域性银行已成功构建敏捷组织、敏捷机制及数字化大中台体系等。然而，数字化转型的关键不是技术的运用，而是转型的动力和转型能力的提升，更深层的则是理念与文化的变革，对于大多数正在经历全面转型"阵痛"的区域性银行来说更是如此。

综上所述，笔者认为"思维、人才、体制"是区域性银行变革成功的关键因素。在"变则通，不变则壅；变则兴，不变则衰；变则生，不变则亡"的时代，变革的过程固然是艰辛与漫长的，但也充满希望与收获。区域性银行应秉持"兴于变，立于恒，成于行"的信念与决心砥砺前行，以变应变，以新驱变，最终获得变革性转型成果，真正成为客户首选、卓越的精品银行。

46 毕马威管理咨询：区域性银行的数字化转型路径选择

支宝才　开云　柳晓光　毕马威管理咨询

2020年在内外部各种因素的影响之下，各行各业都加快了数字化转型的进程。当前区域性银行的决策者已经普遍认同一个观点：数字化转型早已不是"要不要转"的问题，而是"怎么转"的问题。

第1节　数字化将重塑传统银行经营模式

以在线化、开放、智能为特征的数字化转型是银行业的一次产业革命。以支付功能的在线化为例，近年来移动支付领域的"脱媒"给银行上了生动的一课，即使是全国性的大型银行，面对互联网公司的"降维"竞争也是无能为力，区域性银行更是全面失守。毫无疑问，数字化转型必将重塑中国的银行业，对于区域性银行而言，拥抱数字化，积极寻求适合自身条件的转型路径是生存和发展的必由之路。

美国第一资本金融公司（Capital One）在打造数字化竞争力方面的实践经验值得借鉴。Capital One的数字化转型并不是简单的业务流程数字化和AI技术应用，而是利用数字化能力实现了差异化的客户经营模式。作为核心战略之一，Capital One定位盈利性更高的次级客户，利用大数据能力使客户筛选更为精准，风险管理更为精细，单独为次级客群定制风险管理策略、数字化风控链路和流程。在产品上，进行大规模产品定制，信用卡产品数量达到6000种，是传统银行的6倍之多。在客户体验上，则大量应用数据模型预测客户需求，实现"实时智能"的客户体验。

Capital One 值得国内区域性银行借鉴的是，数字化的目的不仅是把业务搬到线上去，也不仅是构建较强的数据智能水平，而是针对自身的客户定位，通过数字化的技术和手段实现差异化的服务。

第 2 节 区域性银行的转型痛点及建议

经过多年探索，国内银行对数字化银行及其内涵的认识日益清晰。从概念上讲，银行的数字化过程就是以数据智能为工具，驱动银行在客户洞察、市场营销、风险管理、产品研发、业务运营、客户体验旅程管理等方面进行创新和持续优化的过程。从应用层面来看，又大致可以分为数字化决策、数字化生态、数字化渠道、数字化流程、数据中台建设以及数字化基础设施等 6 个方面。

目前国内银行，尤其是区域性银行在数字化转型过程中碰到了诸多困难，总结下来有 5 大痛点：

第一，缺乏整体规划，资源投入分散，造成的结果是投入大、产出小；

第二，运动式转型，持续迭代能力较弱，例如很多银行希望在 App 和互联网渠道发力，但并没有在客户运营和流量运营上持续投入足够的资源，虎头蛇尾；

第三，部分银行过于追求先进技术，忽略了真实的客户体验，误判了技术和业务的价值；

第四，盲目跟风，转型方向、内容及路径与自身基础能力不匹配，这个问题在区域性银行中表现更为明显；

第五，很多银行的数字化转型是"剃头挑子一头热"，仅在技术单点发力，缺乏业务支持及配套的机制体制改革，效果可想而知。

这些是中小银行普遍遇到的问题（见图 46-1）。

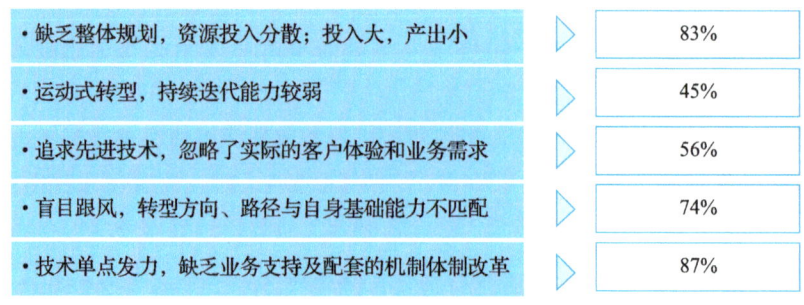

图 46-1 区域性银行在数字化转型中的困难

针对上述痛点，我们对区域性银行的数字化转型提出5点建议。
- 数字化转型一定要规划先行，全盘考虑。
- 从全行级的场景切入是推进数字化转型的可行方式。
- 补足和构建基础数据能力是当务之急。
- 需要配套升级当前银行的技术架构。
- 数字化转型离不开组织转型和人才团队培养。

调研显示，整合的企业级能力是未来银行的核心竞争力。例如，渠道一体化带来的差异化客户体验就需要协同全行几乎所有的"节点"，不仅包括前、中、后台的若干部门，还包括组织、流程、人、系统、数据、合作伙伴等各个维度的整合，因此"连接"必然是构建未来银行核心竞争力的关键，而数字化和金融科技的发展加速了这种趋势，并使这种"连接"在未来成为现实（见图46-2）。

第3节　区域性银行数字化转型路径

1. 规划先行

数字化是银行的战略选择，银行的目标客户是谁，采取什么服务模式，提供什么产品和服务，决定了银行的数字化转型需求。例如，国外有专门服务中老年客户的社区银行，它们在数字化方面的需求比较低，以满足客户的基本线上服务需求为目标。但是，近年来设立的无网点互联网银行，其整个运营模式是基于互联网的，数字化就是其核心能力之一。对以城商行和农商银行为代表的国内区域性银行而言，由于历史原因，相对多元的存量客户结构、大量的物理网点、众多的一线员工、相对薄弱的IT能力和数据基础、较少的可投入资源等都对数字化转型提出了挑战。

因此，规划先行、统筹布局对区域性银行开展数字化转型尤为重要。

首先，规划可以在战略层面明确数字化的定位和目标，统一全行认识，这一点至关重要。同时，业务部门、职能部门、技术部门对数字化的需求和承担的转型任务存在很多差异，而数字化转型却需要前、中、后台紧密配合才能顺利推进。

其次，通过规划，制定科学、可行的实施计划，并在资源上提供持续的保障。

最后，规划可以更好地平衡长期目标和短期收益的关系，既可以避免急功近利，又可以避免因长期没有业务效果导致内部转型信心的丧失。

关键能力项	子能力项		
产品和服务创新	战略规划与投资（SPI）	产品、组合和定价策略（PPPS）	品牌定位和策略（BPSA）	客户细分和定位（CST）	产品研发（PD）
以客户体验为中心	以客户为中心（CCI）	客户体验战略（ES）	客户体验设计和客户旅程重塑（EDD）	客户价值相关系管理（CVRM）	客户体验测量（ECM）
数字化运营与资源优化	运营资源配置模型（CLDM）	成本收入管理（EPM）	精细化运营（OE）	渠道优化与调整（COA）	风险与合规性（RC）
合作伙伴和联盟生态整合	合作伙伴策略和框架设计（PSD）	合作伙伴植入及整合（POI）	业务模式优化（OOM）	数字颠覆者和金融科技（DDFT）	服务交付（SD）
数据洞察驱动的战略与决策	数据分析策略和执行（DSE）	企业数据管理（EDM）	技术创新（TECH）	数据分析能力（ANL）	数据安全与隐私（DSP）
契合数字化转型要求的技术架构	企业架构（EA）	敏捷开发（AD）	技术安全与风险（SR）	自动化实现（AE）	服务效能（SP）
全渠道无缝交互	客户渠道偏好分析（JM）	内容管理（CM）	平台集成（PI）	渠道融合（OMO）	数据失泄防护（SPDL）
数字化的组织和人力资源	组织架构设计（OD）	人才资本战略（TS）	领导力开发（LD）	变革管理（CM）	创新（INN）

图 46-2　毕马威智链银行对数字化能力的定义

2. 场景切入

数字化在银行的传统业务场景向特色业务场景转化的过程中起到了决定性的作用，在金融服务流程中，数据不再是业务的副产品，而是支撑金融服务的核心资源。在银行特色业务场景建设过程中不能脱离业务本质，要从产业发展出发寻求银行业务发展的方向。区域性银行应依托本地优势，确立优势行业业务场景，切实为区域经济服务。区域性银行更了解区域内的零售客户、企业，也更懂客户的根本需求和痛点，不求大而全，但求小而精，这是区域银行相较于大型银行的优势。

明确差异化的服务定位是区域性银行场景建设过程中的重要方向，可以通过产业链全景分析、明确战略定位与发展模式、核心痛点和关键资源识别、客群与产品和服务的精准匹配、数字化生态平台建设等步骤逐步开展。例如，城商行可以从本地化的城市缴费、社保、公积金等有区域特色的民生服务上切入客户高频生活场景，提高用户活跃度和客户转化率，同时与本地医疗机构、教育机构等生活场景深入合作，提供金融场景服务；农商行可结合当地农业、制造业、旅游业等特色行业，为企业提供有特色的金融产品和服务，共同打造合作共赢的产业生态，发挥银行特色定位优势，探索生态中的金融服务需求。

全产业链全景分析需要重点考虑以下事项：银行需要快速融入产业发展中，并找到合适的定位；区域性银行参与全产业链建设需要投入大量资源，应从全行战略的高度来考量；政府是全产业链的重要参与方，区域性银行需要用好政府资源；数字化是全产业链场景建设的重要驱动力，区域性银行需要通过数字化建立竞争壁垒，发展特色金融服务。

下面以某银行为例，其制定一套严密的产业选择标准，通过行业分析、大数据客群分析，综合考虑当地政府资源、当地对产业的扶持力度、未来产业发展空间以及客户需求等要素，最终选择养老产业作为场景的切入点。

（1）第一步：明确业务战略定位与发展模式

从全行战略高度，明确发展愿景与发展模式，选择养老产业作为场景切入点后，提出清晰的战略目标以明确业务发展的重点，并进一步明确"一体两翼"的发展模式。"一体"是以客户为中心，围绕"在职客群＋退休客群"全力打造"全生命周期、全量个人客户平台"，对细分客户群进行精准画像，全面升级服务标准、权益和体验，通过创新的产品和服务批量获客、活客，增强客户黏性；针对退休客群，打造"长者贴心管家"形象；针对在职客群，打造全生命周期"养老金管理专家"形象。"两翼"是对企业和政务进行上下游全产业链结合，以大中型龙头企业为主，兼顾中小型企业和机构，实现全产业链的整体收益平衡。

（2）第二步：识别核心痛点与关键资源

重点分析关键资源方的核心资源与痛点，寻找转型突破口。在这个案例中，某银行全面分析了政府端和医疗机构端的核心痛点和关键资源。当地政府的核心痛点是：20多个部委各自为政，系统平台未打通；政府可分配的资源有限。民政部门的痛点是养老服务企业、床位、养老护理员补贴管理工作很繁杂，缺乏有效的管理手段和工具。养老机构和养老服务中心在降低定点采购时降低成本等方面存在诸多痛点。但政府在C端获客引流、市场准入监管、二次分配以及给予银行声誉等方面具有关键资源优势。

（3）第三步：客群产品和服务的精准匹配

从核心目标客群出发，根据客户以及产业链各资源方的需求，剖析各业务端的服务重点，高度重视场景对各层级零售客户的覆盖程度，以筛选出最适合大力发展的产品组合，进行客户产品服务的精准匹配。该银行从对公、零售、政务三端出发，全面分析产业中各参与方的需求和定位。

- 对公：从全产业链考虑，锁定产业的高附加值环节和与政府强连接的环节，明确要重点进入的行业及配套的金融服务，即综合型养老服务机构、轻资产养老服务机构以及养老用品产业。
- 零售：聚焦目标服务客群的核心生活场景，打造应急付、理财产品、好友账户、权益资格等金融产品服务，满足中高端客户的医、住、护、娱全方位需求。

（4）第四步：数字化生态平台建设

数字化平台是场景落地的重要支撑，重点对接个人客户、企业客户、政府机构、金融机构，对全场景服务模式进行设计。前台允许多方组织获取信息，包括个人客户、养老机构、医疗机构、协会组织、政府机构等。中台通过服务总线的方式连接到行内系统，对接包括基金销售、债券销售、支付平台、信贷服务、理财销售等多个核心功能的中台服务体系。后台方面，重点是打造稳定的IT基础架构来支撑快速的业务增长和提升用户体验。

该银行通过搭建B2B垂直养老电商平台，协助协会进行信息收集和管理；通过B2B平台服务于优质供应商，切入上下游企业的支付结算、资金监管业务，协助养老机构实现上游服务和产品的供应、质量管理及价格平衡；同时还为平台上的企业提供线上订单质押融资服务。

3. 补足和构建数据能力

数字化能力正在成为企业的核心竞争力，全面支持线上化、移动化、智能化的数据能力构建势在必行。区域性银行在数字化转型的大潮中可以从3个层面加强数据能力建设（见图46-3）。

（1）夯实数据分析平台化能力是基础

"工具善其事，必先利其器"，提升数据能力离不开平台工具的支撑。数据分析平台化包括数据治理和数据资产平台化、数据中台化、人工智能服务平台化。某区域性银行通过持续加强数据标准管理、强化数据质量、数据安全管理等举措，打造出"安全、合规、可信、好用"的数据环境，为业务发展保驾护航。通过盘点和采集全行的数据标准、指标、标签、模型，建立企业级统一的数据资产目录，并建立配套的数据资产登记、数据资产分析、数据资产评估、数据资产运营等系统，让业务用户对数据"随处可见""随处可查""随处可用"的使用诉求成为可能。

某区域性银行通过数据中台化建设，使得数据"采、建、治、用"从研发到生产、运维的全生命周期管理更加集约和高效。此外，当前区域性银行面临着如竞品分析、舆情监测、合同审阅、智能外呼、欺诈风险、信用关联风险等一系列需要AI技术解决的业务场景，而竖井式和烟囱式地利用自然语言处理、图像识别、语音分析、知识图谱等AI能力，会给区域性银行带来极高的运维成本和资源投入，既不高效也不经济。某银行搭建了统一的AI服务平台，封装了数百个经过验证的AI原子能力以及AI引擎，实现了AI原子能力互相拼接，可随时按需迭代，极大地提高了AI复用、共享能力，大大降低了运维成本，高效支撑了在市场营销、风险管控、客户体验等领域的业务创新。

（2）积累数据应用场景化能力是关键

业务场景是数据分析的载体，数据分析是业务场景的核心要素，两者相互依存、相互成就。区域性银行需要主动在业务场景中深度融合数据工程、数据分析和数据科学，在零售金融、公司金融、小微金融、交易金融、政务金融等业务条线，积极探索和积累获取新客、经营老客、渠道运营、产品创新、风险管理等场景的数据化应用。

数据驱动核心理念				
数据驱动决策文化	数字化客户体验			数字化开放生态
	体系化内功修炼型			
	数字化营销体系	数字化运营体系		数字化风控体系
	场景化效果驱动型			
客户智慧经营体系	新客获取 / 老客经营	线上渠道运营 / 线下渠道运营	产品创新设计	风险管理
零售业务/信用卡业务 财富管理业务 普惠业务 公司业务 交易银行业务	新客获取： ・场景端获客 ・开放注册获客 ・B2B2C ・数字化广告投放 ・MGM ・产业链上下游获客 老客经营： ・客户分群与画像 ・老客专题式精准营销 ・客户生命周期价值渗透与跃迁 ・客户挽留与召回	线上渠道运营： ・北极星指标设定 ・运营计划跟踪 ・活动运营 ・用户运营 ・产品运营 ・渠道运营 线下渠道运营： ・网点智能选址 ・线下网格化营销 ・商圈化营销 ・线上线下OMO	・产品市场匹配PMF ・产品组合设计 ・大数据选品 ・C2M产品工厂	・反欺诈风险 ・大数据风险预警 ・自动化信审 ・智能放款/智能控制 ・贷后智能催收 ・智能风控分析 ・系统性风险监测 ・AI估值
	大数据基础设施			
数据中台/大数据平台	数据治理/数据资产管理	大数据洞察体系	数字化营销平台	数字化运营平台	数字化风控平台

图 46-3　数据驱动区域性银行业务转型

区域性银行一方面要通过"跟随式创新",跟踪和分析市场上同业数据分析较好的场景,积极吸收先进经验;另一方面要积极引入外援,加强合作,参考成熟方案,降低试错成本;同时还要鼓励内部员工利用数据分析平台化能力进行小范围的实验,实验成功后可进行大面积推广,加快数据应用成果转化。

例如某区域性银行采用机器学习和业务规则相结合的方式开发数据化场景应用,用于代发薪客群、存量按揭客群、白领客群、高价值易流失客群等老客经营存款留存率提升118%,金融资产贡献度提升95%,人均持有产品数量增长60%。某区域性银行通过线上渠道数据化运营,基于数据分析开展活动运营、产品运营和用户运营,实现了App月活增加80%,日均新增注册量提升70%,营销获客转化率提升60%。此外,在反欺诈风险、风险预警、贷后管理、监管合规等方面,数据化场景应用效果明显,区域性银行应加大数据化场景探索力度,不断积累适合业务发展的数据化应用场景库。

(3) 发展业务数据化经营能力是核心

区域性银行具备数据分析平台化能力基础,以及逐步积累数据应用场景化的能力之后,发展业务数据化经营能力将是区域性银行数字化转型的重中之重,也是不二选择。业务数据化经营是指用数字化思维和数据驱动全方位经营客户、进行产品创新、优化业务流程、改革业务运营模式,实现智能营销、智能风控、智慧运营、智能决策和客户体验重塑。从这个角度上讲,业务数据化经营不单是针对单一业务场景做智能化应用,解决业务经营活动中某些局部的问题,而是将数据洞察能力与数字化产品、数字化业务流程和数字化运营管理完全融合,形成业务数据化的完整体系,促进业务高质量增长、降低风险成本、提升业务经营效率。

某银行打造的智慧风控体系包括预测智能、决策智能、信息智能、流程智能、控制智能、管理智能六大智能方向以及十大智能场景,覆盖从风险决策、客户评价、授信调查、风险预警、贷后管理与不良管理的全流程、全闭环风控体系,利用AI风控工具无缝嵌入业务流程,例如在贷前使用基于外部数据的企业全域风险预警工具和舆情数据风险预警平台,帮助客户经理快速识别企业客户风险状况,提升风险管控智能化水平。

某区域性银行在零售金融条线打造智能营销体系,通过标准化营销模式、优化营销流程、总结营销活动经验、加强营销效果评估等手段,形成智能化流水线式的营销工厂,使大规模个性化营销成为可能,营销活动准备时间较之前减少

45%，活动评估优化时间减少 60%，精准活动吞吐量增加 15 倍，精准活动营销转化率提升 3～6 倍。

（4）升级技术架构

在区域性银行数字化转型的过程中，需要明确技术架构升级的蓝图和路径。区域性银行可从业务发展战略和业务价值链出发，制定各业务条线的发展目标和发展举措，识别和分解业务能力以及所需的技术能力，从而形成企业级的业务蓝图和技术架构蓝图。同时，建立相适应的治理体系和管理机制，保障技术蓝图的可落地性。

区域性银行通过搭建业务中台、数据中台、云原生、稳敏双速等多要素驱动的数字化技术架构体系，构建"链接一切的能力"以及连接前、中、后台的"变速器"，从而构建对前台业务和市场需求的快速响应能力。

（5）业务中台

为前端业务提供可快速共享和复用的中台服务，高效整合内部资源，实现新业务的可配置化和银行核心产品的快速处理，赋能金融与产业生态的协同发展。某区域性银行从业务中台技术架构切入，打造"3+3"的基础平台布局，即 3 条流水线和 3 个基础能力，全面提升"业务、体验、开放、科技、运营"5 大能力。

（6）数据中台

运用大数据和人工智能技术，实现银行数据的汇聚和互联互通，对内提供管理层和决策层所需的数据洞察，对外提供高质量的数据服务。某区域性银行通过打造全行一体化的数据中台，连接与贯通全行业务流程和管理流程，极大提升外部客户服务体验和内部员工工作效率。

（7）云原生

云原生是一套适用于云计算时代的技术架构和方法论，包括容器、微服务、DevOps、持续交付等主题，其核心是通过优化应用的开发架构、部署方式和运维方式，让云计算的弹性、灵活、自动化优势得到充分发挥，帮助管理者将精力集中到业务创新上。

（8）敏捷双速

由于传统型的稳态业务与创新型的敏态业务将会长期并存，区域性银行需要构建"稳敏并重"的管理机制，既保障稳态业务高可靠、稳定运转，同时也为敏态业务提供灵活易管理的创新机遇。

区域性银行在技术架构升级过程中，首先应评估自身能力现状，然后基于自身业务战略的需求对技术能力进行系统化重构，并在重构过程中随业务战略的升级和业务范围的拓展不断调整和优化，持续提升快速响应外部环境变化的能力。

第4节　推动组织数字化转型和人才培养

一方面，客户日益个性化的需求对区域性银行快速准确地把握市场需求、响应和抢占先机、高效分工与运作等方面提出了新的挑战；另一方面，银行业传统的固态组织结构、集权的管理模式等已无法适应快速变化的外部环境。因此，敏捷型组织和数字化人才应运而生，给银行组织带来了新的活力。

1. 组织敏捷转型模式

银行组织敏捷转型，即由传统的按业务职能划分条线转变为根据业务场景和任务目标构建跨部门的敏捷团队。由论资排辈的管理模式转变为敏捷组织模式，挑选合适、有能力的人员担任敏捷项目经理和管理人员，赋权一线，精简审批流程，确保项目组成员"端到端"职责全覆盖，对整体交付和项目全流程负责，并增加定性的项目表现及专业能力评价，建立差异化的薪酬激励机制。

敏捷组织模式包括"项目抽调"和"敏捷部落"两种模式。

"项目抽调"临时性地依据业务需求进行成员动态调整，适用于无法进行大规模组织改造或业务模式较新尚未固化等情形，从各职能团队抽调人员组建项目组，项目结束后人员可回归原团队或重新组建团队。

"敏捷部落"以组织架构调整为基础，对较成熟的局部业务进行敏捷改造，适用于传统架构包袱较轻、项目制运作基础较好、项目经理人才储备充足的成熟业务场景，在组织架构设计上要明确部落制的设置，在部落内部设置敏捷小组。

某区域性银行打破部门壁垒，从传统的纵向部门条线模式转型为横向的敏捷小组模式，提升了跨部门的协同能力，并优化绩效考核模式，注重过程与结果相结合，保证员工评价结果的可操作性和合理性。

2. 数字化人才队伍培育

数字化转型要求银行具备快速响应不断变化的需求的能力,并且保证服务的持续稳定。银行传统的金字塔式的层级组织结构已难以满足敏捷组织的要求,银行需要对组织架构进行适应性优化,组建一支专业化、扁平化、柔性化和网络化的数字化人才队伍,打造超强的适应能力和快速响应能力。

区域性银行可通过提供数字化能力培训和实务培训,培养一批具备相应业务知识并且能够较为熟练地掌握数字化工具的专业人才。同时,通过大数据应用落地、数字化项目辅导、数字化应用实战等多种形式,建立行内数字化人才骨干团队与数字化转型顾问团队,承担银行数字化转型的各项工作,并在全行宣扬数字化创新文化。

组织敏捷转型和数字化人才队伍是银行成功实施数字化转型的两个关键组织要素。区域性银行需要结合自身组织和人才特点,制定适合自身的组织转型路径和人才培养模式,稳步推动全行数字化转型的实施与落地。

3. 遵循"六步法",系统地进行数字化转型的规划和实施

在全球银行业数字化转型的大背景下,国内已有部分领先的区域性银行着手制定数字化转型规划,并取得了阶段性成果。为保障数字化转型成功落地,基于毕马威的经验,建议区域性银行首先明确数字化转型的方法和路径。

(1)战略明晰

基于银行的整体业务发展战略,制定数字化转型战略,包括愿景、目标、定位以及关键转型举措等。

(2)能力评估

对银行业务、数据、科技、组织等数字化能力成熟度进行评估,立足现状和需求,明确转型所需的关键能力及差距。

(3)模式调整

基于转型战略和能力评估,重新设计业务模式,打造敏捷组织和文化,重新设定绩效考核模式和重新搭建人才梯队。

(4)机会识别

识别数字化机会和场景,测算业务价值、实现难度、优先级和资源需求,对

关键业务和管理流程进行数字化重塑。

（5）技术重构

应用大数据、人工智能等技术，全面优化技术架构，在全行范围内提供数据服务和技术服务，提升决策的智能化水平。

（6）路径确立

考虑预算、资源、风险等因素，将所有变革活动统筹和整合到一个转型计划中，制定整体转型实施路线图。

目前，国内区域性银行的数字化转型总体上处于加速阶段，随着数字化技术和业务模式的成熟度不断提升，区域性银行的数字化竞争力将迎来突破。区域性银行应抓住当前战略机遇期，探索适合自身定位和未来发展的数字化转型道路，加快推进业务创新和组织变革，快速补足短板，构建核心数字化能力和差异化的竞争优势。

47 德勤中国：数致新生，洞察驱动的银行数字化转型

尤忠彬　王凯　彭与时　德勤中国

自电子计算机应用普及以来，银行业的数字化能力建设从未间断过。从最早的业务经营电子化，到后来的管理流程信息化，再到最近几年的客户交互移动化，数字化的定义正在持续扩展，并迈入经营全面数据化的新阶段。这一阶段将数据作为最核心的生产资料，把分析与洞察能力作为业务转型的核心驱动因素，再以敏捷组织、复合型人才体系及现代化科技能力作为支撑，最终实现由数据驱动银行各类生产经营活动的终极愿景。

2020年初，突如其来的疫情使银行业经历了一场大考，无论是大型银行还是中小银行，数字化转型的脚步都因此再次提速。在这一背景下，银行应关注并尝试"洞察驱动的数字化转型"，围绕"以人为本、洞察驱动、敏捷至上"的转型目标，在夯实数据与科技基础的前提下，将洞察能力充分嵌入客户、渠道、营销、产品、风控、运营、生态等核心业务环节中，同时开展人才文化、组织机制、流程方法等管理模式的变革，全面对银行进行改造升级。

洞察驱动的数字化转型必将成为银行搏击巨浪的风帆，助力银行在数字化转型大潮中乘风破浪，行稳致远。

第1节　洞察驱动——开启转型新篇章

1. 银行数字化转型演进路径

银行业务产生的数据量之大、范围之广、价值密度之高，非其他行业可比。

自银行业诞生之日起，数字化就成为行业的基因之一。多年来，伴随着科技的进步、经营环境的变化、客户诉求的升级，银行业不断推动数字化边界的扩展。回望过往，银行业的数字化转型走过了3个重大阶段。

（1）阶段一：业务经营电子化。

转型核心：核心业务的电子化。

代表转型领域：核心系统建设、网点电子化机具的应用和普及、U盾等风控技术的应用等。

（2）阶段二：管理流程信息化。

转型核心：普及管理信息系统。

代表转型领域：营销管理系统、客户关系管理系统、报表管理系统、经营分析系统、数据仓库/数据集市的建设等。

（3）阶段三：客户交互移动化。

转型核心：移动渠道与开放生态建设。

代表转型领域：手机银行建设、移动支付体系搭建、线下产品移动化、开放生态建设等。

随着时代与技术的发展，银行业数字化的内核又迎来了新变化。

对于连接了亿万客户的银行来说，一个全新的数据世界已具雏形。在这个神奇的新世界中，洞察可以下沉到每个个体，分析可以延展到未来，决策可以摆脱对经验的依赖，而且每一项行动及其效果的反馈也变得更加敏捷、高频和智能。传统银行的商业模式和版图也在不断延伸、碰撞中重塑。

在这一背景下，银行业的数字化迈入了全新的阶段：经营全面数据化。

转型核心：数据挖掘与洞察驱动。

代表转型领域：客户生命周期管理、千人千面营销、智能定价、智慧经营、智能投顾、产品收入预测、智能反欺诈、客户接触管理、智能运营等。

2. 洞察驱动的数字化转型实践

洞察驱动的数字化转型并非横空出世的新概念，国内早有敏于尝试的先行者。成长于改革开放最前沿的平安银行和招商银行，一直是我国银行业转型的主要推动者和重要参与者。在这一轮新的转型浪潮中，它们再次站在了潮头。

（1）平安银行：集团全面数据化经营战略引领下的转型新目标

2018 年，平安集团启动了全面数据化经营的战略转型。在这一战略指引下，平安银行提出了"用数据驱动代替经验驱动，以洞察为主轴"的数字化银行建设新方向。通过打造数据化经营能力体系，实现"三先三提三降"的经营目标：决策"先知、先觉、先行"；经营"提效益、提效率、提产能"；内部管理"降成本、降风险、降人力"。基于这样的转型目标，平安银行先后推进了现代化数据治理、数据服务中台建设、AI 智能平台建设三大数据驱动的项目的构建。

这次转型给平安银行带来了真金白银的回报：2019 年，平安银行人均创收提升 18%、移动端 AUM 增长 40%、净利润增长 19.5%、作业类工作成本降低 50%、运营时间成本减少约 80%，显著提升了市场竞争力。○

（2）招商银行：以客户为中心、以洞察为手段的数字化转型

"客户 + 科技"是招行定义银行业发展 3.0 阶段的两大核心主题，在"以客户为中心"的发展战略下，提出大数据决定客户服务能力的转型思路，并推进了一系列数据能力和洞察能力的建设任务：在数据基础层，建设数据中台，持续打通内外部数据，完善大数据治理体系；在洞察能力层，升级大数据云平台，并面向业务人员搭建数据应用工具平台，降低洞察分析门槛；在洞察应用层，相继建设和优化了风控平台"天秤系统"、零售客户体验监测"风铃系统"等智能分析和决策系统，并依靠大数据和 AI 技术打造智能服务机器人、流量分发决策机器人、智能坐席助手机器人、服务分析机器人、质检机器人等。

2019 年，招商银行全行数字化获客率达到 38%、双 App 月活超 1 亿、零售户均 AUM 超 5 万元（行业第二名）、盈利增速达到 16%。○

第 2 节 谋篇布局——绘制转型新蓝图

从数据中挖掘价值绝非易事。我们过往的调研结果显示，虽然不断有金融机构尝试，但是它们之中仅有不到 15% 找到了数字化转型的正确路径，其余大部分

○ 相关信息及数据来源于 2018 年、2019 年平安银行年报，其中部分数据基于年报披露的信息测算得出。

○ 相关信息及数据来源于 2019 年招商银行年报，其中部分数据基于年报披露的信息测算得出。

金融机构受制于各种因素，偏离了正确的轨道。有 26% 的金融机构由于缺乏正确的建设方法与指引，数字化转行反而成为一个吞噬企业资源与机会的黑洞。如果缺乏体系化的规划与设计，盲目开展孤立的、节点化的转型工作，势必事倍功半，错失变革与发展的历史机遇。

鉴于过往的研究与实践成果，我们建议企业以业务价值为引领、以数据科学为手段，全面提升企业的数据应用能力，系统开展数字化转型。

1. 价值引领——找到转型焦点

科技仅仅是转型的手段，实现业务价值才是数字化转型的终极目的。这要求转型以真实的业务问题为驱动，以真实的业务场景落地为归宿，让转型落到实处，避免"为转型而转型"。

在新一轮转型中率先行动的领先银行，其策术和谋略无不是围绕解决真实业务问题、提升价值产出开展的，包括诸如夯实数据基础、优化洞察应用等全面布局的一系列建设工作。这样的转型路线，与我们提出的业务数据化、数据智能化、数据现代化三项转型主张不谋而合。

2. 高屋建瓴——明确转型目标

（1）业务数据化

数据化从来不单单是技术的游戏，一方面，即便是节点化的应用，也需要业务模式、组织机制、人才文化的配套改造；另一方面，全面数据化转型也会引领企业重塑业务模式。

数据作为全新的企业核心资源，辅以"规模化 × 超级个性化"的数据分析能力，将帮助企业洞察更深刻的需求，需求带动更广域和跨界的业务场景，场景又进一步推动数据的指数级积累，最终形成具备平台双边效应的"数据飞轮"模式（见图 47-1 和图 47-2）。

由客户和平台两端构成的"数据飞轮"，最初需要在各个环节投入巨大的努力，以启动数据巨轮。随着持续运转的加快，平台双边效应将积累起惊人的动能，最终将"数据飞轮"推上自主进化、良性成长的轨道。在提高经营效率的同时，逐步演化出企业的全新业务模式和价值主张。而全面数据化转型就是构建数据飞轮并推动其运转的进程，将为业务增长注入强大的内驱力。

图 47-1 经营全面数据化体系

（2）数据智能化

将数据带来的洞察引入业务应用中才能充分释放其价值和潜能。领先银行的转型正是在客户、渠道、营销、产品、风控、运营、生态等相关的核心业务中持续探索智能分析、智能预测等技术和手段的应用场景，并结合数据挖掘模型和智能管理系统的建设，才逐步为各经营板块增添了智能化的能力。

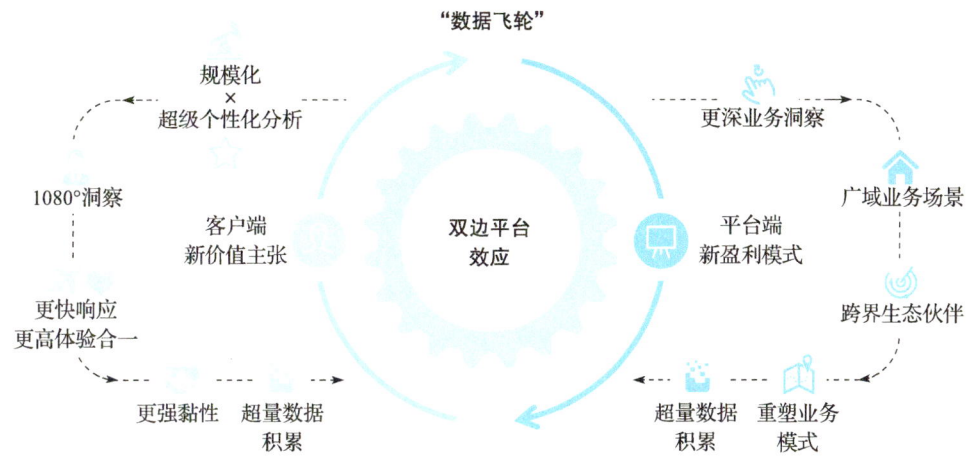

图 47-2 "数据飞轮"经营模式

（3）数据现代化

数据是洞察的根本，更是转型的根基。洞察驱动的数字化转型需要银行做好三大基础工作：建立实时、敏捷、自助的数据和分析平台；建立职责明确、有法必依的数据治理体系；构建体系化的企业级数据资产。

第3节 有序推进数字化转型落地

在明确目标后，银行须从自身经营现状出发，体系化地定制符合自身发展要求的整体转型规划和落地实施方案。我们建议按三大步骤推进转型落地：

第一步，引入成熟评估模型，实现覆盖全行各业务模块的全景式诊断；

第二步，规划转型方案，明确转型愿景，对前、中、后台各模块的能力进行改造设计，并提出相应的转型建设要求；

第三步，设计落地实施路线图，明确转型过程中的项目制任务，并制定相应的资源调配、组织协同和监督管理措施。

1. 数字化能力诊断

银行需要利用成体系的数字化成熟度评估工具对全行各条线的数字化成熟度及各项能力的落差进行全面评估，以识别能力差距、挖掘待优化场景，为转型方案规划提供方向。

以德勤的"数字化成熟度评估模型"为例,该模型通过"五级评价量表"对银行数字化战略、管理决策、客户体验等 16 个能力维度下的 87 个能力项开展评估。对每一个能力项均设置了 5 个层级的成熟度评价标准,最终输出银行整体及各业务模块的数字化能力量化评级诊断(见图 47-3)。

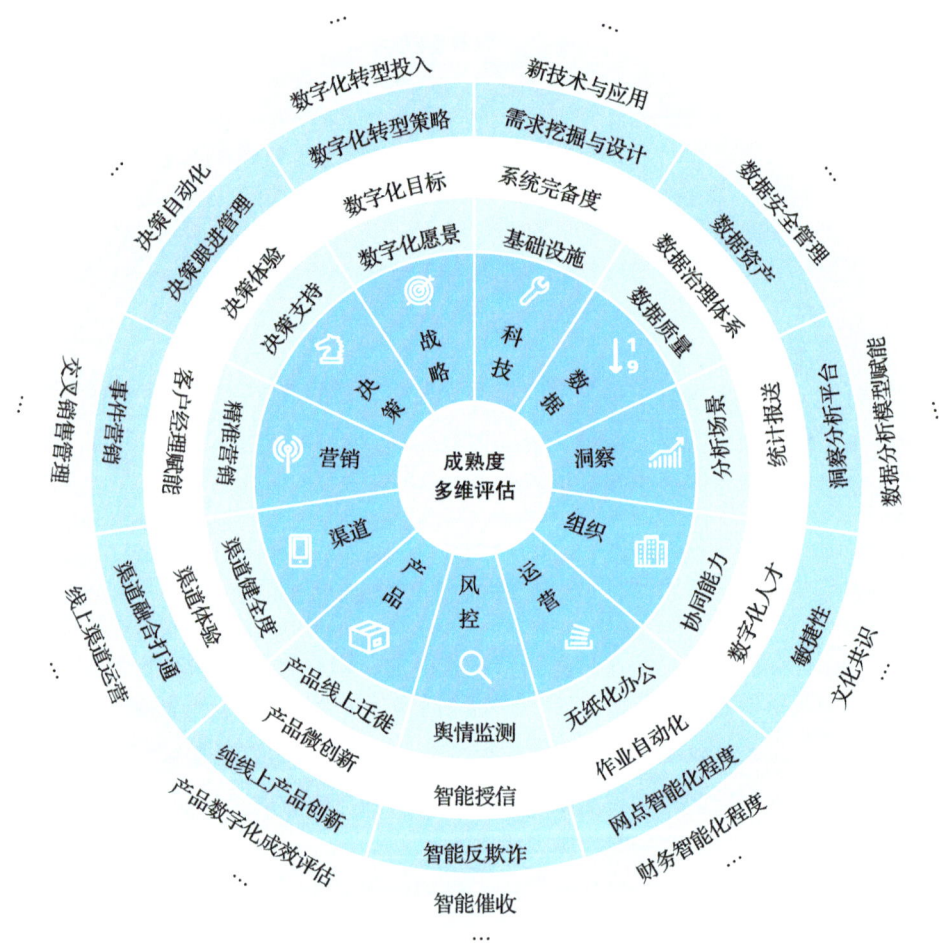

图 47-3 数字化成熟度评估维度罗盘

各能力项的评估既需要面向行方各级管理和业务人员,也需要站在行业全局视角进行对标评估,以充分保障数字化能力评级的准确性和客观性,进而为全面规划提供科学依据。

2. 整体转型规划

在识别能力落差后，银行须规划体系完整、契合自身特点的转型框架和方案，指引银行驶向正确的数字化转型航道。这就要求转型方案能够明确转型愿景，抓住核心矛盾，详细设计各项落后能力的提升方案。

（1）第一步：明确转型愿景

在银行业过往的转型探索中，部分先行者未明确数字化建设的终极目标，缺乏定力，盲目跟风，最终囿于"为了转型而转型"的发展困境，转型成果甚微。笔者认为，数字化转型应当牢记提升经营能力的使命，明确"以人为本、洞察驱动、敏捷至上"的愿景，将打造数字化能力最终转化为实现业务价值。

以人为本：构建核心竞争力。"以人为本"要求银行关注客户、员工、合作伙伴的需求，与这三类人保持密切的联系，为其营造卓越的交互体验，带来更高客户价值产出，不断强化自身核心竞争力。

洞察驱动：赋予转型原动力。把洞察能力打造为转型的原动力，银行将进化成以数据为驱动的全新物种。数据驱动的转型内核赋能前端决策、实现各环节全面智能化的同时还将大大降低银行的运营成本，助力银行在有限的成本投入下创造更大的业务价值。

敏捷至上：保持领先响应力。银行应致力于追求组织机制在形态、思维与行动上的柔性与高效，确保轻型、敏捷的组织能够根据市场需求进行快速变化和调整，并以最快的速度落地决策要求，完成业务升级，将经营策略传达至一线。

（2）第二步：规划转型方案

洞察驱动的数字化转型方案须覆盖顶层设计、配套支撑、基础夯实、场景落地 4 个层面的任务（见图 47-4）。

1）顶层设计

建设要求：以数据驱动为纲领，完成全新数字化转型模式的顶层设计，明确数字化转型定义、愿景、目标、组织职责及其运作模式。

2）配套支撑

建设要求：解决数字化转型的潜在阻力，包括理顺所有相关部门的协同机制、确保资金和人力的投入、凝结全行的文化共识等方面。

建议重点项目：科技服务模式转型、项目推动机制改造、数字化人才规划、数字化转型专项基金、培训体系建设。

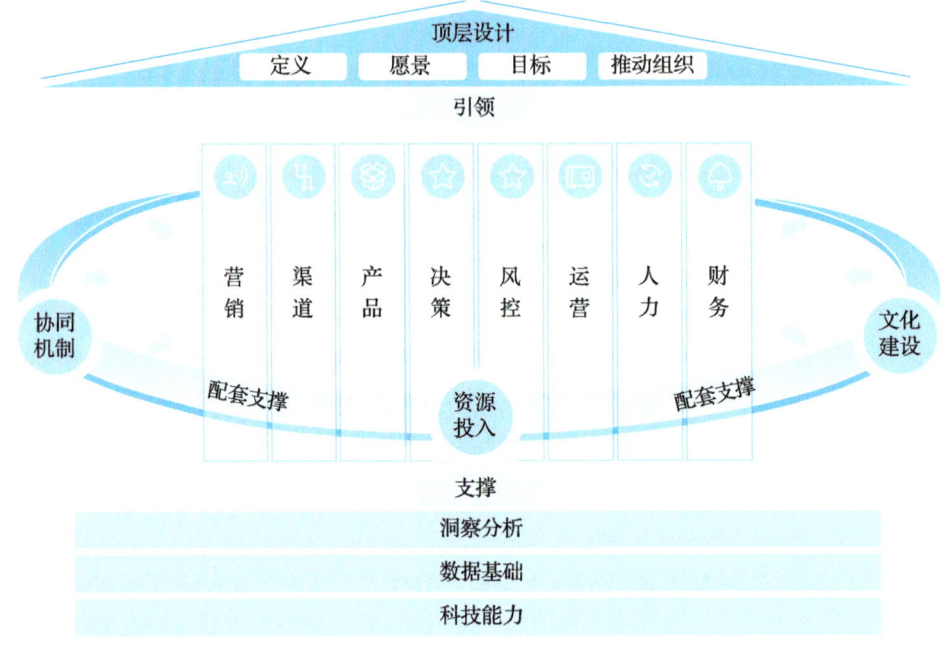

图 47-4 洞察驱动的数字化转型方案

3）基础夯实

建设要求：构建现代化的数据管理和洞察应用体系，并树立平台能力优先的建设思路，实现银行科技能力模块化、标准化，构建可按需求直接调用微服务的灵活技术中台。

建议重点项目：科技规划、大数据规划、现代化数据治理、数据服务体系建设、客户标签体系建设、自助分析平台建设、报表去手工等。

4）场景落地

建设要求：将洞察能力嵌入到客户、渠道、营销、产品、风控、运营、生态各领域的智能管理和精准决策中。

建议重点项目：客户生命周期管理、线上运营体系建设、精准营销平台建设、智能预算体系建设、大数据风控体系建设、智能运营体系建设等。

3. 设计落地路线

（1）梳理转型任务

按照数字化转型框架中各个模块的建设目标，基于银行转型步调的要求，设计分批次的项目制工作任务，以项目卡片的形式明确项目考核指标、牵头参与部门、资源投入计划、建设落地周期和检视评价节点等，形成详尽的数字化转型实施路线图。

（2）实现组织协同

建立转型统筹协调组织，梳理各参与部门间的协作关系，结合具体项目制定并执行战术级协同机制，确保转型工作顺畅开展。监督各项目的建设进度，处理和化解转型过程中的各类矛盾和冲突。

（3）落实资源投入

基于转型的实施路线图和银行可调配资源的现状，从时间维度为各建设领域制定明确清晰的资金和人力资源调配计划。监督相关资源按时投放到位，处理资源申报、审批等过程中的阻碍，保障转型的物质基础。

（4）监督落地效果

明确转型各阶段、各项建设任务的预期成效，建立监督与检视机制，监督各项目的落地成效。疏通反馈通道，充分吸收一线对于转型的不同声音，将各级业务人员的诉求和思考纳入转型调整的考量。

第4节　转型演武场见真章

1. 转型案例一：某区域性银行

以**某区域性银行的数字化转型**为例，该银行地处经济发达地区，得益于本地产业及客户资源的优势，在发展前期表现优异。近年来，外部环境显著变化，该行数字化转型滞后，原本相对传统的经营模式遭受挑战，核心经营指标呈下滑趋势，与对标银行的差距愈发显著。

（1）核心问题

全行上下对数字化转型的内涵、目标缺乏统一认知，导致资源未能投向数据基础设施建设。数据能力薄弱又进一步放大了业务管理系统的不足，导致业务端大量的人力被浪费，业务、科技、数据部门之间在洞察分析上迟迟无法形成合力。

（2）关键举措

统一全行对数字化转型的认知，确立"洞察驱动"的战略目标，明确规划未来 3 年大数据平台、数据中台、数据治理体系等基础设施的建设方案，并形成全行一致认可、责任清晰的实施路线图。通过开展一系列数据分析速赢试点，鼓舞业务部门信心，提升一线人员获得感，理顺协同配合关系。

（3）初步成效

全行数据基础能力得到跨越式提升，数据质量显著好转，指标和标签体系不断完善，伴随洞察分析工具日趋健全，经营分析人员的工作负荷有效减少，一线业务人员明显感受到由数据带来的效能提升，工作热情和配合意愿得到有效激发。

2. 转型案例二：某股份制商业银行信用卡中心

再以某股份制商业银行信用卡中心的数字化转型为例，该中心成立已逾 10 年，积累了数千万的庞大客群和年均规模超万亿的消费体量。2020 年以来，一方面受疫情冲击，另一方面因自身数字化转型滞后，新增发卡、消费交易等经营指标大幅下降，发展速度严重放缓。

（1）核心问题

数据与洞察基础薄弱，除风控外，仅有睡眠客户唤醒等少量场景得到洞察支持。客户管理与市场活动的开展严重依赖业务人员经验，经营管理人员思维固化，知识结构老化，数字化转型行动迟缓。

（2）关键举措

基于科学规划推动数据基础设施建设，夯实数字化转型基础；全面梳理洞察应用场景，覆盖客户管理、经营分析等全经营链路的各个环节；通过客户生命周期等明星项目和智能营销系统等示范工程，以成果转思路，倒逼整个组织进行文化转型。

（3）初步成效

数据基础设施大幅完善，各经营管理系统效能明显提升，对业务人员和管理人员的赋能效果显著。管理人员知识结构升级，数据分析专业人才队伍进一步扩充，敏捷项目机制逐步推广，洞察驱动整体经营能力提升并进入良性循环。

数字化转型时代的大幕已经拉开，银行整装待发，拥抱新机遇的同时，也面临诸多挑战。有些银行已经先行一步，在各个领域进行着艰苦而勇敢的尝试，但对于绝大多数银行来说,"洞察驱动的数字化转型"是一片充满未知的领域。转型的终点在不断变化,没有成熟的路径,银行只能从过往的实践经验出发,从前人的经验切片中,窥得指引我们前进的微光。我们希望基于过往的经验描绘新时代银行数字化转型的蓝图,并通过"以业务价值为引领,通过业务数据化、数据智能化、数据现代化实现洞察驱动数字化"的转型纲领,帮助银行全面掌握新时代数字化转型的方向与要求。

转型过程中我们发现,对于银行而言,即便明确了转型的终极图景,想要设计出符合自身特征、体系化的、可执行的转型路径依然困难重重。银行需要重新审视和思考数字化转型的基本面,盘点自身资源禀赋和短板,找到符合自身的差异化转型方法与路径。

对于银行业乃至整个社会,洞察驱动的数字化转型都将是一次漫长而艰苦的征途。但我们相信,只要明确前进方向、掌握科学方法、保持战略定力,就一定可以迅速进入数据智能的快车道,加速驶入下一个时代。

48 波士顿咨询：开放银行的未来之路

孙中东　波士顿咨询

过去的几十年，中国经济飞速增长，但金融供给侧的发展仍旧滞后于经济发展。其中，日益突出的矛盾之一是传统银行提供的金融服务无法有效满足小微企业和居民日益增长的金融需求，需求与供给之间存在鸿沟，旺盛的需求与短缺的金融服务之间存在矛盾。为了让真正优质的金融服务触达客户，在互联网上展业的银行顺应开放大潮，以"开放银行"作为桥梁，跨越鸿沟，缓解需求与供给间的矛盾，对促进金融业的发展具有重要意义。

第 1 节　开放银行发展的 4 大核心驱动力

1. 场景驱动

当前，商业活动和个人生活已经高度移动化，银行业服务客户的触点已经发生较大变化。银行经营模式已从原来的线下经营为主转为线上经营为主。同时，互联网正在改变人们生活的方方面面，银行只有开放，才能融入线上化的生活场景，保证场景嵌入的多元性、触达的广泛性，真正打开银行的业务边界，抵御跨界竞争。

2. 体验驱动

移动互联时代，客户的行为发生了明显变化，对体验的要求在不断升级，良好的体验已成为打动客户的关键要素。客户偏好早已不同以往：

第一，在信息获取方式上，便捷性是客户获取信息时考虑的首要因素；

第二，在决策要素方面，客户更倾向于快捷、综合、有趣的内容，时效性成为决策的首要和关键条件；

第三，在获取服务的方式上，客户对于获取服务的时间和地点具有更多的话语权，更倾向于随时随地获取服务；

第四，在体验方面，简单、透明、低门槛以及高互动（能够反馈和分享）成为客户体验的关键指标。

所有这些变化导致客户对金融服务产生了更高的诉求，"随时随地、自由选择、个性化、一流的体验"成为银行获取客户、留住客户的关键。银行只有开放，连接客户的生态系统，才能实现端到端的客户旅程再造，创造无缝、极致的客户体验。

3. 数据驱动

数据就像是连通人体组织的血脉，没有数据就无法做到以客户为中心。银行只有开放，才能广泛获取全客户视角的数据，尤其是非金融行为数据和全市场数据。

通过数据与技术赋能，使更大规模、更低成本的个性化应用成为可能，客户洞察成为业务模式和运营模式再造的根本出发点。大数据驱动风险管理已是大势所趋，通过大数据（特别是消费、社交等非信贷类的行为数据）进行风险管理，拓展客户服务边界，让银行发展普惠金融成为可能。

4. 敏捷驱动

银行只有通过外部生态伙伴和内部部门的充分协同，构建开放式、平台化的运营架构、组织架构、技术架构，才能实现敏捷（见图48-1）。

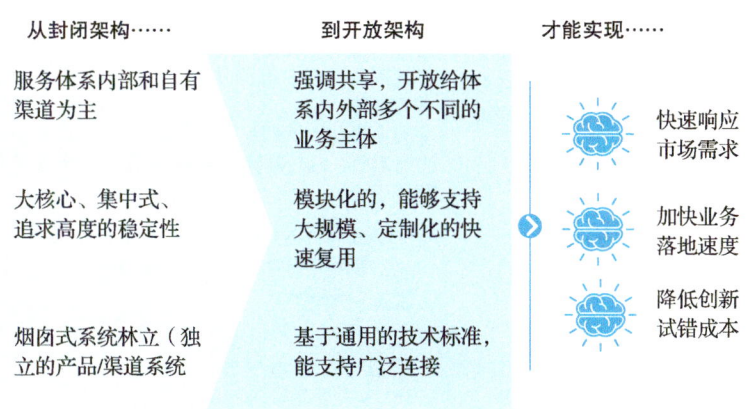

图 48-1 从封闭架构到开放架构

纵观近年来我国银行业的发展，国内开放银行的飞速发展得益于诸多因素：

其一，来自外部竞争的压力，尤其是互联网公司对传统行业带来的冲击，加之移动互联网时代客户体验要求的提升，即客户更加倾向于随时、随地、快速获取个性化的服务；

其二，随着新技术的发展，银行在线获客能力不断提升，对于 KYC 提出了更高的要求，大数据技术得到了更广泛的应用；

其三，银行的经营模式正在改变，从传统的属地化、网点化经营模式逐渐转变为数字化、场景化的经营模式。

正是以上因素合力推动了近几年国内开放银行的跨越式发展，但正如一枚硬币的两面，这些因素为行业中的参与者既提供了机遇，也带来了挑战。

第 2 节　现状思考：机遇与挑战并存

1. 机遇：开放银行迎来跨越式发展

最近几年，国内开放银行的跨越式增长大致可分为 3 个阶段（见图 48-2）。开放银行概念已得到行业普遍认可，90% 以上的银行都已经开始或者着手准备开放银行相关建设。

	第一波：2012—2015年	第二波：2016—2017年	第三波：2018年之后
市场环境特点	• 银行大力发展同业业务，泛资管进入快速发展阶段 • 移动互联网、移动支付开始兴起	• 金融科技条件成熟 • 欧盟PSDII颁布，欧洲开放银行加速 • 银行业黄金十年结束，金融监管趋严，国内银行业转型压力增大	• 移动互联网全面渗透 • 国内互联网金融科技巨头快速崛起，阿里、腾讯、百度、京东等押注金融领域 • 商业银行改革转型进入深水区
开放银行积极开拓方	早期试水者： 中国银行　兴业银行	以新兴中小银行为代表： XW新网银行　上海华瑞银行　WeBank微众银行	以大型银行为代表： 浦发银行　中国工商银行　招商银行　中国建设银行

图 48-2　开放银行发展历程

国内开放银行普遍通过现代化、开放式、科技型经营战略来改革金融服务，通过数字化手段提升金融服务的触达率、客户体验以及场景经营能力。2017年，工、农、中、建四大国有银行与阿里、腾讯、百度、京东四大互联网巨头陆续开展合作，为金融服务变革注入了想象力。2018年下半年以来，国内大中型银行纷纷在开放银行领域进行积极探索和实践，2018年也因此被称为中国开放银行元年。2018年7月，浦发银行推出业内首个API BANK（无界开放银行），客户可以通过企业的ERP、网站、App或微信小程序等调用银行的API，在不知不觉中使用了银行的产品及服务。同年8月，建设银行的开放银行管理平台正式上线，建行金融科技子公司建信金融科技推出了"TOP+"战略。同年9月，招商银行上线两款迭代产品——"招商银行App 7.0"和"掌上生活App 7.0"，由卡片经营全面转向App经营，同时也开放用户和支付体系，通过API、H5和App跳转等连接方式，将金融和生活场景连接在一起。

开放银行在优化客户体验、获得客户、开拓新的收入来源等方面具有潜在优势，尤其在目前传统银行服务无法充分进入的互联网场景以及无法建立可持续服务模式的情况下。开放银行通过账户能力、支付能力、金融产品能力、数字经营能力、全渠道服务能力等全面开放，同各类生产、生活场景相融合，搭建跨界融合生态。

虽然很多银行已经开始打造开放银行，纷纷同科技公司建立战略合作关系，但是从实际的业务模式和规模来看，国内开放银行模式主要有联合贷和助贷两种。

联合贷是指贷款人与合作机构基于共同的贷款条件和统一的借款合同，按约定比例出资，联合向符合条件的借款人发放的互联网贷款。联合贷的吸引力在于"利润高，不良率又极低"。然而，该模式最大的弊端在于联合贷款机构一般都为银行提供兜底，银行沦为纯粹的资金提供方，有时甚至连完整的客户信息都无法获取。

助贷是指由助贷平台通过线上、线下渠道获取符合贷款机构标准的借款人并批量传输给贷款机构，贷款机构独立自主设计贷款产品，对借款人进行全方位风险识别与评估后，直接放款至借款人指定账户或受托支付至商品、服务提供商户账户的业务模式。

无论是联合贷还是助贷，都暴露了银行在面临互联网贷款场景时客户KYC能力、风控能力不足。

2. 挑战：严防风险，监管政策密集布控

近年来，银行在同场景合作业务模式上，联合贷和助贷业务仍然是见效最

快、业务量占比最高的模式。合作贷款业务的经营模式也出现了异化，违规发放贷款、核心业务外包、违规跨区域经营、信息收集和使用不规范、非法暴力催收等问题和风险不断暴露。

对此，针对联合贷和助贷业务的监管政策也陆续出台，涉及助贷机构资质、授信风控、信息保护、逾期催收等多个方面，基本涵盖了贷前、贷中、贷后全过程。未来，助贷业务仍具有较大的发展空间，但其健康、稳健发展则有赖于市场主体和监管部门之间的良性互动。

无论是外部监管环境还是银行自身发展需要，开放银行的发展必须在风险可控的前提下进行，并以提升银行自身经营能力为目标。对于不同市场参与主体，要明确非持牌金融机构的业务边界，提升持牌金融机构的职责要求和竞争力，同时进一步规范市场秩序。

3. 银行未来转型的主战场

开放银行既是机遇也是挑战，谁能打破内部藩篱，率先抓住发展机遇，谁就能在未来占据主动。我们看到，国内小部分领先银行，尤其是大中型银行，已经率先将开放银行作为银行未来转型的主战场（见图48-3）。

领先银行纷纷以自身禀赋为基础，切入优势行业，以银行综合金融服务为核心，探索生态经营模式。在 C（零售）、B（公金）、G（政府）、F（同业）等不同领域，从场景嵌入到深度渠道创新的合作，从助贷导流到深度客户经营，从平台经营到生态融合发展，将开放银行模式真正转变为银行的开放经营模式和开放管理模式。

第 3 节　发展破局：重塑开放银行场景经营能力

开放银行不仅涉及银行服务、展业渠道的变化，更关系到银行经营模式的改变。未来，打造开放银行需要从 3 个方面着手：重塑端到端客户旅程，即打开银行服务边界，重新体系化梳理和重塑银行服务流程和体系；实现核心业务数字化，即依托现有数字化能力，打造符合银行未来数字化战略的中台能力；建设敏捷经营团队，即解决场景合作过程中银行决策速度慢以及银行前、中、后台速度不匹配的问题。

银行	战略特色	发展目标	典型案例
B 浦发银行 SPD BANK	智慧对公：充分了解客户需求，智慧提升对公竞争力	打造40套针对不同行业的场景式、个性化客户服务方案	浦发智慧港项目 • 提供一站式智能化整体支付结算解决方案 • 信息化手段改变港口业务线下受理模式
C 招商银行 CHINA MERCHANTS BANK	深耕零售：建立集金融与生活服务为一体的普惠生态	打造集金融与生活服务为一体的综合场景服务平台	双App策略 • 招商银行App侧重金融自有场景，全方位的综合金融服务 • 掌上生活App侧重打通生活、消费、金融，积极布局生活场景
G 中国建设银行 China Construction Bank	助力政府：打造住房租赁生态，融入生活服务场景	助力政府打造住房租赁平台，融入生活服务场景，落实建融家园战略	住房租赁金融生态圈 为政府、企业、租客、房东等住房租赁相关主体提供全链条产品和服务
F 兴业银行 INDUSTRIAL BANK CO.,LTD.	赋能同业：打造资金资管开放银行平台	向中小银行提供集财富管理与销售、资管、资产交易于一体的全链条机构服务	同业开放平台 打造三朵云：财富云、资管云、交易云

图48-3 大中型银行的开放银行战略及发展目标

1. 突破边界：重塑端到端客户旅程

随着开放银行模式的逐渐深入和发展，尤其是在场景驱动的业务模式下，银行服务客户的边界正在发生明显变化，即从原来的网点/客户经理服务模式逐渐向线上（尤其是移动端）转变，以及从银行体系内向客户场景中转变。

以汽车贷款为例，传统银行经营模式更多是被动经营模式，在满足客户需求的整个过程中，银行的服务只占到很小一部分。而在开放银行模式下，银行通过场景合作，将银行服务延伸到客户场景之中，从而更好地为客户提供服务。这样一来，在提升客户体验的同时，也使银行服务的触达率得到极大提升。

在端到端的客户旅程重塑中，银行以提升客户体验为导向进行数字化旅程再造，如增加预授信、实时审批、减免抵押等，风控流程亦须做出相应调整。银行端通过重塑业务流程来满足场景端客户的新需求。尤其是在尽职调查和反欺诈等原本人工介入较多的阶段，通过引入数字技术，结合场景方及第三方数据，提升银行在客户场景中的直接服务能力，让客户无须脱离场景即可体验全流程的无缝衔接服务。

有别于传统的流程优化，端到端的客户旅程重塑是一项系统工程，是涉及客户体验、流程与运营、变革管理、敏捷交付、传统技术和数字化新技术相结合的整体性工程，是对银行场景经营能力的全面提升（见图48-4）。

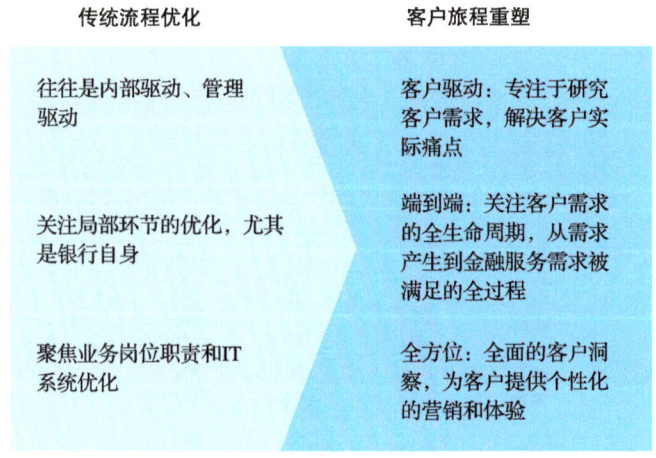

图 48-4　客户旅程重塑 VS 传统流程优化

（1）特点一：客户驱动

通过端到端的客户旅程重塑，银行将服务边界拓展到了银行体系之外（场景中），在拓展业务边界的同时，也拓展了客户服务的边界。从客户到用户，是银行提升对互联网用户的经营能力的表现，如微信公众号的运营能力就是银行对互联网用户的经营能力的一种体现。通过分析银行各类公众号的用户数据，识别用户的金融偏好，结合微信端数据分析用户的日常消费习惯，向用户精准推荐金融服务，将"银行可触达的用户"转化为"与银行建立正式合作关系的客户"。

（2）特点二：端到端

银行与客户的触点从传统的大堂、柜面、自助设备、智能机具等线下触点逐渐转化为网上银行、手机银行、微信银行等线上触点。在传统服务模式下，只有当客户进入银行服务体系内，银行才能够为客户提供各类金融服务。而在开放银行模式下，客户触点正在从银行经营体系内逐步向体系外拓展，无论是微信、微博、QQ 等社交媒体，还是美团、携程、腾讯视频等生活娱乐类场景，逐渐覆盖客户的衣、食、住、行、玩等方方面面。

端到端的客户全生命周期管理覆盖从客户产生需求到金融需求被满足的全过程。通过开放银行金融服务模式，从客户实际场景中触达客户、感知客户需求、吸引客户注意、满足客户需求，进而持续经营客户。

（3）特点三：全方位

全面的客户洞察，为客户提供个性化的精准营销和体验，关键在于通过数据对客户实现 360°的全方位画像。数据采集工作是在保护客户隐私的前提下，从客户端进行数据、用户行为/生物特征的采集、超渠道客户信息的收集和整合以及银行内部交易数据汇总。

第一，设备/应用信息采集。设备静态信息主要包括 CPU 指令集、屏幕分辨率、应用版本等。通过运算生成设备指纹，在某些参数改变后，仍然能识别为同一设备，以不变应万变。同时，采集设备的一些动态使用信息，诸如电量、陀螺仪信息、Wi-Fi 名称等，可用于辅助判断一些用户欺诈行为，例如电量永远满格、陀螺仪总是角度固定等都是比较常见的黑产用户特征。

第二，用户行为/生物特征的采集。除了常见的生物特征（如人脸、掌静脉、虹膜和指纹、声纹）外，还应采集用户的行为信息，如用户的单次输入时间、页面停留时间等。

第三，超渠道用户数据采集和打通。银行等金融机构通常包含多个对客产品线，如手机银行、直销银行、PC端网银、微信银行、客服、线下网点、合作方渠道等，每个渠道都会接触各自的用户，每个渠道的用户行为也会有不同的特征，收集到的数据维度也各不相同。因此，应当重点把握自身渠道，尽可能采集完整的数据，更加全面地刻画用户画像。在开放银行模式下，对于从场景端触达的"弱信息客户"，即通过微信、QQ、微博授权登录的客户，或通过活动预留了手机号的客户等，当这类客户实名开户时，将他的弱信息账户全部关联起来，便可形成一个更丰富、更立体的用户画像。

第四，银行内部交易数据汇总。除了银行已有的数据平台汇总来自不同业务系统的交易数据，内部交易数据采集还应包括更细粒度的系统日志信息采集。通过对日志信息的分析，可以重现整个客户交易过程，进行更细颗粒度的客户分析。

2. 特色中台：实现核心业务数字化

在开放银行的建设过程中，内部挑战主要来自跨部门的协同、敏捷组织的保障以及数字化能力的建设。重塑端到端客户旅程是一套行之有效的变革方法，而有银行特色的中台能力建设是将客户旅程转化为银行的数字化能力，持续推动银行核心业务数字化转型的关键。

为什么建设中台？本质是为了解决"稳、慢"的后台与"敏、快"的前台之间的矛盾。建设中台就像是在前台与后台之间添加"变速轮"，将前台与后台的速率进行匹配，是连接前台与后台的桥梁（见图48-5）。

总体上看，互联网公司的业务中台具备以下3大特征：

第一，开放共享，中台各功能模块共同支持前端所有业务场景，供前台业务条线灵活配置，前后台发展适度解耦，解决两者因风险、安全偏好不同导致的发展速度不匹配问题；

第二，灵活创新，具备一定可扩展、可配置的弹性发展潜力，当业务规模扩大后，可进行较强的灵活定制以及弹性扩容能力，为业务拓展提供支持；

第三，客户体验，从客户体验或场景价值链角度出发，设计满足不同环节所需的功能模块，基本覆盖客户端到端的需求和全生命周期需求，共同构成完整的中台体系。

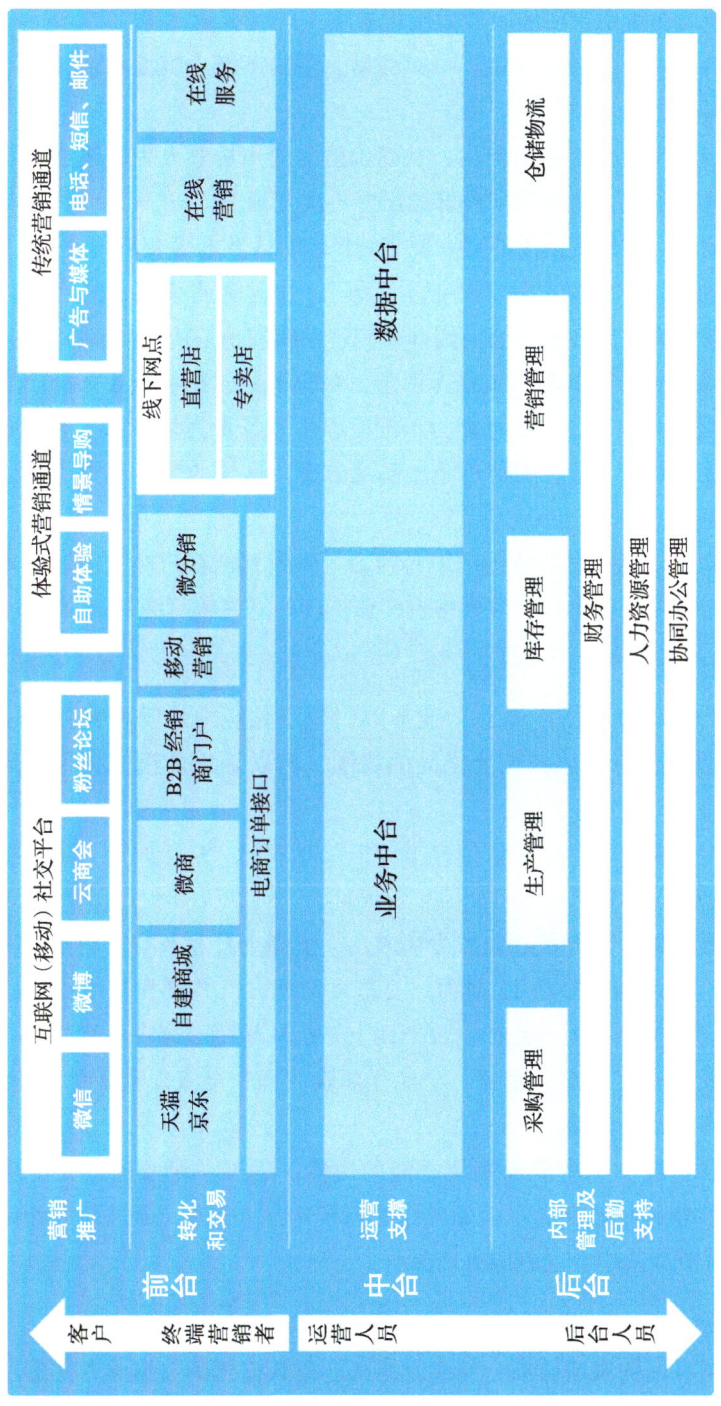

图 48-5 互联网公司前、中、后台架构模式

互联网公司建设中台的经验能为银行带来 4 点启示：

第一，持续性，中台建设难以一蹴而就，需要不断地沉淀和迭代，不断调整和更新必不可少；

第二，切入点，坚持价值导向，从高价值的应用场景入手，逐步沉淀中台能力，对于可输出的能力，考虑向外部输出并再次变现；

第三，配套，中台建设需要建立配套的组织、人才与考核机制；

第四，战略，中台建设是"一把手工程"，作为企业级能力的建设，需要在战略层面予以重视，并在整个企业内部做到跨条线的统筹协调。

聚焦银行中台，须以客户旅程为视角，对原本分散在各业务系统中的能力进一步抽象和提炼，形成公共服务能力；同时以生态场景为切入点，通过服务能力重组，形成面向场景/行业的特色金融解决方案。这样的变革对银行原来的系统架构提出了更高的要求。

通过打造符合银行发展特色的中台能力，将端到端客户旅程能力注入中台建设之中，同时依托业务中台和数据中台构建持续的开放银行场景经营能力。

（1）业务中台

业务中台的建设本质上是总行业务部门数字化能力建设和整合的过程。业务中台更加强调各业务服务能力之间的协同，可以认为是银行服务内部之间的开放。

银行建设业务中台，应采取"自上而下"规划和"自下而上"沉淀相结合的模式（见图 48-6）。

自上而下是指以银行核心业务为切入点，梳理全行业务与应用架构，系统化梳理业务重点和所需的核心 IT 能力，打造可定制、可共享和复用的核心产品能力，明确目前的差距与提升路径；自下而上是指从端到端客户旅程梳理入手，重点梳理精准营销获客和交叉销售、全流程风险管理、全流程数字化运营等流程，重塑端到端客户旅程体验。

业务中台打破了原有业务系统之间的边界，通过在业务层重新梳理客户旅程，将原有的业务系统变成众多标准化的原子产品/服务，通过开放和组合银行内部 API，形成新的综合金融服务产品。

（2）数据中台

纵观数据应用的发展历史，其实就是从业务数据化到数据业务化的发展过程

（见图 48-7）。无论是营销能力、反欺诈能力还是风控能力，背后都需要数据能力的支撑。数据中台的建设目标是建立价值图谱、规划新一代数据架构，同时以应用场景沉淀数据服务，即调即用。

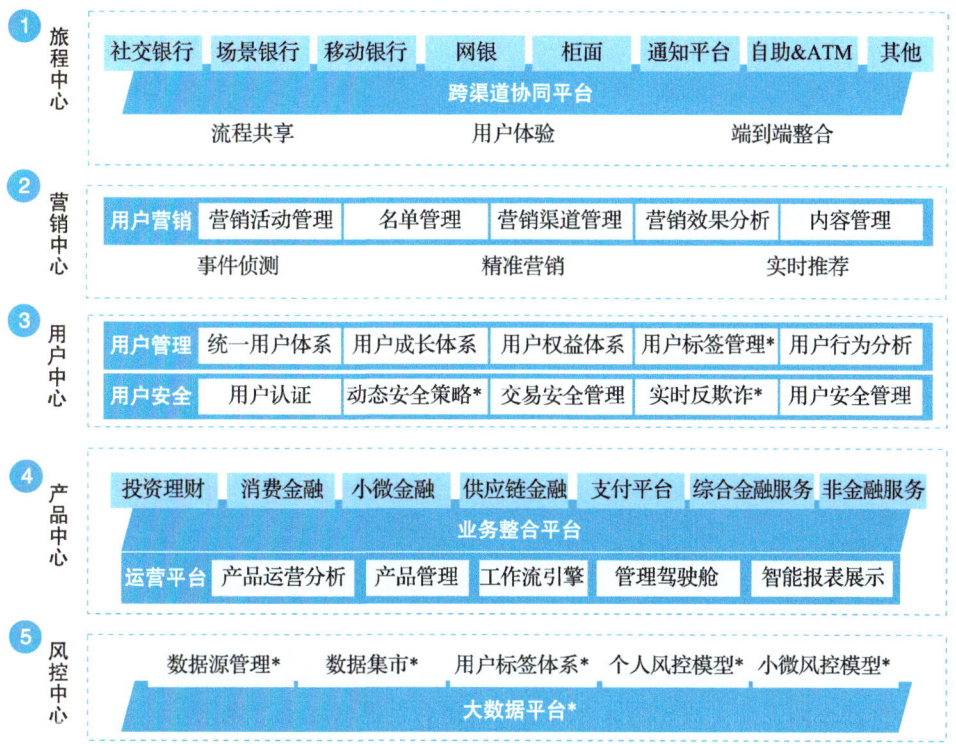

*：业务中台通过数据中台能力，为业务开展提供支撑。

图 48-6　银行业务中台主要功能

其步骤如下：

首先，将全行内的业务数据进行汇总、整理，以数据模型的形式组织起来，除内部数据外，还可以通过引入第三方数据进一步丰富数据维度；

其次，发现数据应用场景，建立价值图谱；

最后，为应用场景封装所需的数据服务，以接口的形式提供，即调即用。

打造数据中台，银行需要做好以下 3 件事：提升数据应用能力，运用内外部数据，打造亮点产品，初步建立数据应用平台，梳理和规划应用场景，封装数据服务，打造迭代闭环；提升数据治理水平，完善治理制度和政策，通过数据追踪，持续推进数据治理，提高数据意识，持续开展数据质量监控；重新梳理数据架构，全局统筹，明确管理职责，打通数据，提升架构管理的深度、细度，做到"管得早，管得细，管得住"。

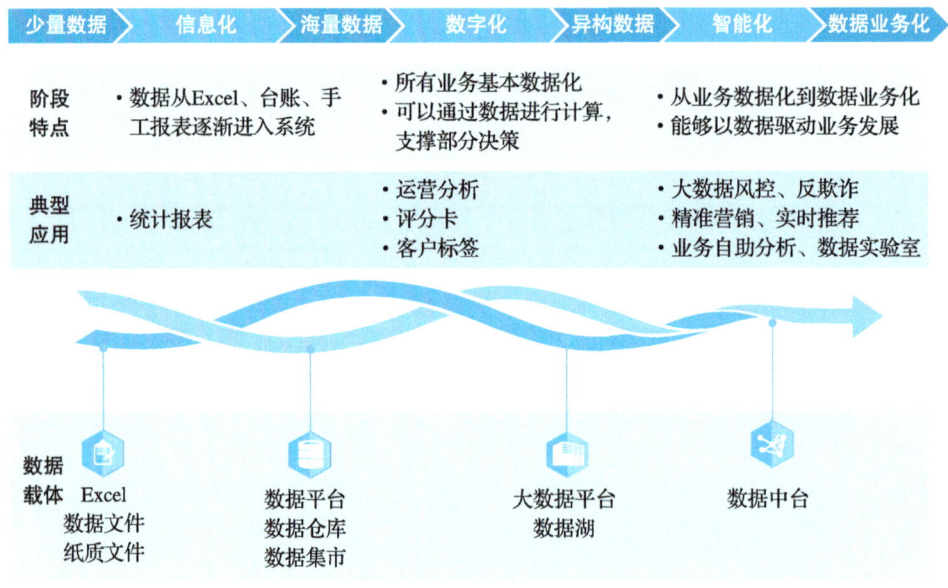

图 48-7　数据应用发展历史

需要注意的是，建议银行优先选择既有业务场景又有数据储备，同时还能够快速启动建设的项目，从精准营销与实时推荐、经营分析、风控与反欺诈等核心应用开始，持续迭代，提升数据中台能力。

3. 场景经营：建设敏捷经营团队

要在场景合作过程中做到游刃有余，银行应着重以客户旅程为切入点，打破原有部门间的藩篱，实现"敏捷应变"。与此同时，还须处理好总分行之间的协同关系，充分调动分行在场景合作业务上的积极性，由总行搭建"大平台"，分行则因地制宜，快速构建地域竞争优势。

在总行层面，第一，应整体规划和设计开放银行的业务模式，确立开放平台的重点布局方向，梳理并明确高潜力生态/场景，在行内明确开放银行场景建设的优先级顺序；第二，应建立全行开放银行协作模式，明确牵头部门、职能部门间的协作模式及总分行角色分工；第三，应搭建开放银行平台、业务中台和数据中台,接入总对总第三方高频场景;第四,应针对不同场景,制定合作准入标准和管控机制,明确针对不同场景的合作方准入和尽调模式。

在分行层面,一方面应在总行授权范围内,结合区域的客群和经济特色,积极拓展开放银行场景合作业务;另一方面应充分释放分行的业务区域优势,针对重点场景,构建竞争优势。

第4节 展望未来:构建综合金融服务生态

当前开放银行在全球范围内的发展可谓是生机勃勃,大部分银行已开展或准备开展开放银行业务,但我们也应清楚地认识到,开放银行仍处在发展初期,主要作为新的合作渠道,与互联网场景端开展流量导入、提供资金的简单合作。

展望未来,我们将会看到更多领先银行基于自身禀赋和战略寻找生态主战场,推动多业务条线合力促成深度经营,构建综合金融服务生态,并由此逐渐形成生态制高点(见图48-8)。

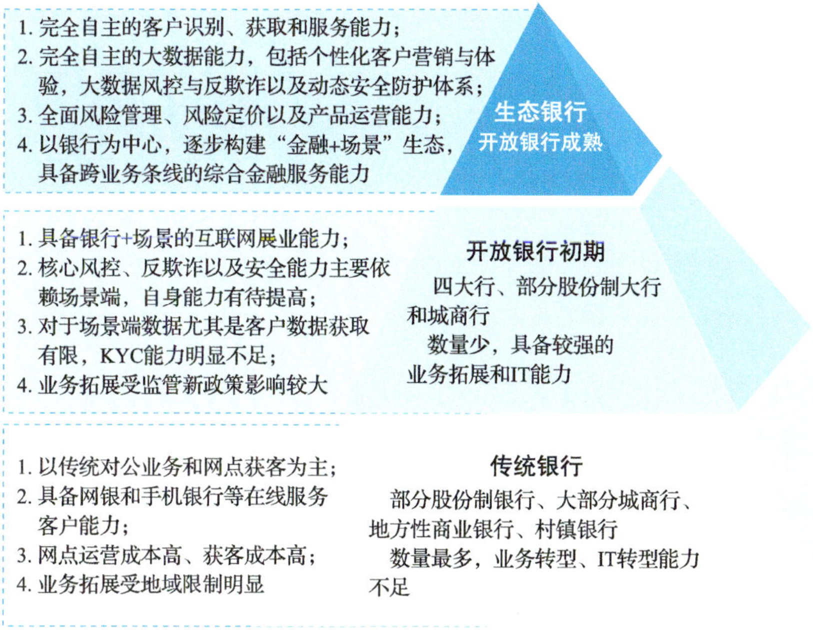

生态银行 开放银行成熟
1. 完全自主的客户识别、获取和服务能力;
2. 完全自主的大数据能力,包括个性化客户营销与体验,大数据风控与反欺诈以及动态安全防护体系;
3. 全面风险管理、风险定价以及产品运营能力;
4. 以银行为中心,逐步构建"金融+场景"生态,具备跨业务条线的综合金融服务能力

开放银行初期 四大行、部分股份制大行和城商行 数量少,具备较强的业务拓展和IT能力
1. 具备银行+场景的互联网展业能力;
2. 核心风控、反欺诈以及安全能力主要依赖场景端,自身能力有待提高;
3. 对于场景端数据尤其是客户数据获取有限,KYC能力明显不足;
4. 业务拓展受监管新政策影响较大

传统银行 部分股份制银行、大部分城商行、地方性商业银行、村镇银行 数量最多,业务转型、IT转型能力不足
1. 以传统对公业务和网点获客为主;
2. 具备网银和手机银行等在线服务客户能力;
3. 网点运营成本高、获客成本高;
4. 业务拓展受地域限制明显

图48-8 未来生态银行模式

开放银行的发展脉络也颇为清晰:其一,重塑端到端的客户旅程,即对客

户需求进行深度挖掘，全方位经营客户、最大化客户价值；其二，推动核心业务数字化，即依托银行优势业务，打造"业务中台+数据中台"，快速提升核心业务的数字化能力，提升业务拓展效率；其三，建立深度场景经营能力，即从优势场景的关键业务切入，实现多业务条线协同经营、多业务联动的经营模式。

当前，科技的发展日新月异，所谓的"颠覆式创新"也在各行各业遍地开花。尽管面临着未知的挑战，开放银行的发展仍势不可挡——以端到端客户旅程重塑为抓手，推动核心业务数字化，建立深度场景经营能力，这就是开放银行的未来之路。

附录：名词解释

(按名称英文的首字母排序)

A

敏捷银行（Agile Bank）

随着竞争的加剧，企业为了生存，需要更加敏捷，于是"敏捷组织"的概念应运而生。对比以快速响应、快速发布、迭代更新为特征的金融科技公司，商业银行传统的组织结构显现出滞后性，为了在激烈竞争中立于不败之地，越来越多的银行受互联网企业启发，跳出矩阵型组织架构，开始构建敏捷高效的组织，逐渐演变出一个新物种——敏捷银行。敏捷银行以跨职能敏捷组织为基础，以客群经营、体验优化、产品交付和数字化营销四驾马车为动力，推动银行数字化转型落地。

应用程序接口（Application Programming Interface，API）

又称为应用编程接口，是指软件系统不同组成部分衔接的约定。由于软件规模日益庞大，常须把复杂的系统划分成小的组成部分，因而应用程序接口的设计十分重要。良好的接口设计可以降低系统各部分的相互依赖，提高组成单元的内聚性，降低组成单元间的耦合程度，从而提高系统的可维护性和可扩展性。

人工智能（Artificial Intelligence，AI）

研究、开发用于模拟、延伸和扩展人的智能的理论、方法、技术及应用系统的一门新的技术科学。人工智能是计算机科学的一个分支，它试图了解智能的实质，并生产出一种新的能以与人类智能相似的方式做出反应的智能机器。该领域的研究主要有机器人、语言识别、图像识别、自然语言处理和专家系统等。

B

大数据（Big Data）

IT行业术语，是指无法在一定时间范围内用常规软件工具进行捕捉、管理和处理的数据集合，是需要新处理模式才能具有更强的决策力、洞察力和流程优化能力的海量、高增长率和多样化的信息资产。大数据具有"5V"特点，即Volume（大量）、

Velocity（高速）、Variety（多样）、Value（低价值密度）、Veracity（真实性）。

区块链（Blockchain）

从科技层面来看，区块链涉及数学、密码学、互联网和计算机编程等很多技术。从应用视角来看，区块链是一个分布式的共享账本和数据库，具有去中心化、不可篡改、全程留痕、可以追溯、集体维护、公开透明等特点。这些特点保证了区块链的"诚实"与"透明"，为区块链创造信任奠定了基础。

C

央行数字货币（Central Bank Digital Currency，CBDC）

英格兰银行认为，央行数字货币是中央银行货币的电子形式，家庭和企业都可以使用它来进行付款和储值。央行货币的数字化有助于优化央行货币支付功能，提高央行货币地位和货币政策有效性。央行数字货币可以成为一种计息资产，满足持有者对安全资产的储备需求，也可成为银行存款利率的下限，还可成为新的货币政策工具。此外，央行可通过调整央行数字货币利率来影响银行存贷款利率，并且有助于打破零利率下限。

云计算（Cloud Computing）

分布式计算的一种，是指通过网络"云"将巨大的数据计算处理程序分解成无数个较小的程序，并通过由多台服务器组成的系统处理和分析这些较小的程序得到结果并返回给用户。通过该技术，可以在很短时间内（几秒）完成对海量数据的处理，从而实现强大的网络服务效果。

云技术（Cloud Technology）

在广域网或局域网内将硬件、软件、网络等资源统一起来以实现数据的计算、存储、处理和共享的一种托管技术，也是基于云计算商业模式应用的网络技术、信息技术、整合技术、管理平台技术、应用技术等的总称，可以组成资源池，按需使用，灵活便利。

D

数据治理（Data Governance）

组织中涉及数据使用的一整套管理行为。按照国际数据管理协会（DAMA）的定义，数据治理是指对数据资产管理行使权力和控制的活动集合。数据治理的最终目标是提升数据的价值，是企业实现数字战略的基础，它是一个管理体系，包括组织、制度、流程和工具。

数据挖掘（Data Mining）

通过算法从大量的数据中搜索隐藏于其中的信息的过程。数据挖掘通常与计算机科学有关，并通过统计、在线分析处理、情报检索、机器学习、专家系统（依靠过去的经验法则）和模式识别等诸多方法来实现上述目标。

数字资产（Digital Asset）

企业或个人拥有或控制的、以电子数据形式存在的、在日常活动中持有以备出售或处于生产过程中的非货币性资产。数字资产的产生得益于办公自动化，并依托电子支付系统而发展。

数字货币（Digital Currency）

电子货币形式的替代货币。数字货币是一种不受管制的、数字化的货币，通常由开发者发行和管理，被特定虚拟社区的成员所接受和使用。欧洲银行业管理局将虚拟货币定义为：价值的数字化表示，不由央行或当局发行，也不与法币挂钩，但由于被公众所接受，所以可作为支付手段，也可以电子形式转移、存储或交易。

数字人民币（Digital Currency Electronic Payment，DC/EP）

中国版 CBDC，即数字货币和电子支付工具，是中国人民银行研究和正在试行的法定数字货币，是数字货币的一种。数字人民币由中国人民银行发行，由指定运营机构参与运营并向公众兑换，以广义账户体系为基础，与纸钞和硬币等价。

数字经济（Digital Economy）

作为经济学概念的数字经济是人类通过大数据（数字化的知识与信息）的识别、选择、过滤、存储、使用，引导、实现资源的快速优化配置与再生、实现经济高质量发展的经济形态。作为一个内涵比较宽泛的概念，凡是直接或间接利用数据来引导资源发挥作用，推动生产力发展的经济形态都可以纳入其范畴。在技术层面，包括大数据、云计算、物联网、区块链、人工智能、5G通信等新兴技术；在应用层面，"新零售""新制造"等都是其典型代表。

数字化转型（Digital Transformation）

建立在数字化转换、数字化升级基础上，进一步触及公司核心业务，以新建一种商业模式为目标的高层次转型。通过开发数字化技术及支持能力新建一个富有活力的数字化商业模式。

直销银行（Direct Bank）

不设线下网点，由银行搭建一个纯互联网平台，在此平台上整合自身存贷汇业务、投资理财产品。与个人网银相比，直销银行突破了本行账户局限，可向他行用户开放。在这一经营模式下，银行没有营业网点，不发放实体银行卡，客户主要通过电脑、电子邮件、手机、电话等远程渠道获取银行产品和服务。因为没有网点经营费用和管理费用，直销银行可以为客户提供更有竞争力的存贷款价格及更低的手续费率。降低运营成本、回馈客户是直销银行的核心价值。

分布式系统（Distributed System）

建立在网络之上的软件系统。由于软件的特性，分布式系统具有高度的内聚性和透明性。网络式和分布式系统之间的区别更多在于底层软件（特别是操作系统），而不是硬件。

E

边缘计算（Edge Computing）

起源于传媒领域，是指在靠近物或数据源头的一侧，采用集网络、计算、存储、应用能力为一体的开放平台，就近提供最近端服务。其应用程序在边缘侧发起，提供更快的网络服务响应，满足行业在实时业务、应用智能、安全与隐私保护等方面的基本需求。

F

金融科技（FinTech）

根据国际权威机构金融稳定理事会（FSB）的定义，金融科技是指技术带来的金融创新，它能创造新的模式、业务、流程与产品。根据《"十三五"国家科技创新规划》的定义，金融科技落脚点在于科技（与其并列的概念是军事科技、生物科技），意在科技为金融服务赋能。

第五代移动通信技术（5th-Generation，5G）

最新一代的蜂窝移动通信技术，也是继4G（LTE-A、WiMax）、3G（UMTS、LTE）和2G（GSM）系统之后的新技术。5G的性能目标是高数据速率、减少延迟、节省能源、降低成本、提高系统容量和大规模设备连接。

I

产业互联网（Industrial Internet）

也称工业互联网，是基于互联网技术和生态对各个垂直产业的产业链和内部的价值链进行重塑和改造，从而形成的互联网生态和形态。产业互联网是一种新的经济形态，利用信息技术与互联网平台，充分发挥互联网在生产要素配置中的优化和集成作用，实现互联网与传统产业的深度融合。

物联网（Internet of Things，IoT）

通过信息传感器、射频识别技术、全球定位系统、红外感应器、激光扫描器等各种装置和技术，实时采集任何需要监控、连接、互动的物体或过程，采集其声、光、热、电、力学、化学、生物、位置等各种需要的信息，通过各类可能的网络接入，实现物与物、物与人的泛在连接，实现对物品和过程的智能化感知、识别和管理。物联网是一个基于互联网、传统电信网等的信息承载体，可以使能够被独立寻址的普通物理对象形成互联互通的网络。

M

机器学习（Machine Learning）

一门多领域交叉学科，涉及概率论、统计学、逼近论、凸分析、算法复杂度理论等多门学科，专门研究计算机怎样模拟或实现人类的学习行为，以获取新的知识或技能，重新组织已有的知识结构，使之不断改善自身的性能。机器学习是人工智能的核心，是使计算机具有智能的根本途径。

移动支付（Mobile Payment）

使用移动终端（手机等）而非现金、银行卡或支票完成支付或确认支付的一种支付方式，是第三方支付的衍生品。买家可以使用手机购买一系列的服务、数字产品或商品等。移动支付是互联网时代的一种新型支付方式，其以移动终端为中心，通过移动终端对所购买的产品进行结算支付，主要表现形式为手机支付。

O

开放银行（Open Bank）

一种平台化的商业模式，是一个通过将银行的数据、算法、交易、风控、流程以及其他业务功能开放给第三方开发者、金融科技公司、平台企业以及其他合作伙伴而构成的生态系统，银行得以构建新的核心能力。在这种新型生态模式下，银行退居底层，成为按需配置的金融服务基础平台。开放银行成为银行拓展渠道、触达长尾用户群的重要信息化手段，通过与具有流量的互联网公司等外部平台合作，银行可以将自身产品、风控与科技能力等嵌入众多垂直行业。

R

机器人流程自动化（Robotic Process Automation，RPA）

以软件机器人和人工智能（AI）为基础的业务过程自动化技术。RPA 系统是一种应用程序，通过模仿终端用户在电脑上的手动操作方式，使终端用户的手动操作流程自动化。RPA 软件的目标是使符合某些适用性标准的基于桌面的业务流程和工作流程实现自动化，一般来说，这些操作在很大程度上重复度高且数量巨大，并可以通过严格的规则和结果来定义。

S

智慧银行（Smart Bank）

传统银行、网络银行的高级阶段，是银行以智慧化手段和新的思维模式来审视自身需求，并利用创新科技塑造新服务、新产品、新的运营和业务模式，实现规模经济，提升效率和降低成本，达到有效的客户管理和高效的营销绩效的目的。

智能合约（Smart Contract）

一种旨在以信息化方式传播、验证或执行合同的计算机协议。智能合约允许在没有第三方的情况下进行可信交易，这些交易可追踪且不可逆转。智能合约的目的是提供优于传统合约的安全方法，并减少与合约相关的其他交易成本。

T

科技金融（TechFin）

不同于金融科技（FinTech），科技金融是指促进科技开发、成果转化和高新技术产业发展的一系列金融工具、金融制度、金融政策和金融服务，是由向科学与技术创新活动提供融资资源的政府、企业、市场、社会中介机构等各种主体及其在科技创新融资过程中的行为活动共同组成的一个体系，是国家科技创新体系和金融体系的重要组成部分。

推荐阅读

中台战略

这是一本全面讲解企业如何建设各类中台,并利用中台以数字营销为突破口,最终实现数字化转型和商业创新的著作。

云徙科技是国内双中台技术和数字商业云领域领先的服务提供商,在中台领域有雄厚的技术实力,也积累了丰富的行业经验,已经成功通过中台系统和数字商业云服务帮助近百家国内外行业龙头企业实现了数字化转型。

数据中台

这是一部系统讲解数据中台建设、管理与运营的著作,旨在帮助企业将数据转化为生产力,顺利实现数字化转型。

本书由国内数据中台领域的领先企业数澜科技官方出品,几位联合创始人亲自执笔,7位作者都是资深的数据人,大部分作者来自原阿里巴巴数据中台团队。他们结合过去帮助百余家各行业头部企业建设数据中台的经验,系统总结了一套可落地的数据中台建设方法论。

中台实践

本书是国内领先的中台服务提供商云徙科技为近百家头部企业提供中台服务和数字化转型指导的经验总结。主要讲解了如下4个方面的内容:

第一,中台如何帮助企业让数字化转型落地,以及中台在资源整合、业务创新、数据闭环、应用移植、组织演进5个方面为企业带来的价值;

第二,业务中台、数据中台、技术平台这3大平台的建设内容、策略和方法;

第三,中台如何驱动新地产、新汽车、新直销、新零售、新渠道5大行业和领域实现数字化转型,给出了成熟的解决方案(实现目标、解决方案和实现路径)和成功案例;

第四,开创性地提出了"软件定义中台"的思想,通过对中台的进化历程和未来演进方向的阐述,帮助读者更深入地理解中台并明确未来的行动方向。

中台架构与实现

这是一部系统讲解如何基于DDD思想实现中台和微服务协同设计和落地的著作。

它将DDD、中台和微服务三者结合,一方面,它为中台的划分和领域建模提供指导,帮助企业更好地完成中台建设,实现中台的能力复用;一方面,它为微服务的拆分和设计提供指导,帮助团队提升分布式微服务的架构设计能力。给出了一套体系化的基于DDD思想的企业级前、中、后台协同设计方法。

推荐阅读

RPA：流程自动化引领数字劳动力革命

这是一部从商业应用和行业实践角度全面探讨RPA的著作。作者是全球三大RPA巨头AA（Automation Anywhere）的大中华区首席专家，他结合自己多年的专业经验和全球化的视野，从基础知识、发展演变、相关技术、应用场景、项目实施、未来趋势等6个维度对RPA做了全面的分析和讲解，帮助读者构建完整的RPA知识体系。

智能RPA实战

这是一部从实战角度讲解"AI+RPA"如何为企业数字化转型赋能的著作，从基础知识、平台构成、相关技术、建设指南、项目实施、落地方法论、案例分析、发展趋势8个维度对智能RPA做了系统解读，为企业认知和实践智能RPA提供全面指导。

RPA智能机器人：实施方法和行业解决方案

这是一部为企业应用RPA智能机器人提供实施方法论和解决方案的著作。

作者团队RPA技术、产品和实践方面有深厚的积累，不仅有作者研发出了行业领先的国产RPA产品，同时也有作者在万人规模的大企业中成功推广和应用国际最有名的RPA产品。本书首先讲清楚了RPA平台的技术架构和原理、RPA应用场景的发现和规划等必备的理论知识，然后重点讲解了人力资源、财务、税务、ERP等领域的RPA实施方法和解决方案，具有非常强的实战指导意义。

财税RPA

这是一本指导财务和税务领域的企业和组织利用RPA机器人实现智能化转型的著作。
作者基于自身在财税和信息化领域多年的实践经验，从技术原理、应用场景、实施方法论、案例分析4个维度详细讲解了RPA在财税中的应用，包含大量RPA机器人在核算、资金、税务相关业务中的实践案例。帮助企业从容应对技术变革，找到RPA技术挑战的破解思路，构建财务智能化转型的落地能力，真正做到"知行合一"。

推荐阅读

 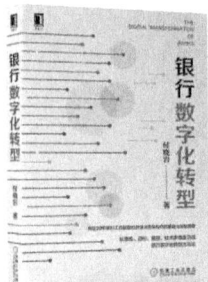  

华为数据之道

华为官方出品。

这是一部从技术、流程、管理等多个维度系统讲解华为数据治理和数字化转型的著作。华为是一家超大型企业,华为的数据底座和数据治理方法支撑着华为在全球170多个国家/地区开展多业态、差异化的运营。书中凝聚了大量数据治理和数字化转型方面的有价值的经验、方法论、规范、模型、解决方案和案例,不仅能让读者即学即用,还能让读者了解华为数字化建设的历程。

银行数字化转型

这是一部指导银行业进行数字化转型的方法论著作,对金融行业乃至各行各业的数字化转型都有借鉴意义。

本书以银行业为背景,详细且系统地讲解了银行数字化转型需要具备的业务思维和技术思维,以及银行数字化转型的目标和具体路径,是作者近20年来在银行业从事金融业务、业务架构设计和数字化转型的经验复盘与深刻洞察,为银行的数字化转型给出了完整的方案。

用户画像

这是一本从技术、产品和运营3个角度讲解如何从0到1构建用户画像系统的著作,同时它还为如何利用用户画像系统驱动企业的营收增长给出了解决方案。作者有多年的大数据研发和数据化运营经验,曾参与和负责多个亿级规模的用户画像系统的搭建,在用户画像系统的设计、开发和落地解决方案等方面有丰富的经验。

企业级业务架构设计

这是一部从方法论和工程实践双维度阐述企业级业务架构设计的著作。

作者是一位资深的业务架构师,在金融行业工作超过19年,有丰富的大规模复杂金融系统业务架构设计和落地实施经验。作者在书中倡导"知行合一"的业务架构思想,全书内容围绕"行线"和"知线"两条主线展开。"行线"涵盖企业级业务架构的战略分析、架构设计、架构落地、长期管理的完整过程,"知线"则重点关注架构方法论的持续改良。